OS RETORNADOS

OS RETOR NADOS

CARLOS FONSECA

1ª edição

EDITORA RECORD
RIO DE JANEIRO • SÃO PAULO
2024

CIP-BRASIL. CATALOGAÇÃO NA PUBLICAÇÃO
SINDICATO NACIONAL DOS EDITORES DE LIVROS, RJ

F743r   Fonseca, Carlos
          Os retornados : a história dos ex-escravizados que deixaram o Brasil e formaram
          comunidades afro-brasileiras no golfo do Benim / Carlos Fonseca. - 1. ed. -
          Rio de Janeiro : Record, 2024.

          ISBN 978-85-01-92064-5

              1. Escravos libertos - História - Benim. 2. Escravidão - Brasil. 3. Tráfico de
          escravo. 4. Benim - Civilização. I. Título.

24-92733   CDD: 305.869806683
                              CDU: 326(09)(81+669)

Gabriela Faray Ferreira Lopes - Bibliotecária - CRB-7/6643

No encarte, onde não houver créditos especificados, as fotografias são do autor.

Texto revisado segundo o Acordo Ortográfico da Língua Portuguesa de 1990.

Direitos exclusivos desta edição reservados pela
EDITORA RECORD LTDA.
Rua Argentina, 171 – Rio de Janeiro, RJ – 20921-380 – Tel.: (21) 2585-2000.

Impresso no Brasil

ISBN 978-85-01-92064-5

Seja um leitor preferencial Record.
Cadastre-se no site www.record.com.br
e receba informações sobre nossos
lançamentos e nossas promoções.

Atendimento e venda direta ao leitor:
sac@record.com.br

Para a minha filha. Que este livro ajude a inspirar as suas realizações.

Para a Marisa, por tanta coisa...

Para a Camila e o Leo, companheiros de andanças africanas.

*Para a Márcia Souza, a Nena e o Abraham Gbosa,
que conheceram e apoiaram este projeto desde o início.*

*Para as inúmeras pessoas que alimentaram o projeto
com seus livros, artigos, pesquisas, acervos, contatos,
críticas, sugestões, ideias e depoimentos.*

*Para Carlos Alfredo, Honoré de Souza, Ange do Sacramento,
Lateef Dosunmu e Beatriz da Rocha,* in memoriam.

SUMÁRIO

SUMÁRIO

APRESENTAÇÃO

A escravidão plantou muitas Áfricas no coração do Brasil. E também muitos Brasis no coração da África. A saga dos brasileiros retornados ao continente africano depois de sobreviverem ao cativeiro no vasto e cruel sistema escravista na outra margem do Atlântico é o tema deste belo e bem documentado livro do diplomata, historiador e documentarista Carlos Fonseca. Uma vez instalados na África, iniciaram um processo de profunda transformação nos costumes e relações locais. Seus descendentes estão espalhados hoje por vários países e são conhecidos como "agudás", "tabons" e outras denominações locais. Deixaram seus traços na arquitetura, na linguagem, na culinária, no folclore, nas práticas religiosas e nos costumes da região que habitam. Essa fascinante e surpreendente história preenche as páginas desta obra escrita com maestria, que prende, seduz e encanta os leitores da primeira à última linha. É quase um poema em homenagem a pedaços do Brasil, cuja memória rapidamente vai se perdendo na África — um manifesto contra o esquecimento nas duas margens do Atlântico.

O Brasil foi o maior território escravista do hemisfério ocidental por mais de três séculos. Recebeu, sozinho, mais de 4,9 milhões de africanos, cerca de 40% do total de 12,5 milhões de homens e mulheres arrancados de suas raízes, marcados a ferro quente sob ameaça do chicote, imobilizados com correntes e colares de ferro e embarcados à força para as Américas. Como resultado, o país tem hoje a maior população negra ou de origem africana do mundo, incluindo as nações da própria África, com exceção apenas da Nigéria. Foi também o país que mais tempo resistiu a acabar com o tráfico negreiro e o último a abolir o cativeiro no Ocidente, pela Lei Áurea de Treze de Maio de 1888 — quatro anos depois de Porto Rico e dois depois de Cuba.

Para a maioria dos africanos vendidos aos traficantes, a escravidão em terras americanas foi uma realidade violenta, concreta, inexorável e sem volta. Quase a totalidade dos 4,9 milhões de cativos arrastados nos navios negreiros rumo ao Brasil jamais teve a oportunidade de retornar às suas origens africanas. Os índices de mortalidade eram altíssimos na travessia do oceano — entre 15% e 20% do total embarcado. Entre aqueles que conseguiam superar os tormentos da viagem e chegavam ao Novo Mundo, as expectativas de vida eram mínimas. Poucos sobreviveram aos primeiros anos de trabalho em regime de cativeiro. Uma minoria, no entanto, teve destino diferente. São os personagens deste livro, africanos e seus descendentes brasileiros, que tiveram a chance de cruzar novamente o Atlântico, no sentido contrário ao dos navios negreiros, e cujos descendentes hoje habitam uma grande região do golfo do Benim.

Na África, essas linhagens familiares nascidas de ex-cativos brasileiros têm sobrenomes como Olympio, Sousa, Silva, Santana, Chagas, Santos, Almeida e Medeiros. Alguns de seus fundadores chegaram à África expulsos da Bahia depois da Revolta do Malês, mais importante insurreição africana no Brasil, ocorrida em 1835 e comandada por cativos muçulmanos. Outros retornaram por vontade própria, depois de obter a alforria ainda durante o período do cativeiro ou após a abolição da escravatura, em 1888.

Quando os primeiros retornados brasileiros chegaram à África, a escravidão ainda se mantinha como uma das atividades econômicas mais importantes e lucrativas do continente e milhares de cativos cruzavam o Atlântico em direção ao Novo Mundo nos navios negreiros. O golfo do Benim foi a segunda maior região "exportadora" de gente escravizada, atrás apenas de Angola e do Congo, a primeira fornecedora para o Brasil. Ao longo do século XVIII, partiu da costa da Mina, como era conhecido o trecho entre os atuais Togo e Nigéria, cerca de 1,2 milhão de africanos, o equivalente a 18% do total embarcado na África Ocidental nesse período. No século seguinte, a região despacharia mais 421 mil escravizados. Os embarques só terminariam efetivamente na segunda metade do século XIX, sob pressão do movimento abolicionista britânico. Um dos principais destinos era a Bahia, origem da maioria dos retornados que hoje vivem na África.

É importante observar que nem todos os atuais descendentes de brasileiros no golfo do Benim provêm de linhagens de africanos escravizados. Nessa história havia pessoas brancas, de ascendência europeia, que se mudaram para a África principalmente com o objetivo de participar do tráfico negreiro, atividade na qual, curiosamente, também se envolveram muitos ex-escravizados no Brasil. O caso mais conhecido é o de Francisco Félix de Sousa, o maior e mais famoso traficante de gente para o Brasil na primeira metade do século XIX. Definido como "mulato claro" pelo embaixador e historiador Alberto da Costa e Silva, seu maior biógrafo, Francisco Félix nunca experimentou as dores da escravidão. Teria nascido livre em Salvador, na Bahia, filho de portugueses, ou, segundo alguns estudiosos, em Portugal. Partiu para a África e de lá, ao longo de meio século de atividade como traficante, embarcou mais de meio milhão de escravos para o Recôncavo Baiano. Ao morrer, em 1848, aos 94 anos, deixou 53 viúvas, mais de oitenta filhos e dois mil escravos. Teria acumulado uma fortuna hoje equivalente a 120 milhões de dólares. Foi tão importante que ganhou do soberano do Daomé o título de Chachá, honraria hereditária, equiparada ao título de vice-rei, que desde então vem passando de geração em geração dentro da família Sousa.

Caso semelhante é o do também traficante Domingos José Martins, outro homem branco, sucessor de Francisco Félix no tráfico negreiro, igualmente nascido na Bahia. Seu pai, de mesmo nome, foi fuzilado pelos portugueses por sua participação na revolução separatista e republicana de Pernambuco de 1817. Chegou à África entre 1833 e 1835, como tripulante de um barco negreiro consignado ao Chachá. Acabou se estabelecendo em Lagos, na atual Nigéria, onde acumulou uma fortuna avaliada entre um e dois milhões de dólares fornecendo entre sete mil e dez mil escravos anualmente para o mercado baiano. Entre seus sócios no comércio de gente estava o poderoso banqueiro e traficante baiano Joaquim Pereira Marinho, o conde de Pereira Marinho, título de nobreza concedido pela Coroa portuguesa, benemérito da Santa Casa de Misericórdia e de inúmeras outras instituições de caridade em Salvador. As relações entre os dois eram estreitas e familiares. Pereira Marinho foi o tutor dos filhos de Domingos José Martins e seu executor testamenteiro depois de sua morte, em 1869.

Francisco Félix e Domingos José Martins compunham, portanto, a elite do sistema escravista brasileiro e, nessa condição, não poderiam se enquadrar, na ascepção da palavra, na categoria de "retornados", simplesmente porque seus ancestrais nunca foram escravizados nem fizeram a travessia do Atlântico rumo ao Brasil na barriga de um navio negreiro para, depois, voltar à África. Ainda assim, seus descendentes atuais são líderes importantes nas comunidades de agudás, tabons e outros retornados do golfo do Benim.

Os retornados afro-brasileiros estão hoje espalhados por quatro nações — Benim, Nigéria, Togo e Gana, com ramificações na França, nos Estados Unidos e em outros países. São milhares de pessoas numa lista que inclui sacerdotisas de voduns, políticos, advogados, agricultores, bancários, carpinteiros, motoristas, comerciantes, construtores, costureiras, enfermeiros, escritores, fotógrafos, funcionários públicos, jornalistas, mecânicos, médicos, músicos, parteiras, professores e pedreiros, entre outras profissões. A maioria se comunica em francês, inglês ou em uma das várias línguas locais mais quais se perpetuam vocábulos herdados da língua portuguesa. Ainda assim, festejam o Carnaval e o dia de Nosso Senhor do Bonfim, se reúnem para comer feijoada, dançam a burrinha, uma forma arcaica do bumba-meu-boi, e torcem pela seleção brasileira de futebol. Algumas ocupam posições de grande importância na hierarquia social, muitas vezes à frente de grupos ou forças políticas rivais. Sylvanus Ephifânio Olympio, neto de brasileiros, foi o primeiro presidente do Togo, assassinado num golpe de Estado em 1963. Igualmente descendente de brasileiros, o general Paul Émile de Sousa foi presidente da Junta que, entre 1969 e 1970, governou o Benim quando o país ainda se chamava Daomé e vivia sob uma ditadura militar. O arcebispo Isidore de Sousa, presidiu o Alto Conselho da República, responsável pela redemocratização, em 1990, ao fim do mesmo regime militar.

Ao reconstituir a história dos retornados brasileiros na África, Carlos Fonseca produziu uma obra de beleza e fôlego ímpares. É ao mesmo tempo um documentário, um registro histórico e uma belíssima e competente reportagem, resultado de mais de vinte anos de viagens, entrevistas, pesquisas e convivência próxima com a maioria dos personagens que povoam este livro. Colecionou histórias dramáticas e chocantes, como a operação para esconder e dissolver em um barril de ácido sulfúrico o cadáver de um grande herói africano, Patrice Lumumba, pai da independência do antigo Congo Belga, destronado e morto no decorrer de um golpe de Estado liderado por Joseph Mobuto. Era uma vã tentativa de apagá-lo da paisagem e da própria memória de seus conterrâneos, com a cumplicidade dos antigos colonizadores e escravizadores africanos. Gerard Soete, policial branco responsável pela operação, gabava-se de ter organizado "uma morte ao estilo colonial". Durante anos guardou dois dentes arrancados do cadáver de Lumumba, expostos em sua sala ao lado de peles de zebra e chifres de gazelas africanas.

Carlos Fonseca dedica especial atenção ao problema da desconstrução, reconstrução e apagamento da identidade dos africanos escravizados e retornados ao seu continente de origem depois de passarem pelo Brasil. O processo de escravização na África separava pais e filhos, maridos e mulheres, famílias e comunidades inteiras que tinham convivido e compartilhado os mesmos costumes e crenças por muitas gerações. A identidade original da pessoa escravizada era eliminada mediante um processo de desenraizamento, que o sociólogo Orlando Patterson chamou de "morte social". Para trás ficavam seus laços familiares, convicções religiosas, status social, memórias coletivas. Mas nem por isso o escravizado deixava de existir. O que restava dessa identidade estilhaçada pelo tráfico negreiro tinha de ser reconstruído na outra margem do oceano. O resultado foi a reconstrução de não apenas uma África no Brasil, mas de muitas Áfricas que, a rigor, nunca coexistiram no continente de origem dos escravos. Processo semelhante ocorreu no retorno à África. Com a diferença de que, no Brasil, a cultura afro-brasileira é cada vez mais importante e dominante, enquanto na África tende a se apagar rapidamente.

Ao embarcar de volta para a terra natal de seus pais, avós e bisavós, os afro-brasileiros carregavam na bagagem parte de sua herança africana dilacerada pelo tráfico negreiro, porém reconstituída no Brasil. Na tradição culinária, levavam a memória de pratos africanos enriquecidos com ingredientes e práticas brasileiras, como a feijoada. A língua havia incorporado palavras e expressões portuguesas. A denominação "tabon" dos retornados de Gana vem do brasileiro "está bom" ou "está bom?". Isso também ocorreu nas danças, folguedos e festas religiosas. Carpinteiros, marceneiros, entalhadores, oleiros, gesseiros, pintores e outros artífices especializados e treinados no Brasil da escravidão foram mestres de obras arquitetônicas que ainda hoje marcam a paisagem africana. Foram os responsáveis pela construção de dezenas de belos edifícios que mudaram a paisagem urbana, incluindo prédios públicos e espaços religiosos, como a Mesquita Central de Lagos, na Nigéria, principal templo muçulmano, e a catedral Holly Cross, cristã. Em 1889, ano da Proclamação da República no Brasil, havia 3 mil brasileiros retornados em Lagos, 10% da população, estimada em 30 mil habitantes. A cidade tinha o maior conjunto de estilo arquitetônico brasileiro fora do Brasil. Casas amplas, bem construídas ao estilo brasileiro, se tornaram símbolo de riqueza e prestígio social. A tal ponto que o soberano do reino de Ajebu, Awujale, condenou à morte seu próprio chefe militar, balogun Kuku, pela ousadia de encomendar a construção de uma casa afro-brasileira maior e mais bonita do que o seu palácio. Kuku foi salvo pela invasão das tropas britânicas.

Apesar dessas importantes contribuições, hoje a identidade dos retornados está mergulhada em crise, sob constante ameaça. Depois de serem arrancados da África, passarem pelo Brasil e retornarem à terra de origem, não mais se consideram plenamente africanos, nem brasileiros. Não se sentem nem uma coisa, nem outra. Em Gana, no Togo e no Benim, alguns são parte da elite dirigente, rica e bem-educada. Outros sobrevivem no limite da pobreza. Muitos são descendentes de africanos escravizados, mas há também aqueles que herdaram sobrenomes de grandes escravizadores, caso de Francisco Felix de Sousa e Domingos José Martins, situação desconfortável para as gerações mais jovens. Os retornados são, portanto, um caso dramático de seres humanos que, num primeiro momento, sofreram um processo de "coisificação" ou "desumanização" pelo sistema escravista, que os transformava em mercadorias a serem compradas e vendidas, e, mais tarde, foram penosamente reconstruindo suas identidades perdidas, primeiro no Brasil, depois na África. Retornaram carregando nomes, sobrenomes e costumes brasileiros, porém impossibilitados de reconhecerem ou serem reconhecidos na sua identidade africana, o que faz deles hoje espécie de certa forma exótica na terra de seus antepassados.

Carlos Fonseca termina essas considerações com uma pergunta ao mesmo tempo fascinante e incômoda: quanto tempo leva uma cultura para se apagar quando suas raízes são cortadas? Em um momento de rápida transformação, em que não só a biodiversidade, mas também línguas e culturas inteiras estão sob ameaça de extinção, por quanto tempo ainda sobreviverá a identidade dos retornados brasileiros na África? Os agudás e os tabons são, no seu entender, uma cultura em rápido processo de extinção. Os antigos nomes e sobrenomes brasileiros aos poucos vão se dissolvendo na patronímica africana, por casamentos e uniões dentro da comunidade local. A língua portuguesa sobrevive precariamente em letras de músicas e palavras usadas cada vez mais raramente, como "moukeka" (moqueca), "kousidou" (cozido) e "dossi" (doce). Restam os antigos vestígios na arquitetura, na culinária, nas danças, nos rituais religiosos, mas também esses vão adquirindo identidade mais africana do que brasileira. "O Brasil que ainda vemos a pedaços esporádicos, nas construções, na comida, no folclore, nas festas religiosas, nas saudações e nos palavrões está desaparecendo", escreve o autor.

A cultura dos retornados teve seu apogeu no século XIX e sobreviveu por algumas décadas graças ao intercâmbio de mercadorias, pessoas, informações e experiências entre Brasil e África. Entre 1877 e 1886, por exemplo, o Brasil figurava em terceiro lugar entre os países que mais vendiam para Lagos. A prosperidade desse comércio continuou até o final do século XIX, declinando em seguida para cessar de todo em decorrência da Primeira Guerra Mundial. Até então, havia linhas de navegação regulares entre Salvador, Lagos, Uidá (Ajudá), Porto Novo outras cidades africanas do golfo do Benim. Hoje, tudo isso é passado. No seu sonho vão de ser um país branco de ascendência europeia, o Brasil abandonou a África em busca de outras utopias, que nunca se concretizaram plenamente. E a África também abandou o Brasil. Algo que foi assim resumido pelo autor nas páginas iniciais desta obra:

> Um país não pode se dar ao luxo de perder a sua memória, e o relato dos retornados é sumamente brasileiro, pois é uma crônica de amor, não correspondido, entre uma comunidade e o país que ela decidiu abandonar — porque ali nada havia para ela. E que, apesar disso, levou esse país nas suas bagagens e, com o que levou, criou um pequeno Brasil desterrado, mas que nem por isso foi e é menos brasileiro.

Por essas e outras razões, este livro tem um sentido de urgência. Sua leitura é não apenas uma tarefa prazerosa, pelo estilo agradável, talentoso e fluido do autor, mas também uma necessidade premente, de captar um pedaço da história e da cultura brasileiras que rapidamente se desvanece no tempo e no espaço de outro continente.

Laurentino Gomes
Viana do Castelo, Portugal, agosto de 2024

PRÓLOGO

Conheci a história dos retornados por acaso. Foi no final da década de 1980, durante uma viagem atribulada que fiz à África, eu ainda muito jovem, vivendo a minha primeira grande aventura. Ao cabo de alguns meses de errância, fui parar no Togo. Um dia, em Aneho, perto da fronteira com o Benim, numa conversa banal em um restaurante também banal, ouvi do garçom, a quem me identifiquei como brasileiro, que havia por ali muitos de meus compatriotas. Naquela época, o Brasil não tinha embaixadas em Lomé ou Cotonou, e a ideia de uma comunidade de expatriados naquele destino improvável me pareceu absurda. O garçom, no entanto, insistiu e se ofereceu para me apresentar alguns. Combinamos para o final daquela tarde.

Firmin, o garçom, levou-me de táxi a Atoueta, vilarejo onde, segundo ele, viviam algumas famílias. Muitos anos depois descobri que ali havia vivido e prosperado um dos maiores traficantes de escravizados daquela costa. Um liberto de origem brasileira — e, portanto, para Firmin, um brasileiro. Naquele dia, no entanto, por qualquer razão, foi impossível encontrar seus descendentes. No final da tarde, o sol já a queimar a extremidade das ondas na distância da arrebentação, Firmin mudou de estratégia. Se não encontrávamos brasileiros no Togo, cruzaríamos a fronteira e os encontraríamos no Benim, onde eram muito mais numerosos. Estive a ponto de decretar o fim daquela jornada, mas a insistência dele era muita e sua convicção atiçou a minha curiosidade.

O limite entre os dois países era marcado por um braço do rio Mono, que atravessamos clandestinamente, pois eu carecia de visto para ingressar no Benim. Do outro lado, já anoitecendo, chegamos a Aguê, onde em vão seguimos procurando meus conterrâneos. Em dado momento, um passante a quem Firmin pediu informações nos levou até um cemitério. Havia ali muitos "*brésiliens*" enterrados. Terminei a viagem sem encontrar brasileiros vivos e sem entender o que havia acontecido naquele dia.

Em 1999, já instalado no Brasil, uma série de coincidências me ofereceu outra vez a oportunidade de voltar à África. Ia dessa vez diretamente em busca das comunidades de retornados brasileiros presentes no Benim, os chamados "agudás", para uma reportagem no *Correio Braziliense*, a primeira de muitas.[1] Eram os *brésiliens* de quem me falava Firmin. Passei quarenta e cinco dias entre Uidá e Porto Novo, mergulhado numa outra história do Brasil. Voltei no ano seguinte para conhecer a comunidade brasileira do Togo e de Gana, os chamados "tabons"; e no subsequente, dessa vez por encomenda da revista *Veja*, para aprofundar a pesquisa na Nigéria. O tema nunca mais me abandonou. Entre um artigo e outro, uma viagem e outra (cinco, entre 1999 e 2003), fui acumulando uma quantidade enorme de informações: testemunhos pessoais e relatos alheios, cartas passadas e recentes, artigos acadêmicos, livros históricos, romances, mapas geográficos, árvores genealógicas, letras truncadas de velhas canções, antigos passos de dança, receitas adaptadas de quitutes baianos, reproduções já meio apagadas de passaportes da época do Império, cópias de fotos amareladas, além das fotografias que eu mesmo tirava. Entrevistei um total de cinquenta famílias, que me ofereceram as suas versões daquela história. Tornei-me um colecionador das memórias dos outros.

Em dezembro de 2004, reuni esse material numa exposição no Congresso Nacional. Convidei o público a se dirigir aos "brasileiros da África", a responder a suas "cartas", uma série de cinquenta mensagens escritas em cartolinas, coloridas e decoradas, com as quais eu havia fotografado as famílias africanas (Figura 1). Coletei mais de quatrocentas respostas, que mandei de volta, seis anos depois, numa exposição itinerante organizada com apoio do Ministério das Relações Exteriores. Publicou-se então um livro, que batizei *Cartas d'África*, no qual essa pesquisa foi pela primeira vez organizada. O livro foi presenteado às famílias dos retornados de Gana, Togo, Benim e Nigéria, durante a inauguração das exposições. Disseram-me um dia que, atualmente, várias famílias, ao serem perguntadas sobre as suas histórias, puxam o livro da estante e abrem em suas páginas. Minha compilação tornou-se parte da sua memória. Essa é, até hoje, a minha maior recompensa.

Algum tempo depois, fui convidado a participar de um documentário sobre os retornados[2] e outra vez visitei as comunidades. Reencontrei então antigas amizades e lamentei a morte de muitas outras. O tempo passava para todos nós. Só que, no caso deles, a passagem do tempo vinha acompanhada de um processo de paulatino apagamento de sua memória histórica. Fiquei alarmado ao ver como a comunidade aos poucos se desintegrava, como as gerações mais novas, com algumas honrosas exceções, esqueciam o seu passado, por inércia ou opção, diluindo seus sobrenomes nos patronímicos africanos, identificando-se com etnias às quais seus antepassados talvez nunca tivessem pertencido, encarando o Brasil como um exotismo, uma nota (às vezes incômoda) no rodapé de suas biografias, quando muito uma curiosidade das que povoam a conversa saudosa dos velhos à beira da senilidade, à qual pouca gente presta realmente atenção.

Essa constatação fez com que, nos últimos anos, eu mergulhasse ainda mais fundo nessa história, já vislumbrando a possibilidade de, um dia, publicar algo que servisse como registro histórico dessa memória coletiva em processo de lenta dissolução.

Este livro tem um sentido de urgência. A história das comunidades de retornados brasileiros na África está lentamente se apagando. Os laços se perdem paulatinamente e, no Brasil, é escasso o empenho para que se mantenham, talvez porque essa história dialogue com outra, que boa parte dos brasileiros preferiu esquecer, a tragédia da escravidão. É, por isso mesmo, uma história que precisa ser contada. Um país não pode se dar ao luxo de perder a sua memória, e o relato dos retornados é sumamente brasileiro, pois é uma crônica de amor, não correspondido, entre uma comunidade e o país que ela decidiu abandonar — porque ali nada havia para ela. E que, apesar disso, levou esse país nas suas bagagens e, com o que levou, criou um pequeno Brasil desterrado, mas que nem por isso foi e é menos brasileiro.

1
UM POUCO DE HISTÓRIA

Entre julho e setembro, o litoral do Benim vive a chamada "pequena estação seca", quando as chuvas que ensopam a terra e incham as lagunas cedem a uma estiagem passageira, para retornar, com maior força, nos meses seguintes. Em Uidá, no meio de uma tarde qualquer, o céu parece uma tela cinzenta. As ruas são de terra, e a poeira fina levantada pelo rebuliço do trânsito forma um véu que, ao subir, se confunde com o esbranquiçado do céu, aguando as cores com que se pintou a cidade. Vendo de longe, é como observar uma fotografia antiga cuja emulsão, aos poucos, cede à cegueira do papel. Como ruído de fundo, há o zumbido permanente e indistinto das motocicletas que abarrotam a cidade. No ar, o combustível queimado soma-se ao cheiro opaco da poeira e ao do ranço doce das frutas que apodrecem no mercado ao lado, numa mistura que só acontece ali.

De repente, em meio à apatia da tarde, ocorre a alegria de uma charanga. Ela vem aos poucos, da distância de uma esquina, e, num primeiro momento, parece anunciar a anarquia dos egunguns[1] que animam a cidade nos desfiles de sábado, com sua batucada desconexa e suas fantasias coloridas, e perseguem os passantes, numa algazarra de caleidoscópio, chamando à terra o espírito dos ancestrais.

O que se vê de fato, no entanto, é outra coisa. A charanga traz bumbos no lugar dos tradicionais "tambores falantes", e à sua frente vem um grupo de jovens em vestidos uniformizados, batendo palmas e cantando numa língua que não parece o idioma local. Três delas carregam fotografias das diferentes etapas de uma mesma vida: uma em preto e branco de uma senhora ainda jovem, de perfil; duas outras coloridas, a senhora já mais velha, com o intervalo de alguns anos entre elas. Abrindo o cortejo, bonecos espichados como os do carnaval de Olinda andam de um lado para o outro, parando o trânsito para o grupo passar. Meninos em trajes coloridos e máscaras de monstros animam a multidão.

O cortejo se aproxima e, em meio às palavras gritadas no idioma fon, percebem-se outras, que às vezes soam como o português. Há naquela cena algo de muito africano, uma combinação de sentidos típica daquela parte do continente: o colorido dos bubus, o gingado das moças, a correria caótica dos meninos, os cheiros que se misturam no ar, a agitação das ruas, onde tudo parece acontecer, numa exposição permanente e efusiva do cotidiano da gente. Mas há também algo de brasileiro, nos bonecos que evocam o Homem da Meia-Noite, nos ritmos cadenciados, na cantiga harmoniosa e quase familiar:

> *Afesta tou bonfi*
> *Odia tou bonfi*
> *Olele primachiquian*
> *Von samba note narea*[2]

A comitiva passa e atrás vem um rabecão. Dentro está o corpo de madame Afonsina Amoussou de Souza, descendente direta do baiano Francisco Félix de Souza, um dos mais notórios negreiros do século XIX.

O corpo chega na residência oficial dos Souza e é entregue a sacerdotisas do vodum ligadas ao rei de Abomé, aliado histórico da família, que aguardam na porta, paramentadas com trajes de cerimônia, o rosto coberto de pó branco, à mão os característicos recades, bastões cerimoniais na forma de machados, símbolos do poder real. Por indicação delas, militares fardados, que oficiam honras de estado, sacodem o caixão como uma coqueteleira, de modo a facilitar o desencarne da falecida (Figura 2). A cerimônia prossegue noite adentro, com ritos, danças e cantos que evocam tanto a África como o Brasil. São servidos quitutes e bebidas, e os convidados tagarelam no pátio da residência, enquanto as sacerdotisas velam Madame Souza. A cerimônia termina numa alegre ciranda em torno do féretro, parentes e amigos dançando e entoando cânticos que não se entendem, entremeados de gritos de "Viva Brasileiro, Viva!". Ao lado, as sacerdotisas berram invocações aos voduns.

Trata-se do enterro de uma agudá, membro da mais importante família da comunidade de retornados brasileiros do Benim.

Os retornados

A partir de 1835, e até o início do século XX, milhares de afro-brasileiros[3] deixaram o Brasil em direção à África, em um movimento que se convencionou chamar de "retorno", ainda que, para muitos desses "retornados", a África nunca houvesse sido terra natal. Muitos deixaram o país deportados, por suspeita de participação em revoltas. Outros partiram em busca de suas origens, ou simplesmente fugindo da perseguição e da falta de oportunidades de um país que ainda engatinhava no processo de emancipação de seus escravizados e onde uma cidadania plena era sistematicamente negada aos libertos.

Instalaram-se no golfo da Guiné, em cidades como Lagos (Nigéria), Uidá, Porto Novo e Aguê (Benim), Lomé (Togo) ou Acra (Gana), constituindo comunidades que se distinguiam das demais pelas marcas que a vida no Brasil havia deixado: a maneira de se portar, de se vestir, de falar, de cozinhar, de dançar, de cantar, de rezar, de construir. Fizeram-se chamar "brasileiros", e ainda hoje o fazem.

Com o passar dos anos e o fim do tráfico negreiro, alguns desses retornados, livres do medo de serem escravizados novamente, migraram para o interior da África. Os que ficaram no litoral, a maioria, contribuíram para a prosperidade das sociedades às quais se integravam, desenvolvendo o comércio dos produtos da terra, como o dendê que vendiam à Europa, e dos produtos do Brasil, como a aguardente, a carne-seca e o fumo de rolo, que faziam trazer da Bahia. Formaram então uma pequena burguesia capitalista, feita de artesãos, agricultores e comerciantes, num lugar em que o capitalismo ainda era desconhecido.

O final do século XIX viu o apogeu dessas comunidades. Foi quando prosperaram as suas maiores fortunas e cresceram os bairros ditos "brasileiros", com sobrados, igrejas e mesquitas feitas à semelhança de igrejas. Marianno Carneiro da Cunha, arquiteto, e Pierre Verger, fotógrafo, registraram, nos anos 1970, a riqueza desse legado arquitetônico.

No início do século XX, partiram do Brasil as últimas levas de libertos decididos a morrer na África. Em 1897, Raimundo Nina Rodrigues se emocionou com uma dessas partidas ao assistir a "uma turma de velhos nagôs e hauçás, já bem perto do termo de sua existência, muitos de passo incerto e cobertos de alvas cãs tão serôdias na sua raça, atravessar a cidade em alvoroço, a embarcar para a África, em busca da paz do túmulo nas mesmas plagas em que tiveram berço".[4]

Com a deflagração da Primeira Guerra Mundial, cessou o fluxo de navios a unir Brasil e África. Mais alguns anos e desaparecia a primeira geração dos retornados. No começo dos anos 1960, na Nigéria, o escritor Antônio Olinto testemunhou a morte de duas das derradeiras retornadas nascidas no Brasil, Romana da Conceição e Maria Ojelabi.

Meio século depois, já não se encontram ali nem sequer os da terceira geração.

Apesar disso, passados quase dois séculos da primeira viagem de retorno, os "brasileiros com aspas", como os chamou o antropólogo Milton Guran, ainda formam uma comunidade singular, unida por nomes que soam mal em francês ou inglês e uma história que a maioria já não conhece, mas que quase todos gostam de citar. As novas gerações, no entanto, enfrentam um dilema cada vez mais urgente: manter-se fiel a uma tradição que faz deles estrangeiros em sua própria terra ou abandonar o passado que foi o de seus avós.

Este livro quer contar a história desse dilema.

Não se trata, no entanto, de um livro histórico. Se a história aparece é, sobretudo, para dar contexto ao que de fato interessa aqui: a situação atual das comunidades de retornados na África e a dificuldade de manterem vínculos, cada dia mais distantes, com um Brasil que, para todos os efeitos, já há muito os esqueceu.

Ocorre que seria impossível entender quem são e como vivem essas comunidades hoje sem recorrer ao passado, porque são comunidades que, se ainda existem enquanto tais, puxam o que lhes resta de identidade coletiva de um mesmo fato histórico, que foi a migração de seus antepassados, a sua partida do Brasil.

A presença islâmica na Bahia

Salvador tem a sua mesquita, uma casa discreta no bairro de Nazaré, que só se percebe ser um templo religioso lendo o letreiro escrito em branco sobre o fundo verde do muro. Ali, uma meia dúzia de pessoas se reúne todas as semanas para rezar. A sala de orações é modesta, um espaço que já foi a sala de estar de uma casa de classe média, uma entre tantas naquele bairro residencial, sem grandes luxos e, naturalmente, sem um minarete. O chão da sala é coberto de tapetes e, num dos ângulos da parede, uma fotografia da Caaba lembra a direção de Meca. Como não há minarete ou muezim, os fiéis devem estar atentos ao horário das rezas, pois elas não se convocam. Às sextas-feiras, o dia mais sagrado, eles chegam cedo e entram pelo portão lateral da casa, que dá para a rua Dom Bosco. Entram em silêncio, em silêncio descalçam os sapatos e em voz baixa cumprem suas obrigações. Do lado de fora, nada se percebe. Um vizinho ouvindo o seu pagode é muito mais barulhento.

Nos dias de hoje, o islamismo baiano é tão discreto quanto a sua mesquita. Duzentos anos atrás, no entanto, inspirava terror.

A história do islamismo na Bahia é antiga. Já houve, segundo dizem, a Mesquita dos Barris, no bairro de mesmo nome, no centro de

Salvador, onde hoje ainda existe a rua da Mesquita dos Barris. Existe também a igreja da Lapinha, que alguns muçulmanos mais inflamados juram ser a primeira mesquita do Brasil, pois foi construída em estilo mourisco e nela se leem textos em árabe, escritos no alto das paredes laterais, ornamentos que na época foram confundidos com arabescos, mas que os mestres de obra negros, decerto muçulmanos, deixaram ali como um selo de sua passagem: "Esta é a casa de Deus, esta é a porta do céu." Mas é uma história quase esquecida. O islamismo que veio com os navios negreiros, aquele que acompanhou a fé de milhares de negros fulanis, hauçás e nagôs[5] no século XIX, reconvertidos ao aportarem, foi dissolvido no sincrético caldo cultural da cidade. No século XX, tomou o seu lugar o islamismo do Oriente Médio, o que veio com os "turcos", comerciantes sírios e libaneses, como o seu Nacib de Jorge Amado.

Dissolvido, talvez, mas não desaparecido por completo. Ainda hoje subsistem, na cultura baiana, traços do distante legado desse islamismo negro. Alguns anos atrás, a Universidade Católica do Salvador (UCSal) publicou, em parceria com o jornal *Correio da Bahia*, um caderno de "Memórias da Bahia" quase inteiramente dedicado a essa história.[6] Ali se fala da presença islâmica em Salvador e do que se considerava a sua expressão histórica mais marcante, a Revolta dos Malês, uma das mais importantes rebeliões escravas das Américas. Faz parte dessa herança islâmica baiana os adeptos do candomblé se vestirem de branco, especialmente às sextas-feiras, calçarem os mules e portarem os turbantes e os patuás, evitarem a carne nas sextas-feiras e, ocasionalmente, comerem o "arroz de hauçá", prato que diziam ser o preferido de Jorge Amado; empregarem as palavras "mandinga" para evocar feitiços e feiticeiros[7] e "abadá" para batizar as camisas dos blocos de carnaval, uma referência ao camisolão branco usado pelos negros malês que, durante a revolta, serviu para identificar os amotinados. Há quem diga, inclusive, que o nome de Oxalá derivaria etimologicamente da expressão árabe "Insha'Allah" ("Se Deus quiser").

A maior herança dessa presença, no entanto, talvez não esteja no Brasil, embora seja brasileira. O movimento de retorno de libertos à África se iniciou devido ao banimento de muitos dos suspeitos de participação na Revolta dos Malês e, indiretamente, à partida voluntária de vários de seus parentes e agregados.

Um xeique nigeriano em Salvador

Quem preside as orações de sexta-feira na mesquita de Salvador é o xeique Ahmad Abdul Hameed, um nigeriano de 68 anos. A presença de um imame africano na cidade não é casual. Tem uma ligação direta com os malês e a sua revolta. A história começa em 1988, com a chegada à cidade, como estudante de intercâmbio, do também nigeriano Misbah Akani. Sua temporada no Brasil tinha um duplo objetivo: o aprendizado do português e o contato com a comunidade muçulmana da Bahia, que ele acreditava, erroneamente, ainda existir. Sua frustração tomou rapidamente o sentido de uma missão: em 1990, Akani criou o Centro Islâmico da Bahia, a partir do qual pretendia continuar o trabalho dos alufás do século XIX. No ano seguinte, ajudou a organizar o primeiro grande seminário internacional sobre a história do islamismo negro baiano. Líderes da comunidade islâmica de São Paulo, a maior do Brasil, estiveram presentes e, fascinados pela história da revolta, perceberam a importância de que a cidade contasse com um imame africano. Havia ali uma história a ser contada e uma memória a ser explorada.

Xeique Ahmad era então professor em uma escola em Lagos. A proposta que veio do Brasil não chegou a surpreender. Ele já era uma liderança conhecida entre muçulmanos da Nigéria e tinha experiência como missionário internacional. Receber convites como aquele fazia parte de sua rotina. A sua resposta tampouco surpreendeu o lado brasileiro. Agradecia a honraria, mas declinava, pois já havia passado tempo demais longe da Nigéria e de sua escola. A partir dessas duas banalidades começou um jogo de tentativas de convencimento e recusas que duraria meses. A insistência brasileira foi maior e culminou na visita de um emissário paulista. Exasperado, o xeique Ahmad apelou: se conseguissem ligar naquele exato momento para a Associação Islâmica de São Paulo, se a ligação completasse e se alguém atendesse ao primeiro toque, ele consideraria um sinal de Deus e cederia. O ano era 1991 e quem, naqueles tempos de telefonia analógica, teve o infortúnio de ter que usar um telefone fixo em Lagos entenderá. As chances de se conseguir uma ligação na primeira tentativa eram praticamente nulas, pois a infraestrutura de telecomunicações era precária e a conexão entre o Brasil e a África passava por cabos submarinos que davam meia volta ao mundo, circulando pela América Central, os EUA e a Europa antes de descer de volta ao sul. Como se não bastasse, o prefixo nigeriano, 234, era usado de forma recorrente por serviços de telessexo, aqueles em que mulheres ficavam ao telefone a dizer gentilezas para homens excitados, o que hoje, com a internet, sequer faz sentido. Isso naturalmente congestionava o tráfego, tornando a aposta do xeique quase imperdível.

Acontece que ele perdeu.

Xeique Ahmad chegou em Salvador numa terça-feira de fevereiro de 1992, com a cidade parada pelo carnaval, os tambores em todos os horizontes a bater o samba-reggae. Alguém o recebeu no aeroporto e levou-o em passeio pelas ruas da cidade. À noite, uma ligação alarmada acordava a sua esposa em Lagos: ele não podia continuar ali, pois as mulheres andavam nuas pelas ruas. O susto deve ter afetado também a distante esposa, pois horas depois ela havia contatado a Associação Islâmica de São Paulo, que socorreu o xeique por meio de um telefonema, no qual tentaram lhe explicar os códigos vestimentários do carnaval e suas muitas abreviações. Não satisfeita, a esposa adiantou a sua viagem, chegando em Salvador algumas semanas mais tarde para aplacar as tentações do marido. Já então xeique Ahmad estava seduzido, mas pela cidade inteira. Sentia-se em Salvador como na Nigéria. A cultura era quase a mesma, as pessoas, acolhedoras. A história parecia saída de um mesmo parágrafo.

Até a Igreja católica lhe abria as portas. No ano seguinte, ele ajudou a organizar o segundo seminário internacional sobre a história do Islã na Bahia. O tema central era a Revolta dos Malês.

Em 2020, xeique Ahmad completou 28 anos em Salvador. Nesse período, o número de muçulmanos na cidade passou de menos de dez para mais de trezentos. A maioria é jovem e negra. A história dos malês e a sua revolta foi, segundo o xeique, decisiva para a conversão.

Conheci o xeique num dia de março, em sua mesquita. Uma amiga havia passado o contato, dizendo tratar-se de "um homem de toda paz". Foi a impressão que ficou. Marquei nossa entrevista às 15h30, e cheguei um pouco antes. Durante quase dez minutos fiquei batendo à porta da casa, até que alguém atendeu. Era Hassan, de nome cristão Robson Meireles, vice--presidente do centro cultural e assistente do xeique. Tiramos os sapatos e entramos na sala de orações da mesquita. Xeique Ahmad estava ajoelhado de frente para Meca, as mãos junto ao rosto, terminando as suas orações. Passado um momento, virou-se para mim e apontou para o relógio, que marcava exatamente 15h30. Disse então: "São três e meia", como a ensinar que a pontualidade era uma virtude, e que eu havia chegado cedo demais. Xeique Ahmad é um homem virtuoso, e essa virtude se vê estampada em seu rosto. Perto dele, eu, que cheguei adiantado e abusei da estridente campainha, descobri toda a minha imperfeição.

Passamos o resto da tarde a conversar sobre Brasil, África, religião, escravidão, revoltas e retornados. Antes de me despedir, perguntei se, a essa altura, ele, que já era quase um brasileiro, ainda pensava em voltar à Nigéria. Diplomático, o xeique respondeu: "Se Deus me chamar."

A meu lado, Hassan brincou: "Só não vale o truque do telefone!"

A Revolta dos Malês

A Revolta dos Malês aconteceu num domingo, 25 de janeiro de 1835, dia de Nossa Senhora da Guia, cujas comemorações atraíam uma multidão para a igreja do Bonfim. Era também o fim do Ramadã, período do ano em que os muçulmanos se dedicam ao jejum e à prece. A data não foi escolhida por acaso. Naquele dia, a população branca de Salvador estaria concentrada no Bonfim, ocupada com a exaltação da santa. Além disso, para os revoltosos, a proximidade com o mês sagrado trazia a certeza de que teriam as bênçãos de Alá.

No porto de Salvador, o movimento de barcos do Recôncavo era intenso. Negros cativos vindos de Santo Amaro e outras cidades vizinhas atendiam ao chamado dos líderes da revolta, a décima primeira daquele ciclo que aterrorizava a Bahia desde 1807. Essa sequência de rebeliões teve o Recôncavo como epicentro, mas o seu contexto geral era muito mais amplo, pois a rebeldia dos escravizados, que naquele período chegou ao seu ápice, puxou influências e inspirações de fora da Bahia, e até mesmo do Brasil.

O começo do século XIX foi um período marcado por inúmeros movimentos de contestação, associados tanto ao processo de independência brasileira como, posteriormente, à passagem ao Segundo Reinado, e nos quais prevaleciam as mais diversas reivindicações políticas e sociais.

Muitas dessas revoltas contaram com contingentes de escravizados e libertos entre os principais insurretos. Algumas das mais importantes foram a Conjuração Baiana, que em 1798 reuniu comerciantes, alfaiates, oficiais de baixa patente, libertos e escravizados numa campanha de panfletagem contrária à dominação portuguesa, rapidamente sufocada; a Revolução Pernambucana, de 1817, movimento liberal de oposição à monarquia portuguesa que chegou a controlar a cidade de Recife e parte das capitanias de Pernambuco, Paraíba e Rio Grande do Norte antes de ser violentamente reprimido; ou ainda a Confederação do Equador, que em 1824 buscou implantar uma república nas províncias que iam das Alagoas ao Pará.

A maior parte dessas insurreições buscava inspiração nos ideais do Iluminismo, ou ainda, no caso dos levantes de escravizados, em movimentos sociais ocorridos em outras regiões das Américas e também na África, e cujas notícias chegavam às cidades brasileiras, principalmente as portuárias, onde circulavam mais cedo. As duas mais importantes talvez tenham sido a Revolta do Haiti, que em 1804 culminou com a criação do novo país, governado por negros, após anos de lutas contra as tropas coloniais francesas; e a Jihad Fulani liderada por Usman dan Fodio, iniciada nesse mesmo 1804 e que, quatro anos depois, levaria à criação do chamado Califado de Sokoto, no norte da Nigéria.[8] Como pano de fundo, é preciso também não esquecer a pressão inglesa contra o tráfico negreiro, que levou aos acordos com Portugal, em 1814, e Brasil, em 1831, e que gerava a expectativa de que a escravidão no Brasil pudesse terminar. Não por acaso, vários dos escravizados que participaram dos levantes baianos eram propriedade de ingleses, conforme identificado por Pierre Verger.[9]

Se comparado às revoltas citadas, o ciclo baiano foi muito menos ambicioso, com muitas de suas rebeliões reunindo número pequeno de participantes, quase todos escravizados ou libertos, e não passando da fase conspiracionista. Ocorreram no espaço de 28 anos,[10] em engenhos do Recôncavo, mas também em Itaparica e Salvador, numa sequência de crescente violência que prenunciava o que ocorreria em 1835.

Em comum, essas revoltas eram em geral planejadas para eclodir em dias santos, como o de Nossa Senhora da Guia, durante os quais as cidades estavam relativamente desertas, com a população concentrada no lugar das festividades. Eram organizadas por escravizados e libertos de cidades maiores, em acordo com escravizados de plantações de engenhos da vizinhança ou dos quilombos mais próximos. Nas cidades maiores, os levantes tinham como objetivo conseguir armas e munições, atacar guarnições policiais e libertar escravizados presos, de modo a engrossar o contingente de revoltosos. Visavam também a apoderar-se de embarcações, com as quais sonhavam retornar à África. Entre os seus principais líderes, havia libertos artesãos ou pequenos comerciantes, que sabiam ler e ensinavam aos demais. Alguns desses líderes conseguiram sobreviver de uma revolta a outra, tendo uma participação mais ativa na seguinte, a partir da experiência acumulada anteriormente. Um deles foi o liberto hauçá Elesbão do Carmo, conhecido como Dandará, um dos líderes da revolta de 1835.

A Revolta dos Malês seria a maior, mais ambiciosa e bem organizada de todas e, por isso mesmo, a que justificou a repressão mais intensa, severa e com consequências mais duradouras. O plano dos revoltosos previa convocar os grupos de escravizados que, todos os dias, às 5 horas da manhã, iam às fontes da cidade apanhar água para seus mestres. Reunida a tropa, ateariam fogo em vários pontos da cidade, para distrair a polícia, e atacariam prisões e guarnições, à cata de armas e novas adesões. De ataque em ataque, planejavam chegar à região do Cabrito, onde encontrariam escravizados dos engenhos próximos à cidade. Juntos, já contando aos milhares, teriam força para enfrentar as tropas baianas e, num ataque final, quem sabe tomar o poder. Talvez daí iniciassem uma guerra civil, repetindo o que haviam feito Toussaint Louverture e Jean-Jacques Dessalines no Haiti, três décadas antes.

Não se tratava, ao menos em teoria, de uma proposta absurda. A cidade de Salvador reunia, em 1835, 65 mil habitantes, dos quais 40% eram escravizados[11] e, reunidos negros e mestiços, cativos e libertos, mais de 70% eram afrodescendentes. Contando apenas os escravizados e libertos nascidos na África, grupo do qual saíram todos os revoltosos, eram 17 mil, número próximo aos 19 mil brancos da cidade. Não foi à toa que, em meados da década de 1850, o viajante Robert Avé-Lallemant, escrevendo sobre Salvador, chamou-a de "capital da África".[12]

No resto do país, as proporções também pesavam a favor da população negra. Diferentes levantamentos realizados ao longo do século XIX mostram que, até a abolição, ela sempre foi mais numerosa do que a branca. Em 1845, por exemplo, de uma população total de 7,2 milhões de pessoas, 3,1 milhões eram escravizadas, 1,3 milhão, negras e mestiças livres, e 2,1 milhões, brancas. Uma revolta bem-sucedida, que lograsse mobilizar parte desse contingente negro, poderia representar uma ameaça real e, quem sabe, acelerar em algumas décadas a abolição.

E, no entanto, como muitas das outras revoltas antes dela, a dos malês terminou delatada antes da hora, o que decretou o seu fracasso. Na véspera daquele domingo, a liberta Guilhermina de Souza alertou um vizinho branco que, por sua vez, levou o assunto ao juiz de paz da freguesia da Sé e, de lá, ao palácio do governo. Antes da meia-noite do dia 24, Francisco Gonçalves Martins, chefe de polícia da Bahia, tomava as primeiras medidas para impedir a revolta. Naquela mesma hora, no subsolo de um sobrado da ladeira da Praça, acontecia uma das muitas reuniões em que se ajustavam os últimos detalhes do levante. A casa pertencia aos libertos Aprígio e Calafate e, naquela noite, abrigava outros sessenta africanos. Em algum momento da madrugada, o juiz, um tenente e alguns soldados chegaram à porta dos rebeldes e foram recebidos a gritos de "Mata soldado!". A revolta fora descoberta antes da hora, e os revoltosos tiveram que improvisar. A partir daquele primeiro confronto, e durante aproximadamente cinco horas, uma série de escaramuças acompanhou a geografia da cidade: ladeira da Praça, praça do Palácio, terreiro de Jesus, largo do Teatro (hoje praça Castro Alves), convento das Mercês, forte de São Pedro, quartel da Lapa (hoje colégio Central), Barroquinha, Pelourinho, Taboão e Cidade Baixa, em direção ao Cabrito. Nesse percurso, os amotinados chegaram a reunir entre quatrocentas e seiscentas pessoas, segundo João Reis.[13] Se não tivessem sido denunciados, decerto juntariam muitos mais. Fato é que, diminuídos em número e sem acesso às armas de fogo, eles terminaram derrotados quando tropas montadas vindas do quartel de cavalaria deram carga e os dispersaram. Por volta das 6 horas da manhã, os derradeiros grupos foram dominados.

Nas semanas que se seguiram, 231 malês detidos durante a revolta foram julgados, dos quais quatro foram executados, dezesseis presos, oito enviados às galés, 45 condenados aos açoites e 34 deportados (não se tem notícia dos demais). Mas essas foram apenas as primeiras punições. A revolta desencadeou uma onda de repressão contra a população negra liberta, especialmente os nascidos na África. Durante meses, centenas de pessoas foram condenadas. Dessas, mais de duzentas foram mandadas de volta à África.

E a coisa não terminou aí. Nos anos seguintes, uma série de medidas legais foi adotada, somando restrições aos já limitados direitos dos libertos crioulos e africanos. No caso dos crioulos, esses limites se davam no plano eleitoral (só votavam nas eleições primárias e só podiam ser eleitos para vereador), religioso (não podiam ingressar nas ordens) e profissional (não podiam ser funcionários de alta patente, delegados ou juízes; nas Forças Armadas, não ascendiam ao oficialato).

Leis específicas voltadas aos libertos africanos, os mais temidos, eram ainda mais rigorosas. Decretos anteriores à revolta já proibiam forros africanos de circularem fora de suas províncias sem passaporte, concedido por períodos curtos mediante "exame da regularidade da sua conduta".[14] Outros decretos vedavam o desembarque de africanos livres em qualquer porto brasileiro, talvez por receio de importar movimentos sociais de terceiros países. Após o episódio dos malês, as restrições aumentaram, proibindo aos libertos africanos adquirir casas; obrigando-os a tirar anualmente títulos de residência; impedindo que alugassem imóveis sem autorização de juízes; e submetendo-os ao pagamento anual de uma taxa de 10 mil réis, sob pena de prisão de até dois meses.[15] Na Bahia, palco da revolta, houve leis provinciais que proibiam inclusive libertos africanos residentes em outras partes do país de entrarem na província, sob pena de enquadramento no crime de insurreição. Algumas normas dispunham também sobre a expulsão de libertos suspeitos de sedição, mencionando a obrigação de todas as embarcações partindo de Salvador rumo à África levarem a bordo esses suspeitos, para ali desembarcá-los. Ao mesmo tempo, houve pressão de parlamentares baianos sobre a Assembleia Geral, no Rio de Janeiro, pedindo o estabelecimento de uma colônia no litoral africano, para repatriação de todos os africanos alforriados, a exemplo do que já fazia, nos Estados Unidos, a American Colonization Society.[16]

Essa política de repressão e tutela, que em alguns casos perdurou até 1872, era de âmbito nacional, aplicando-se nas diferentes províncias do Império, embora na Bahia, palco das maiores revoltas, tenha atingido sua forma mais dura e excludente. Havia, por trás dela, um objetivo duplo: o primeiro, a segurança. O Brasil das primeiras décadas do século XIX vivia mergulhado numa crescente tensão racial, agravada pelas diversas revoltas com participação, ou suspeita de participação, de negros cativos ou libertos.[17] A situação, como salientado por Manuela Carneiro da Cunha, fazia com que, "[d]esde a revolução do Haiti, a ideia de que o Brasil podia ser tomado pela população negra [estivesse] presente nos pesadelos de muitos".[18] O segundo objetivo, igualmente importante, era dificultar ao máximo a vida dos libertos urbanos, de forma a obrigá-los a abandonar as grandes cidades rumo ao campo. Lá, sob a tutela dos grandes proprietários rurais, únicos julgados capazes de controlá-los, deixariam de representar uma ameaça à ordem pública, além de substituírem os escravizados, que rareavam em razão do fim do tráfico, permitindo, assim, a manutenção do sistema agrícola extensivo e exportador, que dependia de mão de obra barata e abundante. Em 1851, a *Falla* do presidente da província, o mesmo Francisco Gonçalves Martins que, anos antes, reprimira a Revolta dos Malês, deixava esse objetivo claro ao propor novos rigores à vida da população liberta, excluindo-a das ocupações urbanas e do aprendizado de ofícios e limitando suas atividades econômicas à esfera agrícola, com isso promovendo a sua saída das grandes cidades rumo ao campo. Um ano antes, a Lei Eusébio de Queirós, que punha fim ao tráfico, fora aprovada, não por acaso apenas duas semanas antes da Lei de Terras, que criou imensas dificuldades para que libertos adquirissem propriedades fundiárias.

Como pano de fundo do processo repressivo, havia os dilemas de uma sociedade oriunda de uma colonização europeia, mas cuja população tinha sido sempre majoritariamente de origem africana. O desequilíbrio demográfico, além de alimentar os permanentes terrores da população branca, tornava-se problema ainda mais delicado à medida que a população escravizada, juridicamente equiparada à condição de animais, diminuía em relação ao contingente de negros libertos, que tinham capacidade civil, podendo, portanto, ao menos em teoria, aspirar a alguma forma de cidadania e ascensão econômico-social. Aos olhos da elite branca e do governo brasileiro, a situação apresentava um problema fundamental: como integrar o negro, conceitualmente associado à condição de escravizado, à jovem nação que se formava e cujo projeto passava pela constituição de uma sociedade ocidental, liberal e homogeneamente branca? Para muitos, a única saída era a exclusão dos negros.[19]

O retorno de libertos à África

No segundo capítulo de sua tese de doutorado, Mônica Lima e Souza refere-se a um anúncio de jornal, mandado publicar pelos libertos Tito e Antônia, em abril de 1863, no *Diário da Bahia*, informando sobre sua partida para a Costa da África em companhia dos filhos crioulos Luís e Arcucio.[20] Mônica especula sobre a razão de tais anúncios, então relativamente comuns. Orgulho de fazer saber que voltam à terra de seus ancestrais? Declaração pública de que nada havia a impedi-los, de que eram donos de seu próprio destino? Ou recado aos que por ventura desejassem mandar cartas ou encomendas? É possível que fossem as três ao mesmo tempo.

No período que se abre com o fracasso da Revolta dos Malês, voltar à África, fosse de modo voluntário, como Tito e Antônia, ou forçado, como os revoltosos banidos, tornou-se fato relativamente corriqueiro. Dados compilados pela própria Mônica dão conta de um contingente de 993 retornados entre 1835 e 1837, o período com maior incidência de retornos, provavelmente motivados pelo banimento dos suspeitos de participar da Revolta dos Malês e pela partida voluntária de seus familiares.[21] Ainda segundo ela, na década de 1840, teriam regressado à África 843 pessoas, na de 1850, outras 1.092, e, na de 1860, ao menos 630. Um total, contando apenas os 35 anos posteriores à Revolta, de pouco mais de 3,7 mil pessoas, levando-se em conta também os cerca de duzentos deportados. Considerando o fato de que o fenômeno do retorno se estendeu ao menos até a virada do século XX, que os registros pesquisados foram apenas os de Salvador, e que, para muitos dos anos pesquisados, faltam números confiáveis, é razoável supor que o total de retornados esteja perto da projeção de Manuela Carneiro da Cunha, que fala em 7 a 8 mil pessoas. A compilação dos dados disponíveis nos livros de registro de passaportes, que podem ser encontrados no Arquivo Público do Estado da Bahia (APEB), permite constatar a existência de períodos com maior ou menor concentração de retornos. Com base nesses dados, Mônica Lima e Souza e Lisa Earl Castillo mapearam a história desse fenômeno, identificando os momentos em que o refluxo foi mais concentrado, assim como o perfil dos que voltavam e seu destino final.[22]

Nos anos 1835 a 1837, nos quais o retorno esteve provavelmente associado à grande revolta, o destino prioritário dos retornados, segundo Lisa, foi o golfo do Benim, mais especificamente, o porto de Uidá (Figura 3). Foi para lá que partiram navios como o Maria Damiana, em novembro de 1835, levando a bordo 150 deportados, ou o Nimrod, fretado por dois libertos, que partiu de Salvador em janeiro de 1836 levando provavelmente parentes dos que haviam ido dois meses antes. Mônica registra também, para aquele período, a partida do Maria Adelaide levando 234 libertos do Rio de Janeiro a Luanda. Data desse período a partida de Antônio Pereira dos Santos e Anna de Christo, que solicitaram passaportes em maio de 1836. Sua viagem terminaria na cidade de Aguê, onde Antônio, anos depois, se tornaria bisavô de Sylvanus Olympio, de quem falarei no segundo capítulo deste livro. Também data dessa época a partida da família de Maria da Glória de São José, que pediu passaporte em 15 de maio de 1836, partindo para Aguê, onde sua família se estabeleceu e onde vim a conhecer um de seus descendentes. Um ano depois, era a vez de José Pedro Autran e Francisca da Silva partirem em direção a Uidá, onde estabeleceram família, cujo sobrenome é hoje Villaça. Quase duzentos anos depois, visitei pela primeira vez o túmulo de José Pedro no cemitério familiar dentro da antiga propriedade que ele construiu.

Na década de 1840, o perfil dos retornados mudou sensivelmente. Em lugar de famílias inteiras, via-se uma maioria de homens desacompanhados e, em lugar de um retorno sem volta, viagens "a negócios". Segundo Lisa Castillo, eram comerciantes empenhados em levar para o lado de lá produtos de consumo dos próprios retornados, ou ainda negreiros agindo nos estertores do tráfico, já perto de ser definitivamente abolido. Data desse período a partida de Joaquim d'Almeida, de quem falarei no capítulo 4, que pediu passaporte em dezembro de 1844, viajando a bordo da escuna Emília com uma carga de cachaça, tabaco e tecidos. Em 1849, deixava o Brasil José Abubakar Paraíso, de quem também falarei mais adiante. Amigo e correspondente comercial do negreiro Domingos José Martins, Abubakar obteve passaporte em dezembro daquele ano, viajando em seguida para Uidá. Ele se instalaria em Porto Novo, onde sua família ainda vive.

Na década de 1850, dois eventos marcaram uma mudança substancial no movimento de libertos brasileiros de volta à África. Por um lado, a aprovação da Lei Eusébio de Queirós, que punha fim ao comércio negreiro, afetando diretamente as atividades comerciais de retornados que se dedicavam ao tráfico. Por outro, a tomada, em 1851, da cidade de Lagos pela Inglaterra. O historiador Elisée Soumonni, que entrevistei em Porto Novo, observou que, na década de 1850, cidades como Uidá, Porto Novo e Aguê passaram a receber cada vez menos retornados e que, a partir de 1860, Lagos tornou-se o destino quase exclusivo dessas pessoas. Segundo ele, isso se devia a duas razões principais: o fato de que Lagos, ocupada pelos ingleses, tornara-se um lugar onde retornados não corriam o risco de serem reescravizados; mas também a circunstância de que cidades como Uidá sofriam com o bloqueio comercial imposto pela Inglaterra na tentativa de acabar com o tráfico ainda praticado clandestinamente até meados dos anos 1860. Esse bloqueio provocou sérios impactos na cidade. Richard Francis Burton, então cônsul britânico em Fernando Pó, foi testemunha da situação. Em livro de 1864, ele relata a carestia da vida em Uidá naqueles tempos de crise econômica.[23]

Os registros brasileiros sobre emissão de passaportes mostram que, nesse período, o número de mulheres e crianças solicitando o documento aumentou significativamente, sinal provável de que famílias inteiras haviam decidido instalar-se definitivamente em Lagos. Também aumentou o número total de viajantes (203 em 1851, 132 em 1850 e 55 em 1849),[24] o que talvez comprove a importância da presença inglesa na cidade, que proporcionava segurança aos retornados, mas também, em muitos casos, oferecia apoio direto à chegada, tanto na instalação como na emissão de documentos. É conhecido, por exemplo, o papel do cônsul britânico Benjamin Campbell, que, entre 1853 e 1859, ajudou a comunidade de retornados em Lagos, chegando a oferecer a alguns de seus membros passaportes britânicos.

A emissão desses documentos estrangeiros teve efeito importante para alguns viajantes, que puderam voltar ao Brasil apesar da proibição da lei de 1831, ainda vigente. Passaram a viajar como "súditos britânicos negros", desembarcando nessa condição no país. Segundo Lisa Castillo, houve casos registrados de libertos que realizaram a viagem a Lagos unicamente para obter o passaporte e regressar ao Brasil. Com o documento, sua vida em solo brasileiro tornava-se mais fácil, pois podiam deslocar-se dentro do país e ter garantida, caso necessário, a proteção do governo de Sua Majestade. Esse expediente teve impacto importante no número de retornados que, já instalados em Lagos, realizaram viagens de visita, ou comerciais, ao Brasil, mantendo vivos o comércio e os laços com parentes e amigos deste lado do oceano.

De meados da década de 1860 em diante, o perfil dos retornados mudou outra vez. Segundo Mônica Lima e Souza, os dados de registros de passaportes mostram uma população mais velha, majoritariamente acima dos 40 anos, idade avançada para a época. Provavelmente, ela especula, eram libertos que decidiram passar os seus últimos anos na terra dos ancestrais. Como se verá mais adiante, data desse período a viagem de Romana da Conceição, que acompanhou, ainda criança, a avó no retorno a Lagos, onde ela viveria pelos seguintes sessenta anos, torturando-se de saudades do Brasil. O barco no qual elas embarcaram, o patacho Alliança, deixou o porto de Salvador em 1899, dois anos depois daquele cuja partida emocionou Nina Rodrigues.

OS PRIMEIROS RETORNADOS E O CHACHÁ DE SOUZA

A África para onde iam os retornados também passava por grandes transformações. Do ponto de vista econômico, a região vivia a transição do comércio negreiro, tornado ilegal, ao de produtos ditos "inocentes" ou "legítimos", como o amendoim, o óleo de dendê e a goma arábica, o que geraria, segundo Guran, um processo de modernização econômica da qual participariam os agudás. Politicamente, era um período de grande instabilidade, decorrente dos vários conflitos provocados pela pressão da Jihad liderada por Usman dan Fodio no norte da Nigéria,[25] que levaria à criação do Califado de Sokoto. Esses conflitos, que se sucederam entre o final do século XVIII e as primeiras décadas do século XIX,[26] acabariam levando ao colapso do Reino de Oyó, por volta de 1835, com impactos diretos no tráfico negreiro para o Brasil, marcado, no período, por um aumento sem precedentes do número de escravizados de língua iorubá. Igualmente desestabilizador foi o efeito do fim do tráfico nas elites africanas, que durante séculos fizeram dele a principal fonte de recursos, dependendo desse comércio para manter os seus exércitos. A conjuntura coincidiu, e talvez ajude a explicar, com a precipitação da presença europeia, cujo processo de colonização africana começou na primeira década do século XIX, com o estabelecimento da colônia britânica de Serra Leoa, e tomou forma definitiva após a Conferência de Berlim.[27]

Os primeiros grupos de retornados, embarcados em meados da década de 1830, com destino ao golfo do Benim, teriam sido acolhidos em Uidá, a pedido da província da Bahia,[28] por Francisco Félix de Souza, o primeiro "Chachá".[29] Francisco foi um dos maiores traficantes de escravizados daquela costa, e sua trajetória, de que falarei no capítulo 4, é representativa das relações comerciais entre o Brasil e a África até meados do século, marcadas essencialmente pela exportação de fumo e aguardente e a importação de escravizados. Alguns luso-brasileiros, como Chachá de Souza, em Uidá, Domingos José Martins, em Porto Novo, e os irmãos Jambo, em

Badagri, dominavam esse comércio. A presença desses negreiros na costa ocidental africana já vinha se consolidando desde o final do século XVIII, com a chegada de João de Oliveira, e também de Eucaristo de Campos, que instalou uma feitoria em Hogbonou, por volta de 1730, e convenceu o seu rei a mudar o nome do lugar para Porto Novo. Alguns deles chegaram a ter relações muito próximas com os potentados locais, passando a acumular fortunas imensas e enorme influência. Eram, por essa razão, uma referência para aqueles que chegavam do Brasil. Colocar-se sob a sua proteção "era ao mesmo tempo garantia de não reescravização e possibilidade de um lugar promissor do ponto de vista econômico e político".[30]

A importância do Chachá para os retornados do Benim pode ser comprovada até nos dias de hoje: não bastasse a tradição oral resgatada com a maior parte das famílias, e na qual o Chachá ocupa lugar de destaque, existe ainda hoje, em Uidá, cidade onde ele viveu boa parte da vida, um bairro chamado Brasil repleto de casas construídas pelos retornados nas cercanias da residência do negreiro. O entrosamento entre traficantes luso-brasileiros e escravizados libertos continuou nos anos seguintes, inclusive por meio de alianças formais e casamentos, ao ponto que, hoje em dia, quase não há distinções entre eles, sendo todos assimilados à categoria genérica de agudás. A palavra, cuja origem provável é o nome da fortaleza portuguesa da cidade, São João Baptista de Ajudá, ainda é comumente usada para identificar os retornados no Benim e no Togo. Na Nigéria, a palavra caiu em desuso e os retornados referem-se a si mesmos como "Brazilians". Em Gana, são conhecidos como os "tabons".

Ao chegarem na África, alguns dos primeiros retornados, como Joaquim e Antônio d'Almeida, Francisco Olympio da Silva e José Francisco dos Santos, também se dedicaram ao tráfico negreiro, aprendendo o ofício com o próprio Francisco Félix de Souza, ou com Domingos José Martins, sem nunca terem atingido a mesma prosperidade deles. A alguns coube também participar da transição para o comércio dos produtos da terra, em especial o dendê, que, a partir da década de 1830, começou a ser negociado de forma regular nos mercados europeus, principalmente Inglaterra e Alemanha,[31] e que aos poucos tomaram o lugar do tráfico de escravizados.

A palmeira do dendê encontra-se em praticamente toda a costa do golfo do Benim, e os canais e lagunas que permeiam esse litoral facilitavam a comercialização do produto, como antes havia facilitado a dos escravizados. Apesar disso, durante as primeiras décadas do século XIX, o dendê era comercializado de forma apenas complementar ao tráfico negreiro. Embora o seu preço tenha subido em meados do século XIX, as margens de lucro com a venda do produto nunca chegaram perto dos ganhos auferidos com o tráfico negreiro, os quais, segundo Manuela Carneiro da Cunha, variavam entre 500 e 1000%. Por essa razão, as vendas de dendê para o mercado europeu só se firmaram com a pressão política da Inglaterra, que, a partir da década de 1840, passou a forçar as chefias locais a renunciar ao tráfico e a promover, em seu lugar, o cultivo e o comércio do produto.[32] A conquista de Lagos, de onde foi expulso o rei Kosoko, grande comerciante de escravizados, foi consequência direta dessa política. A partir de meados do século, alguns dos maiores comerciantes brasileiros instalados no golfo do Benim já se dedicavam, de forma quase exclusiva, à venda de produtos agrícolas. Entre eles estavam Francisco Olympio da Silva, instalado em Aguê, e José Abubakar Paraíso, em Porto Novo, donos de algumas das maiores plantações daquela costa.[33]

Em paralelo, existia também um comércio específico com o Brasil, composto de produtos brasileiros muito apreciados na costa africana, como o tabaco, a "carne do sertão" (carne-seca) e a aguardente, além de roupas, material de construção e móveis, cujo consumo aumentava conforme a comunidade de retornados crescia. No sentido contrário, vinham da África produtos de consumo da comunidade africana no Brasil, alguns dos quais de uso religioso, como os panos da costa, as nozes de cola, a manteiga de carité e as cabaças.

Com o fim do tráfico negreiro em direção ao Brasil, chegou a haver o receio de que o comércio entre o país e a costa africana cessasse de todo. Francisco Gonçalves Martins, em sua já citada *Falla*, de 1851, expressou essa preocupação, e pouco depois solicitou a redução do imposto que recaía sobre os produtos que o Brasil exportava para a África. Na realidade, o comércio não cessou e as vendas se mantiveram firmes tanto num sentido quanto no outro. Entre 1877 e 1886, por exemplo, o Brasil figurava em terceiro lugar entre os países que mais vendiam para Lagos. A prosperidade desse comércio continuou até o final do século XIX, declinando em seguida para cessar de todo em decorrência da Primeira Guerra Mundial.[34]

AS "VIRTUDES" DA COMUNIDADE AGUDÁ

Em 1845, o viajante inglês John Duncan esteve na cidade de Uidá e surpreendeu-se com as virtudes da comunidade agudá. Segundo ele:

> a parte portuguesa de Uidá, onde se estabeleceram os brasileiros emancipados, ultrapassa, sob qualquer ponto de vista, a parte inglesa e a francesa. Isto pode ser atribuído à superioridade de seus conhecimentos em agricultura e em economia doméstica e conforto. [...] Eles são de longe o povo mais trabalhador que encontrei. Várias belíssimas fazendas, a seis ou sete milhas de Uidá, são muito produtivas. As casas são limpas e confortáveis, e estão situadas nos pontos mais belos que se pode imaginar. É muito agradável de encontrar assim de surpresa uma casa onde você é recebido à maneira europeia, e instado a aceitar um refresco. Verifiquei, depois de pesquisar, que invariavelmente estas pessoas tinham sido escravas. O que parece demonstrar que para este país a escravatura teve os seus bons e os seus maus aspectos.[35]

Vinda de um inglês de passagem por terras onde ainda se praticavam hábitos "selvagens", a admiração não chega a surpreender. É, provavelmente, o melhor testemunho do impacto que a comunidade teve nas sociedades em que se inseriu. Tendo como base a experiência acumulada nos anos em que viveram no Brasil, e nos quais tiveram acesso à educação formal, além do aprendizado de ofícios, como a maçonaria, a carpintaria, a marcenaria e a agricultura, os retornados construíram nesses lugares verdadeiras "ilhas de civilização", para emular a visão do perplexo Duncan. Espaços ocupados por "casas confortáveis" e "fazendas produtivas", mas também por gente que se portava segundo códigos com os quais o britânico Duncan conseguia se identificar.

A experiência brasileira foi, como afirma Guran, a matéria-prima com a qual a comunidade de retornados terminou fabricando a própria identidade, "valorizando a estada no Brasil, único ponto comum a todos eles", como forma de se inserir na sociedade local. E é como "brasileiros" que eles terminaram por se estabelecer, passando a ser reconhecidos dessa forma pelos demais, como se "brasileiro" fosse uma etnia de algum lugar distante.

Quando os governos coloniais se estabeleceram, no final do século XIX, essa comunidade, justamente por ser percebida como diferente da população autóctone, acabou sendo aproveitada na administração colonial. Milton Guran estudou o caso do Daomé, que é representativo dessa relação.[36] Segundo ele, os agudás foram, desde o início, aliados incondicionais dos franceses, apoiando a criação do protetorado de Porto Novo e contribuindo para a guerra que se levaria a cabo contra o rei de Abomé, Behanzin, que resistia à pressão colonial. Em troca, passaram a gozar de algum prestígio, chegando a ocupar, como Ignácio Paraíso, filho de José Abubakar Paraíso, um assento no Conselho da Colônia, enquanto outros se tornavam funcionários do governo colonial.

Apesar desse apoio, conforme os franceses tomavam conta do país, os agudás foram sendo alijados das atividades economicamente mais rentáveis, perdendo o controle do comércio atacadista e do varejista, que passou para empresas francesas. A perda de influência aumentou a partir do fim da Segunda Guerra Mundial, quando, após a Conferência de Brazzaville, o governo francês adotou uma série de mudanças nas relações políticas e econômicas com as suas colônias, entre as quais o acesso dos autóctones a empregos e setores da economia antes reservados aos colonos; a criação de uma Assembleia Federal, em que deputados africanos exerceriam uma representação direta de seus eleitores; além da eleição de deputados africanos para a Assembleia Nacional francesa. Os agudás começaram então a perder espaço também na administração colonial, tendência que se acentuou com as independências, quando os "brasileiros com aspas", considerados meio estrangeiros, foram assimilados aos colonizadores. Seguiu-se então um "ajuste de contas", que durou décadas, durante as quais eles foram banidos da vida pública. A partir do processo de redemocratização do país, em 1989, após a ditadura comunista de Mathieu Kérékou, os agudás recobraram parte do espaço que haviam perdido. Guran pondera que a entronização, em 1995, de Honoré Feliciano de Souza como "Chachá VIII", chefe da família Souza e oitavo herdeiro do título de Francisco Félix de Souza, em cerimônias que tiveram grande repercussão no país refletiria a recuperação parcial desse prestígio. Sobre isso falarei no capítulo 4 deste livro.

Em Gana, por circunstâncias que serão abordadas no próximo capítulo, os tabons foram, praticamente desde a sua chegada em Acra, assimilados como um dos clãs pertencentes ao grupo étnico ga-dangb e, situação que se mantém até hoje. Na Nigéria, houve uma diluição mais rápida e acentuada da comunidade de retornados nos demais grupos étnicos locais, especialmente o iorubá. Isso se deveu, provavelmente, à dinâmica demográfica de um país com população numerosa e a peculiaridades do sistema político adotado pelo colonizador inglês, chamado *self rule*, que permitia uma participação mais ativa da população local na execução da política colonial, criando incentivos políticos para que os retornados evitassem se apresentar como "brasileiros", o que equivalia a dizer-se estrangeiro. Mesmo assim, ainda nos dias de hoje, encontramos alguns nostálgicos do Brasil, em geral os mais velhos, organizados em grupos como a Brazilian Descendants Association Lagos, que gravitam em volta do consulado brasileiro. Em setembro de 2019, uma reportagem da BBC em Lagos, narrada em iorubá, registrava a festa do Sete de Setembro, organizada com o apoio dessa associação.[37]

MARCAS DA PRESENÇA BRASILEIRA

A marca mais visível da presença dos retornados na África ainda é, atualmente, a arquitetura. Em Lagos, construções de inspiração portuguesa começaram a ser erigidas no final do século XVIII, quando traficantes de escravizados se instalaram, a convite do rei Akinsemoyin, na ilha então conhecida como Èkó. Em retribuição aos favores reais, os mercadores portugueses fizeram construir um palácio em estilo ocidental para Akinsemoyin, com materiais levados de Lisboa e do Brasil. Tratava-se da primeira construção "moderna" da região, feita com tijolos e cobertura de telhas. O novo tipo de telhado, sobretudo, representou uma revolução em relação ao anterior, feito de sapê e sujeito a incêndios, como o que destruiu parte da cidade de Uidá no começo do século XIX. Com os novos telhados, diminuíam as chances de tais tragédias.

Durante a primeira metade do século XIX, o novo estilo arquitetônico ficou limitado às residências dos próprios traficantes, além de alguns palácios reais. Era considerada uma ofensa, punida com a morte, a construção, por súditos do rei, de casas que rivalizassem em estilo com seus palácios. Foi apenas a partir de 1851, data em que a cidade, sob a tutela britânica, transforma-se em "porto seguro" para os libertos, que o estilo se popularizou. Aglomerados no que se tornou o Brazilian Quarter (o bairro brasileiro), os retornados passaram a construir casas nas quais prevaleciam elementos da tradição arquitetônica brasileira, como o pé-direito alto, as varandas e os pátios internos, os jardins, a disposição dos quartos ao longo de um corredor ou em torno de um salão e as grandes janelas com venezianas e balcões, dando para a rua. Essas casas eram muito diferentes das tradicionais residências africanas, chamadas em iorubá "agbo ilê", nas quais os quartos, cada qual abrigando uma família diferente, dispunham-se em torno de um pátio comum, que geralmente servia como cozinha.

A difusão da nova arquitetura foi muito rápida. Em poucos anos, todo o bairro brasileiro e adjacências ostentavam sobrados de estilo brasileiro.

Grandes comerciantes, como Joaquim Francisco Devodê Branco (Figura 4), Cândido da Rocha e João Ângelo Campos (Figura 5) edificaram mansões entre as maiores e mais bonitas. Em 1895, Mohammed Shitta, bei do Império Otomano, ordenou que sua mesquita fosse construída por pedreiros e carpinteiros brasileiros (o autor do projeto foi João Batista da Costa). O resultado é uma obra que evoca, ao mesmo tempo, o Islã e o colonial baiano. Em Porto Novo, Ignácio Paraíso mandou levantar a grande mesquita da cidade em estilo semelhante, fazendo-a idêntica a uma igreja.

Essa difusão não se limitou a Lagos ou mesmo só à Nigéria. Por meio de artesãos, carpinteiros e mestres-pedreiros vindos do Brasil, como Lázaro Borges da Silva, Balthazar dos Reis, Francisco Nobre e Walter Paul Siffre, ela chegou às cidades de Badagri, Abeocutá e Ibadan, assim como ao Daomé, em Porto Novo, Uidá e Aguê, ou ainda em Lomé, no Togo, ou em Acra, Gana, onde existem, ainda hoje, edificações de arquitetura brasileira, muitas já entregues aos rigores do tempo e do descaso. No capítulo 6 deste livro, tratarei desse assunto em detalhe.

A permanência do português foi mais efêmera. Nos dias de hoje, pouco ficou do idioma na memória dos descendentes dos primeiros retornados. Até a década de 1960, ainda se encontravam aqueles que, como Romana da Conceição, nasceram no Brasil e falavam a nossa língua. Hoje, o idioma ancestral perdeu-se no tempo, sendo substituído, no contexto doméstico, pelas línguas da terra e, no plano nacional, pela dos colonizadores, franceses e ingleses. Subsistem, no entanto, no léxico pessoal dessas famílias expressões e palavras que, de tanto se repetirem, ou por se referirem a objetos ou situações típicas do cotidiano, sobreviveram ao tempo e ao esquecimento. Expressões de saudação como "Viva, brasileiro!", "Viva, Nossa Senhora dos Prazeres!", "Sua benção, iaiá", "Bom dia" ou "Como passou?"; xingamentos como "Cachorro!" e outros impublicáveis; e palavras como "palmatória", instrumento muito usado na rigorosa disciplina dos brasileiros da Nigéria. Além disso, o idioma fon, falado no Benim e no Togo, chegou a incorporar palavras do português, como "mesa" e "cadeira". Iniciativas esporádicas e isoladas tentam levar às famílias um pouco da língua de seus antepassados.

Em ocasiões, funcionários das embaixadas brasileiras oferecem aulas de português, mas são iniciativas insuficientes para recuperar um idioma há muito esquecido.

Apesar disso, o português ainda pode ser ouvido, distorcido e mutilado, nas canções que se entoam durante as festas brasileiras ainda hoje celebradas. A mais popular delas é a dança da burrinha, versão africanizada do folguedo popular baiano, que tem raízes comuns com o bumba meu boi.[38] Na variante africana, a festa sofreu alterações, sendo a principal delas a introdução de personagens de inspiração local, elefantes e emas, que se juntam à dança do boi e da burrinha. No Benim, a *bourian*, como é chamada (pronuncia-se "burriã"), é apresentada, em geral, por ocasião das festas de Nosso Senhor do Bonfim, no terceiro domingo do mês de janeiro, organizadas por irmandades religiosas como a Irmandade Bom Jesus do Bonfim de Porto Novo. Em Lagos, festas parecidas eram organizadas, até meados do século XX, pela Sociedade Nossa Senhora dos Prazeres, da qual chegaram a ser membros honorários os escritores Antônio Olinto e Zora Seljan.

A dança ocupa em geral a parte final dessas celebrações, que incluem missa e desfiles pelas ruas das cidades. Com o passar dos anos, as apresentações da burrinha ganharam um caráter mais profano, acontecendo não apenas durante a celebração do Bonfim, e tornando-se muito populares, especialmente entre os beninenses. Numerosos grupos profissionais de *bourian* foram criados, em concorrência direta com os grupos originais, integrados apenas por descendentes de brasileiros. É comum a encenação da dança em casamentos, batizados ou como atração turística. Com isso, as canções, originalmente em português castiço, vão perdendo ainda mais rapidamente o seu sentido original.[39]

Durante festas como a do Bonfim ou o carnaval de Lagos, servem-se pratos de uma culinária que os primeiros retornados trouxeram do Brasil. Assim como o idioma e as danças, a culinária sofreu influências africanas e, em alguns casos, já foi assimilada à cultura local, sendo degustada no dia a dia. Entre os pratos mais populares estão a feijoada (que se serve com o feijão triturado), o feijão-de-leite (às vezes chamado "frijol" na Nigéria, e servido, como no Nordeste, na Sexta-feira da Paixão), a "moukeka", semelhante à brasileira, o "kusidu" (cozido), o "moyo" (molho à base de tomate, cebola e pimentão, que se come com o feijão), o "pirón", a canjica, o arroz-doce, a farofa (que é servida doce em Lagos) e o "dossi" (doce), feito à base de mamão e consumido no Benim.

A permanência do legado brasileiro, sobre o qual falarei nos próximos capítulos, é efêmera, inclusive a da arquitetura, que aos poucos vai desaparecendo. Ações pontuais, de iniciativa da própria comunidade, ou com o apoio do Brasil, são às vezes um fator de esperança. Alguns anos atrás, quando a diplomacia brasileira redescobriu a história desses brasileiros distantes, no embalo da sua nova política para a África, houve acordos formais de cooperação para a conservação do patrimônio histórico dos agudás do Benim. Foi feito um levantamento das construções brasileiras de algumas das cidades do país e também do Togo, e a restauração de uma casa ou outra chegou a ser acertada. Em Gana, visitas presidenciais acenderam a esperança de que os tabons finalmente atravessassem o mar de volta à Bahia, que consideram a terra dos seus ancestrais. No embalo, um centro cultural brasileiro foi estabelecido em Acra, exposições foram planejadas e um projeto de maior fôlego, sobre a preservação da memória comunitária, foi concebido. Quase nada finalmente vingou, pois o interesse brasileiro é escasso e inconstante, e os retornados carecem de meios e incentivos para, eles mesmos, protegerem o seu legado.

Tudo isso, somado ao tempo que vai passando, leva a um gradual desaparecimento da comunidade que, conforme se torna numericamente maior com o passar das gerações e a chegada de novos membros, vê os laços que a prendem ao passado brasileiro dissolverem-se no caldo cultural africano no qual está inserida. Aos poucos, os últimos brasileiros da África se tornam menos brasileiros e mais africanos.

Mas nem tudo é desalento. Há muita gente ainda engajada em salvar o que sobrou de Brasil nesse canto distante de África, e seu empenho chega a comover. Alguns anos atrás, conheci um beninense de sobrenome Sacramento que, aos 86 anos de idade, decidiu morar no Brasil para buscar as suas origens. Mantivemos uma longa correspondência, que durou anos e alimentou parte de minhas pesquisas. Um dia, decidi visitá-lo no sul da Bahia. Aos 95, ele continuava firme em suas pesquisas. Apesar das dificuldades, mantinha o otimismo, convicto de que um dia encontraria algum documento que apontasse na direção certa. Combinamos de nos encontrar outra vez em 2023, para celebrar o seu centenário. A sua tenacidade foi para mim motivo de alegria.

Também é admirável a tenacidade de Beatriz da Rocha, dona Bia, que se apresenta como sobrinha-bisneta de João Esan da Rocha, liberto estabelecido em Lagos, nos anos 1870, com o filho Cândido, um dos mais ricos entre os retornados nigerianos. O lado brasileiro da família vive em Salvador. Depois de visitar as primas em Lagos, quando chegou aos 80 anos, dona Bia decretou que morreria na África, sua "verdadeira terra". Já se passaram vários anos e, apesar das agruras, ela ainda não desistiu dessa ideia.

Outra razão para se ter esperança são as novas tecnologias digitais, aliadas importantes na preservação dessa memória. Com a internet, fica mais fácil divulgar a história dos retornados e restabelecer os laços entre famílias que o regresso à África separou.

Ainda há famílias, pouquíssimas, que reconhecem o seu parentesco transoceânico, e cujos integrantes mantiveram, ao longo dos anos, um contato esporádico, seja pela visita bissexta de algum parente, seja pelo hábito da correspondência, como ocorreu com dona Bia. Algum tempo atrás, tive acesso, em Salvador, às cartas que Paul Lola Bangbosé Martins mandava à sua prima Caetana Sowzer. O vínculo entre os dois ramos dessa família, de que falarei mais adiante, veio pelo antepassado comum Rodolfo Manoel Martins de Andrade, conhecido como Bangbosé (Bamboxê ou Bangboxê) Obitikó, um daqueles viajantes que, na segunda metade do século XIX, atravessavam o oceano levando mercadorias de Salvador a Lagos e que engendraram descendência dos dois lados. Paul chegou a morar no Brasil nos anos 1970, quando conheceu Caetana e suas irmãs. Muitos anos depois, em Lagos, ele foi o meu guia pelos meandros do Brazilian Quarter e seus intrincados casebres, onde ainda vivem algumas poucas famílias de retornados. Durante anos, Paul foi a maior referência para os que iam a Lagos em busca de informações sobre essa história, inclusive porque falava português. Quando morreu, quem assumiu o seu lugar foi o sobrinho Graciano, que hoje lidera a Brazilian Descendants Association Lagos. Ele, no entanto, já passou dos 70, e não se sabe se deixará sucessor.

Para as outras famílias que, no Brasil e na África, ainda buscam os seus vínculos recíprocos, sejam eles concretos ou simbólicos; ou ainda para os curiosos que querem simplesmente entender essa fascinante história, existem hoje, além dos muitos livros que cito na bibliografia desta obra, sítios na internet e páginas nas redes sociais com conteúdos que ajudam a descobrir, entender ou recobrar tais laços. No último capítulo deste livro menciono vários deles.

Os capítulos a seguir são uma contribuição para esse esforço por preservar essa história que, embora tenha-se desenrolado principalmente na África, é sobretudo brasileira.

2
ACRA, GANA

Eric Morton convida-me para o pátio da Casa Brasil, no número 8 da rua Brasil ("Brazil lane"). Sentados em semicírculo, vejo cinco percussionistas cercados de venerandas senhoras trajadas como baianas em flor, vestidões alegres, lenços a sorrir, tudo em tons de bandeira, numa combinação aleatória de verdes, amarelos e azuis, como nos traços de uma criança a buscar as cores do pavilhão nacional. Tudo mais ou menos Brasil, tudo mais ou menos Bahia, exceto talvez pelas anáguas, que ali não se usam.

A percussão começa e cantos sobem pelas paredes da casa, ecoam nos janelões persianados, arrastam-se até o telhado. O vento úmido daquele julho leva a letra da canção bairro adentro e mar afora. A casa fica na extremidade dos dois, no limite da cidade, à beira de uma praia que já viu negros partirem escravizados e negros voltarem libertos. Hoje em dia, a praia vê apenas o movimento dos coloridos barcos de pesca atirados ao mar. Nos dias de menos peixe, o que se enxerga são apenas os meninos agachados a defecar na areia, à beira da arrebentação, que usam como descarga.

O canto de Eric Morton sai em iorubá, e a letra começa explicando suas origens, num exercício espontâneo de metacanção, pois o iorubá é para Eric tão estranho como o português. Diz a letra:

> *Dabi m'beru agbê, kim be* wa jo
> *Yee! Dabi m'beru agbê, kim be* wa jo *eee*
> *Eba m'beru Ijesha koni gbagbê*
> *Yee! Dabi m'beru agbê, kim be* wa jo *eee*[1]

As estrofes alternam-se na voz de Eric e na resposta do coro, crescem em volume enquanto os toques ganham em complexidade. Dois tambores, um agogô e um xequeré[2] formam a base rítmica, enquanto Eric, no tambor de agbê, improvisa (Figura 6). Seu toque e seu fôlego dão a cadência do responsorial. O ritmo acelera conforme a música, que já ocupou todo o espaço, toma conta dos músicos. A sensação é física. Visto de fora, é quando Eric fecha os olhos, quando o suor, que lhe escorria pelas têmporas, cessa de pronto. Quando o seu coração (diz ele) passa a bater em uníssono com o tambor.

As canções variam, convocando para a celebração, "Ago, ago dabi da wale/ Onile moka ago", invocando orixás iorubanos, "Awalama isho omanu/ Olorun omanu oo", festejando a si mesma, "Agbê, agbê/ agbê jakagbê idu, agbê eee". De repente, o coro chama as matriarcas a dançar: "Yalode eba p'lyalode kowanjo."

Tia Memmuna Coffie levanta-se e põe-se a requebrar, seu bubu verde--amarelo-azul-e-branco correndo em padrões livres, uma abstração da nossa geométrica bandeira (Figura 7). Tia Coffie dança como se estivesse no recôncavo, passos pequenos de samba de roda, mãos nas cadeiras. Um lenço branco aparece de sua manga e ela se insinua, joga para um lado, para o outro, finta, se esquiva, toureia um bicho invisível. A agilidade de menina engana os anos largos. Do rosto surrado brota uma malícia quase infantil. Seus olhos que tudo viram cantam como se tivessem voz. Logo, outras tias juntam-se à ciranda. É quase irresistível não dançar junto, e ninguém se faz de rogado. Revezamos no centro da roda, fotografando apenas para recordar. O entusiasmo toma conta de todos. Chegamos à África dois dias atrás e já estamos a mergulhar em seus ritmos secretos. Microfones e câmaras giram, cercados de titias a rodar como bandeiras flamulantes num campo de futebol.

De repente, a festa termina. Era apenas uma demonstração. Imagens para que eu pudesse filmar e fotografar. As primeiras na África, a inauguração de um roteiro que me levaria a quatro países, cruzando 500 quilômetros por terra, a atravessar Gana, Togo e Benim, a chegar em

Lagos, ponto final do périplo. Uma viagem na geografia e no tempo, em busca dos resquícios de um Brasil novecentista que ainda teima em resistir. O Brasil dos "retornados".

O desembarque em Gana ocorreu sem incidentes, mas o primeiro dia frustrou. Como eu buscava os tabons, meu primeiro instinto foi conversar com seu líder, Nii Azumah V, cuja cerimônia de posse eu mesmo havia fotografado, vinte anos atrás. Essa credencial de nada valeu. Após um encontro protocolar e pouco produtivo, o chefe dos tabons declinou escrupulosamente de todos os meus pedidos de entrevista. Falaria talvez por dinheiro, o que contrariava meu orçamento — e quem sabe um pouco também as minhas convicções.

Foi quando cheguei ao agbê. Por vias indiretas, um pouco sem querer e às apalpadelas, atingi o cerne da cultura tabom, e vim a conhecer uma de suas histórias mais comoventes. Sentado ali a observar a festa, naquela tarde pegajosa de julho, tive uma dessas proustianas sensações de estar em outro lugar ou tempo, em algum indeterminado, mas indiscutível, Brasil. Refletindo depois sobre aquele sentimento, percebi que minha *madeleine* não eram apenas as óbvias cores de bandeira a tremular no corpo das titias, nem o suingado das batidas, que lembravam um afoxé. Era sobretudo o iorubá, língua que me transportou diretamente da África aos terreiros da Bahia.

Definir o agbê em uma palavra é impossível, pois ele é ritmo, é música, é canto, mas é também dança e rito. Para empregar um termo pretensioso e impreciso, é a expressão celebratória da comunidade tabom. Com o agbê, festejam-se os pontos cardeais de uma existência: nascimentos, batismos, casamentos e morte, sobretudo a morte.

Na língua gá, falada no sul de Gana, a palavra agbê confunde-se em sentido com o verbo "matar". Isso não é um acaso. A música que se toca por encomenda em festas avulsas é obrigatória nos velórios. Nessas celebrações, ela segue noite adentro, dias afora. O agbê é, principalmente, um rito funerário, e os funerais na África Ocidental podem durar uma eternidade, tanto maiores quanto mais formidável for a personalidade posta à terra. Para tais ocasiões, o agbê guarda cantos secretos, conhecidos como o "Viva, viva", cujo objetivo é encaminhar a alma dos falecidos, convencê-las a deixar a terra dos homens e viajar à dos ancestrais, que são os mediadores entre o mundo dos vivos e o dos espíritos superiores, e que intercedem em nome daqueles para garantir-lhes saúde, prosperidade e uma farta prole.

É quando o agbê fica mais brasileiro, pois, para os tabons, descendentes de libertos africanos que viveram como escravizados no Brasil, o mundo secreto dos ancestrais não é representado por um remoto umbuzeiro ou encarnado em algum sagrado baobá da savana. A terra dos mortos não fica em Gana, nem mesmo na África.

Quando morrem os tabons, suas almas veem o paraíso na Bahia.

Tecnicamente, o agbê é um estilo musical dominado pela percussão, com vários instrumentos tocando em cadências que contrastam entre si, na forma conhecida como polirritmo, um dos músicos improvisando e um agogô marcando o tempo. Os cantos que o acompanham seguem a tradição do responsorial africano. Eric Morton puxa as estrofes e as titias seguem nos refrões.

A origem da música tem muitas versões. A principal delas descreve-se nos próprios cantos: o agbê veio do ijexá. A sustentar essa hipótese está a história amplamente divulgada entre os tabons de que eles, em seu retorno à África, antes mesmo de pisar em Gana, passaram pela Nigéria. É o que chamam de "stopover", uma escala técnica na volta à casa, necessária, pois o trajeto entre Salvador e Acra não contava com linhas marítimas diretas. Outras versões supõem que a música já existia no Brasil, em sua configuração atual ou em outra, transformada pelos anos, e que foi trazida na bagagem dos tabons. Uma terceira diz que ela existia em Gana, antes mesmo da chegada dos tabons, trazida por migrantes iorubanos.[3]

Qualquer delas parece razoável. Eric, no entanto, tem a sua própria versão: "O agbê é brasileiro porque foi no Brasil que os tabons conhece-ram *Shango*",[4] o santo que eles trouxeram para a África, e que preside, invisível e formidável, todas as cantigas e celebrações.

XANGÔ VAI A GANA

O Xangô dos tabons é baiano, e entre eles, seu nome se escreve *Shango*.[5] Ele chegou em Gana em uma cesta de vime, trazido por Nii Alasha Nelson, o segundo líder dos tabons.[6] Foi, gostou e decidiu ficar. Aprendeu inglês e casou-se com uma das filhas de Nelson. Depois dela, casou-se com outras Nelson, filhas e netas da primeira, e todas suas sacerdotisas. Até que chegou a vez de Lekia, sua atual cuidadora.[7] A tradição corre no sangue.

O Xangô dos tabons é poderoso. Naa Riza Nelson, tia de Lekia, dá testemunho desse poder. Uma de suas filhas foi a Ada, um povoado costeiro. Ela estava grávida e sua barriga queria expelir a criança, mas a criança não saía. Os pescadores de Ada decidiram então sacrificar o bebê, em homenagem a uma divindade adquirida para favorecer a pesca. Xangô enciumou-se e apareceu, encarnado em uma imensa criatura, tão grande que não se viam seus pés ou mãos. O animal sentou-se no meio da aldeia e o guardião da divindade pesqueira caiu ao chão, subjugado. A comunidade reunida rendeu-se a Xangô e ordenou que soltassem a gestante. O bebê nasceu, sob as bênçãos do santo guerreiro.

O Xangô dos tabons gosta de guerra. Ele convenceu a comunidade a ajudar os gas em suas batalhas contra os axântis. Quando veio a paz, ele se entediou e voltou ao Brasil. Um dia, incorporou numa cobra, saiu escondido de casa e atravessou o mar. Foi num 27 de julho de um ano que ninguém mais lembra. Muito tempo depois, num mesmo 27 de julho, Lekia Nelson incorporou o santo e arrastou-se com ele pelo chão de sua casa. Foi na festa de sua iniciação. Eric Morton estava presente e tirou uma foto de Lekia serpenteando no piso de cimento. Ele guarda o retrato como uma relíquia, pois Xangô é o seu santo de devoção e Lekia, a sua filha de sangue.

Xangô é generoso. Todas as sextas-feiras, ele se dispõe a ouvir os tabons e a ajudá-los. Ajuda na saúde e no emprego, especialmente no emprego. Hoje, sobram desempregados em Gana. Mas ele também é exigente e, como toda divindade que se preze, muito cioso de suas prerrogativas. Escuta, desde que se dirijam respeitosamente à sua esposa Lekia e cumpram corretamente os seus ritos. Aceita qualquer pedido, mas não atende a todos. Se alguém quer obter seus favores, deve dar-lhe exatamente aquilo de que gosta: maçã, incenso, gim, vinho de palma. E, sobretudo, água de cheiro, pois Xangô é vaidoso e gosta de perfume.

Seu perfume preferido chama-se Florida Water e foi lançado no mercado norte-americano em fevereiro de 1808, trinta anos antes de Xangô pisar em uma praia ganense. O Florida Water é muito popular no vodum e na santeria. Ele é, para as águas de colônia, o que a Maravilha Curativa do dr. Humphreys foi para os remédios. Sua fórmula misteriosa, que mistura álcool, fragrâncias cítricas, óleos essenciais e ingredientes secretos, tem os mais variados atributos mágicos, além de uma meia dúzia de propriedades cosméticas e medicinais: serve para limpar as energias negativas de um altar; facilitar o contato com os ancestrais; atrair amor e fidelidade; prevenir contra maus pensamentos; abençoar uma casa; harmonizar o ambiente de trabalho; proteger contra pessoas más; dar eficácia a sortilégios escritos; benzer as roupas; trazer sorte nas finanças (ganhar na loteria); agradar os entes queridos; inspirar um dançarino. É eficaz também como desodorante de ambientes, relaxante muscular, tratamento de picadas de insetos e queimaduras de sol, e no combate às dores em geral e alívio contra calores, externos ou internos. Naturalmente, serve também como perfume, embora esse uso mal apareça nas prescrições. No rótulo, desenhado por um anônimo gravurista francês, sobressai o bordão: "Florida Water: a única colônia de que jamais precisará."

Durante os rituais a Xangô, a colônia faz parte das libações. Lekia Nelson, devidamente incorporada, dança em círculos, ao som dos atabaques do pai, e derruba gim sobre o altar do santo. Depois, borrifa o perfume, pois o gim seco tem um cheiro azedo, que santo algum gostaria de exalar. Maçãs e um copo com vinho de palma ficam ao lado do altar, ofertados ao seu apetite.

Numa manhã de julho, fui à casa de Lekia Nelson, o terreiro do Xangô ganense. É ela quem me fala sobre os atributos do santo e enumera as propriedades do Florida Water, que eu depois verifico na internet. Diante de mim, ela também executa os ritos segundo os preceitos ancestrais. Aos olhos de quem se acostumou à exuberância dos rituais baianos, a versão ganense parece precária, despojada e um pouco confusa também.

Em sua configuração laica, Lekia conversa comigo na língua ga, com a tradução do pai Eric. Como sacerdotisa, ela canta em iorubá, acompanhada pelos atabaques do agbê. Quando incorpora Xangô, no entanto, fala em inglês, pois inglês é a língua de trabalho desse orixá desterrado. Pergunto-lhe se o santo não falará também o português, e ela me responde como se falasse a uma criança: "Português, só no Brasil, não é?"

Lekia Nelson iniciou-se no sacerdócio em 27 de julho de 2014. Naquela noite, Xangô a fez rastejar no chão de casa, em alusão a seu retorno ao Brasil, e talvez para indicar que, em quaisquer circunstâncias, estaria sempre ao seu lado. Seu vestido branco tinha flores rendadas e seu cabelo prendia-se em tranças.

Foi quando Eric Morton deu sua primeira grande entrevista.[8] Perguntado sobre a relação da comunidade com seu protetor, ele explicou:

> Os tabons iam à igreja, mas adoravam *Shango*. Eram um povo realizado. *Shango* era o responsável por sua riqueza, pois vomi-

tou ouro na entrada de suas casas. Eles eram ricos, e era essa a razão para cultuarem *Shango*. Eles o veneravam adequadamente. Quando chegava o tempo dos rituais, você via pastores protestantes e ministros anglicanos. Você via líderes políticos. Eles sentavam à mesa e comiam. E bebiam uísque também.

Sobre Lekia, que quando incorporada torna-se uma estranha, disse o seguinte:

> *Essa pessoa*, que é descendente de Nii Alasha, quando possuída, comporta-se como louca. No começo, ela não quis aceitar o seu destino [e por isso talvez ficasse louca]. Ela ia à igreja e era expulsa. Ela ia à mesquita e era expulsa também. Diziam a ela que seu *mallam*[9] era poderoso demais. A apóstola que vivia em nossa casa, assim que a via, cantava-lhe loas em iorubá. Cantava "Olulukolu, olulukolu, amogidiagbo, omo Ijesha",[10] depois dizia para Lekia descansar.

Então, Lekia se perdia em prantos.

A própria Lekia tem uma versão mais mundana para sua conversão. Ela foi comerciante em um dos mercados tradicionais de Acra. Um dia, sem razão aparente, deixou de vender. Desesperou-se e se consultou com outros vendedores. A crise parecia seletiva, apenas ela parara de vender. Lekia chorava pelos filhos, que deixariam de comer, pelo marido, que teria que trabalhar dobrado. Uma vidente passou um dia em frente à sua barraca e perguntou quem era aquele homem parado defronte ao tabuleiro. Previsivelmente, não havia ninguém. A vidente insistiu, o homem estava lá, ele era branco e sua presença impedia que outros comprassem ("He has blocked your goods").

Foi mais ou menos a essa altura que Lekia começou suas viagens inconscientes. Ela passeava pela cidade sem rumo e sem discernimento. Acordava assustada na casa do pai, ou sentada na cadeira de uma vizinha. A família alarmou-se e decidiu investigar. Rapidamente, chegaram a Xangô. As adversidades eram a maneira de o santo fazê-la entender que estava destinada a ele.

E por que essa obstinação, pergunta-se ela? "Eu era muçulmana devota, você ficaria admirado de ver-me engolida no meu véu." Xangô é possessivo, não admitia que sua prometida se devotasse a outras divindades. "Um dia, ele ameaçou a vida dos meus filhos. Disse que os mataria e eu ficaria sozinha." Foi quando se convenceu. O treinamento durou três anos. Lekia internou-se no interior do país, aprendeu com titio Odiko e titia Donkor, foi estudante, afilhada, criança. Foi feto e renasceu. Sentada ao lado de titia Donkor, aprendeu a lidar com a divindade estrangeira, a sanar doenças do corpo e do espírito, a manusear ervas secretas e administrá-las segundo a urgência dos pacientes, a fazer com que bebês entalados vissem a luz, a livrar as vítimas de suas pragas, a predizer o infortúnio e contestá-lo.

Um dia, titia Donkor comprovou a sua capacidade e devolveu-a ao mundo. Foram buscá-la cinco carros cheios de gente. Tocaram o agbê do começo ao fim da viagem. Fizeram depois uma grande festa. Lekia, pintada de giz, dançava e as pessoas se admiravam. Que movimentos tão veementes seriam aqueles que invocavam uma divindade ancestral, faziam-na incorporar-se na bisneta de Nii Alasha? Juntou uma multidão a ver Lekia inaugurar-se no domínio do santo. Seus transes foram poderosos. Eram a medida do seu triunfo, a profundidade do seu poder.

OS TABONS E SUA HISTÓRIA

A tradição histórica dos tabons é essencialmente oral. A parca literatura existente baseia-se em fontes primárias e em alguns escassos documentos, especialmente autos de litígios judiciais. É uma história mais contada do que escrita, que ganha em vivacidade o que perde em precisão. Tirando uma média entre entrevistas, podem-se extrair padrões, mas o espaço sempre está aberto às distorções, pois a história oral continua viva na boca de quem conta, e quem conta quase sempre interpreta.

O começo dessa história tem pelo menos três versões, como são três as versões para o agbê.

A mais difundida diz que, no caminho de volta a Gana, os tabons passaram primeiro pela Nigéria. Seria a escala de que se falou anteriormente, que pode ter sido longa, pois, entre outras consequências, deu à comunidade uma música ritual.[11] A viagem desse grupo, cerca de duzentas pessoas, teria sido feita no cargueiro Salisbury, oferecido pelo governo inglês. Após a estada em Lagos, o grupo chegou a Acra num 8 de agosto, em 1836. Uma segunda versão garante que os pioneiros, sete famílias apenas, teriam chegado em 1829, capitaneados por Azumah Nelson, que logo se tornaria o primeiro dos líderes tabons, rebatizado como Nii Azumah I. Numa terceira variante, sobressai a personalidade de Mahama Sokoto, líder muçulmano que teria trazido os tabons diretamente do Brasil, após sua expulsão por envolvimento na Revolta dos Malês. As três versões coabitam na memória da comunidade, com feitios e meandros debitados ao gosto de quem conta.

Cruzando as interpretações da comunidade e a documentação do êxodo de libertos, Alcione Amos e Ebenezer Ayesu chegaram à conclusão de que o convívio das três histórias se explicava por serem todas meio verdadeiras e meio complementares.

Em sua hipótese, publicada em artigo de 2005,[12] Amos e Ayesu especulam que a comunidade aportou em Acra em três levas sucessivas. Um primeiro grupo em 1829, vindo do Brasil, via Lagos, chefiado por Kangidi Asuman (depois chamado Azumah Nelson e, depois ainda, Nii Azumah I). Seria um grupo de setenta pessoas, sete famílias, que chegou em Acra a bordo do Salisbury, disponibilizado não por autoridades, mas por algum armador britânico mediante arrendamento. Um segundo grupo, cerca de duzentas pessoas, possivelmente muçulmanas, chegaria em 1836, diretamente do Brasil. Um terceiro, também integrado por muçulmanos, liderados por Mahama Sokoto, viajou separado, naquele mesmo ano, talvez expulso do Brasil após a Revolta. Famílias avulsas, como os Ribeiro e os Costa, viriam juntar-se à comunidade, anos depois.

A sustentar a hipótese, os autores admitem só haver registro do segundo grupo, o maior e mais chamativo, quiçá porque integrado por muçulmanos apenas, talvez hauçás ou fulanis, gente do norte, que chamava a atenção em um país onde o cosmopolitismo via-se sobretudo na presença de pálidos europeus, encastelados em fortalezas, a desconfiar uns dos outros e a temer consensualmente os africanos que os cercavam. Trata-se de uma série de cartas do comandante do forte de Crèvecoeur, em Acra, o holandês Christian Lans, dirigidas a Nii Ankrah, chefe local, reclamando de sua decisão de aceitar o grupo, sem antes consultá-lo. Apesar da queixa, o próprio Lans decidiu em seguida acolher os imigrantes, aos quais ofereceu campos aráveis, por deduzir que, sendo eles escravizados das Américas, estariam capacitados para o trato da terra.

Versões à parte, há algum consenso entre estudiosos na determinação de que os tabons eram, em boa medida, muçulmanos, libertos expulsos ou fugidos da Bahia na esteira da repressão à grande Revolta. Dessa opinião chegaram a compartilhar Pierre Verger, João José Reis, Marco Aurélio Schaumloeffel, Lisa Castillo, Alcione Amos e Ebenezer Ayesu. Os sobrenomes dos retornados apenas, entre lusos e islâmicos, atestariam esse prognóstico: de um lado, Nelson, Manuel, Peregrino, da Rocha, Costa, Martins, Domingo e Ribeiro. De outro, Adama, Abu, Sokoto, Kofi, Aruna, Nassu e Tintingi.

A escolha de Gana como destino final é outro mistério, e sobre esse sobram apenas especulações. Lagos teria sido a opção natural, pela logística do transporte e as oportunidades que já se ofereciam aos regressados, seja no tráfico negreiro, seja na variedade dos outros negócios, alimentados pela bonança econômica e os ventos de uma aflorante "civilização" britânica. Badagry ou a Costa do Daomé seriam alternativas não menos banais. Em meados dos anos 1830, já se contavam os brasileiros a desembarcar em suas praias, atraídos pelos rumores de uma prosperidade que a lenda do Chachá de Souza, ainda vivo, só fazia aumentar. Antes de 1840, germinou em Uidá a semente do primeiro bairro brasileiro.

Diante dessas brasilidades a acumularem-se na vizinhança, a opção por um paradeiro tão improvável como Gana talvez fosse parte do plano deliberado de alguma liderança, ou a resposta às memórias acumuladas que repetiam àquela gente que a Costa do Ouro era a sua verdadeira terra de origem e, portanto, o lugar para onde voltar.

É possível que fossem as duas coisas. Há indicações de uma troca de correspondências entre chefias da etnia ga e negreiros baianos, que teriam patrocinado a ida de parte do grupo para estabelecê-lo como correspondentes comerciais. Há também a evocação imprecisa e contumaz, ainda nos dias de hoje, de que aquela parte da África fora o ponto de partida dos ancestrais dos tabons, fato que, em si, não garante origem ou etnia, mas apenas passagem. Os estudos sobre a escravidão transatlântica observam que a maior parte dos escravizados enviados ao Brasil vinha de terras distantes dos pontos de onde iniciavam a travessia do oceano. Regiões como a Costa do Ouro eram local de trânsito, mais do que de origem. Eram o lugar onde, na etapa mais dramática de sua odisseia, os escravizados eram estocados, catalogados e negociados, antes de empreenderem a travessia sem volta. Era onde deixavam a identidade e, não raro, a própria alma.

Em seu livro de estreia, *O caminho de casa*, a escritora ganense Yaa Gyasi escreve sobre o périplo que provavelmente viveram alguns dos pioneiros da saga dos tabons. Sua personagem Esi é filha do "grande homem", um combatente axânti que vive da agricultura e da guerra. Esi mora em um vilarejo, cercada pelas esposas do pai, e tem uma escravizada. Ela não desconfia que o destino algum dia inverterá os papéis. A aldeia é poderosa e temida, e suas razias são frequentes e lucrativas. A escravizada lhe veio como presente dessas excursões.

Um dia, a sorte dá uma volta e Esi é capturada por uma tribo qualquer. A autora não dá pistas sobre a origem dos atacantes, mas sugere não serem axântis ou fantis, cujos idiomas Esi domina. Na noite do ataque, ela sobe em uma palmeira e procura se esconder em sua abreviada copa. De nada serve. Logo surge um guerreiro e atira-lhe pedras. Esi cai e é presa com os demais. O grupo anda amarrado, dias inteiros, em direção ao sul, os pés sangrando na pista árida, desenhando uma senda vermelha a cruzar o país. Até que lhes chega o cheiro do mar e a voz dos fantis, que os venderão aos brancos.

Histórias como essa provavelmente povoavam a memória dos primeiros tabons. Em 1883, os arquivos da Corte de Apelações da Costa do Ouro registraram depoimentos da família Nelson, em processo sobre uma disputa fundiária. No relato, o retorno à África explica-se pela decisão de alguns escravizados, uma vez comprada a liberdade na Bahia, de voltar "ao Gana de seus ancestrais", onde tinham sido escravizados, arrastados de suas aldeias e desterrados. Esclarecia-se que "o futuro no Brasil não parecia promissor, dadas as condições de exploração a que eram submetidos".[13]

Acra, a cidade que acolheu os tabons,[14] era capital do grupo étnico ga-adangme desde o começo do século XVI. Sua localização a situava no entroncamento entre importantes rotas que, de norte a sul, a uniam ao Marrocos e, de leste a oeste, assentavam-na entre a Nigéria e o Senegal. Ali, durante séculos, negociou-se o ouro, mas também os escravizados, o dendê, as nozes de cola e a copra, de onde se extraía óleo para uso em sabões.

A chegada dos gas coincidiu com o estabelecimento dos portugueses, primeiros europeus a instalarem-se na região. Até meados do século XVII, o idioma de Camões era língua franca. Sobrevieram então outras potências europeias e a presença lusitana minguou. Primeiros a erigir castelos, os lusos foram também os primeiros a perdê-los. A fortaleza de São Jorge da Mina, construída em 1482, foi para as mãos dos holandeses (Figura 8).

A essa altura, Acra já contava com a presença dinamarquesa no forte de Christiansburg. Foram então travados acordos comerciais e de convivência. Do alto desses tratados, o rei Ga sentiu-se empoderado e decidiu anunciar um monopólio comercial, para cuja manutenção ele não tinha o necessário fôlego militar. Melindrado, Akwamu, rei axânti, deliberou a ocupação da cidade, que ocorreria em 1681. Ato seguido, desalojou os dinamarqueses de Christiansburg e instalou seu embaixador nas imediações, ordenando a construção de um arraial de onde zelaria pelos seus interesses. Surgia Otublohum, bairro que daria, séculos depois, guarida aos tabons.

À chegada dos brasileiros, Acra encontrava-se dividida em três áreas de influência europeia (Dinamarca, Holanda e Inglaterra) e em sete bairros, todos com os seus respectivos chefes. O conjunto devia vassalagem ao ga mantse (o rei ga), que mantinha boa inteligência com os europeus e boa distância de seus castelos. Otublohum era liderado por Kwaku Ankrah e jurisdicionado pelos holandeses, instalados no forte de Ussher.

Em boa medida, o sucesso dos tabons na migração para Gana deveu-se à capacidade de adaptarem-se às exigências do trato local: as demandas da economia, as obrigações da religião, a imposição das tradições, os requisitos do convívio social. Eram uma comunidade versátil, fruto de uma vida que os fizera meio negros e meio brancos, meio escravizados e meio negreiros, um pouco cristãos, um pouco animistas, outro tanto muçulmanos, ao mesmo tempo pregadores e curandeiros. Como tal, fizeram-se facilmente às idiossincrasias da nova terra, contando-se em pouco tempo como um clã a mais entre os ga. A indicação de um chefe próprio, um mantse tabom, foi decorrência natural. A alcunha "tabom", provavelmente o produto do convívio com gente que, do seu português, só captava a expressão "Está bom".

Como em outros lugares da África dos retornados, os tabons têm dificuldade em admitir que algum dia passaram da condição de escravizados à de traficantes de escravizados. Os fatos, no entanto, são eloquentes, a começar pela hospitalidade de Nii Ankrah, que não apenas recebeu a nova comunidade, como a protegeu e com ela misturou seus genes, gerando prole à qual deu nomes portugueses, um filho Antônio, outro Pedro. Como chefe de Otublohum, Ankrah era o "corretor" por excelência dos negreiros holandeses e, atestadamente, o maior traficante daquela parte da cidade. O recrutamento de brasileiros, conhecedores da atividade e correspondentes de negreiros baianos, era apenas natural, no momento em que o envio de escravizados às Américas multiplicava-se, na expectativa de uma proibição que não tardaria a chegar. Em 1845, relatório do governador dinamarquês de Christiansburg, um convertido ao abolicionismo, notabilizava os tabons nessa nefasta atividade: "A Acra holandesa vem sendo, há algum tempo, um centro para comerciantes de escravizados, especialmente de comerciantes negros imigrados do Brasil".[15] Vinte anos depois, já definhadas as transações transatlânticas, os tabons seguiam firmes em sua ocupação, negociando escravizados para o trabalho nos campos do interior do país.[16]

Hoje em dia, quando confrontados com essas histórias, os tabons geralmente mudam de assunto. Preferem, como os agudás do Benim, apresentar-se como gente industriosa, treinada nos ofícios da construção, da agricultura e da alfaiataria, gente que levantava casas nas cidades e cavava poços no deserto, cultivando mandioca, feijão, banana e caju, onde antes só havia o magro milhete.[17] Gente que tirou provento da escassez, que levou a prosperidade onde crescia a penúria e que mitigou a selvageria circundante com a civilização trazida nas malas da Bahia.

AS CICATRIZES ARQUITETÔNICAS DO TRÁFICO NEGREIRO

Gana é o país do mundo com a maior variedade de castelos europeus em seu território. É o que leio em um manual para turistas de primeira viagem. A frase é chamativa e talvez inexata, mas reflete uma realidade. No litoral do país, frequentaram-se, em diferentes momentos, as principais potências europeias concorrendo pela exploração das *commodities* da velha África: primeiro o ouro; em seguida o marfim; finalmente os escravizados.

Nessa última etapa, os castelos já haviam se transformado em imensos entrepostos negreiros, depósito de gente destinada à exportação para o Novo Mundo.

De um livro do Conselho Ganense de Monumentos e Museus, extraio um breve sumário sobre o contexto da edificação desse formidável conjunto arquitetônico, considerado Patrimônio Cultural da Humanidade: em 1471, prosseguindo a exploração sistemática do litoral africano iniciada pelo infante D. Henrique, após a conquista de Ceuta, os navegadores portugueses Martim Fernandes e Álvaro Esteves fundearam seus galeões às margens do rio Prah, em Gana. Na cidade ribeirinha de Shama, escambaram ouro em quantidade que superava tudo o que se havia visto até então. Foi quando, julgando haver encontrado o "rio de ouro" anunciado ao infante pelos comerciantes de Ceuta, Afonso V, seu sobrinho, batizou a região de "a Mina" e, por extensão, o litoral contíguo de "Costa da Mina". O nome fixou-se no imaginário europeu quando começaram a avultar as remessas douradas a Portugal. Em 1487, a Mina, ou Elmina, como ficaria conhecida, mandava 225 quilos de ouro por ano ao tesouro português. Em 1500, esse volume subiu para 700 quilos. Ao longo do século XVI, a região chegou a responder por 10% da produção aurífera mundial. Nos cem anos seguintes, a intensidade desse comércio, então em mãos inglesas, levaria à cunhagem do guinéu, moeda de nome e ouro africanos,[18] que circularia entre 1663 e 1814, tornando-se o lastro monetário do tráfico negreiro.

Séculos depois, já esgotadas as suas reservas auríferas, a região ainda era chamada de "Gold Coast", Costa do Ouro. O nome Gana veio com a independência. Diz-se que Kwame Nkrumah, o líder da libertação ganense, o escolheu depois de diligentes pesquisas sobre a origem do país, que o levaram ao vínculo distante, embora decisivo, com o Império de Gana, que controlava os territórios de Mali e Mauritânia, entre 400 e 1200 d.C., e de onde teriam emigrado os ancestrais dos akans, que deram origem às etnias fanti e axânti. Há, no entanto, quem diga até hoje que o nome do país seria na verdade um acronímio em inglês que celebrava o próprio Nkrumah: "God Has Appointed Nkrumah for Africa" (Deus Escolheu Nkrumah para a África).

Desde meados do século XV, a presença portuguesa no litoral africano ganhara em extensão e exclusividade. Em 1434, Gil Eanes confrontou o mito que decretava inavegável o oceano ao sul do cabo Bojador e superou o promontório que se estendia como uma muralha, 200 quilômetros mar adentro, dividindo o mundo entre o que então se conhecia e o que os geógrafos medievais chamavam "zona tórrida", extensão feita de mares traiçoeiros e litorais inóspitos, que se espichava por centenas de quilômetros até os confins austrais da terra.[19]

Era o início das descobertas portuguesas. Vinte anos depois, em reconhecimento ou recompensa, o papa Nicolau V concedeu ao rei Afonso, por meio de bulas sucessivas,[20] a exclusividade da conquista e "consignação à escravatura perpétua" de sarracenos e pagãos encontrados ou por encontrar ao sul do cabo. Pelos mesmos documentos, reconhecia o controle português sobre o comércio de quaisquer produtos, excetuados aqueles de praxe proibidos aos infiéis, como ferramentas e armas. Somadas, essas certidões vaticanas terminariam por configurar o chamado Regime do Padroado, pelo qual se delegavam aos monarcas católicos a administração e organização da Igreja em seus domínios, conquistados ou por conquistar, incluindo-se aí as terras africanas e as futuras descobertas do Novo Mundo, que já então se adivinhavam.

Os afagos de Nicolau ao monarca português não chegavam a incomodar as demais potências europeias, pois os ganhos auferidos nos primeiros cinquenta anos de navegações luso-africanas nunca superaram os seus muitíssimos custos. A descoberta do ouro da Mina alterava esse quadro e, rapidamente, outros países enviaram suas embarcações, singrando nos rastros lusitanos e, na prática, rompendo o seu monopólio. Foi quando D. João II, sucessor de Afonso, ordenou a elevação de fortalezas. Começava então uma história de edificações, ocupações e conquistas que atravessaria os séculos e envolveria ao menos sete reinos europeus: Inglaterra, Dinamarca, Suécia, Holanda, Portugal, França e Prússia.

Nesse percurso, os portugueses, que já por ali estavam e conheciam os meandros do litoral, jogaram suas primeiras cartas na edificação, em 1482, do Castelo de São Jorge da Mina (depois Elmina). Em seguida, entre 1515 e 1520, elevaram os fortes de Axim e São Sebastião. Século e meio depois, os holandeses tomariam Elmina e, na sequência, levantariam quatro outras fortalezas. Os franceses se concentrariam em Acra. Os dinamarqueses, na mesma cidade, elevariam o forte de Christiansburg. Os suecos se encastelariam em Cape Coast e a Prússia, em Princes Town. Os ingleses seriam os mais eficientes, ordenando algumas poucas construções, mas tomando, ou comprando, todas as demais.

A disposição dessa engenharia militar ao longo da costa ganense é um mapa das rivalidades europeias, sua principal atribuição sendo, no fundo, a de proteger europeus de outros europeus. Ao que consta, e com pontuais exceções, a relação desses europeus com as etnias locais era, se não harmônica, pelos menos transigente e consensual, construída no interesse mútuo pelo comércio, tanto o do ouro como o de escravizados. Não achei notícia, à exceção talvez do episódio envolvendo Akwamu e os dinamarqueses, de ataque africano exitoso a instalações europeias. A espessura das muralhas que salpicavam o litoral era calculada à proporção de um poder de fogo feito de pólvora e canhões e, portanto, imune a lanças e machetes.

ELMINA

Desde o início de minhas pesquisas, eu havia considerado que informações sobre esses fortes seriam necessárias ao livro, pelo papel que haviam desempenhado no tráfico negreiro. Numa terça-feira, viajei para Elmina. A escolha do Castelo de São Jorge era óbvia. Foi o maior e o primeiro a ser construído. Além disso, era português, o que significava dizer um pouco brasileiro, já que, quando colônia, o Brasil contribuía ocasionalmente com tropas para a ocupação de fortalezas no litoral africano. Foi assim, por exemplo, em São João Baptista de Ajudá, em Uidá, que dizem haver sido governado pelo Chachá de Souza. No caso de Elmina, até mesmo os holandeses que o conquistaram, em 1637, vieram do Brasil, mais exatamente do Recife, sob o comando de Maurício de Nassau. Uma placa de mármore, disposta a um lado de suas brancas muralhas, celebra em latim esse feito, hoje inteiramente abstrato para a população local.

A resenha do castelo conta que sua construção foi encomendada a Diogo de Azambuja, que se teria lançado à empreitada a bordo de uma esquadra de dez caravelas e duas urcas, deixando as costas portuguesas em dezembro de 1481. A escolha do local foi estratégica em duas medidas: situava a fortaleza à margem ocidental do rio Benya, ao lado da cidade de Elmina, originalmente Aldeia das Duas Partes, que se tornara o principal centro do escambo aurífero; e montava-a sobre um promontório generosamente rochoso, de cujas entranhas viria a cantaria que elevou os seus muros.

A edificação foi primeiro uma obra de diplomacia. A aquiescência da autoridade local, o rei Nana Kwamena Ansah, era indispensável, e custou a Azambuja muita paciência e solenidade. Afinal, tratava-se de um assunto singular: a edificação do que se considerava então "o primeiro edifício de pedra na região dos etíopes da Guiné desde a criação do mundo".[21] Ansah resistia, vendo nessa novidade o perigo de esticar tensões com o vizinho reino de Comane. Talvez temesse também trazer para suas praias os antagonismos que dilaceravam a Europa pré-westphaliana. Ao final, foi convencido pela teimosia de Azambuja, que lhe prometeu comércio fecundo e exclusivo, tal como ordenado pelos éditos papais.

A construção foi levantada em etapas, e o que se vê hoje está longe do que deixou para trás Azambuja, após os seus dois anos à frente do castelo. Em 1637, como primeira providência após a conquista de Elmina, os holandeses transformaram a capela portuguesa em sala de leiloar negros. Já então, o ouro da Mina perdera cotação, diluída na concorrência do metal de melhor qualidade, extraído no México. O tráfico negreiro, no entanto, substituía os seus rendimentos com folga. Elmina, a cidade, prosperava nessa nova circunstância. Entrado o século XVIII, sua população somava 15 mil almas, o que representava quatro vezes a população contada nos anos de presença portuguesa. É dessa época o testemunho de Jean Barbot, viajante francês em cujo livro, *Description des Côtes du Nord et du Sud de la Guinée* (1732), consta o seguinte inventário: "Esse castelo tornou-se com razão famoso por sua beleza e fortaleza, inigualadas em todas as costas da Guiné. Construído quadrado, com muralhas muito altas e pedras muito escuras, diz-se dele que é à prova de canhões." No auge de sua imponência, a obra somava 3,95 mil metros quadrados de área construída.

A vida do castelo manteve-se numa cadência de profícua estabilidade até a entrada do século XIX, que viu cessar o tráfico negreiro. Elmina foi perdendo funções e, em 1872, foi cedido aos ingleses, que já ensaiavam a sua pegada sobre a África Ocidental. Desde então, serviu a propósitos vários. Foi uma das sedes do governo colonial inglês, foi campo de treinamento da polícia nacional de Gana, foi local de escolas primárias e secundárias. Hoje é um centro de memória.

O forte parecia ainda maior por dentro, com seus quilômetros de passagens, muralhas, becos, escadas, vielas, túneis, corredores e beirais. Durante duas horas, percorri a casa de armas, os armazéns, a capela, o alojamento de oficiais e a sala do governador, de construção sólida e frugal. Os portugueses eram bons edificadores. Nos séculos de sua expansão pelas costas do mundo, levantaram dezenas de fortes, fortins, castelos e entrepostos, de Mogador a Santa Catarina, de Elmina a Baçaim, de Calecute a Colônia do Sacramento.

Elmina comportava, no seu apogeu, entreposto para mais de 3 mil escravizados. Armazená-los de forma a que não apresentassem ameaça a um contingente dez vezes menor era o verdadeiro desafio logístico. Foi descendo aos calabouços que percebi a habilidade em superar essa dificuldade, com a aplicação do que, na falta de melhor expressão, chamarei de arquitetura da submissão.

O forte dispõe de dois calabouços, separados pelo pátio principal. No primeiro, o maior, guardavam-se os escravizados, separados entre homens e mulheres, à medida que chegavam nas caravanas do norte. Ao segundo, enviavam-se aqueles destinados ao imediato transporte transatlântico. Entre os dois, a um lado do pátio central, uma cela guardava os cativos condenados à morte, que ocorria mormente por inanição. Até hoje, vê-se sua porta barreada a engolir a luz, como um mausoléu, em cuja entrada assombra o desenho tosco de uma caveira branca amparada em ossos, à moda dos piratas. O efeito pretendido era naturalmente didático e seguramente eficaz.

O principal calabouço é um espaço grande, com apenas uma entrada, construído alguns centímetros abaixo do nível do mar, de forma que as marés constantemente invadiam, nunca a ponto de afogar, mas sempre o suficiente para incomodar, impedir o sono, o descanso, o movimento. Na escuridão, meio enfiados n'água, o que menos se esperaria desses cativos era uma rebelião. Ainda assim, para maior precaução, o corredor que dava acesso ao recinto era estreito e baixo, de tal forma que, se decidissem sair à força, os escravizados só poderiam se mover em fila indiana, a cabeça baixa, cuidando para não se ferirem nas pedras que irregularmente cobriam a passagem.

Na segunda masmorra, além dos obstáculos de praxe, havia uma outra passagem que dava ao mar, protegida por uma pesada grade, e tão estreita, que um homem de estatura média só a atravessava esgueirando seu perfil pelas pedras frias. Era a porta do não retorno. Dali, os escravizados, já curtidos pelos maus tratos, avançavam seus corpos batidos sobre o cais, entravam nos tumbeiros e se despediam de sua terra e de si mesmos.

Imaginem essas centenas de seres, retidos por semanas no negrume da cela principal, molhados e insones, saindo aos tateios, em fila cerrada, grilhões postos, a alcançar o pátio principal onde a luz repentina os cegava, e onde os esperavam soldados, armas à mão, medrosos de qualquer rebeldia. Quando de novo enxergavam, o primeiro que viam eram as armas e os pálidos rostos a enquadrá-las. Como se não bastasse, a um canto do pátio, a cela da morte prometia a pior desgraça, com a sugestiva caveira e os gemidos que dentro se apagavam. Nessas condições, que chances poderia haver de revolta? Que chances havia de se negarem a entrar no outro calabouço, de irem embarcados para as Américas? Abstraia-se todo o resto, e o que sobra é o nefasto talento dos captores.

O registro dessa desgraça, de tão espantosa, é quase abstrato. Talvez, a melhor forma de ancorá-lo à realidade seja recorrer à ficção. Volto ao romance de Yaa Gyasi, que estendeu sua inventiva a essa tormenta, descrevendo em palavras imaginadas o que provavelmente aconteceu uma e outra e outra vez mais, durante séculos. Cito dois trechos ao acaso:

> As paredes de barro do calabouço deixavam todas as horas iguais. Não havia sol. Havia escuridão de dia, de noite e em todos os momentos. Às vezes, eram tantos os corpos acumulados que todas as mulheres precisavam ficar deitadas, de bruços, para que mais mulheres fossem empilhadas por cima.
>
> A sujeira do chão do calabouço chegava à altura dos tornozelos de Esi. Nunca tinha havido tantas mulheres ali. Esi mal conseguia respirar, mas movimentava os ombros para frente e para trás, até criar algum espaço. A diarreia da mulher a seu lado não tinha parado desde a última vez que os soldados a alimentaram. Esi lembrava do seu primeiro dia no calabouço, quando o mesmo tinha acontecido com ela.[22]

Um ano depois de visitar o castelo, aproveitei uma escala em Lisboa para avançar a pesquisa sobre a presença portuguesa na Costa da Mina.

Um amigo levou-me à livraria Sá da Costa, no Chiado, onde descobri um exemplar da revista *Oceanos*, dedicado às fortalezas da expansão portuguesa.[23] São Jorge da Mina ocupava o segundo capítulo. Ali se detalhavam os cuidados com a segurança. Dizia o texto:

> São Jorge da Mina constitui um conjunto bem fortificado, cujas estruturas são semelhantes às das fortalezas medievais. Compõe-se de dois grandes edifícios [...] cercados, num perímetro de 198 metros quadrados, por muros e muralhas com 1 metro de espessura e 4,40 metros de altura. As diversas fortificações destinam-se a dotar a fortaleza de meios para resistir a todo e qualquer ataque. As pesadas peças de artilharia dispostas ao longo das muralhas permitem deter o avanço de assaltantes, quer venham por mar, quer por terra.

Poderia ser considerada uma cidadela inexpugnável, "à prova de canhões", como atestou Jean Barbot. Mas eis que não. Seguia o texto, revelando a sua única vulnerabilidade, explorada com maestria pelos holandeses:

> Na margem esquerda do rio Benya, precisamente defronte do local onde se situa a fortaleza, eleva-se uma colina mais alta do que o forte. Igualmente fortificada, reforçaria a defesa da fortaleza; porém, sem fortificação, representa um perigo permanente para o forte, que se torna um alvo fácil para quem quer que consiga aí tomar posições com armas de fogo. Foi isso o que os holandeses tentaram e conseguiram em 1637.

O exemplar da *Oceanos* era de dezembro de 1996, mas estava intacto, como que recém-saído da gráfica. A idade se via apenas nos anúncios de carros a separar os artigos. Na página 24, aparecia um velho Volvo S40, inteiramente cromado, refletindo em sua carroceria as dunas de um deserto que lhe servia de fundo. Brilhava como uma pepita de ouro a viajar nas caravanas que cruzavam a África rumo a Ceuta, e que deram origem à saga portuguesa no continente.

DAN MORTON E OS ALFAIATES TABONS

Um provérbio ga diz que "a água fede quando fica muito tempo no copo". Ouvi-o pela primeira vez da boca de um tabom. É provável que, à origem, tivesse relação com a escassez de água que acometeu a comunidade durante séculos. Poços de água salobra tendem a feder, além de causar doenças igualmente fedorentas.[24]

Gana é um país árido. Logo após derrubar Nkrumah, um dos grandes projetos dos militares que se revezaram no poder foi a conquista da fronteira agrícola, especialmente no grande norte, terra dos axântis. A conquista do norte agrícola foi antes de tudo uma obra de irrigação. Tornar negócio uma atividade que ocupava 80% da população, mas que mal rendia o que comer, exigiu autoridade. Em 1972, o ditador de turno, coronel Acheampong, lançou a Operação Alimente-se, subsidiando sementes e fertilizantes, enviando país adentro técnicos agrícolas e operando grandes obras de irrigação, com poços e canais a cortar o território.

Por essa época, John Dramani Mahama, presidente de Gana quando lá estive a pesquisar os tabons, vivia em Tamale, capital do norte. Tinha 14 anos, usava calças boca de sino, sapatos plataforma, volumosos cabelos afro e sabia de cor as canções dos Jackson Five, que cantarolava em falsete. Sua vida, ainda virgem de política, já se determinava por ela. O pai fora ministro de Nkrumah e vivia exilado, a ocupar-se dos cultivos por falta de outra oportunidade. Ficara preso um ano e saíra barbudo e sem direitos políticos. Abraçou a agricultura como um náufrago a uma boia. Terminou firmando-se no agronegócio, plantando arroz em escala industrial, ganhando a confiança dos bancos e a cumplicidade dos generais que o derrubaram. Tornou-se referência, visitou as feiras agrícolas inglesas ("Com as despesas pagas", diz Mahama)[25] e ganhou galardões.

Numa de suas viagens, comprou uma máquina de fazer chá. Mahama o rememora em sua biografia, qual um aristocrata rural do Devonshire, a programar sua "teasmade" para verter água sobre o saquinho de chá, às 6 horas em ponto da manhã. Britanicamente, tomava a infusão com leite e açúcar.

No momento em que escrevo estas linhas, Mahama já não é presidente. Perdeu a reeleição minado por uma série de escândalos de corrupção. Durante seu único mandato, Mahama reviveu a infância, obcecando-se com agricultura. Levou de Tamale as raízes de sua persona política, dedicando-se a aumentar a produtividade do campo e a convencer os jovens a não o abandonar.

Muito antes de Acheampong, John Mahama e seu honorável pai, os tabons teriam, segundo gostam de dizer, "revolucionado" o cultivo na região costeira. Em alguma medida, isso se deve à ação do colono inglês e sua decisão de privatizar a terra. Como na maioria das culturas oeste--africanas, gas, fantis e axântis praticaram historicamente o uso coletivo do solo. Concretamente, significava que o controle da terra competia às hierarquias tribais, detentoras de direito ancestral, em representação de seus súditos, aos quais conferiam o usufruto, cumpridos protocolos e respeitados subjetivos critérios de mérito.[26] Quando voltou exilado a Tamale, Mahama pai ganhou o primeiro quinhão de solo arável das mãos do chefe do vilarejo de Yapei, de onde puxava sua linhagem real.

Cinquenta anos antes da chegada dos ingleses, os primeiros tabons, considerados bons de enxada, receberam seus lotes, em comodato, de lideranças tradicionais, como Nii Ankrah. Ali cavaram poços modestos e ensaiaram trazer a mandioca. O incentivo da propriedade do solo fez com que cavassem mais e melhor, puxando do fundo da terra recursos para aguar cultivos mais arrojados. Alguns desses poços ainda persistem, em áreas hoje inteiramente urbanas, como a rua Salaga Market e o bairro Adabraka, ao lado da casa do campeão dos campeões do boxe africano, o tabom Azumah Nelson. Nesses lugares, a água do copo deixou de feder.

Quando ouvi o provérbio pela primeira vez, no entanto, foi como metáfora. Hoje a água sai limpa das torneiras e a memória dos tabons como cavadores de poços perdeu-se na história. Quem o evocou foi Dan Morton, em alusão à decisão de abandonar a Associação Nacional de Alfaiates e Costureiros de Gana, para não ficar tempo demais no "copo" que ajudara a encher. Dan é alfaiate emérito, o homem que vestiu Nkrumah e seus generais golpistas. Herdeiro maior das gerações de tabons que ensinaram o país a trajar roupa de branco, a trocar os batiques pelo tweed, os daishikis de angelina[27] pelos ternos de lã fria. O melhor (talvez o único) exemplo vivo de uma contribuição "ocidental" dos tabons à cultura ganense. Esse é o seu maior orgulho.

Daniel Morton é também o primo rico de Eric.

Apesar da prolongada estirpe de costureiros, o que tornou Dan Morton alfaiate foi um sonho, que nem sequer era seu. Na infância, a avó o enviava à escola e penou um dia para achar alfaiates a quem pedir o uniforme. Cogitou então que o neto se tornasse um, para corrigir o desprovimento desses artesãos. Um dia, sonhou que isso acontecia e decidiu mandar a criança aprender com o irmão. Dan, a princípio, resistiu, mas a avó determinou, pois era um sonho, e sonhos são definitivos. O jovem fez-se aprendiz, lavou privada, descascou cebola, limpou o chão. Roupa, só via de longe. O tio-avô cozia fardas para a polícia, e o dourado dos botões o hipnotizava. Dois anos depois, no entanto, já isso não bastou. Dan queria fazer ternos, marcar o tecido frio com o giz branco e rasgá-lo com tesouras pesadas. Debandou-se para a oficina de um libanês, que se especializava nesse corte. Em seis meses, já talhava o seu primeiro traje.

Passada a Grande Guerra, Dan Morton abriu a própria alfaiataria, na varanda da casa da avó, e depois a esticou, nos fundos de um prédio em Adabraka. Por duas vezes, estudou na Inglaterra, onde aprendeu a manejar o giz e a tesoura, a sentir a qualidade do tecido na ponta dos dedos, a medir a curva de uma cintura com a esguelha do olhar. Foi em Londres que se deu conta de que havia dinheiro a ganhar com roupa bem-feita. Mesmo em Gana. Passo-lhe a palavra: "Não sei se foi em sonho ou o quê, mas percebi que havia muito dinheiro em meu país. Nós não vemos, mas os estrangeiros veem e o tomam." Foi quando Dan se fez grande. Abriu uma loja na avenida Kwame Nkrumah e passou a costurar para o homenageado. De novo Morton: "Poucos sabiam que eu era a pessoa fazendo os ternos para Nkrumah. Na verdade, ele gostava muito de mim. Todos os domingos, enviava seu carro me buscar e nos sentávamos a conversar política."[28]

Pergunto a Morton sobre o orgulho dos tabons com a alfaiataria. Ele volta a falar de si: treinou mais de cinquenta alfaiates e sua loja é a melhor de todo o Gana. Isso se deve ao trabalho duro, mas também ao sangue ("É o sangue tabom falando"). "Somos bons porque trouxemos essa habilidade do Brasil", conclui. Dan Morton fala de si na segunda pessoa do plural e é difícil discernir a quem está se referindo.

Morton um dia cedeu à curiosidade e foi ao Brasil. Talvez fosse dos únicos tabons com recursos para fazê-lo. Nii Azumah V, chefe da comunidade, nunca conseguiu. Morton desceu no Galeão, tomou um táxi e despachou-se para Copacabana. Hospedou-se à beira-mar. Por ali flanou, calçadão acima e abaixo, esperando cruzar com algo, ou alguém, que desse sentido àquele seu périplo. Era brasileiro, apesar de o sobrenome soar britânico, apesar de o rosto trazer marcas da África. Ninguém parecia se dar conta, ou mesmo se importar. Frustrado, procurou Mortons na lista telefônica da Grande Rio, sem encontrá-los. Ponderou que talvez houvesse Mortons na Bahia, mas não encontrou catálogos para confirmar. Desconsolou-se. Sua única referência brasileira permaneceria Copacabana, onde perambulou até enjoar-se do Brasil. Disso, lá se vão 25 anos. Nunca mais voltou.

NO MERCADO DE MAKOLA

Seguindo as indicações de Morton, vou ao mercado de Makola, no centro de Acra, em busca do local onde, anos atrás, ainda existia a First Scissors House — a primeira alfaiataria de Acra. Foi fundada pelos tabons em 1854 e abrigou um sem-número de Mortons e Nelsons, que se sucederam entre a tesoura e a liderança da comunidade. A casa tinha o formato de um barco, a sugerir as circunstâncias do retorno. Algum dia projetou seu casco sobre o horizonte acanhado da Acra ancestral, navegando entre casebres de estuque. No ano 2000, cheguei a vê-la, já engolida pela urbanidade volúvel da cidade.

A casa era branca e versátil. Cumpria funções de residência e de ateliê, e atendia também a rituais. Seus corredores cobriam-se regularmente de sangue e gim. Num quarto afastado, o futuro chefe dos tabons, James Abdulai Nelson, recolheu-se por três dias, num mês qualquer de 1998, após cruzar meia cidade nos ombros da comunidade, ao som de tambores e tiros secos de mosquetes. Um bode sangrou à sua entrada, outro à sua saída. Nelson caminhou sobre o piso rubro nos dois sentidos. Quando entrou, andava coberto de giz. Quando saiu, já o haviam embebido na seiva do animal. Levaram-no como a uma criança por novos corredores da casa até uma varanda na qual o esperavam os anciãos de dezessete famílias. Mantinha os olhos fechados, pois estava a renascer. Foi assim, vermelho e inocente, que o anunciaram como mantse, o novo chefe dos tabons, com o nome Nii Azumah, o quinto. Isso aconteceu em dezembro de 1998. Nove anos depois, num dia pacato de outubro, a casa sumiu-se em chamas. Queimou até a raiz. Crianças brincaram de pular as suas últimas brasas. No vão deixado vazio pelo fogo, logo se levantou outra construção. Em pouco tempo, a memória da casa tornou-se imprecisa como a fumaça que a levou ao céu.

Inspirado por essa imagem, avanço entre os becos e vielas de Makola, apontando minha câmera para a população e provocando um enfado previsível. Nunca se é tão branco como em um mercado africano. Matronas gritam desaforos de seus quiosques de comida. Fazem gestos de me empurrar para fora, com a aprovação da clientela. Jovens muçulmanas, escondidas em seus véus, viram ostensivamente o rosto à minha passagem. Não querem ver ou serem vistas. No momento mais tenso, alguns homens mostram-se agressivos, impedem minha passagem, cobram taxas. Alguém finalmente me escuta e se compadece. Não ouviu falar dos tabons, mas recita a escalação da seleção brasileira. Sempre o futebol a me resgatar. Ele se torna o meu guia.

Makola é um típico mercado urbano de capital africana, onde tudo se vende, se compra, se troca. É o coração de Acra. Dali partem os mais inesperados produtos a irrigar o resto da cidade. Nos sinais de quase todas as avenidas, nos grandes entroncamentos, nos triviais engarrafamentos, alguns cultivados como plantas pela população, que conserva buracos deliberados no asfalto, ambulantes vendem a essência de Makola: fluorescentes bolas de futebol, que ressaltam na luz aguda das ruas; óculos de ler ou proteger os olhos, de todas as cores, formas e armações; vistosas abotoaduras, com pedras opulentas engastadas em metal cromado; refrigerantes, sucos e água de procedência duvidosa; desproporcionais balões a representar as geografias do globo; lotes de castanha e amendoim em sacos rudimentares; pastas de inhame e mandioca, servidas em bacias precárias; multitudinárias peças de vestuário, de todas as formas, cores, desenhos, tamanhos e elegâncias; cubos de cana descascada para chupar; mapas-múndi a exibir a anacrônica projeção de Mercator, que atrofia a grandeza africana; vassouras e escovões para todos os usos e de todas as formas; conjuntos completos para fulminar insetos, com raquetes tecnológicas, violentos aerossóis e obsoletos papéis de pegar mosca; tomates miúdos, enrubescidos no calor do asfalto; produtos de beleza de todas as origens; manteiga para alisar cabelo e tranças para alongá-lo; pães e bolos caseiros; barretes muçulmanos de várias hierarquias; CDs e DVDs, com um apanhado pirata da cultura local. Às vezes oferecem dinheiro, em notas novas ou surradas de cedis, a moeda local, trocadas a tarifas escorchantes por euros ou dólares.

Para o estrangeiro que entra no mercado, a primeira impressão é a de um caos latejante, um acúmulo dissonante de movimentos, gritos, cheiros, cores, músicas, corpos, expressões, gestos, sobretudo gestos. Um caleidoscópio multissensorial, de uma vivacidade que só encontra expressão na África, onde a vida se vive essencialmente nas ruas. Jean--Marie Le Clézio, em seu livro *O africano*, conta suas memórias de infância no norte nigeriano. Fala dos corpos, do seu movimento lânguido, permanente, próximo, quente, íntimo. A certa altura, escreve: "A liberdade era o apanágio do corpo."[29] Caminhando em Makola, voltam-me as palavras do escritor francês.

Makola foi criado nos anos 1920, por ordenança da administração colonial. Sobreviveu à luta pela independência, ao tumulto dos anos de emancipação, aos sucessivos regimes políticos, à instabilidade econômica, às crises de toda sorte, ao crescimento da cidade, a incêndios e enchentes, à especulação imobiliária, ao consumismo digital, ao século XXI.

Passados os anos e as agruras, o mercado permanece vivo: ativo, confuso, ubíquo. Tornou-se atração turística, tema de filmes, programas de televisão. Numa pesquisa sumária sobre o mercado, chama a atenção o código de conduta sugerido pela Wikipedia: o que fazer e o que não. Entre os "não faça", aparecem os seguintes conselhos: "Não vagueie pelas ruelas a menos que tenha um bom sentido de orientação. Não tire fotos das pessoas trabalhando no mercado sem pedir permissão, pois elas geralmente não gostam disso."

E eu ali perdido, a desrespeitar minuciosamente os dois mandamentos.

Pelo resto da manhã, eu sigo o meu novo guia. Ao cabo de uma infinidade de manobras, chegamos ao beco dos alfaiates. First Scissors House já esteve ali. Hoje, é um espaço entre vielas, tão apertado que é impossível discernir o que há em volta. Duas fileiras de barracos de madeira tosca acolhem máquinas de costura, longas réguas de marcar, tesouras, alfinetes, agulhas, linhas e fardos de tecidos de todos os materiais e estampas. Alfaiates debruçam-se atarefados sobre suas bancadas, quase todos muçulmanos. Negocio imagens, a duras penas convenço um ou dois, mediante a promessa de cedis. Não me deixam fotografar os rostos. Entre uma foto e outra tento dialogar. Explico minha presença, pergunto sobre os tabons e sou recebido com expressões de incredulidade. Sinto-me insuperavelmente estrangeiro, branco, europeu, alienígena. O guia vem em meu socorro. Vejo que fala em ga, escuto que menciona o Brasil. Rostos finalmente se iluminam, sorrisos se abrem. O futebol, sempre ele.

NII AZUMAH, O QUINTO

Foi no ano 2000 que conheci os tabons. Num 26 de fevereiro, assisti à posse de Nii Azumah V, a convite do embaixador do Brasil. Nesse mesmo dia, Dan Morton foi instalado como braço direito do chefe e seu primo Eric Morton, como líder dos percussionistas do agbê. Disso eu só soube muito tempo depois.

Desde o seu estabelecimento em Gana, a comunidade só teve seis chefes, todos da família Nelson e todos, com uma única exceção, com o título Nii Azumah,[30] uma homenagem ao venerando Azumah Nelson, que exerceu a primeira chefia do grupo até meados dos anos 1860. A linha sucessória do primeiro Nelson desfiou-se entre seus filhos e os filhos e netos desses filhos. O atual chefe, Azumah, o quinto, é bisneto do pioneiro. Entre os dois extremos, passaram quatro outros niis, três com o nome Azumah e um dissidente, George Aruna Nelson.

Uma genealogia resumida dessa sucessão de Nelsons contaria a seguinte história: o patriarca Azumah foi substituído pelo filho Alasha, que nascera no Brasil e se fazia chamar João Antônio. Registra a tradição que ele teria travado tamanha amizade com o líder supremo dos gas, Nii Tackie Tawiah I, que esse, além de recusar viagem em que não estivesse o brasileiro, teria demonstrado suas boas graças na distribuição de extensas áreas de terra aos tabons para cultivo em regiões importantes na Acra de hoje. Em 1900, assumiu o meio-irmão de Alasha, George Aruna Nelson, o primeiro dos niis nascido em Acra, de um casamento temporão do patriarca com uma nigeriana, e o único a discrepar na adoção do título (fez-se chamar Nii Aruna), talvez como forma de acentuar a linhagem indireta. Em 1936, veio o filho de Aruna, Edward Pedu Nelson, que voltou à rotulagem tradicional (Azumah III) e teve papel importante nas demandas judiciais pela manutenção das áreas doadas por Nii Tackie Tawiah I, disputadas dentro e fora da comunidade.[31] Credita-se também a Azumah III o reconhecimento definitivo dos tabons como comunidade de origem brasileira integrada de pleno direito como um dos clãs da etnia ga, inclusive no que diz respeito aos seus estatutos e suas hierarquias.

No seu último ano de vida, já velho e entrevado, coube a Azumah III receber em Acra o primeiro embaixador brasileiro, o jornalista Raymundo de Souza Dantas. Era um 13 de abril, em 1961. Nas suas memórias, Dantas registra os meandros da cerimônia:

> [C]ompareceram à homenagem mais de trezentas pessoas, as mulheres em seus trajes típicos, em cores verde e amarelo. Presidiam a festa, em seus respectivos tronos, abrigados sob monumentais e luxuosos guarda-chuvas, representativos de sua qualidade de chefes, Nii Azumah III, Naa Ibiana I (a rainha-mãe) e o príncipe-regente, Fortunato Antônio Nelson. Coube a mim e à embaixatriz tratamento somente dispensado aos chefes mais antigos, ocupando ambos os tronos dos fundadores da comunidade. Foram entoadas, ao longo da homenagem, velhas cantigas baianas, ainda lembradas pelas mulheres de mais idade, que dançavam e faziam reverências a mim e a Idoline [sua esposa]. Para finalizar, os chefes pediram a Idoline para que fosse ao terreiro dançar, atendendo ela sem qualquer constrangimento, sob aplausos e ao som de uma velha cantiga baiana, com o refrão "Viva, iaiá, Viva, iaiá". Minha mulher teve honras de rainha, foi acompanhada por dois pajens que conduziam os emblemas da comunidade. As mulheres mais idosas jogavam sobre seus ombros lenços de seda e batas multicores caprichosamente trabalhadas em ouro. Ao voltar para o seu lugar, escutei-a pedir para traduzir para a rainha Ibiana: "Diga a ela que este é o meu dia mais feliz em Gana."[32]

As memórias acabariam tomando o nome de *África difícil*. Aquela tarde fora uma exceção.

Na ocasião, coube ao princípe regente, Josafath Fortunato Antônio Nelson, entabular o discurso de homenagem ao embaixador. Meses depois, ele seria alçado à condição de chefe, assinando Nii Azumah IV. Foi o último nascido no século XIX, o último a ter contato com a primeira geração dos tabons vinda do Brasil, o último a verdadeiramente considerar-se brasileiro. Na fala dirigida a Souza Dantas, ele fez questão de deixar claro esse sentimento: "É bem verdade que nenhum de nós aqui presente já visitou o Brasil, mas isso não importa: continuamos a considerar o Brasil nossa terra-mãe."

Seu sucessor, Azumah V, só assumiria a chefia da comunidade quatro décadas depois. Fortunato já estava morto havia vinte anos. O interstício explicou-se por disputas dentro da comunidade, mas também pela dificuldade de manterem-se costumes tradicionais num país já moderno e independente.

A escolha de Nii Azumah V deu-se de forma colegiada. Um comitê agrupando anciãos de dezessete famílias reuniu-se por mais de um ano antes que um nome de consenso surgisse. Em 1998, o nome de James Abdulai Nelson finalmente emergiu. Pela mesma deliberação, decidiu-se que Daniel Morton seria o presidente da comunidade, principal conselheiro do nii, e que a rainha-mãe sairia igualmente da família Morton. Ela recebeu o nome Naa Awo Gbeke Abiana III, sucessora de Naa Abiana II.

Foi quando vieram as cerimônias de entronização, que duraram dois anos. Em 12 de dezembro de 1998, a comunidade organizou o "ritual da captura". Uma multidão reuniu-se em frente ao escritório de Abdulai Nelson munida de tambores e trajes típicos. O grupo vinha liderado por Dan Morton, que solicitou à empresa a liberação do novo chefe, para que fosse "capturado e confinado", como parte dos ritos para torná-lo um nii. Abdulai estava em seu escritório, entretido em reuniões com auditores franceses, quando recebeu de Morton a ordem de captura. Em depoimento a Marco Aurélio Schaumloeffel, ele não esconde o orgulho, sobretudo pelo fato de ter sido carregado em triunfo até a First Scissors House — sobretudo pela distância entre os dois sítios.

O quarto onde permaneceu recluso por três dias tinha grande valor simbólico. Ali meditaram quase todos os seus antecessores, ponderando a condição de chefes, como um Santo Antão contemplando, de dentro de sua caverna, as agruras da santidade. Uma semana depois, deu-se o rito de apresentação do novo líder à comunidade ga. O chamado "outdooring" ocorreu na Stool House, a Casa dos Tronos, palácio real dos gas. Somente então começaram os planos para a cerimônia de posse, que aconteceria ano e meio depois, e à qual eu assisti.

A festa ocorreu no espaço asfaltado de uma avenida, em Jamestown. As imagens que fiz à época, trêmulas e desbotadas, mostram uma estrutura improvisada, elevada em torno do asfalto da avenida, entre as faixas descontínuas do trânsito: tendas de plástico suspensas em ferragens finas, cadeiras, também de plástico e brancas, fragilíssimas para os imperiosos bumbuns acomodados entre seus braços magros, possivelmente uma tenda para cada clã convidado — e vieram todos, a crer o que então me dissera Dan Morton metido em seus trajes protocolares vermelhos, um dos ombros à mostra, como numa túnica de tribuno romano. Fileiras dessas tendas ocupavam as laterais da avenida. Numa das extremidades, fechando a via, estacionavam os conjuntos de percussão, um deles liderado por Eric. Na extremidade oposta, um tablado onde se dispunham pesadas poltronas, quase tronos, nas quais pontificavam as principais lideranças gas. Ao centro, o ga mantse, esse um verdadeiro rei, coroado com sua grossa cinta de tecido negro eriçado de búzios.

Os clãs chegaram desfilando, seu chefe à frente, agarrado ao imponente cajado, a extremidade superior decorada com os motivos tradicionais do grupo, leões, leopardos, elefantes, todos estilizados e cobertos de tinta dourada (no passado eram envoltos em folhas de ouro, ou lavrados em ouro maciço, mas essa época de fausto se perdeu). Avançavam em fila indiana, bonitos e disciplinados. Subiam no tablado e cumprimentavam os anfitriões. Ao ga mantse davam as duas mãos e dedicavam uma solene mesura.

Revendo hoje essas imagens, percebo que os homens se vestiam todos da mesma forma, à moda romana, ombro direito à vista. Mudavam os cajados, os enfeites e os próprios tecidos, a depender do clã: alguns no vermelho-vivo, outros de preto fechado, outros ainda num verde-periquito, estampado de flores amarelas. As mulheres embrulhavam-se em grandes cortes dos mesmos panos, portados como chales, os turbantes combinando.

Em ocasiões festivas, é comum na costa ocidental africana que famílias se apresentem metidas em uma mesma roupa, feita com tecido encomendado especialmente, com motivos a estampar a solenidade. Costuram-se bubus e daishikis diversos com esse pano, que se usam também em turbantes, e o grupo se exibe como uma ala de escola de samba. Na casa do Chachá de Souza, em Uidá, participei de duas dessas festas: numa delas, um aniversário do patriarca, estavam todos vestindo o próprio Chachá, o tecido a exibir, a intervalos regulares, um medalhão com a efígie de Francisco Félix de Souza. A depender da habilidade do costureiro, a figura barbuda do velho traficante aparecia no peito do freguês, ou às vezes em suas pernas ou na virilha. Na segunda solenidade, um velório, a estampa era geométrica, em tons de verde, marcada a intervalos regulares por pequenos losangos amarelos. A combinação verde-amarela é um clássico naquelas terras.

Em Gana, conforme as tribunas se enchiam, os clãs demoravam-se mais no seu desfile, cumprimentando agora os convidados que já haviam chegado. Surgiu de repente um pequeno grupo liderado por uma mulher. Era uma matriarca, que caminhava solene à sombra de um para-sol colorido. Dois passos atrás, uma jovem levava nas mãos uma almofada, como se fosse uma bandeja. Mesuras feitas, a senhora dirigiu-se à sua tenda, apertou-se entre os braços da cadeira branca, retirou as sandálias e acomodou a almofada no solo, a apoiar-lhe sutilmente os pés, como fazia o imperador Haile Selassie, que, segundo Ryszard Kapuscinski, nunca contaminou as sagradas extremidades no chão sujo.

Um grupo maior avolumou-se diante do tablado. Os anciãos portavam as vestes tradicionais e se faziam acompanhar de trombeteiros, que sopravam em chifres estridentes, como se fazia na Idade Média ao anunciar-se autoridade eclesiástica ou real. Atrás, caminhava uma fileira de ocidentais, embecados em ternos escuros, duros e desconfortáveis naquele ambiente extravagante. Eram o embaixador brasileiro e seus assessores. A autoridade distribuía acenos e tentava disfarçar a transpiração. Quando passou pela percussão de Eric Morton, foi desafiado a dançar por uma senhora florida, que se requebrava no ritmo do agbê. O embaixador ensaiou uns passos rudimentares de samba, se desengonçou nos sapatos lustrosos, deixou escapar cinco gotas de suor e espertamente beijou as mãos da matrona. A intenção foi bem recebida. Revendo hoje a cena, percebo um Eric de óculos quadrados, muito mais jovem do que eu esperaria a julgar pelos escassos quinze anos que me separam da festa.

Eram três os grupos de percussão. O principal carregava pesados atabaques negros, com águias brancas de asas abertas a decorar suas paredes externas e desenhos geométricos, de origem ritual, a pontuar a base. Jovens uniformizados tocavam com baquetas especiais, duas por tambor, as extremidades torcidas como um gancho. A energia consumida nesse toque é enorme. Travam uma verdadeira batalha contra o couro duro, atacando séries frenéticas de batidas, uma sequência de toques rápidos seguida por quatro pancadas mais lentas. Alternam-se os atabaques nessa cadência, retomando-a em seguida, dessa vez juntos. O resultado soa a um tempo estranho e agradável, algo diferente do frenético samba ou do lento afoxé, menos rico em polirritmias, menos suingado, algo mais agressivo, mas que, mesmo assim, evoca o Brasil.

A percussão cessou de repente e o mestre de cerimônias passou a ler um sumário da existência dos tabons, cujo objetivo era culminar com a importância do homenageado: chegaram em 1829, liderados por um certo Azumah Nelson, foram recebidos como irmãos por Nii Ankrah, eram habilidosos cavadores de poços, alfaiates, construtores etc., etc. O locutor era treinado e falava com sotaque britânico.

Vieram então os ritos religiosos. Um homem trajando branco, descalço, uma touca desfiada à cabeça, cercou-se das lideranças gas, cada qual com seu cajado. Gritou o que pareciam invocações aos ancestrais, despejando gim de duas garrafas no chão. São as libações. A cada frase, os chefes reagiam em uníssono, como num responsorial. Ao final, todos beberam do gim e com ele molharam os pés e a base de seus bastões. Seguiram-se orações cristãs, lidas em ga e fanti. Todos se levantaram, respeitosos, gritaram amém e aplaudiram.

Voltou o mestre de cerimônias, a anunciar as mais altas autoridades presentes. O embaixador foi citado entre as primeiras.

Entrou, finalmente, James Abdullah Nelson, acompanhado de sua corte. Como seus acólitos, cobria-se com um para-sol, esse enorme e vermelho, com franjas amarelas, agarrava-se a um cajado dourado e se fazia cercar de anciãos togados. O grupo vinha compacto e avançava pela avenida distribuindo acenos. James andava compenetrado, olhos postos no horizonte, o semblante sereno. À frente, caminhavam trombeteiros e uma ala de artilheiros, disparando no ar tiros secos de mosquete (Figura 9). A cerimônia que se seguiu era repleta de ritos e protocolos que bebem nas centenárias tradições da cultura ga. Em algum momento, Azumah leu um juramento. Em outro, o sacerdote estendeu sobre ele um punhal de cobre dourado e gritou invocações (Figura 10). Jurado e sacramentado, Abdullah tornou-se para sempre Nii Azumah, o quinto.

A cerimônia terminou em sangue. No ponto alto, o sacerdote despejou gim sobre Azumah e ordenou o sacrifício de um bode. Sangue fresco garante prosperidade e bem-aventurança ao novo chefe. Antes de degolar o bicho, encantações se acumularam na voz de um grupo de assistentes que cercavam o clérigo. O bode esperneou, pressentindo o destino. Agitou-se, sacudiu a cabeça, atacou com os chifres, tentando livrar-se do abraço de um jovem que levava à mão uma faca de cozinha. O rapaz prendeu o animal pelo pescoço, arriscando sufocá-lo. O embate acirrou, enquanto o sacerdote convidava a presença dos ancestrais. Após uma frase aguda e definitiva, deitaram o animal no chão e passaram a faca suavemente sobre os pelos de sua goela, ensaiando o corte. Quando finalmente lhe atacaram a jugular, o bicho estava tranquilo, entregue. Sequer um espasmo enquanto sua vida se esvaía.

Os meandros da cerimônia de coroação de Azumah refletem a intrincada organização social da etnia ga-dangbe à qual os tabons hoje pertencem.

Os ga foram um povo guerreiro e sua organização emula a de um exército. Durante séculos, lutaram entre si, contra os fantis do litoral oeste ou os axântis do norte. Sua vida era determinada pela guerra, e era apenas natural que o grupo se estruturasse em consequência. Passados os séculos, a posição de cada um dentro da hierarquia do grupo ainda se define como uma patente, ainda que hoje ela tenha funções estritamente protocolares.

Assim também foi com os tabons, apesar de raramente terem empunhado arma, além dos inócuos adereços de festim. Já em sua primeira geração, sob o mando do lendário Azumah Nelson, a comunidade decidiu entregar-se de corpo e alma à sua conjuntura africana, mimetizando a estrutura social das demais comunidades.

Hoje, além de seu chefe costumeiro (o mantse), os tabons têm porta-voz, *chairman*, guarda do trono, marechal de campo, capitães, artilheiros, espadins, tesoureiros, conselheiros diversos, um linguista, uma rainha-mãe, uma rainha dos jovens, um ancião-chefe e um líder dos percussionistas.

Segundo o protocolo dessa pequena corte, cabe ao ancião-chefe decidir sobre a sucessão do mantse. A rainha-mãe, que nunca é sua esposa, tem atribuições decorativas. A rainha dos jovens cuida da decência da mocidade. Os conselheiros definem sua hierarquia pela posição que ocupam junto ao trono (Dan Morton, o *chairman*, senta-se à direita do mantse). O marechal de campo é responsável pelos capitães, que a seu turno organizam, ante qualquer necessidade, a comunidade em batalhões masculinos e femininos. Um desses batalhões reúne os artilheiros, com seus bacamartes barulhentos e inofensivos. Outro, os espadins, que hoje empunham machetes.

Um dos personagens mais interessantes é o linguista, misto de intérprete e porta-voz, mas cujas funções vão muito além da mera etiqueta. A tradição ga, que nesse quesito não difere da de outras etnias oeste-africanas, proíbe que suas lideranças se dirijam diretamente aos súditos. Mantses raramente emitem opiniões em privado, quase nunca de maneira formal e jamais em voz alta. Em ocasiões públicas, um chefe tribal estará sempre ladeado de seu intérprete, a quem incumbe de ouvir seus sussurros e amplificá-los, tanto no sentido como nos decibéis. A depender da tolerância do chefe e do talento do intérprete, um simples "estou bem" por parte do primeiro pode lançar o segundo em prolongados solilóquios, que versarão sobre os mais variados assuntos de interesse da comunidade.

O subterfúgio não visa poupar a voz do chefe, mas sim sua autoridade. Tal como o papa, também as chefias gas são tidas por infalíveis. Como a infalibilidade dos mantses é de configuração laica, emanando de sua condição social e não dos aparatosos dogmas que sustentam a eficácia papal, a solução encontrada pela astuta etiqueta ga foi a de distribuir entre o chefe e seu intérprete a responsabilidade do que é dito, entregando ao primeiro o mérito pelo que se confirma e ao segundo a responsabilidade pelo que, eventualmente, se desmente. Assim, caso opiniões proferidas tenham constituição frágil ou sejam sacudidas pelas circunstâncias, os intérpretes podem facilmente ser contestados, sem menoscabo para a soberania do mantse que, a rigor, nunca chegou a emiti-las.

A escolha de auxiliares de tamanha confiança é criteriosa e se dá de forma intrincada, seguindo opacas etiquetas e rituais próprios à cultura ga. Para cargos vagos, indicações devem esperar o festival de Homowo, em maio, no qual se celebram as colheitas e, por extensão, a superação das privações seculares. Quando completa, a corte tabom apresenta-se em todo seu esplendor nas festas tradicionais, especialmente os "durbars",[33] desfilando seu chefe em longas comitivas, cercadas de guarda-sóis, artilheiros, espadins e percussionistas, o ritmo do agbê misturando-se aos estalidos das espingardas. É quando se mostram mais africanos.

Nos dias de hoje, a complexidade dessa liturgia é bizantina e absolutamente ociosa. A maioria dos cargos protocolares está vaga, e não se encontram candidatos para preenchê-los.[34] Na moderna e urbana Acra, nada disso é muito importante.

DE VOLTA À CASA BRASIL

Numa quarta-feira, entrevistei o promotor cultural Mantse Aryeequaye, que tem seu escritório na Brazil House.

A Casa Brasil foi referência constante na maioria das conversas que tive desde que cheguei a Acra. Parece ser um depositório de todas as esperanças e frustrações que brotaram na relação entre os tabons e o Brasil. Começou como um animado projeto cultural, precipitado pelas visitas do então presidente Lula a Gana. Terminou em desencanto.

O terreno que hoje abriga a casa foi um dia ocupado pela primeira residência de Mahama Nassu, que chegou a Gana em 1837. Ao redor dela, espalhou-se a nova comunidade, no que ainda hoje é a rua Brasil. Em algum momento, a concentração era tamanha que o espaço passou a chamar-se informalmente Brazilian Quarter. Durou pouco, no entanto. O crescimento da cidade e a especulação empurraram os brasileiros para setores mais remotos de Acra, onde muitos se dedicaram a cultivar a terra, retomando o ciclo que haviam interrompido ao sair do Brasil. Nassu resistiu, vivendo em sua casa até a morte, em 1874. Foi quando seu neto, Kofi Acquah, mandou derrubá-la, substituindo-a pela atual, erguida em dois andares, com espaço sobrando para um arrendamento lucrativo. A nova casa foi sucessivamente alugada a empresas até o ano de 1942, quando de novo passou a abrigar os Acquah, cuja fortuna havia virado.

Em 2001, dos seus 32 cômodos, dez ainda eram habitados por membros da família. Já então, a residência era uma formidável ruína e a rua em volta pouco menos que uma favela. A riqueza da capital migrara para outros bairros, menos úmidos e malcheirosos. A elevação de um novo polo financeiro, ao lado do aeroporto de Kokota, selaria o destino do centro histórico, e os planos de revitalização não saíam dos rascunhos.

Contra todos os prognósticos, no entanto, eis que surge a ideia de restaurar a mansão. Brotou nos escritórios da Unesco, talvez a única entidade a ver mérito naqueles escombros. O projeto cochilou em prateleiras até o dia em que se anunciou a primeira visita de Lula, adubo perfeito para iniciativas de tal porte. Em pouco tempo, um projeto arquitetônico foi esboçado e empresas foram convencidas a apoiar. Em abril de 2005, enquanto um animado Lula posava com "seu irmão" Azumah, os alto-falantes anunciavam a boa-nova. Uma casa surgiria daquele entulho e seria o centro cultural dos tabons.

Em novembro de 2007, a obra estava pronta. Cinco meses depois, um Lula ainda mais jovial a inaugurava.

Depois disso, nada mais funcionou. O interesse do governo brasileiro foi minguando, a verba para projetos culturais secando, e a família Acquah, que nunca perdeu posse da casa, ponderou que já era hora de vendê-la, toda viçosa e restaurada como estava. Chegaram a oferecê-la à embaixada brasileira por uns meros milhões de dólares. Na ausência de resposta, decidiram dificultar-lhe o uso, o que azedou as relações com a representação brasileira. Hoje, o Brasil permanece no nome, nas cores das paredes amarelas e em alguns projetos pontuais. A casa voltou a ser arrendada. Além do escritório de Mantse, seus corredores chegaram a abrigar algumas exposições, suas paredes foram tela para grafitagens e seu pátio congrega irregularmente os ensaios do agbê. Muito mais não acontece.

Apesar do nome, Mantse Aryeequaye não é nenhum chefe tradicional. No seu caso, o mantse é apenas um prenome, homenagem a um parente mais velho que, como ele, carecia de sangue real. Em 2010, ele criou o Accra[dot]Alt, coletivo que promove o trabalho de artistas alternativos em todo o Gana. Um ano depois, o coletivo encheu de arte as ruas de Jamestown. Nas paredes da Brazil House, grafiteiros desenharam a história dos tabons em grandes e coloridos painéis. O resultado agradou, o espaço tornou-se atração turística e passou a ser alugado como cenário para a gravação de clipes de rap.

Mantse guarda um parentesco cruzado com Dan Morton e conhece a história dos tabons de ouvi-la na juventude, repetida pelos mais velhos, épica e vitoriosa. Hoje, escuta-a menos e de forma cada vez mais sumária. Nessa releitura contemporânea e sintética, os tabons são apenas "escravizados guerreiros" que vieram da Bahia, bons de briga, de cavar poços e de costurar roupa de branco. Foram incorporados ao Exército dos gas e respondiam "Está bom" a cada pergunta. Outras complexidades se perderam.

Fica claro em seu depoimento que os maneirismos da atual aristocracia tabom, cada dia mais depauperada, são tão irrelevantes como os trejeitos de qualquer outro clã. Ser um tabom em pleno século XXI é pertencer a uma história difusa e nem sempre edificante. Isso contribui para gerar uma espécie de amnésia histórica entre os mais jovens, que preferem despregar-se de um passado marcado pela escravidão, mas também pelo escravismo; por uma repressão que foi sofrida, mas também praticada. Diz-me Mantse:

> Em Gana, como no Brasil, criou-se um sistema que inibe a memória de como nos tornamos uma comunidade. O Brasil nunca soube lidar com a sua história negra. O mesmo acontece em Gana, em relação a seu passado colonial. Elmina existe há mais de 500 anos. Essa é a duração de nosso contato com os europeus. Mesmo depois da independência, o sistema político ganense falhou em dar à juventude consciência de sua verdadeira história. Em nossas escolas, ainda há livros que glorificam o colonizador, falam de sua missão civilizadora. Isso dificulta um reencontro com o trauma de nossa fundação nacional, que esteve enterrada numa escravidão que nós sofremos, mas com a qual também compactuamos.

Para essa juventude obliterada de história, os laços com um distante mito brasileiro, que já perdeu o brilho e hoje perde conteúdo, contam menos do que o sentimento da nacionalidade, ainda que esta, garante Mantse, também seja uma construção frágil, mal compreendida, mal explicada, resultado tanto do nacionalismo pan-africanista de Nkrumah como da ação colonial europeia, que demarcou artificialmente as fronteiras do país. Apesar de todos esses problemas, é esta a história com a qual conta — e a história que ainda se conta. Quanto ao emaranhado de arrevesadas tradições cortesãs dos tabons, valem hoje tanto quanto portar uma fantasia num baile de máscaras.

Saio desanimado da Casa Brasil, meditando sobre a frágil brasilidade dos tabons, que se parece cada vez mais com o desamparo daquelas salas vazias. Os membros mais jovens do grupo, como o próprio Mantse, pouco se interessam por uma história marcada pelo anacronismo da escravidão. Os mais velhos parecem mais apegados às tradições do que à história em si, talvez porque essas tradições ao menos lhes garantam alguma autoridade. Além disso, têm com o Brasil uma relação difícil, a exemplo de Nii Azumah, que até agora resiste em conceder-me uma entrevista. Fiz gestões com apoio da embaixada, e me foi pedida uma carta de apresentação. A carta foi entregue e pediram qualquer coisa mais. Dinheiro já sequer parece ser o problema. Esperam credenciais improduzíveis e não sei mais o que fazer.

Alguém sugere que fale com Nat Nunoo Amarteifio, que foi prefeito de Acra e, como tal, chegou a ter uma relação próxima com os tabons. Nat é arquiteto e historiador, e dedica-se hoje a ensinar nas universidades os problemas da urbanização nas metrópoles africanas. Sua residência parece um museu, tamanha e tão variada é a sua coleção de arte africana. Ele leva-me ao jardim, cuja grama é de um verde quase artificial. À sombra de um guarda-sol, e apesar do calor, serve-me chá, que um servente em trajes de mordomo traz numa bandeja de prata. Por um instante, sinto que estou em outro tempo.

Abro a entrevista com a minha principal inquietação e Nat responde com um ensaio sociológico.

Quando os tabons chegaram em Gana, a real fonte de poder das chefias ga não eram as terras, mas quem nelas vivia. A medida da autoridade de um mantse calculava-se pela proporção de pessoas que seu mandato alcançava. A terra em si não exalava mando, pois era propriedade de ninguém, sendo um bem coletivo. Era impossível possuir a terra, da mesma forma que não se podia ser dono do ar. Esse conceito se ancorava profundamente na mitologia ga, que atribui a todos os elementos da natureza uma representação religiosa, quer sejam rios ou montanhas, mar ou florestas. Em uma tal cosmogonia, apossar-se da terra seria o mesmo que reivindicar a posse de um deus. Era algo impensado e, de resto, impraticável.

Foi assim até que a colonização inglesa trouxe a modernidade e, com ela, a infraestrutura. Construir estradas e hospitais em terreno que era de todos e de ninguém parecia pouco razoável. Seguiu-se daí a conversão da terra em *commodity* e, com ela, a dos chefes tradicionais em agentes imobiliários. Datam desse período os primeiros litígios fundiários nos tribunais da Costa do Ouro. Os tabons não foram exceção. Terras cedidas em usufruto a um membro da comunidade eram por ele registradas, em detrimento dos demais e, talvez, à revelia do próprio mantse. Inauguraram-se copiosos autos judiciais, que terminariam se tornando fontes de informação preciosas sobre a comunidade na virada de século.

Com o passar do tempo, no entanto, também as funções de agenciamento dos chefes cessariam conforme a Coroa decidia atribuir a si mesma o controle das terras. Nesse novo sistema administrativo, com seu arranjo de governação colonial centralizada, todos se viam reduzidos à condição de súditos do Império Britânico, o que nivelava a estrutura das hierarquias tribais e reduzia o já desgastado poder dos mantses à expressão de uma sombra.

O papel desses chefes é hoje nebuloso. Os ganenses ainda se comprazem, em ocasiões, a celebrar seus mantses como a manifestação de tradições seculares, mesmo sabendo (ou talvez por isso) que seu poder se perdeu no tempo. Figuras como Nii Azumah V passaram a atuar, no dia a dia, como árbitros de pequenas causas, dirimindo disputas domésticas entre membros da comunidade. Nas poucas ocasiões solenes, atuam também de forma protocolar, mostrando a cara pública dos tabons e, pontualmente, representando-os junto aos deuses do panteão tradicional, em cerimônias feitas hoje muito mais de ritos que de fé.

É nesses momentos que a sua situação revela os maiores paradoxos. Na atual conjuntura, as chefias tradicionais mantiveram as obrigações mais onerosas ao mesmo tempo que perderam as fontes de renda atreladas ao exercício do cargo. Como chefe de clã, cabe a Nii Azumah arcar com os custos dos *durbars* e das homenagens anuais aos antepassados. Nessas ocasiões, a alegria dos vivos e o contentamento dos mortos dependem de um divertimento oneroso e de complexas libações cujo custeio Azumah deve arcar, com recursos do próprio bolso quando não consegue convencer os súditos a tirarem dos seus próprios. Uma cláusula na Constituição ganense determina que as chefias tradicionais sejam custeadas por estipêndios municipais. Quando prefeito, cabia a Nat garantir esses recursos. O orçamento da prefeitura, no entanto, mal alcançava a menor das parcelas de tais gastos tradicionais.

Nessa atmosfera de desalento, as visitas do presidente Lula, em 2005 e 2008, tiveram o brilho de um farol nas trevas. O chefe de Estado, dizia-se mesmo antes da primeira viagem, queria encontrar-se com os brasileiros de Gana. Era, para as lideranças tabons, a afirmação de uma importância perdida, o reconhecimento vindo da maior autoridade possível, no momento em que seu chefe sumia na irrelevância, a comunidade perdia a memória do Brasil e era, ao mesmo tempo, esquecida em seu próprio país. Não poderia haver maior redenção.

Foram dias fartos em expectativas, extrapoladas pela construção da Brazil House. Tudo parecia possível.

Os registros que ainda sobrevivem das visitas de Lula a Gana mostram um presidente sorridente, a distribuir acenos e promessas, a posar com Nii Azumah, os dois briosos como iguais. A seu lado, o representante de uma empresa com interesses no país anotava diligente cada novo pedido, acenando com a presteza de quem tem os recursos para realizá-los. Após a inauguração da casa, surgiram compromissos maiores. Promessas de viagens ao Brasil choveram naqueles dias sem nuvens, irrigando a imaginação ávida dos tabons: iremos todos em caravana, no avião que fretará a empresa. Conheceremos a Bahia, berço de nossa epopeia, cruzaremos o país em excursões douradas, desfilaremos no carnaval, seremos conhecidos e celebrados. Nii Azumah reencontrará a sua autoridade, reviverá o prestígio dos ancestrais. Seu povo recobrará o viço perdido ao se reaver com sua verdadeira história. Seremos todos redimidos pelo mergulho naquele Jordão tropical que é o Brasil.

Nada disso, evidentemente, aconteceu. Anos depois, talvez eu esteja pagando o preço dessa enorme desilusão. Quem sabe o melhor seja mesmo desistir da entrevista.

O VÍCIO DE ÁFRICA

Na saída da casa de Nat, cruzo com um de meus guias, que me anuncia a grande novidade: Eric Morton irá a Salvador. Conhecerá a Bahia, visitará a terra prometida antes de morrer. Corro à Casa Brasil entusiasmado com a notícia que, de repente, traz um novo fôlego à história que quero contar. Encontro Eric culminando os preparativos para a viagem, embalando instrumentos e dando instruções aos músicos que deixará para trás. A seu lado está Juan Diego Díaz, etnomusicólogo que estuda o trabalho de Eric há anos. É por suas mãos que ele irá ao paraíso.

A África é uma paixão, ou um vício. Três décadas atrás, Alberto da Costa e Silva fez desse conceito o título de um livro. À guisa de prólogo, prescrevia aos leitores "limparem seus olhos de toda ideologia de civilização" a fim de melhor apreciar aquela que ele passava a descrever, em toda sua cativante riqueza, começando pelas prateleiras do Museu Histórico de Lagos.[35]

Em minhas viagens pelo continente, conheci muita gente cuja história ilustra essa tese. Pessoas que chegaram por acaso em algum confim africano e nunca mais se recuperaram da impressão. Gente de todas as origens, sem nenhuma relação histórica, étnica ou cultural com o continente. Gente que vai levada pelo trabalho, pela curiosidade, pela aventura, por acidente, mas que quando chega se transforma. Essa mudança pode ser instantânea, ou levar tempo, mas, quando acontece, deixa marcas que não se apagam. Os que sucumbem de imediato às vezes ficam. Os outros vão, voltam, e não esquecem. Inventam projetos, escrevem, pintam, fotografam, filmam; qualquer coisa que reacenda aquela paixão, que sacie aquele vício. Deixam a África, mas a África nunca os deixa. Juan Diego Díaz é um deles.

Juan entrou no continente africano por uma porta lateral, a do Brasil. Ele, no entanto, não é brasileiro, não é negro e muito menos africano. É colombiano de Medellín. Até passados os 20 anos de idade, levou uma vida que nada indicaria chegar aonde chegou. Estudou Engenharia e viveu em Bogotá. Parecia destinado a outros rumos. Mas eis que no seu caminho apareceu a capoeira. Em 1998, tornou-se um adepto, e algum tempo depois já era quase um mestre. Aprendeu a tocar o berimbau, a bater os atabaques e logo seu interesse voltou-se para os cânticos rituais e como revelavam a história e os mitos de uma arte de resistência. Sua vida mudou. Em 2004, já era estudante de Música na Nicarágua, e em 2008 iniciava o doutoramento no Canadá. Ampliou o foco de suas pesquisas e passou a estudar as relações entre a música afro-brasileira e os discursos sobre a negritude. Passou a frequentar a Bahia, onde morou durante 6 meses e conheceu Cinézio Feliciano Peçanha, o Cobra Mansa, que se tornou seu mestre. Em 2014, a pesquisa lhe rendeu uma alentada dissertação, que tinha como foco central o trabalho da Orkestra Rumpilezz, seu uso de elementos rítmicos e musicais afro-brasileiros na composição de uma fusão jazzístico-baiana, e de como tudo isso se relacionava com a formação e o uso de conceitos como africanidade, negritude, diáspora negra e cultura afro-atlântica.

Terminada a pesquisa e publicada a tese, Juan resolveu visitar o outro lado do espelho. Depois de estudar as influências africanas na música brasileira, foi a Gana estudar as influências brasileiras na música africana. Foi quando conheceu o agbê.

O agbê foi para Juan primeiro uma surpresa, depois uma obstinação. Para quem estuda África e Brasil, Gana é destino improvável. Outros países da costa ocidental, Nigéria, Benim, Angola, guardam parentesco mais duradouro, ligações mais caudalosas. Em qualquer um deles, estudar ritos e ritmos é mergulhar fundo na africanidade brasileira. Num levantamento recente do Centro de Estudos Afro-Orientais (CEAO) da Universidade Federal da Bahia (UFBA), mapearam-se mais de 2 mil terreiros de candomblé em Salvador, identificados quase todos pela pertença a "nações" que evocam esses países: jeje, mina, nagô, ketu, ijexá, angola, banto.[36] Ga, akan, axânti ou fanti são conceitos desconhecidos.

Para um aprendiz do agbê, Eric Morton era o interlocutor natural. Juan fez-se seu amigo, estudante e discípulo. Instalou-se em Acra e passou a lecionar na Universidade de Gana. Há dois anos estuda o trabalho do percussionista, seu percurso e suas influências. Juan interpretou o agbê, narrou seus ritmos, vasculhou sua relação com a religião, sua ligação com Xangô, o vínculo com a Nigéria, o papel da Bahia. Traduziu os cantos do "Viva, Viva", que transportam as almas de volta a Salvador. Acompanhou os percussionistas nos longos velórios, nas cerimônias que se estendem por meses. Chegou a aprender a complexa batida dos atabaques, a cantar com as senhorinhas floridas. Fez do agbê uma teoria, cercou-o de hipóteses e sacou conclusões. Graças a essa curiosidade, Eric ganhou status acadêmico. Hoje, em alguns círculos ganenses, ele é mais respeitado do que seu parente mais afortunado, Dan Morton, o rei dos alfaiates.

O projeto de levar Eric à Bahia veio de uma conversa à toa. Um dia, Juan mostrou-lhe vídeos de batucadas e ouviu o percussionista suspirar algo sobre "um dia conhecer aquilo de perto". A ideia se impôs imediatamente, por óbvia. Mais difícil foi realizá-la. Entraram em campo a Embaixada do Brasil, o cineasta Nilton Pereira e um par de empresas, que se animaram com a ideia de ver Eric mergulhando no tempo. O filme faria parte de um programa maior, de preservação da história dos tabons, idealizado pela embaixadora do Brasil em Gana, Irene Vida Gala, e que também incluía a edição de um livro resgatando a memória oral da comunidade e o estabelecimento de uma cátedra especializada na Universidade de Gana.

O filme seria talvez a peça mais emotiva do projeto. Reencontros com o passado emocionam. A televisão dedica amplas fatias de sua grade a essas comoções: mães que perderam filhos, filhos que procuram pais, irmãos que reencontram irmãos, parentes que desenterram corpos sumidos. É quando os cinegrafistas mostram a sua maior obstinação, gastando longas tomadas em plano fechado, a atiçar lágrimas nos rostos cansados. No caso de Eric, a emoção é mais abstrata. A sua viagem é uma recuperação da história, mas é também uma visão do futuro, o descortino do lugar para onde um dia migrará seu espírito.

Relendo os parágrafos anteriores, me ocorre pensar no meu próprio vício de África. Se tivesse que especular sobre sua origem, descartaria a pesquisa sobre os retornados. O meu surgiu muito antes e, como no caso de Juan Diego, teve algo a ver com música.

Minha história com a África tem um ponto de partida, que não é o seu início cronológico. É banal ouvir das pessoas que se apaixonaram por alguém que já conheciam, sem que nada especial tenha acontecido para explicar o sentimento. Ou que se perceberam viciadas de uma hora para outra, sem que nada antecipasse a dependência. Puxando pela memória, acho que me viciei (ou me apaixonei, ainda não decido) em uma ocasião, na savana do Mali, em que precisei dormir no teto de uma Land Cruiser para, supostamente, proteger-me de animais peçonhentos — era o que garantia o motorista, por piada ou excesso de zelo. Acordei ao alvorecer, o sol filtrando a vegetação rala com sua luz avermelhada pela poeira do vento harmatão. Estávamos em dezembro. Um amigo já tomava café no andar de baixo do jipe, e havia posto a tocar uma fita de Miles Davis. De repente, ocorreu um sincronismo que só posso descrever como mágico, pois naquela paisagem devastada nada havia que insinuasse uma beleza: de uma voluta da poeira apareceram três crianças, recortando o sol com suas silhuetas magras, enquanto, ao fundo, Miles Davis começava a tocar "All Blues". Observei extasiado a cena e, em algum momento, cheguei a imaginar que as crianças dançavam, tal era a coordenação entre seus passos e a cadência da música. Levaram um tempo imenso a se aproximar do carro, toda a duração da música. Não me lembro de ter respirado, certamente não me movi. Quando nos alcançaram, o encanto se quebrou. Eram meninos cadavéricos, vítimas de uma seca que se acumulava por anos, devastando o Sahel, encolhendo o seu milhete a um tamanho que já sequer cabia no mingau. Foi a primeira vez que vi o rosto da fome. Naquela manhã, dividimos nossos víveres com as três crianças, mas a fartura desaparecia no seu olhar fundo de fome. Entraram e saíram esquálidas, e nos levaram à sua vila, onde deixamos o que ainda sobrara das nossas reservas.

Andávamos havia dois dias fugindo de uma guerra. Um conflito minúsculo, que hoje ocupa um dos rodapés menos notáveis da história africana — mas que assustava quando o olhávamos de perto. Em pleno dia de Natal, em 1985, o Mali, um dos países mais miseráveis da África, declarava guerra ao Burkina Faso, possivelmente o mais pobre, com o pretexto de recuperar 30 quilômetros de fronteira desértica, em disputa havia décadas. O conflito teve a duração de um recesso. Começou com escaramuças que mataram um cachorro, no domingo natalino. Forças especiais trocaram tiros na distante vila de Ouahigouya, assustando moradores acostumados à pasmaceira depauperada do norte. A nota sobre o cachorro é autêntica. Apareceu no jornal local, Sidwaya. Até hoje me pergunto o que teria levado o jornalista a publicá-la.

Na manhã em que trucidavam o animal, tentávamos cruzar a fronteira, do outro lado do país, numa rota que nos levaria à Mauritânia. Na estrada entre Bobo Dioulasso e Sikasso, no Mali, fomos alertados do conflito pela histeria da rádio. Um dos sintomas da revolução socialista por que então passava o Burkina Faso era a retórica estridente. Três anos antes, um jovem capitão paraquedista havia tomado o poder, num processo revolucionário tão radical que mudou o nome do país. Chamava-se Thomas Sankara e tornou-se um mito entre jovens africanos de esquerda. Naquele 27 de dezembro, a verbosidade da rádio subira dois tons, e a eloquência, de ordinário rebuscada, ganhara cores que ainda não havíamos visto. Lembro-me de ouvir referências aos "crocodilos vorazes" e às "hienas sedentas", em alusão às mercenárias tropas malinesas, vendidas "sem escrúpulos" aos "interesses espúrios do imperialismo internacional".

Gosto de pensar que, se chegamos a cruzar a fronteira, foi graças a meu passaporte brasileiro. Nosso motorista era burquinense e, portanto, inimigo. Meus colegas eram franceses e, portanto, mercenários em potencial. Ao passar o posto fronteiriço (um quiosque depauperado, duas cadeiras a fechar a estrada, uma tábua cruzando entre elas), fomos instruídos a seguir caminho até Sikasso, onde os militares decidiriam o nosso futuro. Acompanhou-nos, para maior certeza, um policial, armado de bacamarte. No meio do caminho, o funcionário enfadou-se da tarefa e deixou o carro. Tinha *arrangements* em outro lugar. Os oficiais malineses andavam sempre a falar difícil.

Por decisão unânime, decidimos então mudar o rumo, fugindo de Sikasso e sua caserna. Como não podíamos regressar, dobramos à esquerda numa picada que apontava para a Costa do Marfim. Rodamos uns 50 quilômetros antes do bivaque. Naquela noite, deitados no teto do carro, entrevimos no horizonte o bombardeio da cidade, uma das operações mais notáveis daquela guerra de fim de mundo. Lembro de clarões sumidos e estouros abafados. Mesmo à distância, sabíamos tratar-se de um ataque improvisado, na medida da escassez bélica dos oponentes. Tempo depois, li que a força aérea burquinense usou aviões de treinamento Cessna 210, de cujas portas laterais jogaram meras granadas, que explodiam sem precisão, meio ao céu, meio à terra, assustando pelo barulho mais do que pela letalidade.

Foi na ressaca daquela noite de irrelevantes combates que eu conheci o álbum de Miles Davis, *Kind of Blue*. Quando voltei à Europa, passei a colecionar obsessivamente cópias daquele disco e qualquer bobagem que me remetesse à África. Cheguei a possuir quarenta máscaras africanas e uma dezena de gravações de *Kind of Blue*, em vinis, cassetes, CDs e blu-rays. Acostumei-me a associar as duas coisas, que a rigor nada tinham em comum. Não para mim. Ainda hoje, quase quarenta anos depois, toda vez que escuto os acordes iniciais de "All Blues", imagino crianças a caminhar na poeira de alguma África, cadenciando seus passos ao compasso da balada. Apaixonei-me por uma coisa e a outra (sim, paixão, sejamos otimistas).

ERIC MORTON VAI AO PARAÍSO

Eric Odwarkei Morton tem muitos títulos, todos relacionados com a sua principal ocupação. Ele é o pai do agbê (agbêtse), seu mestre-percussionista (*master drummer*), seu chefe (*chief*). Na complexa hierarquia da comunidade, ele leva ainda o título de Nii Kwashie II. Quando o revi, década e meia após sua entronização como agbêtse, Eric contava 43 anos dedicados à percussão.

Eric não se acanha com pormenores: "Sou o melhor percussionista que já existiu entre os tabons." Aprendeu os ritmos das mãos de J. H. Kommey, seu antecessor no cargo, e levou décadas nessa disciplina. A história de sua formação soa como uma das passagens sobre descendências do Livro do Gênesis:

> Toquei com o pai de Kommey, Frotozo, toquei com Pedulash, Pedubada, King Joe, Tio Odiko, Tio Kpakpo Nuus, Tio Charles, Tio Aryee, Ataa Oko e os anciãos. Conheci Essel, Ataa Asa e Ataa Akpa Marbel. Com eles vivi na rua Nmaamnonaa e sempre os respeitei. Nossa mãe[37] era Naa Lamley, sua irmã Kuuwa, seus irmãos eram Zamani Ashirifie e Ataafio Nunoo. Não conheci Zamani, mas encontrei Ataafio Nunoo. Conheci todos os anciãos da rua Nmaamnonaa.[38]

O iorubá, Eric assimilou do irmão Salomon, que viveu 21 anos na Nigéria. Hoje, ele consegue cantá-lo nas estrofes do agbê, mas é incapaz de manter uma conversa trivial. Nas cerimônias, sua voz rouca contrasta com o esganiçado das titias que entoam os refrãos.

Eric Morton iniciou-se cedo nas cerimônias fúnebres em que o agbê é guia. Tocava com J. H. Kommey e cobrava pouco: "A morte não é algo com que se deva lucrar." Como não tinha emprego, pintava casas para fechar o mês. Contratavam-no para tocar, e aproveitavam para retocar as paredes. "Ensinei os moradores de Zongo Lane [onde ele morava] a apreciar o agbê, e os instruí no uso correto das tintas." Ele se anima ao falar de pintura. Sua habilidade com os pincéis é outro orgulho que carrega sem embaraço.

O quartel general do agbê é a antiga casa de Nii Alasha. A maioria dos músicos vem desse lugar. São seus parentes diretos ou cruzados. Alasha foi o segundo líder da comunidade tabom. Veio ainda criança para Gana, trazido pelo pai, Azumah Nelson. Teria 2 ou 3 anos de idade e se chamava João Antônio. Sua irmã, Abiana, também era brasileira e se tornaria uma das mais prósperas comerciantes de miçangas do país.

Quando adulto, Alasha herdou a chefatura do pai, passou a chamar--se Nii Azumah II, mas não abandonou as outras ocupações. Era um reconhecido herborista, com vasto conhecimento sobre as plantas e seu preparo, que distribuía engarrafadas à comunidade. Essa ocupação talvez explique a relação com a música ritual, que é a de Xangô, cujo culto em Gana envolve o curandeirismo. Um Alasha herborista presume-se um curandeiro, o que supõe devoção ao santo e conhecimento de sua música. O fato de a tradição predicar que Xangô foi levado da Bahia na mala de Alasha apenas confirma a hipótese.

Detentor de tantos predicados, era natural que fosse Eric o escolhido para essa viagem de volta às origens. Escolha natural, mas não indiscutível. Eric é apenas o segundo tabom a conhecer a terra de seus ancestrais e o primeiro em acertar o destino baiano. Dan Morton escolheu o Rio de Janeiro e Nii Azumah V, apesar das juras de Lula, nunca sequer pisou em um avião. Talvez por isso se ressinta dos brasileiros que calham de passar por seus domínios.

O projeto foi, nas palavras do cineasta Nilton Pereira, diretor do filme que registrou a viagem (*Tabom in Bahia*), uma "obra de guerrilha".[39] Sem recursos, com apoio limitado, frequentemente uma só câmera e a equipe reduzida a duas pessoas, o documentário consegue, no entanto, dar uma ideia geral do interesse que despertou a visita do mestre-tocador.

Em 2011, em artigo publicado na revista *Afro-Ásia*,[40] a historiadora Paulina Alberto destacou a importância dos contatos transatlânticos para a sobrevivência e o prestígio dos candomblés baianos. Na primeira metade do século XX, quando cessam as rotas marítimas entre a Bahia e o golfo do Benim, essa conexão ganha em valor o que perde em regularidade. Terreiros históricos, como a Casa Branca, o Gantois e o Opô Afonjá, cultivam escrupulosamente os vínculos africanos, com os quais constroem sua reputação. Laços diretos com a África são um bem valioso, pois oferecem, além dos produtos de culto, a tradição e o prestígio. Personagens como Martiniano do Bonfim, Bangbosé Obitikó e Mãe Aninha, fundadora do Ilê Axé Opô Afonjá, foram agentes desse intercâmbio de bens e liturgias. Maria Bibiana do Espírito Santo, Mãe Senhora, herdeira de Aninha, chegou a contar, na década de 1950, com o agenciamento de Pierre Verger, a quem ela iniciou nos mistérios do candomblé e de quem derivou a sua maior notoriedade. Foi pelas mãos do francês que, em 1952, o Alafin (rei) de Oyó enviou carta outorgando à Senhora o título de Iyá Nassô, tradicional sacerdotisa de Xangô na sua corte real. Seis anos depois, ao completar-se o meio século de sua iniciação religiosa, a festa no terreiro de Mãe Senhora recebeu representantes do presidente Juscelino Kubitschek. Em maio de 1965, pouco antes de sua morte, Senhora chegou a ser proclamada "Mãe Preta do Brasil", em cerimônia organizada pela Unesco, no Maracanã.

Guardadas as devidas proporções, a visita de Eric evoca, em vários momentos, esse secular apetite por conexões transatlânticas. O que se vê em muitas de suas visitas a blocos, terreiros ou centros de capoeira é o alívio temporário de uma mútua privação, que a distância e os rumos da história só fizeram aumentar.

Os vínculos entre África e Brasil, que hoje soletramos esporadicamente em debates sobre política externa, tiveram durante séculos a consistência das vidas que circulavam pelo Atlântico e a riqueza das culturas que se iam por aí forjando. Alberto da Costa e Silva, num momento de poética lucidez, chegou a chamar esse oceano de "rio". O Atlântico foi, durante muito tempo, de fato um rio, cujas margens estreitas se foram lentamente alargando à medida que o Brasil se descobria um país "moderno", cuja incômoda memória da escravidão aconselhava distância em relação à África. Não foi senão muito tempo depois que esses laços voltaram a ter alguma concretude, sempre de forma hesitante e pontual. Ainda nos dias de hoje, quando alguém decide cruzar o oceano e restabelecer o que no passado era um nexo corriqueiro, a primeira reação é sempre de emocionada surpresa. A visita de Eric à Bahia não fugiu à regra. O que a câmera de Nilton Pereira registra são as imagens de um reencontro recíproco, tão importante para Eric, que veio em busca de sua terra prometida, como para seus anfitriões, que veem em Eric a ratificação de sua própria africanidade.

Eric Morton chegou em Salvador num 20 de janeiro, dia de Oxóssi, data propícia para as grandes empreitadas. Numa das primeiras cenas do filme, ele aparece na frente do teatro Castro Alves dançando a batida do candomblé, celebrando, sem saber, o orixá que o patrocinava. Na plateia que se juntava, alguém lhe pressagiou sorte.

Durante as três semanas em que permaneceu na Bahia, Eric circulou entre a capital e o Recôncavo. Visitou uma escola de capoeira em Iguape e manteve longas tertúlias com Mestre Cobra Mansa, em Valença. Tocou berimbau e testou os limites da idade numa roda de jovens capoeiristas. Errou nos golpes, mas acertou o rebolado. No momento mais acadêmico da viagem, ministrou um curso de percussão na Escola de Música da UFBA. Para refresco, assistiu a um ensaio do Afoxé Filhos de Gandhi, participando das obrigações a Exu, cujo sentido entendeu perfeitamente ("It's a libation"). Ainda na toada musical, executou o aluja[41] com o percussionista Gabi Guedes, que, quando jovem, tocou para Mãe Menininha. No pelourinho, aprendeu a tocar a bacurinha com Mestre Macambira e ensaiou o samba reggae com Bira Reis. Encontrou Mestre Vovô, no Ilê Ayiê, e visitou o Olodum. De volta ao Recôncavo, conheceu a Associação de Sambadores e Sambadeiras da Bahia, onde ouviu filosofarem sobre o samba de roda: "É o que a gente faz de melhor. Quando a coisa está ruim, a gente samba; quando está boa, a gente samba. O samba alimenta o espírito." Também aprendeu a tocar o pandeiro.

Na segunda parte do filme, Eric encontrou a fé. Foi quando apareceu mais compenetrado. Assistiu a uma festa no terreiro do Ilê Axé Itaylê, em Cachoeira. Trocou sabedorias com Mãe Makota Valdina Pinto e com ela cantou loas a Xangô. Dançou no galpão do Ilê Axé Icimimó Didê com uma simplicidade de iniciado. Em Santo Amaro da Purificação, entoou os refrões do agbê ("Ilê o, Ilê o"), acompanhado em coro pela irmandade do terreiro Ilê Axé Oju Onirê, como se estivessem todos em Gana. Em uma das últimas cenas, acompanhou a procissão de Nossa Senhora da Boa Morte. A santa destacava-se por sobre o mar de cabeças e, aos poucos, Eric desapareceu em meio à multidão. A imagem de um retornado engolido pela negritude baiana do Recôncavo traduzia à perfeição o sentido do filme.

Um dos últimos compromissos de Eric, antes de visitar a Bahia, foi encomendar a alma de Naa Awo Gbeke Abiana III, Rainha-Mãe dos tabons. Os ritos funerários duraram meses, durante os quais a alma transitou entre vários mundos. Eric tocou no Okudjondjor, que acompanha a última de uma longa sequência de vigílias e pranteios. É quando se supõe que a alma finalmente migrará pelo Atlântico, rumo ao paraíso baiano.

Filmaram a cerimônia, à qual eu não assisti.

Num pátio descoberto, reúnem-se os convidados. A um canto, um retrato da falecida apoia-se no chão. Os convidados fazem fila, chegam até a foto, em frente da qual dispõem-se dois pratos. No primeiro, colocam dinheiro. Do outro, sacam colheradas de fula,[42] aspergindo-a em círculos, à maneira de uma libação. Um terceiro prato, este quebrado, simboliza a morte.

Eric e seus músicos tocam o "Viva viva".

Ile o, Ile o,
Mama lole o
Ile le lo tarara
Koni aya muje
Koni aya muje ooo
Ema goke maloli
Aya uje oo
Ema goke maloli[43]

A música tem uma batida lenta, como na capoeira de Angola. As senhorinhas acompanham de pé, segurando seus pertences sobre a cabeça, bolsas, prendas, instrumentos, o que tiverem à mão. Dão passos lentos, estreitos, um à frente do outro. Caminham em fila indiana, ao ritmo da música, e acenam com a mão direita, dando adeus à falecida. Depois, usam as duas mãos para remar no vazio, servindo-se dos pertences como remos, interpretando a passagem da defunta para o outro lado do mar.

Imagino a alma de Abiana, balançando na mansidão do Atlântico, lentamente chegando ao Brasil. Imagino-a leve, a soltar-se da vida na África, a encher-se do infinito volátil que será o seu horizonte, a irradiar-se de um Brasil que aos poucos aparece. Sobre ela, passa de repente um furioso aparelho prateado, e nele viaja Eric Morton, que, ela já não sabe muito bem quando (o tempo agora é irrelevante), cantou a sua migração. Eric passa num raio. Logo chegará à terra prometida. Abiana voltará ao Brasil como à África vieram os primeiros tabons, navegando meticulosamente as ondas. Não há pressa. A Bahia estará sempre lá, a esperar.

3
LOMÉ, TOGO

Em 13 de janeiro de 1963, ocorreu o primeiro assassinato de um presidente africano em exercício desde o fim do movimento de independência que mudou a história do continente, no início daquela década. O primeiro de uma longa lista que, ao largo dos anos seguintes, sepultaria importantes lideranças como Amilcar Cabral, Eduardo Mondlane, Marien Ngouabi, Anouar el-Sadate, Thomas Sankara, Samuel Doe e Laurent Kabila.[1] A vítima chamava-se Sylvanus Epiphânio Olympio e era neto de brasileiros.

Meio século depois, estou sentado com Jurica de Souza em Lomé, capital do Togo, e ela me fala do crime, do qual foi testemunha. Era uma madrugada de domingo. Jurica dormia na ala dos empregados, longe da casa principal, mas o barulho foi tal que a despertou. Ela ainda não sabia, mas um comando de soldados armados havia cercado a residência do seu patrão. Apenas dois policiais a protegiam. Olympio, primeiro presidente togolês, herói nacional e responsável pela independência do país três anos antes, acreditava que seu prestígio era garantia de segurança. Enquanto Jurica sacudia os últimos fiapos de sono, no segundo andar da casa principal, o presidente, que tinha o sono pesado, foi acordado pela esposa, Dina Grunitzky. Nesse meio-tempo, na entrada da casa, os policiais foram neutralizados e os soldados passaram a golpear as portas do sobrado com a coronha dos fuzis. Olympio olhou pela janela, e foi quando um dos soldados mais afoitos atirou em sua direção. Olympio apagou a luz do quarto e se jogou no chão. Protegido pela escuridão, vestiu às pressas um short e uma camiseta qualquer, despediu-se da esposa e correu para os fundos da residência, em direção ao muro que a separava da embaixada americana, onde ele acreditava estar seguro.

Foi então que Jurica passou a assistir à cena. Viu o esguio Olympio, ainda mais magro nas roupas frugais, movendo-se pelas sombras do jardim, fundindo-se na escuridão das árvores, de um pergolado coberto de flores, de um canto de parede. Ouviu disparos a esmo a despertarem a escuridão. Em sincronia quase exata, percebeu o vulto do presidente passando por um raio de luz que iluminava os fundos do muro. Distinguiu seus movimentos rápidos, como o reflexo num espelho quebrado, Olympio saltando o muro, suas pernas ágeis cruzando-se num lapso, um braço esticado, sumindo na noite. Os movimentos pareciam irreais, pois não havia ruídos a acompanhá-los ou, se os havia, eram abafados pelo tumulto de gritos e tiros que agora invadiam a casa. De onde ela estava, Olympio lhe aparecia como um esboço, uma abrupta pincelada de nanquim. Depois, nada mais.

A noite estava quente e Jurica ainda não havia caído em sono profundo quando tudo aconteceu. Dina a criava como sobrinha, mas Jurica trabalhava como serviçal. Era uma agregada, parte da família ampliada dos Olympio, que Dina tomou sob sua responsabilidade. Não era caso incomum. Ainda hoje, em muitas regiões da África Ocidental, a tradição impõe aos mais abastados de uma família a responsabilidade pelos menos afortunados, e a noção de família é ampla, podendo estender-se a todos os habitantes de um mesmo vilarejo. Em sua biografia, *Meu primeiro golpe de Estado*, John Dramani Mahama descreveu situação semelhante. Seu pai, o "digníssimo E. A. Mahama", ministro de Kwame Nkrumah, carregou parentes e contraparentes nas costas durante os anos de poder. Fazia-os vir de Damongo, no norte do país, para a capital, Acra, onde lhes conseguia estudo e trabalho. Outro golpe de Estado, este em 1966, tirou Nkrumah e Mahama pai do poder. O parente afortunado caiu em desgraça, foi preso, abandonou a política e voltou para o norte, onde, previsivelmente, foi acolhido pelos seus. Anos depois, enriqueceu nos negócios, e o ciclo se repetiu.

Meio século depois do crime, Jurica ainda vive de favor na residência, hoje vazia, mantida como um museu, ou um mausoléu, tal e qual na noite do ataque, com buracos de bala marcando paredes e móveis, livros e janelas. Um aparelho de rádio, pesado e obsoleto, ainda decora, intacto, a entrada da sala. Por alguma razão, foi poupado pelos revoltosos. Nele, Dina e Sylvanus ouviam as notícias, ou talvez música, enquanto jantavam naquela noite de janeiro.

Jurica, que servia a mesa, talvez também ouvisse. Ela tinha então 16 anos. Vivia havia dois nos fundos da casa. Não entendia nada de política, sequer compreendia o francês. Viera de uma zona erma e rural, e acompanhara a ascensão e a queda de Sylvanus da distância da cozinha. É possível que, em 1960, tenha celebrado o ablodê, a independência, como a maioria de seus compatriotas. É provável, inclusive, que fizesse ideia do papel histórico de seu tio. Era, no entanto, iletrada em política, embora de política se falasse a diário naquela casa. Certamente, não acompanhou as medidas econômicas tomadas por Olympio nos anos seguintes à independência, que lhe valeram hostilidade entre opositores e aliados. Tampouco seguiu sua virada autoritária, que levaria à cadeia parceiros de luta pela emancipação. Sequer terá sabido das queixas dos soldados togoleses do Exército Colonial que, desmobilizados após a Guerra da Argélia, tentaram incorporar-se às Forças Armadas de seu país e, frustrados, tentavam agora derrubar o presidente.

Sylvanus Olympio, ao contrário, era o centro e o pivô de todos esses acontecimentos. Tomara as medidas de austeridade como parte de um plano para desgarrar seu país da influência econômica francesa. Prendera aliados para sustentar essas medidas, ou porque o poder lhe subira à cabeça. Proibira a reintegração dos militares por questões orçamentárias, e também por desprezá-los. Tinha clareza do que fazia e a segurança de um político de quem se dizia ser o "Pai da Nação".

No entanto, quando os inconformados soldados se organizaram e, em questão de dias, invadiram sua residência, o golpe veio como uma surpresa. Surpresa ainda maior foi seu desfecho. Na manhã do dia 13 de janeiro, o corpo do presidente jazia trespassado por três tiros na calçada em frente à embaixada americana. Uma violência desnecessária num país que se considerava pacato.[2] Jornalistas enviados às pressas, durante a madrugada, chegaram a ver Olympio sendo retirado aos empurrões da chancelaria, território americano, segundo as normas internacionais. Expulsos do local, ouviram os tiros à distância. Dias depois, um dos militares de menor patente a participar da operação vangloriava-se, perante repórteres, de ter sido o autor dos disparos. Chamava-se Étienne Gnassingbé Eyadéma. Era soldado raso, mas se fazia passar por sargento. Cultivara a fama de sanguinário na Guerra da Argélia, onde lutara entre franceses que o desprezavam. Gostava de perfurar as pernas de suas vítimas com a baioneta para certificar-se de que estavam mortas. Fizera isso com Olympio, assinando o homicídio, ou era o que queria que pensassem. Quatro anos mais tarde, Eyadéma já era tenente-coronel e chefe de Estado-Maior das Forças Armadas togolesas. Caíra nas graças da França, que hesitava em apoiar Nicolas Grunitzky, sucessor de Olympio e irmão de Dina. Em 1967, o seu governo fraquejou e Eyadéma foi estimulado a assumir os destinos do país — o que ele fez, sem hesitar.

Em fevereiro de 2005, 42 anos depois do assassinato e 38 depois de assumir o poder, Eyadéma, um dos mais longevos ditadores africanos, faleceu vítima de um ataque cardíaco. O país é desde então governado por seu filho.

UM PRESIDENTE BRASILEIRO NO TOGO

A trajetória de Sylvanus Olympio é muito conhecida e celebrada na África. Seu nome aparece hoje, ao lado dos de Kwame Nkrumah, Patrice Lumumba, Philibert Tsiranana, Jomo Kenyatta, Modibo Keita, Félix Houphouët-Boigny ou Ahmed Sékou Touré, como um dos patronos da descolonização. Seus discursos perante o Conselho de Tutela das Nações Unidas, nos anos 1950, são virulentos, brilhantes e estão no domínio público. Sua campanha em favor da criação de uma Ewelândia, país constituído exclusivamente pela etnia ewê, suscitou apaixonados embates entre togoleses e ganenses, europeus e africanos, causando uma ruptura política com Nkrumah. Sua imagem, em filmes e fotografias, encontra-se às dezenas na internet. A mais impressionante é provavelmente a foto de seu juramento à presidência, em que aparece como um tribuno romano, togado nas vestes tradicionais de seu país, braço direito estendido, quase na vertical, encompridando sua elegância de mestiço espigado. Uma mulher, ao fundo, observa-o hipnotizada (Figura 11).

O que de Sylvanus Olympio pouco se sabe é que era neto de Francisco Olympio da Silva, brasileiro nascido no Rio de Janeiro e estabelecido na Costa dos Escravos em meados do século XIX. Francisco, em sua prolífica e polígama vida africana, traficou escravizados, plantou coqueiros, semeou dendezeiros, comercializou azeite de palma e polpa seca de coco, e ainda criou 21 filhos e algumas dezenas de netos. Dois de seus herdeiros contribuíram para mudar a história de seu país de acolhida, que foi colônia alemã antes de sucumbir à França: o filho Octaviano, precursor do movimento de emancipação togolesa, e Sylvanus, o "Pai do Ablodê".

Sylvanus, que foi educado na Inglaterra, nutria uma indisfarçável aversão pelo imperialismo francês. No entanto, para muitos togoleses, era tão estrangeiro quanto o colonizador branco. Afinal, era um brasileiro. Essa condição, que parecia irrelevante para Sylvanus, foi usada contra ele antes e depois de sua morte. Em vida, adversários questionaram o seu patriotismo. Depois do seu assassinato, o ditador Eyadéma fez o que pôde para apagar da vida nacional sua memória, chegando a liderar uma campanha nativista, inspirada no ditador ugandense Mobutu Sese Seko, que perseguiu implacavelmente os chamados "elementos estrangeiros" presentes na nação. Como resultado, muitos togoleses mudaram de nome. O próprio Eyadéma, para dar o exemplo, e por pirraça passageira contra a França, abandonou o prenome Étienne.

Para os que tinham sobrenomes brasileiros, no entanto, a situação era mais complicada, pois careciam de elementos nacionais, ou vínculos étnicos, que lhes permitissem africanizar-se de forma convincente. Sobre eles, portanto, apertou a repressão. Muitos dos que ainda viviam no país terminaram refugiando-se em Gana ou no Daomé, onde ter origem brasileira não levantava suspeitas. O Togo tornou-se uma terra inóspita para os agudás, e o resultado ainda se vê nos dias de hoje. É o país onde se encontram menos retornados e onde seu legado cultural é menos visível. Paradoxalmente, no entanto, é o lugar onde a presença desses brasileiros foi a mais determinante, ao ponto de, literalmente, prescrever a própria existência do país.

Trinta anos separam as minhas duas chegadas ao Togo. Na primeira vez, eu vinha improvisadamente do Burkina Faso, e o carimbo no meu passaporte foi estampado duas vezes, uma para cima, outra para baixo, por erro do policial, que de início o lavrou ao contrário e, percebendo o erro, justapôs um segundo timbre aos pés do primeiro e rabiscou sua rubrica embaixo, criando na página do passaporte a imagem de um Janus autografado. Na segunda vez, eu vinha de Gana, dessa vez com um visto em regra, de modo que a entrada foi menos criativa, embora não menos antipática. Ainda guardo os dois passaportes, de forma que pude constatar a distância entre essas duas entradas, de quase trinta anos. E, no entanto, apesar da distância, a proximidade da segunda e a singularidade da primeira fazem com que ambas estejam ainda muito vivas em minha memória.

Durante minha estada na África, tive várias vezes a sensação de *déjà vu*: as paisagens que não mudavam, inclusive as urbanas; as pessoas que pareciam as mesmas, por usarem as mesmas roupas, dirigirem os mesmos carros, portarem as mesmas caras de privação e medo. Um dos apanágios da pobreza extrema é essa impermeabilidade às mudanças.

No caso do Togo, a constância é ainda maior, pela duração da mesma e dinástica ditadura ao longo de cinco décadas, o filho do crápula original ainda a assombrar com sua fotografia onipresente, não raro ao lado da do falecido pai. A minha chegada não foi exceção. Era uma tarde morna, de ar conturbado, a poeira misturava-se com a maresia e o posto de controle fronteiriço parecia o mesmo definhado casebre, vegetando ao lado daquela praia que se estendia entre três países. No interior, o ar-condicionado mimetizava a frieza dos agentes, em cuja arrogância se repetia a careta daquele imenso retrato. Eu tinha o visto no passaporte, o que não garantia a entrada, e a entrada, se autorizada, tampouco garantia a permanência. Ao final, cobraram-me novos emolumentos e se reemitiu o visto. Fui então autorizado a cruzar a fronteira, não sem antes uma repreensão do agente aduaneiro por qualquer coisa que não cheguei a entender.

O Togo sempre foi um país tenso. Anos de um regime autoritário transformam quase tudo em algum sucedâneo do medo. É uma coisa indiscernível, um peso no ar, uma densidade que faz com que todos sejam mais rígidos e opacos. Era assim da primeira vez que fui e continuava assim, trinta anos depois. O país tivera como um de seus mitos fundadores um ato de violência física, o assassinato de um presidente, e esse mito ainda não havia sido exorcizado. Era, portanto, natural que ali os sorrisos não saíssem com a mesma facilidade.

E, no entanto, o que se anunciava por todos os lados era uma distensão. Faure Gnassingbé, o filho de Eyadéma, ensaiava uma abertura. Embora ainda não estivesse disposto a deixar o poder que lhe transmitira o pai, aceitava submeter-se a periódicas eleições, que ele sistematicamente ganhava, por méritos próprios ou por qualquer outra razão. A distensão incluíra um acordo com os Olympio, representados havia duas décadas por Gilchrist, filho de Sylvanus, também seu herdeiro político. Gilchrist havia participado de algumas eleições e sofrera a violência da política togolesa. Passou boa parte da vida exilado em Gana, foi fraudado, ou assim o dizem, em diferentes pleitos, e sofreu, em 1992, um atentado que custou a vida de doze de seus partidários, e que quase o matou. Uma investigação independente acusou outro filho do ditador Eyadéma, Ernest, pelo ataque. Apesar disso, Gilchrist costurou, à maneira de um Mandela, um acordo de conciliação com o governo de Faure, que, entre outras coisas, teve o efeito de autorizar uma reabilitação, ainda muito tímida, da imagem do pai, cuja memória se perdia na distância daqueles cinquenta anos. Era atrás de Gilchrist que eu estava, era a sua entrevista que queria garantir, a sua opinião que buscava registrar. O meu contato em Lomé estava pouco otimista: Gilchrist hesitava em me receber e certamente se negaria a falar de política, menos ainda da morte do pai, pois o momento não permitia, ou ele assim o entendia, apesar de movimentos à esquerda do seu próprio partido[3] já terem, havia muito tempo, se apropriado e feito uso público, numa exegese populista e hagiográfica, da figura de Sylvanus, que em vida foi tudo menos populista ou de esquerda.

O mais importante desses movimentos era o Partido dos Trabalhadores do Togo, e foi a ele que recorri na impossibilidade de entrevistar Gilchrist. Claude Améganvi recebeu-me em sua casa, numa esquina empoeirada de Lomé, jogado numa cadeira de varanda, cercado de pássaros em gaiolas sumárias, numa pose que atrapalhava as imagens, o joelho dobrado alto, à altura do rosto, os braços largados. Sua roupa era toda branca e seu olhar o de quem já viu muita coisa. Claude tinha 60 anos e isso se via, o que não ocorre sempre nas etnias da costa oeste africana. Quando perguntei sobre sua vida, ele resumiu os exílios: catorze anos na França, seis no Benim. Puxei depois a sua biografia na internet e vi que esteve preso por seis meses por difamar Eyadéma, citando, ou dizendo citar, a revista *Forbes*, que o declarou um dos homens mais ricos do mundo. Eyadéma não se importava com a reputação de assassino, mas não queria que pensassem que enriquecera fazendo isso.

O Partido dos Trabalhadores publicou um livro com a biografia dos "artesãos da independência". São trinta; entre os mais importantes, há quatro retornados.[4] Claude me presenteou um e se esmerou na dedicatória: "Para que triunfe a verdade sobre a contribuição dos descendentes dos filhos do Brasil à libertação do Togo do jugo do colonialismo francês." O livro é um esforço de memória. Cinquenta anos depois, Sylvanus Olympio e seus partidários desapareceram no esquecimento premeditado de uma ditadura. A imagem que ainda se guarda dele é a de um ultraliberal, que se dobrou aos caprichos da banca internacional; de um sectário, que privilegiou sua etnia em detrimento das outras; de um déspota, que quis dividir o país em prejuízo de todos. É a versão alardeada nos discursos, na televisão, nos jornais e nos livros, durante décadas. A versão que os mais velhos aprenderam a aceitar e os mais novos a decorar. Aquela que se empenharam em martelar os políticos complacentes, e que os professores ensinaram nas escolas primárias, com o uso de desenhos animados e histórias em quadrinhos. Não se espera menos de um regime fundado sobre a eliminação de um adversário.

Claude falou muito: quis saber do Brasil e de sua conturbada política. Celebrou as esquerdas internacionais, a sua unidade e o seu projeto comum. Era a sua veia trotskista pulsando. A minhas perguntas ele frequentemente respondia com outras perguntas. Depois, prevaleceu a vocação de professor e Claude me deu uma aula sobre a história do Togo. Falou da Conferência de Brazzaville e do estabelecimento das assembleias territoriais; da criação dos partidos locais e do Comitê da Unidade Togolesa (CUT); da desenvoltura de Sylvanus e de sua eleição para a presidência da primeira assembleia; do desprezo que ele nutria pelos franceses e do despeito que os franceses tinham por ele; das fraudes eleitorais e do pleito de 1958, sob controle da ONU; da independência em 1960 e das tentativas de afastar o país da influência francesa; do golpe de 1963; da situação política atual e da Conferência de Reconciliação Nacional; outra vez do golpe.

Entre idas e vindas, dois temas voltavam sempre: as relações com a França e as responsabilidades pelo assassinato do ex-presidente. No raciocínio de Claude, tratava-se de uma só coisa. Se houve tensão entre o Togo e a França, foi porque Olympio quis se distanciar; se houve golpe em 1963, foi porque a França autorizou; se houve assassinato, foi porque o governo francês encomendou. A fortuna de Eyadéma teria começado com os 300 mil francos que recebeu pelo homicídio, 100 mil por cada tiro.

A promiscuidade continuaria nos dias de hoje, a França apoiando insistentemente o regime de Eyadéma e de seu filho Faure, chancelando as sucessivas fraudes eleitorais, contribuindo para o clima fétido da política togolesa. Perguntei então pelo resgate da memória de Olympio. O 13 de janeiro, afinal, ainda estava lavrado no nome de ruas e praças, 55 anos depois. Foi Eyadéma que, em 1967, escolheu a data para o próprio golpe, aquele que derrubaria Nicolas Grunitzky, irmão de Dina, e o tornaria dono do país. Não foi uma escolha à toa. Eyadéma estava reivindicando para si a autoria do golpe de 1963, considerado por ele o ato de refundação do país, o verdadeiro ablodê. Eyadéma participou dos dois: no primeiro, foi um coadjuvante; no segundo, o protagonista. No Chile, o 11 de setembro, data da derrubada e morte de Salvador Allende, preencheu durante quatro décadas a nomeação de locais públicos. Em Santiago, uma das principais avenidas, hoje chamada Nova Providência, só foi rebatizada quarenta anos depois. No Togo, isso nunca aconteceu.

Claude falou então da Conferência de Reconciliação Nacional, organizada nos moldes da que recobrou a democracia beninense, em fevereiro de 1990, e que foi presidida por outro retornado, Monsenhor Isidoro de Souza.[5] A togolesa ocorreu em 1991 e foi a decorrência de violentas manifestações de rua, elas, por sua vez, resultado de uma violenta crise econômica que empobreceu o país (a dinâmica, no Benim, também uma ditadura de esquerda, foi a mesma). Seu principal resultado foi o compromisso de renovação política, de abertura, de anistia, de reinserção dos políticos de oposição. Claude pôde então voltar da França.

Paralelamente, estava a promessa de uma redenção da memória de Olympio. A data de sua morte deixaria de celebrar-se nas ruas e se tornaria dia de luto nacional.

Nos bastidores, no entanto, Eyadéma costurava alianças. Em 2002, tornou a sentir-se forte e promoveu uma reforma da Constituição. Seria novamente o presidente, dessa vez vitalício. Sua primeira providência foi, então, reintroduzir as comemorações do 13 de janeiro. Novas placas de rua foram encomendadas. A segunda foi planejar a construção de uma dinastia, hoje a segunda mais longeva do mundo, 51 anos, entre pai e filho, atrás apenas da norte-coreana — essa, no entanto, distribuída entre três gerações. A terceira medida foi expelir a oposição. Claude precisou fugir para o Benim.

No momento em que entrevisto Claude, a situação está um pouco melhor, mas não há perspectiva de mudanças. Faure Gnassingbé exerce o terceiro mandato presidencial. Em fevereiro de 2005, quando seu pai morreu, Faure era ministro das Comunicações. Um período de instabilidade se instalou: Faure foi nomeado presidente interino, renunciou à presidência por pressão externa, candidatou-se a uma eleição fraudulenta,[6] da qual Gilchrist Olympio foi impedido de participar por filigranas legais construídas por um jurista francês[7] ("Sempre a França", se irrita Claude). Faure era o candidato das Forças Armadas. Sua vitória era previsível, mas isso não impediu manifestações de rua, que resultaram na morte de mil pessoas e na fuga de 40 mil. Claude foi preso.

De lá para cá, o herdeiro ganhou outras três eleições, talvez sequer fraudadas, porque ele é hoje o dono do país e dispõe dos meios para se fazer apoiar. O 13 de janeiro continua nas ruas, mas já não há obstáculos a que se evoque a memória de Olympio. Claude está de volta, fala alto e ninguém o incomoda. Gilchrist está de volta e faz acordos com quem já tentou matá-lo. Os extremos políticos se confundem, as siglas se misturam, RPT, PTT, UFC, CUT, e talvez ninguém mais se interesse.

Claude está agora pensativo e o som de seus pássaros invade a sala.

A CRÔNICA DA FAMÍLIA OLYMPIO

É relativamente fácil contar a história dos Olympio, porque sobre eles abunda uma documentação que só encontramos em casos raros, como os Souza, de Uidá, os Almeida, de Aguê, os Paraíso, de Porto Novo, e os Rocha, de Lagos, sobre quem falarei mais à frente. Além disso, essa documentação, que em outras situações, quando existe, encontra-se dispersa e abandonada, no seu caso foi catalogada e estudada com uma assiduidade notável, de modo que é hoje muito simples reconstruir uma narrativa coerente.

Essa facilidade deve-se sobretudo a Lucien "Bebi" Olympio,[8] filho de Octaviano, um dos fundadores da família e tio do presidente assassinado. Foi Bebi quem construiu o memorial dos Olympio, em Lomé, uma sala reservada nos fundos de sua casa, que ele preencheu com lembranças avulsas da família, sobretudo fotografias e recortes de jornais, sobretudo de seu primo Sylvanus. Foi nesse espaço que encontrei algumas das imagens usadas neste livro. Ali aparecem, sorrindo ao lado do presidente togolês, figuras como Nikita Kruchev, John Kennedy e Haile Selassie.

Uma foto mostra Olympio ao lado de Charles de Gaulle, que, quando esteve no Brasil, precisou de uma cama especial que alcançasse os seus quase 2 metros. Na fotografia, é Olympio que quase o alcança (Figura 12). Era, ele também, um homem grande, um gigante, se considerarmos a altura média das etnias togolesas. Isso talvez pesasse na construção da sua estatura política.[9]

Num canto de parede, vejo colada uma reportagem da revista *Paris Match* sobre o "golpe dos oficiais desempregados". A linha fina conta que Olympio morreu "para não fazer barulho". O lide comenta a instabilidade política africana no começo da década de 1960. Léopold Senghor, presidente do Senegal, e Houphouët-Boigny, da Costa do Marfim, sofreram tentativas de golpe. Olympio já tinha resistido a duas.

Estive com Bebi Olympio por volta do ano 2000 e ganhei uma árvore genealógica da família, até hoje o melhor guia para entender a sua conturbada linhagem. Por muito brasileiros e católicos que fossem, os Olympio, como a maioria dos retornados do século XIX, adaptaram-se muito bem aos hábitos da poligamia. Em duas gerações, a partir de uma única pessoa, multiplicaram-se às centenas. Numa aritmética elementar, somando os filhos do patriarca Francisco com os de dois de seus filhos, Octaviano e Epiphânio, aparece uma prole de 71 pessoas. Sylvanus é uma delas.

O começo da história dos Olympio não é diferente da de outros retornados, talvez porque sua narrativa resulte, em boa medida, da memória acumulada de suas diferentes gerações, e a memória de si mesmo segue padrões que não se distinguem uns dos outros. A grande diferença está no final.

Francisco Olympio da Silva é um baiano que, ainda muito jovem, embarca para a África. Não há registro de que seja escravizado, e a tradição oral diz que é filho de um português e uma cafuza. Sua pele é clara, seus traços aborígenes e seus modos senhoriais. Na década de 1850, Francisco circula por vilarejos da Costa do Ouro e negocia escravizados. Em algum momento, a idade pede um destino estável e ele se estabelece em Porto Seguro (Agbodrafo), no que é hoje o Togo. Há registro de que continua vendendo escravizados em 1864, o que é uma proeza, se pensarmos no alcance da repressão inglesa.

Anos depois, o entreposto comercial pega fogo e Olympio foge para Aguê, onde faz construir um sobrado, a 500 metros do cemitério onde ele e duas gerações de Olympio se farão enterrar. Aguê é uma cidade de brasileiros. Por ali circulam muitos traficantes. Escravizados aos milhares embarcam de suas praias em canoas que rompem uma arrebentação perigosa. As canoas viram e os escravizados morrem antes de subir nos tumbeiros, presos ao peso de suas correntes, ao peso uns dos outros. A mortandade é elevada, mas o catolicismo militante media uma absolvição. Joaquim d'Almeida faz construir a primeira capela em toda a Costa dos Escravos e missionários franceses distribuem hóstias generosas. O padre Francesco Borghero, da Ordem de Lyon, é o primeiro a registrar essa dedicação.[10]

Francisco se adapta bem, recebe terras, acumula esposas e elimina o sobrenome Silva, talvez porque já não venda escravizados e essa reinvenção exija uma nova identidade. Ele é agora um agricultor e suas plantações se estendem por quilômetros. Escravizados, que antes seriam enviados ao Brasil, extraem o óleo do coco e do dendê, que Francisco exporta para a Europa. Em 1880, Francisco está rico, tem sete esposas e 21 filhos. Os homens estudam nas missões religiosas, em Porto Novo e em Lagos, e depois são mandados a Londres. As mulheres se casam com outros retornados; três delas arranjam maridos na família Medeiros, selando uma aliança que resistirá aos anos.

Uma nova cidade cresce a leste de Aguê, e Francisco manda dois filhos se estabelecerem. Chama-se Bey Beach, mas em pouco tempo ficará conhecida como Lomé. Octaviano é o mais talentoso e rapidamente se destaca entre os comerciantes locais. Quando, em 1884, os alemães assinam um pacto com o chefe local, Octaviano lhes dá as boas-vindas. Missionários católicos da Sociedade do Verbo Divino acompanham a burocracia alemã, e Octaviano os convence a abrir uma escola. Em 1892, já são 25 alunos, a maioria afro-brasileiros. Os filhos de Octaviano já não precisarão ir a Lagos.

Octaviano é agora o comerciante mais rico da cidade e seus tentáculos atravessam fronteiras. A noroeste, em direção ao que será Gana, ele faz negócios com os hauçás, que o chamam Tafianu. Para proteger esse comércio, ele convence os alemães a estenderem sua influência sobre Kpalimé, aumentando o território da nova colônia. Ao mesmo tempo, ele diversifica, plantando coco no litoral, produzindo tijolos, criando gado, vendendo de tudo. A fortuna de Octaviano cresce e ele investe em imóveis. Em 1914, tem 55 anos e uma fortuna que chega ao milhão de marcos de ouro (Goldmark).

Octaviano é uma exceção entre os retornados. O colonizador alemão não vê graça nos empresários negros. Taxas e licenças discriminam e sufocam o surgimento de um capitalismo autóctone. Os Almeida, que esbanjavam enquanto os Olympio apenas engatinhavam, são obrigados a fechar a sua firma comercial em Lomé. Octaviano resiste porque seus interesses estão em toda parte, mas isso não lhe garante consideração. Como qualquer outro togolês, Octaviano está sujeito às penalidades que a administração alemã distribui, arbitrariamente, por qualquer motivo. Ele é multado duas vezes por emitir opiniões e, em 1891, na disputa pela posse de um cavalo, é considerado insolente e submetido à chibata, como, trinta anos antes, os escravizados de seu pai. Talvez por essa humilhação, talvez por qualquer outra, ele se engaja na política.

Um movimento nacionalista, ainda embrionário, surge em Lomé. Um nacionalismo precoce, que antecede o próprio conceito de nação. É um movimento que pede mais consideração do poder colonial, um movimento de africanos ricos. Octaviano está entre eles. Ele assina uma petição, pedindo tratamento igual para a população local. O governador alemão considera a petição "revolucionária", mas sua resposta é sobretudo didática: "A raça branca, sendo inerentemente superior, deve ser tratada em consequência. Até o mais inteligente dos demandantes deve reconhecer que a petição carece de fundamento."[11] A burguesia local insiste em suas demandas. Outra petição é lavrada, desta vez em alemão, desta vez com reivindicações precisas: eliminação da chibata, participação política, redução de impostos. Assinam duas dezenas de "destacados togoleses", entre os quais Octaviano e Agostinho de Souza, bisneto do Chachá, que anos depois fundará o Comitê da Unidade Togolesa, o embrião do partido de Sylvanus. O governo alemão perde a paciência e manda prender dezoito comerciantes. Octaviano passa os seus primeiros dias na prisão.

A situação promete piorar, mas, em 1914, explode a Primeira Guerra e o governo local capitula. A Lomé alemã é evacuada em agosto e tropas inglesas aparecem.

Nos seis anos em que a Inglaterra governa a colônia, a situação da elite local melhora consideravelmente. Impostos são reduzidos, créditos concedidos, castigos físicos suspensos. Terminada a guerra, negocia-se o seu destino e os notáveis togoleses torcem por Londres. Octaviano é ativo nesse lobby. Ele teme um retrocesso caso a Togolândia, como passa a ser chamada, caia em mãos francesas. Escreve aos jornais londrinos, ao Ministério de Assuntos Exteriores, à Liga das Nações, cita abundantemente Woodrow Wilson e seus "Quatorze Pontos", especialmente o quinto, que preconiza os "ajustes livres imparciais e abertos às reivindicações das colônias". Sua opinião é naturalmente ignorada e um acordo urdido nos salões europeus entrega o país à França. Octaviano é fiel ao seu pragmatismo e, um ano depois, é ele quem discursa nas boas-vindas ao novo colonizador.

Octaviano aprende o francês. A nova administração colonial o considera a principal liderança da comunidade nativa e trata de seduzi-lo. Oferecem uma vaga no Conselho de Notáveis, uma novidade a que a elite togolesa rapidamente adere. Dos doze membros, quatro *afro-brésiliens*.[12] Dão-lhes medalhas, honrarias, responsabilidades. Octaviano se ocupa dos assuntos corriqueiros de Lomé, opina nas questões econômicas, lidera a Câmara de Comércio. A idade avança sobre ele, mas a sua vitalidade não diminui. O último de seus 24 filhos nasce quando ele completa 72 anos. É Lucien "Bebi" Olympio, que mal conhece o pai.

Quando Octaviano morre, a França acaba de perder a Segunda Grande Guerra e seu sistema colonial começa a colapsar. Seis anos antes, em 1934, acontecia a primeira de uma série de insurreições em Lomé, quando, em meio aos efeitos da crise de 1929, o governo colonial decide aumentar os impostos e contraria os comerciantes do mercado central. Manifestações são reprimidas e jovens líderes políticos presos. Os mais moderados, como Octaviano, não decidem o que fazer, divididos entre as reivindicações de um povo distante e a bajulação de uma autoridade que os havia cooptado. O *Conseil des Notables* passa a ser chamado jocosamente de "Council of Not Ables" ("Conselho dos Incapazes"), num trocadilho que ofende duplamente, por estar em inglês. O país está mudando e a segunda geração dos Olympio já não acompanha essas mudanças.

É mais ou menos nesse momento que aparece Sylvanus, que até então cuidava de seus negócios.

Sylvanus Olympio é filho de Epiphânio, irmão mais novo de Octaviano. Ele nasce em 1902, quando o Togo ainda é alemão. Como Octaviano, seu pai também é comerciante, também planta coco e dendê, também tem múltiplas esposas e dezenas de filhos, dos quais Sylvanus é o mais velho. À diferença do irmão, entretanto, Epiphânio nunca se arriscou na política. A mãe do futuro presidente é uma escravizada que serviu à primeira esposa do pai. Segundo o livro do Partido dos Trabalhadores do Togo, trata-se de uma mulher cuja beleza seduziu Epiphânio, que logo a incorpora à família.

Sylvanus começa seus estudos na missão alemã que o tio havia ajudado a instalar e depois, sucessivamente, em escolas inglesas e francesas, acompanhando os rumos da política que sopram sobre a colônia. Torna-se um poliglota, cujo brilhantismo, celebra sua biografia, "faz com que se destaque ainda muito jovem, terminando em primeiro lugar o concurso de final dos estudos primários".[13]

Sylvanus segue o destino dos Olympio e, aos 18 anos, muda-se para a Inglaterra. Estuda sucessivamente Economia e Direito, em Londres, Paris e Viena, perfazendo seus três idiomas de berço. Em Lomé, décadas depois, recebo de presente uma foto tirada na London School of Economics, em junho de 1924. Uma panorâmica, 175 alunos e professores organizados em quatro filas, algumas mulheres, dois ou três indianos. Sylvanus é o único negro (Figura 13). O acaso (talvez, a sua vontade) o coloca exatamente no meio do grupo, exatamente onde a mirada primeiro bate, perfilado na terceira fila, o cabelo rigorosamente repartido, o porte elegante no terno de três peças, as mãos que se adivinham relaxadamente nos bolsos, o olhar confiante de quem sabe pertencer àquele ambiente. Uma incongruência, se pensamos na sua solidão de africano em meio aos 174 outros estudantes. Adivinha-se na foto a segurança de alguém que talvez já tenha intuído o seu destino.

Aos 25 anos, Sylvanus começa uma carreira em multinacionais. Cinco anos depois, já é o agente geral da Unilever em Lomé, uma promoção impensável para um autóctone. Ao mesmo tempo, ganha a presidência da Câmara de Comércio e uma vaga no Conselho de Notáveis, onde convive com o tio.

Olympio chega aos 40 anos casado, pai de cinco filhos e bem estabelecido. Debuta na política ajudando a criar o Comitê da Unidade Togolesa, uma associação de apoio à França, àquela altura pressionada, também na África, pela pujança nazista. Querem reunificar o "Togoland" alemão, refundar as fronteiras de 1914, e o CUT é um exercício de resistência. Por causa dela, Sylvanus é detido quando a administração colonial passa a ser ordenada pelo governo de Vichy. A prisão fica no extremo norte do Daomé, onde não existe mais nada.

Decidem um dia que o castigo bastou e Sylvanus é solto, no meio da noite, no meio da savana, sem transporte, sem nada. Ele também perdeu o seu estatuto de togolês e agora é um apátrida. A biografia celebra essa adversidade: "Mesmo que tenha sido depois condecorado com a medalha da resistência, a humilhação que sofreu conduziu, sem dúvida, à determinação de combater pela independência de seu país."[14]

Em 1944, acontece a Conferência de Brazzaville, que decide o estatuto das colônias francesas, uma vez concluída a Segunda Guerra Mundial. O império foi determinante para o triunfo de Charles de Gaulle e o general fala em "engajar as colônias no caminho dos novos tempos". Debatem projetos variados de assimilação, que dão aos autóctones estatuto próximo, embora não idêntico, ao dos franceses. Uma abertura dos empregos, antes exclusivos dos colonos (mas não qualquer um); a concessão de salários iguais, desde que com qualificação igual (uma improbabilidade); uma moção a favor dos casamentos inter-raciais, outra pondo fim ao trabalho forçado. Preconiza-se a criação de assembleias territoriais, onde deputados africanos exercerão uma liberdade controlada, orientada a "afirmar e garantir a unidade política indestrutível do mundo francês".[15]

A França se adianta às expectativas de autonomia, cedendo escassas concessões. Adianta-se também à pressão dos Estados Unidos, que se opõem à manutenção dos impérios. Um avanço, mas nada que aponte na direção da independência.

Participam da conferência 21 governadores, nove membros de assembleias locais, seis observadores. Nenhum africano. O governador

Montagné volta a Lomé e relata os resultados. Sylvanus faz então o seu primeiro discurso político, defendendo a emancipação. O CUT se transforma e luta pela independência de uma colônia cuja tutela, depois da guerra, passa às Nações Unidas. A oportunidade é única. Em 1946, Olympio transforma o CUT no Partido da Unidade Togolesa (PUT), numa manobra regimental, e toma suas rédeas, fazendo eleger o octogenário Agostinho de Souza como presidente.

O PUT é a força dominante da política togolesa, controlando a assembleia territorial e representando a colônia na Assembleia Francesa. Olympio começa a frequentar a ONU, onde discursa em favor da independência. Seus patrões da Unilever tentam dissuadi-lo, oferecem benesses, um cruzeiro no Mediterrâneo, melhores salários, uma nomeação em Paris. Olympio se demite.

No Conselho de Tutela, discute-se o destino das colônias e também as fronteiras arbitrárias da colonização. Povos inteiros separados por uma demarcação caprichosa, decorrência de um arranjo de salão, décadas antes, em Berlim. Uma associação havia sido criada para a reunificação do povo ewê, a All Ewe Conference, e Olympio também a representa. A população do Togo é de 7 milhões, distribuídos em 36 etnias, e os ewês somam 5 milhões, separados entre as fronteiras artificiais de apenas dois países. Defender a unificação atravessando essa escassa fronteira parece uma aritmética elementar, mas a proposta contraria interesses poderosos. As duas colônias pertencem a potências diferentes e rivais, falam línguas diferentes, travam lutas diferentes. Kwame Nkrumah é a maior liderança ganense e lhe interessa manter as fronteiras que herdou da Inglaterra. Seu país é grande, populoso, poderá tornar-se uma potência numa África emancipada. Ceder à unificação ewê lhe custaria um décimo da sua população e um naco do seu território. Já o Togo é uma tripa, pequeno, despovoado e teria, portanto, muito mais a ganhar. Olympio e Nkrumah tornam-se inimigos.

Os arquivos da ONU são precisos e os discursos de Olympio estão todos ali. Em 2004, fiz uma visita a Nova York e encontrei a maioria, espalhados entre as sessões de número 368 e 700, entre novembro de 1953 e novembro de 1957. Tratam indistintamente da independência do país, da unificação de seu território e da criação da chamada Ewelândia. Em alguns momentos, Olympio enfrenta os franceses, que o acusam de querer a independência por ambição política (ele promete renunciar à vida pública após o ablodê). Em outros, seus adversários são togoleses. À medida que avançam as discussões, que se aproxima uma solução para a "questão togolesa", as discussões tornam-se violentas. Olympio acusa seus adversários de antidemocráticos e é acusado de oportunismo. Olympio é chamado de autoritário e critica os demais por entregarem o país à França. Olympio é acusado de privilegiar sua etnia e ridicularizar os oponentes, que pertenceriam a um ramo degenerado dos ewês. Os ataques tornam-se pessoais.

Quando decidi pesquisar esses arquivos, pensava escrever um artigo acadêmico. Queria desenterrar o episódio fundador da história togolesa, que sempre considerei também um capítulo, talvez lateral, da história brasileira. Sabendo que o Brasil era ativo no Conselho de Tutela, esperava encontrar ali algo que estabelecesse uma conexão extemporânea entre os dois polos de uma história que bebia das mesmas fontes. Surpreendi-me com a reação dos diplomatas brasileiros, uma participação sobretudo técnica, quando não abertamente hostil aos interesses africanos. Fico a perguntar-me se, em algum momento, nos bastidores daquelas multitudinárias discussões, à margem de suas assembleias imensas e lotadas, terão esses diplomatas cruzado com Sylvanus Olympio e, entre um café e outro, conversado sobre a sua tão próxima relação com o Brasil: a origem baiana, o avô mestiço, o bisavô português, a bisavó indígena, o interesse, talvez, de um dia conhecer Salvador. Não há registro dessa conversa, nem as intervenções brasileiras deixam transpirar uma afinidade.

A união do povo ewê é também política interna. Em 1946, Pedro Olympio e Nicolas Grunitzky criam o Partido Togolês do Progresso, cuja estratégia passa por uma aliança política com a França. É a força interna a ser derrotada, e para Sylvanus Olympio a melhor maneira é o nacionalismo intransigente e o nativismo ewê. A administração francesa realiza sucessivas eleições para a assembleia territorial, em que fermenta a ideia de independência. Os candidatos do PUT perdem e as acusações de fraude crescem. Em 1954, Sylvanus é condenado por evasão de divisas e sua candidatura é proibida por cinco anos. Em 1958, as eleições são monitoradas pela ONU e o PUT concorre com a bandeira do ablodê, palavra que deriva da expressão ewê "espaço de liberdade".[16] A vitória é do seu partido e Sylvanus é anistiado.

Ele torna-se então líder de um país que ainda não é país e vai a Paris negociar a independência. Uma transição é acordada e o ablodê já tem data para acontecer: 27 de abril de 1960. Na televisão, uma repórter francesa o entrevista. Ela se preocupa com o futuro das relações entre os dois países, mas é cuidadosa: "Seria indiscreto perguntar como o senhor imagina que será esse relacionamento?" Olympio se evade: "É uma pergunta que não posso responder, uma questão que será resolvida por nossa assembleia legislativa." É ele quem controla a assembleia.

Olympio tem planos ambiciosos para o seu país. Quer dotá-lo dos meios para o desenvolvimento, quer transformá-lo numa "Suíça africana". Estamos na década de 1960, os impérios estão ruindo, a África se renova e tudo é possível. O presidente é um economista e sabe que precisa equipar-se dos instrumentos necessários. Seu país é agora independente, mas sua economia ainda se submete à França. A principal amarra é monetária.[17] Olympio pensa em retirar-se da Comunidade Financeira Africana, abandonar o franco CFA. Ele estudou em Londres, conheceu o mundo, fala idiomas, talvez não goste muito dos franceses e, quem sabe por isso, prefere, sendo necessário, atrelar a sua economia à de outra potência, a sua moeda a outras moedas. Circulam rumores de que prefere a libra esterlina ou o marco alemão. As relações com a França se envenenam.

O embaixador francês é presunçoso, comporta-se como um vice-rei numa colônia. Sua embaixada deve ser a maior, a mais importante, a mais vistosa. Estamos em 1962 e o diplomata quer inaugurar o seu Centro

Cultural. Será o maior da cidade, talvez do país. Foi Paris quem garantiu os fundos, apesar dos constantes atritos com Olympio, que não é menos arrogante e ignora o diplomata francês.

Agora estamos em janeiro de 1963, e o Centro Cultural ainda não foi inaugurado. Olympio, convidado de honra da cerimônia, tem mais o que fazer. A economia cresce lentamente e os gastos públicos se descontrolam. É preciso poupar se o país quiser um dia atrair investimentos e se tornar a Suíça do continente. Olympio aperta os cintos e as consequências são previsíveis. Manifestações de rua, repressão, impopularidade. A oposição é acusada de complô e políticos são presos. O presidente ganha a mancha de um déspota. Para cúmulo, há o problema dos mercenários que pedem incorporação às tropas togolesas. Olympio não acredita na importância dos exércitos, que gastam muito. E, se acreditasse, tampouco preencheria suas fileiras com esse tipo de soldado.

O embaixador francês, no entanto, não o perdoa.

AS VERSÕES DO GOLPE

O que, exatamente, aconteceu naquela noite de janeiro de 1963? Embora as circunstâncias do assassinato de Sylvanus Olympio sejam, em geral, bastante conhecidas, alguns aspectos sempre estiveram encobertos por um manto de mistério, sobretudo no que diz respeito a quem efetivamente o cometeu e quem realmente o encomendou. Isso se deve, talvez, à indecisão do próprio Eyadéma, que, de início, negou o crime, ou negou ter sido aquela morte um crime, apresentando-a como reação à violência do próprio presidente, e logo depois passou a reivindicá-la abertamente, revelando detalhes grotescos à imprensa, até que as circunstâncias mudaram de novo, e ele voltou a desmentir-se. Talvez o mistério se deva também ao profundo silêncio com que o recebeu o governo francês, que sempre foi acusado, ou ao menos suspeito, de haver organizado, apoiado ou estimulado o golpe, pois era, depois dos militares que o executaram, quem mais teria a ganhar com a destituição, talvez não a morte, de Olympio. Esse silêncio vem prolongando-se por décadas. Os documentos que pesam sobre o golpe nos arquivos do Quai d'Orsay[18] nunca foram desclassificados, até porque tratariam, entre outras coisas, da participação de Eyadéma, que se tornou ditador em 1967 e se destacou como um dos mais longevos e despóticos da África, e um dos principais aliados da França.

Investigar essa morte sempre me interessou, ainda que o contexto em que aconteceu não tenha, à primeira vista, relação direta com o périplo dos retornados. Até onde pude verificar, Olympio nunca reivindicou a identidade brasileira, já que talvez não se sentisse brasileiro, ou talvez porque, ainda que se sentisse, e não há hoje como saber ao certo, provavelmente não lhe conviesse politicamente enaltecer essa condição, uma vez que sua persona política fora construída principalmente por oposição ao colono francês e em defesa da etnia ewê.[19] Querendo ou não, no entanto, Olympio era o típico produto da cultura agudá, o resultado de um processo que levou muitos retornados a ocuparem um lugar de destaque na elite de seus países de acolhida, num esforço de superação, pessoal e coletivo, que encontramos em todos os lugares onde eles fincaram raízes, e onde se distinguiram como traficantes de escravizados, comerciantes, agricultores, arquitetos, carpinteiros, pedreiros, mestres de obra, ebanistas, financistas, ou, caso de Olympio, políticos.

É razoável presumir que Olympio foi presidente porque, antes dele, Octaviano, seu tio, criara o Comitê da Unidade Togolesa; porque, antes de envolver-se na política, pôde estudar na Inglaterra, onde teve o primeiro contato com o movimento pan-africanista; porque, antes de estudar no exterior, teve em seu próprio país acesso a uma educação com que a maior parte de seus compatriotas nunca sonhariam; e porque, antes de que isso tudo acontecesse, teve um avô que amealhou uma fortuna com ocupações que geralmente eram as dos retornados: o tráfico negreiro, o cultivo do dendê, o comércio atacadista, as finanças. Haverá, talvez, argumentos a contestar as minhas presunções. Quanto a mim, prefiro pensar no 13 de janeiro como o primeiro golpe a matar um chefe de Estado brasileiro.

O golpe de 1963 não foi apenas o ato fundador da mais longeva ditadura africana. Foi uma quartelada de manual, porque incluiu os principais ingredientes dos golpes de Estado orquestrados, desde o começo dos anos 1960, na África Ocidental e inaugurou uma longa série de assassinatos de chefes de Estado africanos. Que isso tenha envolvido um descendente de brasileiros é algo extraordinário.

Há anos eu vinha colecionando informações sobre ele. A viagem ao Togo ofereceu-me outras tantas a que, normalmente, não teria acesso. Como resultado, vejo diante de mim uma pilha interminável de documentos e percebo que corro o risco de me perder nos meandros desse episódio. Para não incorrer num desvio longo demais, decido organizar esquematicamente os depoimentos, numa ordem que considere a proximidade das suas fontes em relação aos fatos daquela noite, de forma a cruzar dados e versões e, desse cruzamento, alinhavar uma narrativa que me permita responder a minhas perguntas: quem matou Olympio? Quem estava por trás do golpe?

Por essa ordem, teríamos os testemunhos de Dina Grunitzky;[20] de Étienne Eyadéma; de Leon Poullada, embaixador norte-americano que tentou dar, ou diz que tentou dar, abrigo ao presidente nas dependências da chancelaria americana; de Richard Storch, diplomata americano que vivia em frente à embaixada e acompanhou o desenrolar daquela noite do canto de uma janela, enfiado entre as cortinas; de Jean Gbikpi, padre que ofereceu sacramentos ao cadáver de Olympio e depois o escondeu no consultório de Pedro Olympio; de Yves Brenner, jornalista freelancer, cujo carro foi requisitado para transportar o presidente até o quartel de Tokoin; de Yves Chauvel e Georges Pendergast, jornalistas do *Le Figaro* e da *Time Life*, que entrevistaram Eyadéma no dia 15 de janeiro e registraram, pela primeira vez, sua controversa confissão; da equipe da revista *Black*, que, em 1985, autopsiou a noite do golpe, com base em documentos inéditos, recém-liberados pelo Departamento de Estado; de

Christian Casterman, que, em 1989, refez essa autópsia, com base em depoimentos então inéditos, como o do padre Gbikpi e o de Yves Brenner; e de Atsutsè Agbobli, que, em 1992, decompilou todas as demais fontes.

O cruzamento dessas histórias conta uma história mais ou menos assim.

Na véspera da noite em que o matariam, Sylvanus Olympio devia inaugurar o Centro Cultural francês, que ocupava um prédio ostensivo, construído por Agostinho de Souza, em 1937, e que antes recebera um hotel e a sede da prefeitura de Lomé. A cerimônia esperava espaço na agenda do presidente havia um ano, o que vinha causando um mal-estar cada vez maior entre os dois governos, sobretudo depois que o Instituto Goethe, dependente da embaixada da Alemanha, roubou-lhe a dianteira entre os compromissos presidenciais. O embaixador Henri Mazoyer era diplomata de carreira e africanista por circunstância, com serviços prestados no Marrocos, no Egito, em Camarões e no Congo, antes de ser nomeado embaixador francês em Lomé. Mais do que ninguém, ele entendia o sentido daquela afronta. A cerimônia do sábado deveria encerrar o constrangimento, mas, na última hora, Olympio enviou o seu chefe de Gabinete. Há controvérsias sobre se o fez para embaraçar ainda mais Mazoyer ou se já tinha notícia da trama que se costurava no quartel de Tokoin e fugiu do compromisso por temer por sua segurança.

Tendo a pensar que, ainda que soubesse de algo, Olympio não levava o assunto a sério. Já circulavam rumores sobre uma possível sublevação, que não seria a primeira. Sua presidência tornara-se impopular, apesar da aura que Olympio ainda carregava, ou julgava carregar, de "Pai da Nação". Entre o ablodè e a noite de sua morte, o presidente havia enfrentado ao menos três tentativas de golpe. Em comum, elas tinham sobretudo o improviso, embora, em ao menos uma delas, tenha havido participação, ou suspeita de participação, do governo ganense, o que em princípio lhe dava maior estatura, embora não necessariamente mais eficácia.

O golpe de janeiro de 1963 não seria menos improvisado. De excepcional, apenas o fato de ter dado certo. A trama vinha sendo organizada com pouquíssimos recursos por soldados desmobilizados, chamados de "*demi-soldes*", ou meio-soldo, em alusão à penúria em que viviam. Eram pobres e eram apenas algumas centenas, ex-voluntários do Exército Colonial francês, combatentes das guerras da Indochina e da Argélia que, com os acordos de Évian,[21] voltaram para casa e, desamparados, pediam incorporação aos uniformes togoleses. Nada que, em princípio, preocupasse Olympio, que se negara a qualquer compromisso, alegadamente pelos custos aos cofres públicos, mais provavelmente pelo menosprezo que nutria por militares que lutaram contra a independência argelina enquanto o Togo combatia pela sua.

A perspectiva dos revoltosos era evidentemente outra. A maior parte dos soldados africanos das tropas coloniais havia conseguido, sem grandes problemas, incorporação em seus próprios exércitos nacionais. A teimosia de Olympio era uma exceção, e essa singularidade tornava a situação dos militares intolerável. Sem a perspectiva de um uniforme para vestir e um salário a receber, provavelmente envergonhados diante da melhor sorte dos demais colegas de armas, aqueles militares sem destino responderam do modo que lhes parecia mais natural.

Eles, no entanto, estavam desorganizados e mal armados, o que tornava o seu levante uma contingência a depender, sobretudo, da resistência que viesse a despertar, já que qualquer reação de maior porte os deixaria numa inferioridade impossível. Além disso, a exiguidade do grupo determinava um plano obrigatoriamente simples e, portanto, fácil de contrapor. Os poucos homens com que contavam seriam divididos em três grupos. O primeiro, chefiado por Étienne Eyadéma, invadiria a casa de Olympio, que seria preso e levado ao quartel de Tokoin. O segundo, liderado pelo sargento Robert Adewi, visitaria a casa de ministros e deputados, que teriam o mesmo destino. O terceiro permaneceria no quartel, onde o subtenente Emmanuel Bodjollé coordenava as operações. A principal preocupação dos golpistas era uma eventual reação da polícia, maior força armada do país, com quinhentos homens, entre os quais se encontravam alguns leais a Olympio. O seu comandante, no entanto, era o francês Georges Maîtrier, selecionado pela França para treinar as tropas togolesas, como parte da cooperação militar entre os dois países. Segundo muitas das fontes a que tive acesso, esse fator foi determinante para o que aconteceria em seguida.

Passava das 23 horas do sábado, mas Dina não dormia. Horas antes, o casal havia recebido a visita de Théophile Mally, que dera notícia dos rumores de um golpe iminente. Olympio o dispensara com sua habitual empáfia ("Faça o seu trabalho em vez de me incomodar" etc.). Quando ouviu os primeiros sinais de uma algazarra, Dina correu para acordar o marido, que evocou os baderneiros habituais. A casa ficava a 100 metros da beira-mar, e por ali sobravam alguns bares. Mas logo vieram os primeiros tiros e Sylvanus Olympio postou-se à janela. As balas entraram então no quarto, estilhaçando uma das folhas de vidro, bem ao lado de sua cabeça. Do lado de fora estava o comando de soldados armados. Não há clareza sobre quantos eram. Algumas fontes falam em seis homens, outras em dez, outras ainda em setenta. Tampouco está clara a reação dos dois vigias, que, para alguns, foram maltratados e, para outros, seduzidos pelo apelo de Eyadéma ("Entre irmãos de armas, não podemos nos matar, juntem-se a nós" etc.). O mais provável é que a reação tenha ficado entre esses dois extremos e que os tiros tenham sido um elemento de persuasão. O que se sabe sobre os acontecimentos subsequentes também depende da fonte. Segundo Dina, logo após cessarem os tiros, Olympio vestiu-se apressado, disse que mandaria notícias, desceu as escadas, saiu pela janela da cozinha e sumiu nos fundos da casa, de onde sabemos que escalou o muro que a separava da embaixada (Figura 14). Enquanto isso, os soldados trovejavam residência adentro, derrubando portas, chutando móveis e despejando tiros. Passava da 1 hora da manhã, e Dina e suas sobrinhas foram arrastadas para um quarto, dispostas contra a parede, na forma de um pelotão de fuzilados, e sacudidas em ameaças de Eyadéma, que se frustrava com o sumiço do presidente. Conforme não o encontravam em lugar algum, mais desatinavam em gritos e munição. Na falta de um fuzilamento em regra, proibido pelos oficiais, acabaram por metralhar o resto da casa. No dia seguinte, encontraram 402 cápsulas de munição apenas no quarto do casal. A biblioteca sofreu muito mais, dilacerada pelo rasgo da metralhadora.

Uma das principais polêmicas daquela noite diz respeito a como o presidente teria reagido ao assalto, e sobre isso as divergências também são muitas. Étienne Eyadéma inicialmente sustentou que Olympio atirara contra os militares enquanto saía de casa, e algumas fontes chegaram a informar, erroneamente, que Olympio fora abatido ainda em sua sala como resultado dessa exaltada reação. Dina, no entanto, foi categórica em afirmar que o marido não apenas não atirou como sequer tinha arma em casa, ou tinha uma arma velha, que não funcionava, ou que nunca havia sido usada, ou ainda as duas coisas. Nos dias posteriores ao golpe, Eyadéma recuou de sua versão inicial, insustentável com a confirmação de que o corpo aparecera em frente à embaixada americana. Nessa releitura, Olympio teria atirado da entrada da representação diplomática assim que os soldados lhe deram voz de prisão. Algum tempo depois, quando vislumbrou a oportunidade que o golpe lhe dava de avançar numa carreira política, ele outra vez adaptaria o relato, reconhecendo que atirara não em reação aos tiros do presidente (em defesa, portanto, de sua própria vida), mas por entender que seria impossível aceitar um Olympio refugiado na embaixada, ameaçando o movimento político que ele se engajara em defender (em defesa, portanto, do próprio golpe). Foi quando passou a divulgar a sua assinatura, os cortes na artéria femoral do agonizante, a prova de que o teria pessoalmente matado, ou acabado de matar. Muitos anos depois, já presidente do país, entendeu que a selvageria de abater um rival como um porco não combinava com a imagem de um estadista e se desdisse uma terceira vez.

Essa indecisão dificulta entender ao certo o que aconteceu. Sabe-se que os cortes existiram, pois os que viram o corpo do presidente os confirmaram. Sabe-se também que os tiros foram no ventre e não nas costas, como se chegou a sugerir, numa especulação que associava a sua morte a uma tentativa de fuga, e não a qualquer outro fator. O depoimento de Gbikpi chega ao detalhe das entranhas saindo pelos orifícios que a mão direita do presidente, também perfurada, tentava segurar, brutalidade que parece indicar o uso de um fuzil de alto calibre. Nada disso, no entanto, é suficiente para determinar quem atirou e quem esfaqueou, e sobretudo por quê. Os relatos mais detalhados, escritos da distância de décadas, insistem em que o golpe foi particularmente improvisado e que esteve a ponto de fracassar, sobretudo pela dificuldade dos amotinados em encontrar o presidente. Agbobli conta que Eyadéma foi enviado à sua casa em três ocasiões: no início da madrugada; por volta das 3 horas da manhã, quando levou correligionários do presidente, na tentativa de convencê-lo a uma rendição; e já no raiar do dia, com informações frescas do seu paradeiro. Christian Casterman chegou a dizer que Eyadéma esteve a ponto de fugir, mas sobre isso não há nenhuma prova. O que parece óbvio é que, sem Olympio, ou, pior ainda, com Olympio em Lomé, mas protegido pela imunidade norte-americana, o golpe fracassaria. Essa perspectiva talvez tenha estimulado uma violência que, a princípio, não estava planejada.

Minha tendência é pensar que foi Eyadéma quem atirou, ou mandou atirar, em Olympio, pois era quem teria autoridade para isso — e sobre quem pesava a maior responsabilidade por encontrar o presidente.

É assim que imagino a cena.

As horas em que Olympio esteve escondido são as de maior tensão para os golpistas, que já se preparam para fugir pelas estradas do norte do país, onde têm aliados. O golpe ameaça fracassar. Eyadéma é então mandado uma última vez à casa de Olympio, com a missão de capturá-lo, custe o que custar, e com a informação de que poderia estar na embaixada. Finalmente, encontram o presidente e ordenam que se renda. Ele faz que sim, levanta as mãos, mostrando que não está armado. Da janela de seu quarto, Dina vê o marido e desce correndo as escadas. Quer convencê-lo a se entregar. No meio do caminho, escuta os tiros. De sua janela, Richard Storch assiste quando um homem descalço, de shorts, aparece no pátio da embaixada, cercado de militares. Pensa se tratar de um mero vigia, pela frugalidade das roupas. Acompanha enquanto os militares o escoltam para fora da chancelaria, violando a soberania do que é, tecnicamente, território americano, mas decide que aquele delito não merece a sua intervenção. Vai então à cozinha, em busca de água, café, ou qualquer outra coisa. Mais ou menos nesse momento, o jornalista Yves Brenner aparece com seu fusca nas imediações da embaixada. É togolês, mas passa facilmente por europeu, a pele muito clara de um mestiço aguado. Ouvira os rumores do golpe e decidira averiguar. É interpelado pelos soldados, que haviam mandado embora o Jeep regulamentar, sem atinar que precisariam do carro para levar Olympio ao quartel. Brenner reconhece então Olympio, braços levantados, cercado de fuzis. Sente medo, mas o reflexo de repórter se impõe, e ele se dirige ao presidente. Fala no idioma mina, perguntando-lhe o que acontecia. Os soldados, que queriam discrição, se assustam ao perceber nele um compatriota e o enxotam dali. Antes de sair, Brenner ouve o presidente responder: "Não sei o que querem esses senhores comigo." Ao dobrar a esquina, ele escuta os tiros. Storch ainda se encontra na cozinha e volta correndo para a janela, de onde vê Olympio abatido no chão. Logo em seguida, registra a chegada de uma senhora em trajes sumários, que se desespera aos gritos de "Papa, papa...". É Dina, que corre esbaforida pela calçada.

O que aconteceu naqueles minutos em que se decidiu a vida do presidente permanecerá para sempre um mistério. Entre as diferentes hipóteses, há a de que Olympio ameaçou os militares, improvável, uma vez que parecia não ter arma; e a de que correu de volta para a embaixada, impossível, já que os tiros não lhe foram disparados nas costas. Tendo a acreditar numa variante daquilo que o próprio Eyadéma declarou aos jornalistas Chauvel e Pendergast: Olympio rendeu-se, levantou os braços, mostrou que não representava ameaça, mas, antes de sair do recinto da embaixada, deu-se conta do risco que corria e recuou, dizendo preferir ficar ali mesmo. Até aí, a versão do sargento. A decisão de atirar pode ter sido realmente uma reação a essa resistência, uma resposta também à pressão a que estava exposto Eyadéma. É a barbaridade das facadas o que não me convence. Uma violência desnecessária diante dos três tiros de fuzil no estômago, as tripas saindo descontroladas, os olhos esbugalhados, a agonia dilacerante, a garantia da morte. Atacar suas artérias femorais é uma redundância ociosa.

Ocorre que Eyadéma sempre foi um homem violento. Sua trajetória como ditador é a prova disso. Acredito que esse traço predominou também naquele instante. O sargento não esfaqueou Olympio por excesso de zelo, mas por um acesso de raiva, a mesma que o levara a destroçar, horas antes, a biblioteca do presidente, triturando simbolicamente as suas ideias, a sua cultura, a sua estrangeirice de brasileiro educado, humanista, poliglota, que se arrogava o título de "Pai da Nação" quando sequer etnia tinha. Acredito que, quando Olympio se viu cercado e à beira do desamparo, reagiu à sua maneira, e não disse apenas "Prefiro não sair", ou o disse usando palavras que refletiam a sua altivez e revelavam o profundo desprezo que sentia por aqueles mercenários sem eira nem beira, improvisados e talvez maltrapilhos. Olympio foi arrogante no momento em que se definia o seu destino, como havia sido, horas antes, ao espanar o ministro Mally para fora de sua casa. Acreditava, e já o havia dito antes, que seu melhor escudo era o povo togolês, mas, naquele momento decisivo, o escudo não lhe serviu.

A morte de Olympio não extinguiu a polêmica sobre o seu destino. Nas horas que sucederam o assassinato, teve lugar uma rocambolesca operação de contrabando que levou o corpo do presidente aos locais mais clandestinos na cidade, onde foi preparado para o sepulto e, em seguida, enviado de forma sorrateira, camuflado na bagageira de carros de passeio, à cidade de Aguê, do outro lado da fronteira com o Benim, onde foi finalmente enterrado, dessa vez com grande alarde. À frente da operação estava o padre Gbikpi, amigo próximo da família que, décadas depois, se tornaria um dos principais prelados do país.

Apesar dos anos de regime autoritário, Olympio ainda mantinha uma grande popularidade, sobretudo no litoral, território da etnia ewê. Conscientes desse fato, os golpistas, em sua maioria gente do norte, temiam que seu cadáver se transformasse em relíquia e seu túmulo, em local de peregrinação e de comícios. O melhor seria dar cabo do corpo, enterrá-lo em vala comum ou dissolvê-lo em ácido, como o de Patrice Lumumba dois anos antes. Hubert Maga, presidente do Benim, também tinha consciência disso, mas, por ser amigo de Olympio e inimigo dos golpistas, queria exatamente o contrário. No dia do assassinato, chegou a ameaçar o envio de tropas a Lomé, para castigar cúmplices e culpados. Acabou contido pela musculosa diplomacia francesa, mas não desistiu de uma vingança menor. Estimulou entre parentes do presidente assassinado a ideia de que fosse enterrado no cemitério de Aguê, situado a meros 5 quilômetros da fronteira com o Togo. Seu túmulo ficaria ali como uma acusação permanente, uma lápide no sapato dos futuros governantes togoleses.

A história está cheia de episódios de corpos famosos que se tornaram objetos de culto, peças de acusação ou troféus de guerra. Talvez o caso mais conhecido seja o de Lenin e seus despojos mumificados em exibição num mausoléu na Praça Vermelha. Na América do Sul, são conhecidas as tribulações de Evita Perón, cujo corpo passou meses sendo embalsamado pelo legista Pedro Ara e, em seguida, foi sequestrado pelo Serviço de Inteligência do Exército, cujo chefe, Carlos Eugenio de Moori Koenig, passava horas a contemplá-lo em apaixonada necrofilia. O corpo circulou entre dois continentes e chegou a ser enterrado sob pseudônimo na Itália, por medo de que peronistas radicais o sequestrassem e usassem como símbolo de uma revolução. Terminou no cemitério da Recoleta, sepultado a 8 metros de profundidade, debaixo de uma laje impenetrável.

Na África, a história mais macabra, a de Patrice Lumumba, foi o avesso da de Evita. Ali, a preocupação não era preservar o cadáver, mas dar-lhe sumiço. Em janeiro de 1961, Lumumba, que como Olympio liderara a independência de seu país, já não era primeiro-ministro do Congo. Havia sido deposto em um golpe de Estado liderado por Joseph Mobutu e permanecia em prisão domiciliar. Apesar disso, ainda incomodava. Durante anos, ele havia desafiado o governo colonial belga, liderando manifestações e campanhas de desobediência civil. Quando conquistou a independência, aproximou-se da União Soviética, num movimento que emulava o de Cuba. Os belgas, para quem o Congo havia sido durante décadas apenas uma fazenda, propriedade privada de seu rei, consideravam uma afronta a sua mera existência. Em meados de 1960, fomentaram uma secessão na região de Katanga, estimulando rivalidades étnicas que sempre existiram, e, alguns meses depois, com o apoio de soldados katanguenses e o beneplácito de Mobutu, sequestraram Lumumba e o mataram. Policiais brancos chefiaram a operação. Um deles, de nome Gerard Soete, esquartejou o corpo de Lumumba e mergulhou os pedaços em um barril cheio de ácido sulfúrico. Quarenta anos depois, Soete deu uma entrevista à Agence France-Presse. Nela, gabava-se do feito — nas suas palavras, "uma morte em estilo colonial". Tinha se livrado do corpo de Lumumba porque não o fazer seria perigoso: "Acho que fizemos o certo, para salvar milhares de pessoas e manter a calma numa situação explosiva."[22] O que se descobriria depois é que Soete, caçador apaixonado, havia arrancado dois dentes de Lumumba e guardado como troféus. Durante anos ficaram expostos em sua sala, ao lado de peles de zebra e chifres de gazela.

Soete, um colonialista inveterado, talvez tivesse encontrado inspiração da gloriosa história de seu país. Muitos anos antes, em 1884, durante a formação do império belga, uma expedição punitiva chefiada pelo tenente Emile Storms invadiu a região do lago Tanganyika e terminou por decapitar, para dar exemplo, o chefe da etnia tabwa, Lusinga lwa Ng'ombe, que resistia ao controle de Leopoldo II. Uma entrada no diário de Storms, datada de 15 de dezembro de 1884, diz o seguinte: "Peguei a cabeça de Lusinga para colocá-la na minha coleção."[23] Acabou enviada a Bruxelas, onde foi recolhida ao acervo do Instituto Real de Ciências Naturais. Até hoje é guardada numa sala junto com ossadas de macacos e gorilas, por seu "interesse científico".

Em junho de 2022, por decisão da justiça belga, após um conturbado processo movido pela filha de Patrice Lumumba, um dos dentes do líder congolês foi finalmente devolvido. O outro havia misteriosamente desaparecido. Talvez tenha sido vendido por Soete a algum colecionador. O veredito evitou cuidadosamente um reconhecimento de culpa pela morte de Lumumba, declarando que a restituição era "meramente simbólica", já que não havia sido possível realizar teste de DNA, pois o teste em si destruiria o próprio dente. O governo congolês ignorou a precaução belga e mandou recebê-lo com honras militares.[24]

É provável que o desaparecimento de Lumumba, que por coincidência acontecera exatos dois anos antes, estivesse na memória dos golpistas togoleses. Deixar intacto o corpo de Olympio seria arriscado. No entanto, não havia como tirá-lo dali. Quando, por volta das 6 horas da manhã, os soldados descobriram o presidente no pátio da embaixada americana, não havia um carro para transportá-lo, ainda vivo, ao quartel de Tokoin, onde já estavam presos alguns de seus ministros. Às 7 horas da manhã, o presidente já estava morto e o único carro disponível era o fusca de Yves Brenner. Foi quando Dina chegou aos berros e os soldados, temendo uma aglomeração, fugiram a pé. Ficaram o corpo, o jornalista, a viúva e uma francesa, que apareceu para reconfortá-la.[25] Foi nesse momento que apareceu Gbikpi.

Jean Gbikpi Benissan já era padre havia vinte anos. No dia do assassinato, estava escalado para rezar a missa das 11 horas que, por coincidência, fora encomendada por um tio de Olympio. Esperava-se a participação do presidente, e um genuflexório havia sido especialmente reservado para ele, que gostava de assistir à cerimônia do coro da igreja. De manhã cedo, no entanto, o padre ouviu de um colega que a missa seria cancelada, pois ninguém estava autorizado a circular pelas ruas. Tiros haviam sido ouvidos para os lados de Gana e carros de som davam a consigna à população. Como era amigo da família Olympio, decidiu verificar ele mesmo o que estava acontecendo.

Era um domingo de sol e céu claro, típico da estação seca. A catedral do Sagrado Coração de Lomé ficava a menos de 2 quilômetros da casa do presidente, mas, nesse dia de exceção, 2 quilômetros contavam-se como 2 mil passos lentos e cautelosos. Gbikpi saiu da igreja pela porta lateral, esgueirou-se por entre carros estacionados, muros de adobe e árvores ressecadas, atravessou terrenos baldios e cruzou vielas de terra, cuidando para que não o vissem. Em algum momento, tomou a estrada de Aneho, que bordeava o mar, dobrou à esquerda na rua Vaugan e à direita na rua Pelletier Caventou. Quando chegou em frente à embaixada americana, o presidente já estava provavelmente morto, embora versões mais elaboradas do drama falem de uma extrema-unção, que só poderia ser administrada a uma pessoa viva. Seja como for, uma vez constatada a morte do presidente, Gbikpi tomou rapidamente a iniciativa de levar seu corpo para longe dos soldados, que logo voltariam com reforços. Com o consentimento de Dina e a provável cumplicidade do jornalista, levaram o cadáver para o consultório de Pedro Olympio, tio do presidente, e em seguida para uma sala no hospital de Tokoin, onde o esperava Christophe da Glória, radiologista e descendente de brasileiros. O corpo foi então preparado por um enfermeiro, seu sangue extraído e substituído por formol, suas feridas dissimuladas, sua tez disfarçada, suas roupas sumárias trocadas por trajes escuros de enterro. Enquanto isso, os golpistas o procuravam e as lideranças da família, reunidas de emergência com o estímulo de Hubert Maga, decidiam levá-lo para Aguê, onde estavam enterrados vários de seus parentes. Para isso, foi preciso organizar uma operação de contrabando. O corpo foi dissimulado no bagageiro de um carro e levado à fronteira. No meio da confusão que se instalava, é provável que os agentes fronteiriços tenham prestado pouca atenção àquele modesto veículo. Anos depois, o site de notícias *24 heures au Benin* deu outra versão, muito mais saborosa, garantindo que o cadáver escapou das buscas por obra de magia. Christophe da Glória seria adepto do vodum e teria usado seus poderes sobrenaturais para hipnotizar policiais e aduaneiros que, ao abrirem o porta-malas do veículo, viram no corpo do presidente um carregamento de frutas. Do outro lado da fronteira, estavam os soldados enviados pelo presidente beninense, que fez questão de um enterro com honras de chefe de Estado, para deixar claro o seu inconformismo com o magnicídio.

Na casa de Bebi Olympio há fotos do enterro: o caixão do presidente carregado por militares; as honras estendidas pelo Exército daomeano; o filho, Bonito Olympio, andando à frente do cortejo, sua pele clara como a de Dina Grunitzky, seus bigodes grossos caindo pelos lados, quase um Nicolás Maduro (Figura 15).

O PAPEL DA FRANÇA

Resta ainda o problema da participação francesa. Trata-se de uma pergunta para a qual é impossível ter uma resposta definitiva, mas que, apesar disso, é de absoluta transcendência, pois ajuda a explicar o que aconteceu aquela noite.

A hipótese do envolvimento francês deriva essencialmente de dois raciocínios: o primeiro, uma constatação sobre o momento político por que passava a França naquele ano de 1963; o segundo, uma especulação de natureza operacional, sobre o papel que tiveram, ou puderam ter, alguns personagens no complô de 13 de janeiro.

No início da década de 1960, a França acabara de perder a Argélia, sua colônia mais importante. Perdeu-a após uma guerra que o lado francês considerava fratricida, pois opunha franceses "metropolitanos" e franceses "muçulmanos", os argelinos, o que não impediu as tropas coloniais de cometerem incontáveis fratricídios. A perda da Argélia foi o último episódio de um longo e penoso processo de encolhimento político. Entre 1946 e 1962, a França viu caírem, uma a uma, as peças do seu imenso tabuleiro colonial. Indochina e Argélia foram a primeira e a última. Tardaram, ambas, oito anos em tombar e custaram aos franceses 75 mil mortes, uma crise política sem precedentes, a queda de um governo, a superação de uma república e a sua maior derrota militar desde Waterloo, a Batalha de Dien Bien Phu. Entre as duas, facilitado pela exaustão francesa, esfarelou-se o resto do império: Tunísia, Marrocos, Mauritânia, Senegal, Mali, Níger, Chade, Guiné Equatorial, Alto Volta, Costa do Marfim, Togo, Daomé (depois Benim), Camarões, Gabão, Congo, República Centro-Africana, Madagascar, Seicheles.

Foi nesse contexto que o governo francês gerou a sua nova política africana. Perdeu as colônias, mas não queria perder a influência. O império foi determinante para a resistência ao nazismo e continuou sendo relevante para a manutenção do status de potência mundial, ainda que o império, tecnicamente, já não existisse. Desenvolveu-se então, rapidamente, uma estratégia que reunia cooperação e presença militar. Olympio parecia resistir às duas. O governo francês se ressentiu.

O homem forte de Charles de Gaulle para a África chamava-se Jacques Foccart e ele não gostava de Olympio. Nos anos 1940, Foccart lutou na resistência francesa. Foi também empresário e fez negócios escusos com os nazistas. Chegou a ser preso por estelionato e investigado por assassinato. Quando ganhou a vaga de secretário de Estado, fez valer o seu currículo: montou uma rede oficial de cooperação, destinada a apoiar o desenvolvimento dos países africanos; e outra, clandestina, de espiões e mercenários, cujo objetivo era garantir, pelos meios necessários, a amizade dos seus presidentes. Henri Mazoyer foi parte dessa última. Todos os embaixadores franceses na África de algum modo o foram. Também Georges Maîtrier, o comandante francês da polícia togolesa.

Quando Olympio desdenhou a cooperação francesa, quando fez menção a abandonar a Zona Franco, quando resistiu em aceitar os meios-soldos, foi com Foccart que comprou uma briga. Foi a primeira que o secretário de Estado enfrentava, e ela podia desencadear outras. Se um país se afastava da influência francesa, outros poderiam fazê-lo;

se uma peça do tabuleiro caía, outras poderiam cair. Esperava-se uma reação de Foccart.

O golpe então aconteceu e, no dia seguinte, chegaram as reações internacionais. Nos Estados Unidos, o lamento soou sincero e saiu da boca de John F. Kennedy:

> O trágico assassinato do presidente Olympio é uma perda não apenas para o seu país, mas para todos os que o conheceram nos Estados Unidos. Sua visita, em março de 1962, foi muito importante para a compreensão dos problemas e das aspirações africanas. Sua sabedoria e liderança farão falta a todas as nações que cultuam os ideais e valores humanos.

Na Inglaterra, o governo de Sua Majestade reagiu com diplomática irritação:

> O governo britânico foi informado com profunda consternação do assassinato de Sylvanus Olympio, presidente do Togo. Esse crime priva a África de um de seus dirigentes mais enérgicos e que era, ao mesmo tempo, um dos mais qualificados para contribuir para a aproximação entre os países de língua inglesa e francesa da África Ocidental.

Da França, não encontrei uma só palavra, à exceção dos titulares da imprensa. O jornal *Le Monde* estampou, em primeira página, uma manchete sugestiva: "Fin d'un autocrate isole" (Fim de um autocrata isolado).

Dois dias depois, uma reportagem do telejornal das 20 horas dava uma nova pista sobre o ânimo com que os franceses e seu governo, que controlava a emissão, recebiam a notícia. Diz o narrador: "Os golpistas eram ex-combatentes das nossas tropas coloniais. Eles queriam a incorporação a suas próprias fileiras, mas, infelizmente, Olympio não se interessava nem pelo problema militar, nem pelo dos militares." Em seguida, uma entrevista com um dos golpistas: "Por sorte, não houve derramamento de sangue, exceto, infelizmente, o de nosso venerado líder, que morreu apenas porque atirou primeiro." O soldado olha incomodado para a câmera. Alguém, do outro lado, parece soprar-lhe o que dizer. Conclui então o narrador: "Olympio sonhava fazer do Togo uma Suíça africana, mas, na verdade, para evitar ter inimigos, o Togo tinha poucos amigos."[26] Parece a lição de uma fábula de La Fontaine, adaptada às circunstâncias. A emissão é transmitida na maioria dos países do antigo império francês, como parte da cooperação de Foccart. O recado está dado. No Palácio do Eliseu, Charles de Gaulle tem a sua própria versão da moral dessa história. É Alain Peyrefitte que a registra, mas só ficamos sabendo trinta anos depois:

> Esse pobre Sylvanus era astuto, queria ser o mais esperto, enganar todo mundo. Ele pensava, diferentemente de todas as outras repúblicas africanas, que as coisas iriam melhor sem a França. Se houvesse tropas francesas no Togo, ele ainda estaria vivo. Onde nós temos tropas, tudo vai bem; onde as tropas francesas se foram, pode acontecer qualquer coisa.[27]

As suspeitas genéricas sobre o papel da França no golpe tornam-se específicas no caso de Henri Mazoyer e Georges Maîtrier.

A maior parte das fontes a que tive acesso diz que o embaixador Mazoyer sabia do esconderijo de Olympio e repassou a informação aos golpistas. Aconteceu assim: por volta da 1 hora da manhã, enquanto o primeiro comando militar sacode a casa do presidente, Mazoyer liga para seu colega americano, Leon Poullada, para avisá-lo de que há uma sublevação em curso. Poullada se alarma. Corre para a embaixada, encontra Olympio dentro de um carro, pede que continue escondido e promete voltar com as chaves do prédio. Liga de volta para Mazoyer, que o orienta a não se envolver. Poullada pede a seu funcionário Richard Storch que monitore a chancelaria enquanto pede instruções a Washington. Os militares ficam sabendo onde se esconde o presidente. Storch vê então o vigia maltrapilho cercado de soldados, vai beber água e Olympio morre. São 7 horas da manhã. Fontes mais exaltadas garantem que Eyadéma ligou diretamente para Mazoyer, de dentro da casa de Olympio, para avisar que ele havia desaparecido. Juram também que, meia hora antes do assassinato, a rádio France Inter já anunciava a morte do presidente. Não consegui confirmar a segunda informação, e a primeira me parece pouco provável. O embaixador francês não se arriscaria a um contato tão operacional. Essas mesmas fontes dizem ter visto Leon Poullada no enterro de Olympio, em Aguê, debulhando-se em lágrimas e acusando-se de entregar Olympio a seus assassinos. Dizem também que o embaixador voltou aos Estados Unidos, abandonou a carreira diplomática e morreu meio louco, o que é apenas uma meia-verdade. Poullada aposentou-se em 1965, ainda muito jovem, o que provavelmente confirma a sua desilusão com a carreira, ou a da carreira com ele, mas não estava louco. Chegou a estudar Ciências Políticas e tornou-se um especialista em Afeganistão. A África talvez o perseguisse nos sonhos.

A segunda suspeita pesa sobre Georges Maîtrier, que teria facilitado, incentivado ou organizado ele mesmo o golpe, a depender da fonte. Maîtrier era militar de carreira e membro do SDECE, o serviço secreto francês. No Togo, desempenhava o papel de assessor militar e comandava a força policial. Era o representante da cooperação militar francesa, aquela que Olympio queria interromper, mas era também um espião. Olympio já queria dispensá-lo, mas Mazoyer insistiu, falou com Paris, fez pressão e Olympio o manteve por outro ano.

Maîtrier ajuda então os meios-soldos, recomendando a sua incorporação no Exército togolês. Quando isso não acontece, ele se solidariza e, aos poucos, segundo dizem algumas fontes, insinua a possibilidade de uma revolta. Maîtrier tem a sua cadeia de comando, que sobe até Foccart, e os meios-soldos lentamente constroem a deles. Por razões diferentes, ou talvez as mesmas, nenhuma das duas quer Olympio no poder. É natural, portanto, que cooperem. Sobre essa cooperação, há várias versões.

Em algumas delas, Maîtrier aparece tramando desde o início: é ele a eminência parda, o conspirador por trás dos conspiradores. É a ele que os oficiais revoltosos se reportam, antes e durante o golpe. No dia 12 de janeiro, Maîtrier é avisado por um bilhete sucinto: "Nous passerons à l'action." Está implícita a sua aprovação. Na noite do dia 13, é para Maîtrier, e não Mazoyer, que os golpistas ligam da casa do presidente, alarmados com o seu desaparecimento. Ele atende a contragosto, dá ordens secas, manda que desliguem, pois quer continuar nas sombras e teme que o telefone esteja grampeado.

Outras versões dizem que o comandante francês apenas garantiu que uma eventual reação ao golpe fracassasse. Eis a hipótese: um grupo de policiais legalistas descobre o assalto à residência e corre ao quartel para pedir permissão para agir. Maîtrier escuta, pondera e autoriza. Distribui metralhadoras e uma caixa de munições, aconselha cuidado, mas incentiva a lealdade ao presidente, de quem oficialmente é o assessor militar. Os policiais tomam-se então de brios e correm para a casa do presidente. É quando descobrem que as munições são incompatíveis com as armas que carregam. Acidente ou artimanha de Maîtrier? Não há como ter certeza.

Em 2004, surge uma versão romanceada desse episódio. Trata-se de um conto, chamado *Os silêncios do comandante Maîtrier*,[28] mas é nele que o comandante mais fala. O texto refere-se à relação dele com os meios-soldos. Num primeiro momento, Maîtrier insinua a contrariedade francesa com a postura de Olympio, estimulando uma eventual revolta; depois, critica os seus planos de unificar a etnia ewê, assustando os golpistas com a possibilidade de que isso prejudique as etnias minoritárias do norte (os militares pertencem às etnias minoritárias do norte). Maîtrier trata Olympio o tempo todo de "o mestiço", uma referência óbvia à sua ascendência brasileira, uma forma, talvez, de dizer que ele não pertence àquele país. No final do relato, Maîtrier é explícito, mas ordena cuidado: "É preciso capturá-lo e não matá-lo!" O autor do relato é Kangni Alem, que há anos vive exilado na Europa, fugido do regime de Eyadéma. Alem não explica se a eloquência do protagonista é real ou inventada, literal ou figurada, mas essas categorias talvez não se desmintam.

Surgiu a possibilidade de conhecer a residência de Sylvanus Olympio. Para mim, era a oportunidade de visitar a cena de um crime. Poderia, finalmente, agarrar-me ao muro que ele saltou furtivamente, andar no pátio que atravessou entre sombras, olhar pela janela por onde entraram os tiros que quase o mataram, talvez sentar na cama em que ele sonhava quando o desespero da esposa o trouxe de volta à realidade que o consumiria.

A visita superou as minhas expectativas. A casa havia sido ao mesmo tempo preservada e renovada, de forma que o que encontrei ali era exatamente o que se via naquela manhã de 13 de janeiro. As paredes imaculadas, mas ainda rasgadas de balas; os móveis intactos, exceto os que a violência do golpe vitimou; as fotografias amareladas, que cinquenta anos antes já falavam de um outro tempo; a biblioteca, afinal nem tão grande assim, onde livros, que já ninguém folheava, ainda guardavam entre suas páginas a violência do chumbo. Mesmo que preferisse não falar do crime, a família zelava pela casa com a veemência de uma acusação.

Passeei durante horas, guiado por dois primos distantes de Sylvanus, que me mostraram os pormenores da casa: quartos, salas, banheiros, varandas, jardins, alguns móveis, um velho piano de meia cauda e muitos espaços vazios. Eu acompanhava meus guias tentando imaginar o que Olympio havia visto naqueles seus últimos instantes. A certa altura, passei a perambular sozinho pela casa enquanto os meus guias resolviam compromissos pelo telefone. Ao chegar ao escritório do ex-presidente, logo notei a biblioteca. A agressão da metralha era evidente, uma sequência regular de buracos de bala que descia do teto e cruzava as estantes, encrustava-se na madeira, atravessava as portas de vidro, deixando grandes marcas remediadas por fita adesiva, como uma ferida coberta por um esparadrapo. Só depois atinei para a organização dos livros, mantidos na mesma ordem de cinquenta anos atrás, e então constatei a extensão dos interesses do ex-presidente. Arrumados na sequência deliberada de seu uso, viam-se enciclopédias em três línguas; manuais de direito; resenhas históricas, entre as quais o clássico de Edmund Morel, *Great Britain and the Congo*, com prefácio de Conan Doyle, que denunciava a pilhagem do Congo belga; livros sobre a atualidade africana, entre eles a autobiografia de Kwame Nkrumah, o relato da independência nigeriana, por Abdul Hafiz Mahmassani, e a análise de Smith Hempstone sobre os desafios da nova África, um "gigante jovem e raivoso".[29] Os romances preenchiam o outro lado da estante, clássicos franceses, ingleses, russos e alemães, quase todos no original. Num canto, projetado para fora da última pilha de livros, dobrado e rasgado nas extremidades, um pequeno pôster de Mahatma Gandhi. Aquilo era um apanhado do que Olympio havia sido, uma síntese do que havia pensado, do que quis aprender ou daquilo em que acreditava, até aquela noite de 1963.

Voltei então a observar os tiros, a notar a sua dispersão de rajada aleatória ao longo das paredes do cômodo e a insistência premeditada das balas a rasgar a biblioteca. Foi quando tive a certeza: o assassinato de Olympio foi também um extermínio de ideias. Os tiros nas estantes e os tiros em sua barriga foram o reflexo de um só impulso, o resultado de um mesmo despeito.

Um dos paradoxos da história togolesa é o fato de o seu movimento de emancipação nacional ter sido, em boa medida, a obra de descendentes de negreiros do Brasil. Reflito sobre isso enquanto me dirijo para a casa de Gilchrist Olympio, o filho mais novo de Sylvanus, que finalmente decidiu me receber. Penso em tocar no assunto, embora a pergunta possa lhe parecer uma provocação. Mas acontece que é fato. Algumas das principais lideranças do CUT eram retornados de segunda e terceira gerações, filhos e netos, portanto, de gente que fez fortuna, entre outras atividades, com o comércio de escravizados. No livro que me presenteou Claude Améganvi, aparecem as biografias de Agostinho de Souza, Sylvanus Olympio, Paulin Jacintho Freitas e Anani Ignácio Santos. Quatro baluartes do Comitê da Unidade Togolesa. Os dois primeiros, seu fundador e seu principal dirigente, eram ambos descendentes de traficantes notórios. No caso de Agostinho, bisneto do maior de todos os negreiros brasileiros radicados no golfo da Guiné, Francisco Félix de Souza, o Chachá. Nem por isso, deixou de ser, nas palavras de Claude, o "pai moral" do nacionalismo togolês.

Agostinho foi, na verdade, sobretudo o patrocinador do ablodê. Era em suas casas que se davam as deliberações sigilosas dos líderes do CUT. Era em suas fazendas, distantes de Lomé e da vigilância policial, que se organizavam os comícios abertos do Comitê. Uma delas, uma imensa plantação de coco comprada com a herança do pai, dinheiro que lhe vinha indiretamente da fortuna escravista de gerações de Chachás, foi apelidada "Hyde Park", em alusão ao parque londrino que abriga o libertário Speakers' Corner,[30] onde um dia discursou Karl Marx. Era para lá que, nos dias de assembleia, se dirigiam centenas de comerciantes, quase sempre mulheres, para receber as consignas que espalhariam entre os frequentadores do grande mercado. Iam sempre muito cedo, as crianças às costas e as cestas à cabeça, o ar ocupado de quem anda à cata de fregueses. Assim, despistavam a polícia.

Quando o movimento cresceu, foi Agostinho quem financiou a sua estrutura, foi ele quem pagou as viagens a Nova York, onde Sylvanus

Olympio discursava nas reuniões do Conselho de Tutela. Agostinho participou de todas as etapas da independência. O destino, no entanto, quis que morresse em 25 de abril de 1960, dois dias antes de sua celebração. Sua morte, diz o livro de Améganvi, foi mantida em segredo até o fim das festividades, "para que a felicidade do povo togolês, nessa ocasião histórica, não fosse diminuída pela triste notícia".[31]

Gilchrist me recebe no seu salão. É afável e caloroso, com um sorriso suave e modos deferentes. Sua entrevista, no entanto, é morna.

Gilchrist passou a vida a fazer oposição aos Eyadéma, a candidatar-se a eleições e ter suas candidaturas impugnadas, a viver no exílio, a circundar o Togo sem poder entrar, a esquivar-se de condenações à morte, a sobreviver a atentados. Tornou-se a personificação da resistência, o líder natural e perpétuo da oposição ao regime.

Sua energia sempre foi transbordante. Ele formou alianças e partidos, participou de eleições, de dentro e de fora do país, organizando comícios e distribuindo panfletos no mercado de Aflao, do lado ganense da fronteira com o Togo, a 10 quilômetros do palácio de Gnassingbé Eyadéma. Até que, em 2005, morreu Eyadéma e a situação mudou. Gilchrist pôde enfim voltar a seu país. Mas então algo aconteceu, a saúde fraquejou, o empenho esmoreceu, ou talvez fosse outra coisa. Gilchrist já não se entregava de corpo e alma ao exercício do contraditório. Nas legislativas de 2007, ele abandonou a campanha, alegando problemas de saúde. Na presidencial de 2010, desistiu da candidatura, argumentando o mesmo. Quando Faure Eyadéma ganhou, Gilchrist negociou uma aliança e ganhou sete ministérios. O acordo gerou polêmica, seu partido rachou, a oposição enfraqueceu. Falou-se de traição, de entreguismo, de senilidade, de interesses escusos. Um editorial furioso o acusou de viver no planeta Marte.

Gilchrist passou a elogiar Faure, seu preparo (ele estudou na Sorbonne), seu apego à democracia. Em 2013, acompanhou o presidente a Gana, mediando uma reconciliação. Na imprensa, uma foto mostrava

Gilchrist de pé entre Faure e o presidente ganense, John Mahama. Sua mão direita pousada sobre o ombro do presidente togolês, como a de um pai orgulhoso apresentando o filho a um amigo importante (Figura 16).

Nesse novo papel conciliador, já não interessava a Gilchrist remoer o passado, já não convinha queixar-se da repressão política de que foi uma das principais vítimas. Por essa mesma lógica, tampouco correspondia evocar o assassinato do pai. Numa declaração ao jornal *Christian Science Monitor*, em julho daquele mesmo ano, ele dizia: "Em algum momento, é preciso parar de olhar pelo espelho retrovisor e passar a olhar para a frente. E é isso que estamos tentando fazer."

A entrevista que ele me concede reflete esse ânimo. Gilchrist evita os temas polêmicos e usa, quase sempre, meias-palavras e eufemismos. Ele fala da história da sua família e seu vocabulário é evasivo. O avô foi um mercador-aventureiro (entenda-se um negreiro), casado muitas vezes (simultâneas e não consecutivas), mas que guardou um vínculo cultural com o Brasil (o catolicismo, mas também o uso de escravizados). A família cresceu rápido, pela adesão aos hábitos locais (entenda-se poligamia). Ele mesmo é uma pessoa sem importância, apenas o terceiro filho de Sylvanus. De resto, algumas obviedades sobre os agudás: a influência cultural, prevalente ainda nos dias de hoje, embora esgarçada; os sobrenomes, que se vão perdendo, substituídos por patronímicos africanos; as linhas de sangue, que se vão diluindo no sangue de outras etnias; apesar de tudo isso, a importância política que ainda têm muitos retornados, do que ele é o maior exemplo.

Quando pergunto sobre Sylvanus, Gilchrist torna-se ainda mais evasivo e sucinto. Pisa em ovos, prefere falar da infância, das recordações mais remotas e corriqueiras. Insisti, indo ao limite da cortesia, perguntando se não era chegada a hora de reabilitar a memória etc. Gilchrist, então, me devolve a frase que formulara para o *Christian Science*, "Temos que parar de olhar no espelho retrovisor etc.", e se oferece para mostrar os seus jardins, gentilmente dando por encerrada a entrevista.

Volto para o hotel e o que levo comigo é o mesmo punhado de informações de que já dispunha. Daquele conjunto de banalidades, no entanto, sobressaem três novidades: Sylvanus era fluente em português, em sua biblioteca havia livros do Brasil e sobre seu aparelho de rádio pousava uma bandeira verde-amarela. "Ordem e progresso", Gilchrist faz questão de acrescentar. A minha premissa de que Sylvanus Olympio não se sentia um agudá vai por terra. Ele, afinal, e apesar de nunca o reivindicar, e por vezes mostrar uma disposição contrária, era no fundo um brasileiro.

Talvez para compensar a fraca entrevista, Gilchrist me convida para a festa anual da família. Aí estou eu, alguns dias mais tarde, no pátio tropical de sua enorme residência, não muito diferente da casa de seu pai, com o calor do jardim atenuado pela sombra de pérgolas cobertas de tumbérgias azuladas. Festas semelhantes às de hoje também aconteciam na casa de Sylvanus, de uma forma talvez mais discreta, mas em número suficiente para marcar a memória de Gilchrist, que, no entanto, sente-se muito pouco brasileiro. Nos Olympio, a brasilidade é um sentimento sutil e difuso, embora constante. A história da família é a crônica de uma diáspora permanente, do Brasil à Costa do Ouro, depois ao Daomé, em seguida aos Togos, o alemão, o inglês e o francês; logo, os estudos na Europa, Inglaterra, Alemanha, França; Áustria, no caso de Sylvanus; outra vez o Togo e, após o golpe, o exílio em Gana, no Benim, mais uma vez na Europa. As festas na casa de Gilchrist são um evento importante, pois marcam uma convergência periódica dessa enorme dispersão. É quando se reencontram Olympios vindos de todas as partes do mundo, centenas, segundo Gilchrist.

A festa arruma-se à moda das celebrações tradicionais dos retornados: primeiro, a comida, um piquenique, no caso das festas do Senhor do Bonfim; depois, a música, com a banda contratada para entoar os cânticos da burrinha. Sentam-se os Olympio a um canto do pátio, numa meia-lua de cadeiras, à sombra de uma marquise, e a banda dispara do outro lado. Aos mais velhos são distribuídos cadernos de capa azul, onde a letra das canções aparece com as inevitáveis mutilações do tempo e da fonética.

> *Afesta tou bonfi*
> *Odia tou bonfi*
> *Olele primachiquian*
> *Von samba note narea*

As crianças são as primeiras a ocupar o espaço central, a pular com o ritmo da música, a jogar umas com as outras. Quando os adultos se animam, a brincadeira vira um samba de roda. Senhoras com bubus apertados levantam-se e puxam o tecido para cima, fazendo espaço entre as pernas, para melhor requebrar. Juntam-se aos pares e desafiam-se no rebolado. Aparecem os lenços a rodar e revejo titia Coffie com seus passinhos curtos de agbê. Os homens vêm aos poucos, sempre um de cada vez, como se a soma de seus constrangimentos não coubesse no espaço daquele terreiro. Gilchrist tem a cara de um antropólogo europeu a divertir-se com aquele exotismo. Senta-se no centro da fileira e às vezes canta o que lhe diz o caderno, como se estivesse numa congregação, a entoar hinos religiosos. Chego a pensar que ele não dançará, mas eis que se levanta, muito cerimonioso, espicha a sua elegância e sai batendo palmas, os pés desencontrados, as mãos perto do rosto, como se estivesse na Andaluzia. Gilchrist tem os traços do pai, numa versão mais gorda, e a mesma pele clara, agora torturada pelos anos. Ao vê-lo dançar, imagino Sylvanus na mesma situação, com o mesmo desengonço, meio século antes. No fundo do pátio, numa parede branca, entre os retratos da família, o presidente assassinado olha severo para aquele rebuliço.

4
AGUÊ, UIDÁ E PORTO NOVO, BENIM

Numa manhã pálida e sufocada, chego à mansão tradicional dos Souza, que deliberam a escolha de seu novo chefe. Eles são, entre todos os retornados, provavelmente a família mais conhecida, certamente a mais controversa. O patriarca, Francisco Félix de Souza, o primeiro dos Chachás, considerado o maior traficante negreiro da Costa dos Escravos, teve uma vida em que fatos e lenda se entrelaçaram numa trama impermeável.

Christian de Souza, o porta-voz da família, é um ex-alto funcionário do governo beninense, hoje aposentado. É amigo de um amigo do embaixador do Brasil, que me transmitiu o contato. Nossa primeira conversa foi por meio de um e-mail formal, no qual eu o tratava de "senhor" e explicava didaticamente o projeto. Ele me respondeu pouco tempo depois, chamando-me de "meu irmão", prometendo tudo, confiando-me a sua intimidade. É quem me recebe à porta da casa. Naquele dia, organizava-se uma reunião do conselho familiar, presidido por Marcelin de Souza, então com 93 anos, que chefia interinamente a família. Ao conselho cabe decidir a sucessão permanente. Já foram oito os Chachás, filhos, netos e bisnetos do primeiro, o oitavo deles falecido em 2023 e enterrado num mausoléu, bem à entrada da residência.

Ele se chamava Honoré Feliciano Julião de Souza e eu o conhecia bem. Entre 1999 e 2003, estive algumas vezes com ele, convidado para almoços e apresentações da burrinha. Foram suas as fotos que ilustraram a maioria das reportagens que eu em seguida publiquei no Brasil. A revista *IstoÉ* o chamou de "o primo nobre", e a *Ícaro* de "um brasileiro remoto". Na *Veja*, ele apareceu acompanhado de sete primas, todas metidas em vestidos de festa, carregando imagens dos sete primeiros Chachás (Figura 17). Ele vestia o seu traje de cerimônia, um barrete oriental à cabeça, uma capa de monarca por cima do terno a desafiar o calor inclemente. Estava tal e qual o seu antepassado Francisco quando posou para o único retrato que se tem dele: uma pintura a óleo, de autor desconhecido, que figura em destaque na galeria dos Chachás e ilustra a maior parte dos textos já publicados sobre a sua tumultuada vida. Nas mãos de Honoré, uma mensagem dirigida aos Souza brasileiros, manifestando o desejo de conhecer "os nossos parentes". Não sei se algum dia o realizou.

A casa familiar dos Souza (assim se referem à concessão onde morou D. Francisco) chama-se Singbomey, o que significa, segundo me traduzem, "maison à étages", uma residência de mais de um andar, ou talvez simplesmente uma casa-grande.[1] Por alguma razão, que não me explicam e não descubro nos livros, a construção nunca teve mais do que um piso, numa época em que, entre os retornados mais ricos, o comum eram os sobrados. Honoré, escolhido chefe em 1995, fez da correção dessa incongruência uma missão de vida. Já na nossa primeira conversa, falou-me da ampliação da casa, do sonho de dar-lhe o tamanho que o prestígio dos Souza exigia. Passaram-se os anos e eu esqueci o assunto. Eis-me agora de volta, e ao lado da velha casa térrea, pintada em tons de rosa, há um edifício inteiro. É onde comemos, acomodados num quinto andar, à vista que sobrevoa a cidade e chega ao oceano. Ao longe, metida em brumas, adivinha-se a Porta do Não Retorno, um monumento de gosto duvidoso, que homenageia a viagem sem volta de legiões de escravizados. Contam os registros antigos dessa tragédia que, em determinados pontos da costa, os cativos eram obrigados, antes de entrar nos tumbeiros, a dar voltas em torno de algum remoto umbuzeiro. Acreditavam que, com isso, deixavam para trás os seus espíritos e, assim desalmados, tornavam-se mansos e conformados.

Depois do almoço, Christian me leva para a galeria dos Chachás, enquanto os varões em idade adulta fecham-se numa das salas de reunião que ocupam o edifício para o início das sessões do colegiado, que carrega o título pomposo, mas juridicamente exato, de Conselho Supranacional da Coletividade Familiar. Os Souza estão por todos os lados e às vezes se comportam como uma multinacional.

A galeria espalha-se por uma sala retangular, de uns 150 metros quadrados, toda pintada de um ocre amarelado. No seu tempo, foi o principal cômodo da casa de Francisco Félix de Souza, bem ao lado de seu quarto, que é hoje também o seu jazigo. Nas paredes, estão as fotografias que eu um dia fiz descer para eternizar no colo das titias.

O quarto do primeiro Chachá é o pináculo da casa. Há muito deixou de ser um aposento para tornar-se um mausoléu. É onde terminam as visitas, numa homenagem ao velho traficante, que ali descansou duas vezes: uma na cama, outra no túmulo, construído bem ao lado, como se um dia Francisco, cansado de viver, houvesse simplesmente mudado de leito. O quarto foi recentemente renovado, a cama de mogno com um dossel de colunas torneadas sustentando uma cobertura feita com o mesmo tecido das cortinas. O túmulo é todo em mármore branco, de uma singeleza que parece querer desculpar a fulgurância do ocupante. O tampo inclinado tem uma inscrição de quatro linhas, resumindo os pontos cardeais de sua existência, num idioma em que se adivinha a tentativa fracassada de um mau português, escrito talvez por alguém que falasse um péssimo italiano, ou um latim ainda pior:

FRANCISCO FÉLIX DE SOUZA
NACCO 4 OUTUBRO 1754 EM BRASILE
FALLICIO 8 DE MAIO 1849 EM AJUDÁ
RIP

Num dos lados do túmulo, onde se supõe que esteja a cabeça de Francisco, se alonga a estátua de seu santo onomástico. Do outro, onde se supõem os pés, há uma garrafa e um copo alto. Penso imediatamente no gim que rega a travessia dos tabons de volta à Bahia. Acontece que os retornados de Uidá foram colônia francesa, e a bebida é o Suze, um licor de genciana, inventado em 1885, e que D. Francisco, portanto, nunca tomou, ao menos em vida. Quanto à cachaça, desapareceu quando deixaram de chegar os últimos cargueiros da Bahia, no início do século XX.

O Chachá ainda tem quem o cuide, século e meio depois de sua passagem. Duas senhoras escolhidas entre as mais longevas da família, cuja autoridade deriva da relação privilegiada que guardam com os reis de Abomé, os quais, em seu tempo, fizeram e desfizeram a fortuna do traficante. Leio a primeira página do livro que Alberto da Costa e Silva dedicou a D. Francisco, e vejo que ele também se refere às guardadoras do túmulo. Em dado momento, fala das flores que combinaram em um vaso, à altura do epitáfio, bem ao pé do santo.[2] Um arranjo brasileiro, pois os daomeanos não tinham o hábito de cultivar flores ou de com elas decorar as suas casas. Esse capricho no cuidado dos espaços mais íntimos veio com eles da Bahia, assim como vieram os móveis e os talheres. Aqueles mais desvalidos, ou que viajaram de supetão e sem preparo, na primeira oportunidade os faziam trazer de Salvador. É um dos traços a separar os retornados dos "africanos", como antigamente chamavam os de lá, e às vezes ainda chamam, para marcar a sua própria diferença, eles mesmos "brasileiros", embora hoje vivam todos mais ou menos da mesma forma, depois de anos de colonização europeia e outros tantos de vida independente.

Essas senhoras revezam-se há décadas ao pé do falecido. Alberto da Costa e Silva, que viveu na Nigéria, as terá encontrado muitas vezes. Eu, apenas três. Nesta última, sou uma visita oficial, e elas estão a caráter, seus vestidos estampados guardando a imagem do Chachá num medalhão, bem à altura dos seios. Quando me veem, improvisam cânticos em loas ao patriarca e esvaziam copos sucessivos de Suze, em brindes impenetráveis. Tomo eu mesmo a minha dose do licor, aos gritos de "Viva, brasileiro, Viva!".

FRANCISCO FÉLIX, O CHACHÁ DE SOUZA

Francisco Félix de Souza viveu com um pé na história e outro no mito. O que se tem de certeza sobre ele é pouco, embora muito se tenha escrito e mais ainda inventado, numa urdidura interminável de realidade e fabulação na qual, a cada novo ponto, acrescenta-se nova aventura. Robin Law, um dos primeiros a pesquisar de forma sistemática a sua vida,[3] enumerou as referências acadêmicas, às quais devemos hoje acrescentar o livro de Alberto da Costa e Silva, escrito pouco depois. O relato mais interessante sobre o Chachá, no entanto, é uma ficção. Escreveu-a Bruce Chatwin, na forma de um romance, depois de haver tentado, em vão, redigir uma biografia. Chatwin explica as circunstâncias nas primeiras páginas do livro, que anos depois tornou-se também o roteiro de um filme.[4] Talvez seja essa a única forma de dar conta do assombro daquela existência.

Quando estive pela primeira vez no Daomé, em 1971, o país ainda tinha esse nome e Cotonou, a capital, ainda era uma cidade onde se davam boas risadas e se tomava cerveja nas brasseries francesas. Seis anos depois, um novo presidente mudara seu nome para República Popular do Benim, e os sacerdotes fetichistas de Uidá entronizaram retratos de Lenin no meio da parafernália escarlate do Panteão do Trovão.

Voltei pela segunda vez com a finalidade de pesquisar e reunir material para escrever a biografia de Francisco Félix de Souza, um brasileiro traficante de escravos. [...]

Tudo ia muito bem com minha pesquisa até que, numa manhã de domingo, meu táxi seguia na direção oposta à de um avião, lotado de mercenários, que aterrissaram no aeroporto de Cotonou e, a tiros, abriam caminho para o palácio presidencial. O motorista exclamou "C'est la guerre!", manobrou e deu meia-volta. Caímos, porém, nas mãos de uma unidade do Exército do Benim. Fui detido como mercenário, enquanto os verdadeiros mercenários recuavam para o aeroporto, de onde levantaram voo.

Prefiro esquecer os dois dias que se seguiram. Daí a uma semana, porém, cheguei ao Rio de Janeiro para levantar os aspectos brasileiros de minha pesquisa sem um vintém no bolso e com o dedão do pé bastante machucado. Um cabo feminino pisara nele para valer.

Nunca mais regressei ao Benim.

Saí de lá com a espinha dorsal de minha história e um certo número de impressões muito vívidas. Quando menino, lera relatos sobre as amazonas do rei Guezô e agora sabia, por experiência própria, como elas eram. Lera também relatos de sacrifícios humanos, escritos por viajantes vitorianos, tais como Duncan, Forbes, Burton e Skertchley. Conheci Pierre Verger, o grande mestre dos estudos afro-brasileiros. Já tinha conhecimento de seu livro essencial, *Fluxo e refluxo: Do tráfico de negros entre o golfo do Benim e a Bahia de Todos os Santos*. Durante viagens realizadas de um lado para outro da Costa dos Escravos, conheci os descendentes dos De Souza e gravei a imagem de sua última filha sobrevivente, uma mulher branca, "tão branca quanto *monsieur*!". Finalmente, em Abomé, um amigo e eu visitamos o neto de Guezô, Sagbadju, monarca cheio de corpo e idoso, que nos recebeu acomodado no assento de plástico verde de seu trono e nos contou o que sabia a respeito do brasileiro.

"Era um homem corpulento, mais corpulento do que vocês dois juntos. Meu avô o ergueu e o ajudou a pular o muro da prisão. Sabem, meu avô era ainda mais corpulento do que De Souza."

São estes, portanto, os antecedentes de meu livro. O material que levantei se revelou, porém, tão fragmentado que decidi modificar os nomes dos personagens principais e escrever um trabalho de pura ficção.

Como Francisco nunca anotou ele mesmo a sua vida, e como tampouco deixou testamento,[5] reconstruir a sua biografia é como montar um quebra-cabeça com peças incompletas.

O que se sabe ao certo é que era baiano, de pele clara, talvez neto de português, talvez de uma indígena, que nasceu entre 1754 e 1768, que chegou à África entre 1788 e 1792 e que ali morreu, em 1849. As razões que o levaram à travessia são obscuras. Alguns dizem que era um proscrito, quem sabe renegado ou desertor. Outros sugerem uma atividade política, e o desterro como castigo a essa agitação. Já houve quem o tenha associado extemporaneamente à Independência do Brasil ou, com melhor sentido cronológico, à insurreição nacionalista da Bahia, de 1798. Na versão generosa da família Souza, Francisco foi ao Daomé como governador designado do forte português de São João Baptista de Ajudá, ou, no pior dos casos, como capitão de fragata ou comandante de um tumbeiro. O mais provável, no entanto, é que tenha deixado o Brasil numa condição menor, presumivelmente a de um aventureiro a tentar a sorte no lucrativo negócio dos escravizados.

Os seus primeiros anos na África são confusos. Entende-se que viveu entre Uidá e Badagry, onde se iniciou na exportação de cativos. Depois, teria voltado à Bahia e, em torno de 1800, já estava de regresso ao golfo do Benim. Casou-se então com a filha de um potentado local e com ela teve o primeiro de muitos filhos, Isidoro. Aí, finalmente, uma data precisa, 2 de fevereiro de 1802, embora sobre isso também haja controvérsia. A relação com a fortaleza é igualmente certa, não obstante a sua passagem tenha períodos discrepantes e, a depender da fonte, os motivos também variem. É possível que tenha trabalhado como escrivão ou guarda-livros, em decorrência das privações dos primeiros anos. Talvez tenha se apresentado como governador, anos depois, quando o forte definhava e ele mesmo prosperava, porque a posição lhe auferia prestígio e proteção.

O fato é que Francisco, que disse ter chegado à África sem um tostão, já constava entre os mercadores mais prósperos da costa apenas entrada a primeira década do século XIX. Como alcançou essa façanha? Segundo Costa e Silva, graças à capacidade de muito rapidamente aprender os truques do negócio negreiro e adaptar-se às exigências da vida naquelas paragens: casar-se com uma africana, aliar-se à sua poderosa família, aprender os seus dialetos, apresentar-se como intermediário confiável nas transações entre o golfo do Benim e a Bahia.

Sobre o cotidiano dessas transações, escreve Costa e Silva: "Em geral, pagava-se um punhado de escravos com um pacote formado por várias dessas merces,[6] e não era incomum que navios de várias nacionalidades, antes de começar a negociar em terra, transacionassem entre si, o negreiro baiano trocando com o inglês tabaco por artigos de cobre."[7] Continua, mais adiante:

> A fim de evitar que as febres e as diarreias causassem estragos nas tripulações, os comandantes dos barcos negreiros procuravam parar o menor tempo possível em cada porto. [...] O mais comum, porém, seria a embarcação ter de ancorar em vários lugares antes de completar o suprimento. E muitos navios ficavam meio-ano a se arrastar pelo litoral, a comprar aqui dez rapazes, ali mais vinte e acolá mais trinta. Cada parada representava perdas de vidas tanto entre a marujada quanto entre a escravaria.

E logo conclui: "Quem dispusesse de um bom número de escravos armazenados junto a um embarcadouro tinha condições, por isso, de vendê-los a um melhor preço: a um preço em boa parte determinado pela ânsia do capitão de fechar a carga e partir."

Esse talvez tenha sido o principal truque aprendido por Francisco, que fez instalar entrepostos sucessivamente em Badagry e Uidá, e talvez também em Anexô e Popo Grande, todas localidades do litoral, famosas pela exportação de negros.[8]

A Uidá em que o futuro Chachá terminou por se instalar chamava-se, tradicionalmente, Glehue, e era parte do reino de Hueda, nome traduzido como Ajudá e aplicado pelos portugueses, indistintamente, a um e à outra. No começo do século XVIII, era tida como o mais importante centro exportador de escravizados do golfo do Benim. As razões dessa prosperidade não estavam na geografia,[9] mas sim no que os capitalistas de hoje chamariam de ambiente de negócios. Costa e Silva: "Não só a oferta de escravos era ali grande, mas a sua comercialização organizada, com práticas conhecidas e relativamente estáveis. O clima de segurança favorecia o embarque do maior número de indivíduos no menor período de tempo possível." Essa eficiência era uma determinação da mais alta política local, pois o rei de Hueda dependia economicamente do comércio negreiro, e com ele prosperava, vendendo condenados da lei e prisioneiros das guerras, escolhendo primeiro entre as mercadorias trazidas pelos navios e impondo taxas a todas as etapas do negócio.

Em meados do século, no entanto, já Hueda havia perdido a sua independência, conquistada pelo rei de Abomé, que estabeleceu regras mais rigorosas ao negócio negreiro, tornando-o um monopólio régio, que ele cedia mediante condições ainda mais estritas. Aos que se instalavam permanentemente na cidade, por exemplo, era proibido que dela saíssem sem permissão das autoridades. E, quando morriam ou regressavam ao país de origem, eram obrigados a passar para o rei todas as propriedades que possuíam, das esposas e escravizados às casas, plantações e mercadorias.[10]

Foi nesse contexto que Francisco se fez um comerciante próspero, com a catana de Abomé a pairar-lhe sobre a cabeça. Talvez por isso tenha buscado, tão logo pôde, apoderar-se do forte como medida de segurança. Isso aconteceu, segundo Robin Law, em 1806, quando seu irmão Jacinto de Souza, ele mesmo governador desde 1804, morreu vítima das febres. Por autorização régia, Francisco passou a controlar a fortaleza, correndo por sua conta todos os gastos de manutenção.

O rei de Abomé era então Adandozan e com ele Francisco terminaria se desentendendo, dando início ao episódio que determinou a sua fortuna.

A origem da disputa é incerta, uma dívida de um com o outro ou uma insolência de Francisco, que, por ter a seus pés uma fortaleza, acreditou poder afrontar o monarca. O fato é que, em algum momento, Adandozan fez chamar Francisco a Abomé e ali o deteve, determinado a quebrar a sua impertinência.[11] Ocorreu então o incidente que fez a vida do mercador cruzar os limites da ficção: talvez por julgar que ele abusasse das prerrogativas de europeu, como diz Costa e Silva, ou talvez, como prefere Bruce Chatwin, porque matar um branco era tabu (o branco sendo a cor da própria morte), Adandozan ordenou que Francisco fosse imerso num tonel de índigo, de forma a tingir-lhe a pele.

Entre um mergulho e outro, o futuro Chachá se tomou de amizade por Gakpé, príncipe e sobrinho do rei, que ambicionava o trono. Foi quando ele fugiu para Popo Grande, talvez com a ajuda do jovem, com quem teria contraído um pacto de sangue, e dali ajudou a organizar o golpe que derrubou o monarca. Em 1818, seu amigo tomou o poder, com o nome Guezô. Ato seguido, prendeu o tio, enviou sua principal esposa às galés e retribuiu a amizade de Francisco tornando-o o seu principal aliado entre os brancos. Foi quando ganhou a alcunha de Chachá,[12] que incorporou ao nome e transmitiu, como um título, às gerações futuras. Daquele dia em diante, o destino da família esteve para sempre ligado à fortuna da dinastia de Abomé.

Transformado em chefe tradicional, o Chachá ganhou entre estrangeiros a fama de vice-rei de Uidá, com o poder de vida e morte sobre a população da cidade e a força de um exército próprio, que ultrapassava os 5 mil soldados.[13] A versão é imprecisa, mas terminou consolidada pelo livro de Bruce Chatwin, cujo título exaltava essa falsa condição. Na realidade, o posto de vice-rei era às vezes confundido com o de yovogan, o "capitão dos brancos", autoridade daomeana designada para cuidar do comércio com os europeus e, por tabela, para cuidar dos próprios europeus instalados em Uidá. Ao Chachá coube mais provavelmente a função de conselheiro do rei e de seu principal agente comercial na cidade. Como tal, ele gozava do privilégio de perambular cercado de guardas e atabaques, à sombra de para-sóis. Mais importante, ganhou também a prerrogativa comercial da primeira escolha, os outros comerciantes limitados a negociar escravizados e produtos que não lhe interessavam.

Foi com esse monopólio que Francisco construiu a sua lendária riqueza, que teria sido, segundo o conde de Joinville, uma das três maiores de seu tempo e, de longe, a mais avultada da África Ocidental.

Essa fortuna ele terminou dissipando no sustento de uma família incontável[14] e uma vida de luxos, o que quer que fossem esses luxos sob latitudes tão deserdadas. Dilapidou-a também, talvez sobretudo, nos prejuízos de um negócio que se tornou, com o passar dos anos e o aumento da fiscalização britânica, cada vez menos rentável. Em 1845, já alquebrado física e financeiramente, ele confessou ao britânico John Duncan que a Marinha inglesa havia capturado nada menos que 22 de seus barcos, causando-lhe um prejuízo incalculável. O que não se tinha ido nesses apresamentos foi-se na má gestão, nas ausências constantes que o declínio físico impunha ao trato pessoal do negócio, ou ainda nas dívidas que Guezô contraía e deixava de pagar. Fato é que, quando, no dia seguinte à sua morte, o rei mandou funcionários confiscarem as suas propriedades, como parte das tradições da chefia daomeana, não encontrou nada de valor. Guezô decidiu então destituir os Souza da função de agentes exclusivos, passando a atribuição a dois de seus maiores concorrentes: Joaquim d'Almeida, de Aguê, e Domingos José Martins, instalado em Porto Novo. As três famílias rivalizam na liderança da comunidade agudá até os dias de hoje.

ESCOLHENDO UM CHACHÁ

O processo de seleção de um Chachá é de uma complexidade bizantina. Pesam a opinião dos vários ramos da família, muitos dos quais distantes e rivais, o beneplácito das lideranças de Abomé e a confirmação das entidades do vodum, consultadas através do oráculo do Ifá.

Em 1995, ano da escolha de Honoré Feliciano Julião de Souza, o antropólogo Milton Guran pesquisava a sua tese de doutorado e acompanhou esse enredamento. Passo-lhe a palavra:

A indicação de Honoré Feliciano se dá em uma reunião familiar em Singbomey, em 24 de junho de 1995. O grupo que articula a designação do Chachá é constituído pelos membros mais dinâmicos da família, que já trabalharam pela criação da associação.[15] O grupo faz gestões para assegurar a presença do maior número possível de notáveis da família, e de tios e tias idosos que, por força da idade, podem ser considerados como sábios.[16]

Os candidatos naturais são apenas três, e, fiéis à solenidade do rito, todos recusam de início a honraria. Após deliberações complexas e demoradas, volta-se ao nome de Honoré, que, a essa altura, já pode aceitá-la. É quando soam os 21 tiros de um canhão.

Passa-se então ao convento de Dagoun, a entidade do vodum criada exclusivamente para proteger os Souza que, após uma demorada consulta, termina por sancionar a escolha. Em seguida, estende-se a apresentação do escolhido aos ramos mais afastados, especialmente os parentes do Togo que, décadas atrás, brigaram e deixaram de frequentar Singbomey. Honoré, ele também um togolês, é descrito como unificador, um líder cujo maior objetivo é reunir todos os membros da imensa coletividade familiar, como os Souza frequentemente se apresentam, talvez para significar uma aglomeração formada pelos descendentes naturais de Francisco Félix de Souza e pelos seus agregados, aqueles que o casamento ou a escravidão trouxeram para perto da família. Ato final e solene dessa primeira etapa, Honoré é investido de sua autoridade diante do túmulo de Francisco, sentado em um trono e abençoado pelas palavras secretas das grandes tias, as sábias que a tradição encarrega das cerimônias solenes, do batismo aos funerais. Entre elas, as guardadoras da paz eterna do primeiro Chachá.

Meses depois, num 5 de outubro, o oitavo Chachá é apresentado a Agoli-Agbo, rei de Abomé. Cem anos antes, Julião, avô de Honoré, foi executado por ordem de Glelé, avô de Agoli. Desde então, o vínculo formal entre as duas famílias se esgarçou ao ponto em que três Chachás foram investidos sem que Abomé fosse consultada. Honoré, homem conciliador, dá esse passo também na direção da nobreza à qual sua família está historicamente ligada.

A cerimônia segue uma liturgia escrupulosamente africana. Começa com a oferta de água, que circula em jarros pelas mãos e bocas dos convidados, vestidos, quase todos, em longos e complexos bubus. Alonga-se, em seguida, numa conversa de coreografia meticulosa, na qual um porta-voz interpreta as falas sucintas do rei, acrescentando, como é tradição, seus próprios sentidos e mensagens. Termina, muito tempo depois, com o anúncio de presentes e um Honoré ajoelhado em frente ao rei, que toma as suas mãos e o abençoa com uma cusparada.

Jornalistas especialmente enviados de Cotonou acompanham a cerimônia e submetem a família a uma longa entrevista. Marcelin de Souza é especialmente cuidadoso ao celebrar a amizade dos Souza com a dinastia de Abomé: "Como é preciso continuar a tradição, nós quisemos restabelecer os laços de amizade entre o Chachá e os reis de Abomé. Não fazê-lo seria romper uma tradição. Se nós o fizemos, é porque queremos pôr em ordem e respeitar a tradição."

A cautela não é gratuita. Para os Souza, aquela formalidade tem o sentido de uma ratificação. Recuperam, agora pelas mãos do rei, o prestígio que sentiam perder há muito tempo, graças às disputas internas e externas, que os separaram e enfraqueceram. Por isso, agora escolhido um nome de união familiar, agora organizada a coletividade em torno de uma mesma associação e uma única liderança, a importância de reaproximação também com Abomé, por meio da qual se completam as etapas desse resgate histórico. Monsenhor Isidoro de Souza, à época arcebispo de Cotonou e um dos Souza mais importantes de seu tempo, havia deixado clara essa ambição, em uma conversa com Guran, dias antes: "Eu lhe garanto, visto o nosso número, que nós devemos poder, se nos unirmos, ser de um certo dinamismo para ajudar o desenvolvimento do país, e não somente da nossa família."[17]

A entronização de Honoré culmina dois dias depois, um 7 de outubro, aniversário de 241 anos de Francisco Félix de Souza, com uma festa em Singbomey que dura 48 horas e que, dessa vez, é ostensivamente brasileira. Mil e quinhentas pessoas, os homens metidos em ternos e as mulheres, em chapéus e vestidos floridos, como acreditam que sejam os trajes do Brasil, transitam pelos pátios da concessão, comendo "kusidu", "pirón", "concada", "moyo"; dançando o samba truncado da burrinha; e cantando canções que um dia foram em português:

> Papa, papa
> Venavê papa
> Papa do brachial
> Venavê cantadore
> Papa do Brasila
> Papa, papa
> Saia do Brasila
> Viva, viva!
> Papa do Brasila

Enquanto isso, em surdina, nas salas mais remotas da casa, diante de uma plateia seleta, Honoré recebe as bênçãos finais de seu ancestral Francisco, pelas quais paga com a dedicação das titias, que, de novo à maneira africana, deitam ao chão a energia dos licores e a força das nozes de cola, e cantam, a um e ao outro, louvações centenárias em fongbé.

> Ozan go ota é é é
> azokpota azogo
> obanlin do gbé dé ma kpovi boden
> kpo le wa xwé
> oga wele[18]

Já circula então a novidade de que os Souza refizeram a sua relação com Abomé e apresentaram ao rei o sucessor do sétimo Chachá. E que, para isso, Honoré se apresentou vestido à moda africana, se ajoelhou aos pés do rei e passou pela cabeça a saliva cuspida de Agoli-Agbo. Nos dias seguintes, a notícia gera uma intensa polêmica entre retornados de várias famílias. Guran, que a tudo assiste de perto, registra os argumentos de um lado e do outro: para os tradicionalistas, ciosos da história e dos costumes dos agudás, Honoré não poderia ter se submetido àquela humilhação, visto que seu bisavô, D. Francisco, era um branco, e além disso amigo e aliado de Guezô, que sem ele nunca teria sido rei. Ele não deveria, portanto, ter se prostrado diante de Agoli-Agbo, que não seria nada sem Francisco e, ainda sendo rei, era no máximo o seu igual. Para outros, a cerimônia não foi uma humilhação, pois Honoré não havia ainda recebido os atributos de sua nova autoridade, sendo ainda, tecnicamente, um simples vassalo do rei, e não um Chachá, embora sequer de um beninense se tratasse.

Ao final, Guran teoriza sobre as sutilezas dessa complexa identidade agudá:

> Uma identidade se define em relação ao outro, por contraste diante de uma outra maneira de ser. Mais este contraste é evidente, mais explícita se toma a referência que permite a reunião daqueles que se reconhecem como sendo semelhantes entre si. [Em relação aos Souza, foi] preciso retomar o contraste original que foi simbolicamente o fundador da identidade agudá (D. Francisco contra o rei Adandozan), assim como a origem do pacto social que tornou possível a presença brasileira na Costa (quando D. Francisco se fez irmão de sangue do rei Guezô). Retomar os laços com o rei de Abomé se impunha como um passo necessário, a fim de dar ao novo Chachá a aura de uma legitimidade que ultrapassa os limites da família, e mesmo da cidade de Uidá [tornando-o] reconhecido como representante de todo um grupo.[19]

O QUE FICOU DO BRASIL?

Uma das principais razões que me levaram de volta ao Benim, duas décadas depois da primeira visita, foi saber o que ainda existia, ou resistia, dessa identidade e que importância tinha para as gerações mais novas de retornados, às quais caberia perpetuá-la.

Para entender melhor, participei de uma entrevista reunindo, num mesmo espaço, retornados de diferentes gerações, pertencentes às famílias mais representativas da comunidade. O encontro aconteceu em Aguê, na casa de Lazare d'Almeida, descendente de Joaquim, que sucedeu a Francisco Félix de Souza como um dos maiores traficantes do golfo do Benim. Enquanto esperávamos a chegada de todos, Lazare me levou a passear pela história da família. Sua casa ficava em frente ao que um dia foi a concessão de Joaquim, agora em desuso. Um muro alto, caiado de branco, circundando um espaço onde um dia houve casas, pátios e uma senzala. No meio do muro, uma placa celebrava a vida do comerciante:

> In Memoriam
> Joaquim d'Almeida
> Dit Joqui
> Fondateur de la famille
> Arrivé du Brésil em 1835
> Decédé à Agoué em 1857
> Régrets Éternels[20]

São duas as famílias Almeida no Benim, e um desavisado pode facilmente confundi-las, porque tiveram a mesma trajetória, embora as origens sejam muito diferentes.

Joaquim e Antônio eram escravizados de Manuel Joaquim d'Almeida, ele mesmo pernambucano e dono de uma feitoria em Salvador. Antônio, de nome certo Olufadê, era natural da Nigéria, onde seu pai era rei. Um dia, foi levado até a cidade de Oyó e, em circunstâncias nunca esclarecidas, capturado e escravizado. Em Salvador, ganhou o prenome cristão e o patronímico de seu mestre. Em 1840, ele voltou à África. Em Uidá, fez família e fortuna, reservando a outros negros o tratamento que um dia recebeu. Antes de morrer, mudou-se para Porto Novo, onde seus descendentes ainda se encontram. Foi quando reconheceu os treze filhos que tivera, alguns com escravizadas, alguns deixados ou mandados ao Brasil. Gilberto Freyre registrou a íntegra do testamento no clássico *Casa-grande & senzala*.[21]

Em 1999, conheci seu bisneto Francis, a quem entrevistei na casa da senhora Berthe de Medeiros. Ao final, ele fez questão de rascunhar uma mensagem em português, com a qual posou numa escada, em companhia dos filhos gêmeos (Figuras 18 e 19).

A vida de Joaquim não foi menos atribulada. Ele era originário da região do Mahi, ao norte de Abomé, e se chamava Gbego Sokpa. Dizem os cronistas que, ainda no cativeiro baiano, se casou com Mino, a esposa de Adandozan que Guezô mandou escravizada ao Brasil. Ao voltar à África, "Joqui" teve o cuidado de evitar Uidá, instalando-se, finalmente, em Aguê, onde se distinguiu pelo tino comercial e a devoção cristã. Ele havia sido membro da Irmandade do Bom Jesus das Necessidades e Redenção e, ao voltar à África, levou uma cópia da imagem do Senhor Bom Jesus. Algum tempo depois, mandou construir a primeira capela do golfo do Benim, e em seu altar instalou o santo. Os primeiros prelados cristãos, vindos da Mission Catholique de Lyon, só apareceram por aquelas bandas trinta anos depois e ficaram muito admirados com a dedicação daquele brasileiro remoto.

Enquanto contava a história de seu ancestral, Lazare me conduzia pelas ruas de Aguê. É uma cidade adormecida, com um ar manso de veraneio, cortada, no sentido longitudinal, pela estrada que liga o Togo à Nigéria, a única via asfaltada e uma das poucas por onde passam carros. As ruas são compridas e vazias. Entre elas, acumulam-se algumas dunas, e as palmeiras estão por todo lado. Do mar, chega uma brisa preguiçosa, que se arrasta pelos primeiros quarteirões da vila e estanca à beira da estrada, como se temesse o tráfego dos caminhões. Aqui e ali, veem-se sobrados, cuja arquitetura denuncia o Brasil. Num deles, pintado de um vermelho-terra, cresceu Sylvanus Olympio. Alguns metros adiante, está o cemitério onde o presidente repousa sob uma lápide banal.

Dobramos uma esquina e apareceu um descampado, cingido por duas balizas. Entre elas, meninos jogavam futebol. Enquanto eu observava a partida, Lazare continuou o seu relato. De repente, ele apontou para o meio do campo, onde um dos meninos acabara de chutar uma bola ao céu. Vi quando se lançaram aos gritos em nossa direção, apostando corrida, agarrando-se pela camiseta, esquivando-se de rasteiras e, já bem próximos, desafiando-se para ver quem teria coragem de pedir ao *yovo*, o branco, que lhes devolvesse a bola, que veio pousar-se a meus pés.

Lazare então disse: "Ali no meio ficava a capela de meu tataravô. Um dia, as paredes ruíram e não houve dinheiro para reconstruir." Fiquei refletindo sobre a brevidade daquele legado cultural enquanto os meninos corriam de volta ao que era a capela, atravessaram aos trancos o seu vestíbulo, trocaram passes na entrada da nave, cruzaram a bola sobre o altar e cabecearam entre as traves da sacristia, aos gritos de "Gol!".

Meia hora depois, já estávamos todos reunidos, com os equipamentos instalados (a entrevista seria filmada), e lancei a primeira pergunta: "O que representa hoje ser um agudá?"

Todos me olharam confundidos. Lazare, o mais velho e também o anfitrião, por uma razão ou outra, se achou na obrigação de responder, e arriscou uma reação, didática e cautelosa, pois talvez julgasse falar a um ignorante: "Tecnicamente, creio que são os retornados."

E mais nada.

Ficaram todos a me olhar, a ver se haviam dado a resposta certa, e eu a mirá-los, a ver se a resposta se prolongava. Um silêncio de ambos os lados, que a câmera registrou em longos segundos. "O que eu quero saber é se é bom ou ruim", esclareci.

A reação veio então de imediato, como se, passada a introdução protocolar, concluído o aquecimento das trivialidades, dessem com algo que sempre haviam esperado. Vi seus rostos se abrirem em exclamações de entendimento e, ao mesmo tempo, como no atropelo de um coro mal regido, ouvi surgirem suas diferentes vozes. Em pouco tempo o debate se animou, numa troca febril de argumentos e contra-argumentos. Esgrimavam-se histórias, tradições, hábitos, preconceitos, raças, crendices e religiões. Em meio àquela algazarra de opiniões, assumi a função de um simples maestro, a sinalizar a um que falasse, aos outros que deixassem falar. E enquanto eles se revezavam nos comentários, observei os seus semblantes animados e, mentalmente, repassei as suas histórias.

À minha frente estavam resumidos os diferentes rumos, relações, dilemas e conflitos da história dos agudás do Benim. Além do anfitrião Lazare d'Almeida, participavam da entrevista Olivier Domingo, descendente de quinta geração de Domingos José Martins, o outro grande traficante daquele período; Farouk Sant'Anna, herdeiro de quarta geração de Idriss Sant'Anna, que chegou à África em 1836, com um passaporte que levava o número 490; Espoir Pereira, bisneto de Quirino Pereira, cujo prenome deu origem à corruptela Crinot (pronuncia-se Crinô), que hoje acompanha o patronímico; Rossini Gonzallo, tataraneto de Belo Gonçalo, que voltou do Brasil com o nome Daniel, substituído por "Belo" porque talvez fosse bonito; e Jeanne Paul de Souza, descendente do Chachá. Ela, a única mulher e a mais jovem entre os entrevistados.

Essas pessoas estavam quase todas ligadas entre si, e também à maioria das famílias de retornados a que tive acesso nas minhas várias idas à África. Olivier Domingo era primo distante de Jeanne de Souza que, por sua vez, era sobrinha remota de Lazare d'Almeida, já que Joaquim "Joki" d'Almeida também esteve entre as pessoas com quem o Chachá acabou por se aparentar. Os primos de Farouk Sant'Anna e os de Espoir Pereira eram vizinhos e compadres em Porto Novo. E Rossini Campos Gonzallo era parente dos Gansallo, que eu conheci em Lagos.

De todos, o mais calmo era Olivier. Tinha um rosto redondo, uma pele muito lisa e muito negra, que escondia a idade, e um pequeno bigode a guarnecer a altura dos lábios. Seu olhar era quase sempre triste e sua fala era cadenciada por uma melancolia que parecia não ter começo ou fim, tampouco qualquer razão específica, e que ecoava no fundo da voz mansa e baritonada, que acabava por dar aos seus argumentos o peso de uma autoridade natural, aquela que têm as pessoas que fazem as outras se calar sem precisar pedir, apenas começando a falar. Os registros existentes sobre o seu ancestral, Domingos José Martins, também anotavam essa melancolia. Pierre Verger registrou o diário do cônsul inglês John Frazer, que, em 1851, encontrou um Domingos "de aparência melancólica", um ser essencialmente triste, cujo semblante era às vezes iluminado por um sorriso passageiro, que desaparecia tão rapidamente quanto havia surgido. Frazer se perguntou se essa sombridão de alma não seria o reflexo de culpas profundas, as de um negreiro cuja fortuna, que só não foi maior do que a do próprio Chachá, era proporcional à desgraça que trouxe a milhares de pessoas. Vendo falar seu tataraneto Olivier, não pude deixar de especular se essas culpas não teriam também alcançado as gerações seguintes, atingindo quem sabe as almas mais sensíveis ainda assombradas pelo fantasma de tanta infelicidade.

Domingos José Martins é desses personagens cuja existência tangencia a história oficial, entrando por caminhos desconhecidos ou imaginados, e talvez, por isso mesmo, mais interessantes. Segundo as fontes de que se dispõe, seria filho natural do líder da Revolução Pernambucana de 1817, ele também Domingos José Martins, mártir fuzilado em Salvador, em 1818, e herói consagrado no Panteão da Pátria, dois séculos depois. Domingos pai era baiano, e o fato de ter dado a um bastardo o próprio nome não deixa de ser um curioso paradoxo, sinal talvez de que, quando foi se instalar em Recife, onde fez a carreira política que terminaria na violência dos fuzis, tenha deixado na Bahia, na pessoa da mãe de seu filho, Francisca Romana Pinto, alguém com quem tenha tido uma relação duradoura. Ou talvez ele simplesmente gostasse do próprio nome. Como não existem registros detalhados desse lado mundano de sua vida, não há realmente como saber. O fato é que, seja por amor à mãe ou ao nome, o legado que deixou ao filho era excessivo para portar naquela conjuntura, o que acabou por determinar o seu destino.

A Salvador das primeiras décadas do século XIX era uma terra cosmopolita, de economia dinâmica, alimentada pela cana de açúcar e a derradeira onda de migração forçada de escravizados, produto das guerras que desintegraram o reino de Oyó e injetaram nas veias brasileiras o sangue nagô. Seu porto fervilhava de gente de todas as origens, línguas, raças e religiões. Era uma terra de oportunidades e de anonimato. Para um bastardo que carregava o nome de um insurreto, era o lugar perfeito para estar. O único registro do nascimento de Domingos filho diz que veio ao mundo em 1814,[22] o que significa que teria 19 ou 21 anos quando embarcou como membro da equipagem de um navio fretado por Francisco Félix de Souza. O mais provável é, no entanto, que fosse mais velho, dado que o pai já vivia em Pernambuco desde os primeiros anos de 1800.

A história da vida de Domingos, colhida primeiramente por Verger, e ampliada desde então, inclusive com a descoberta de um testamento, conta que o barco onde estava foi apresado pela Marinha britânica nas imediações de Uidá, e que foi ali que ele aportou, em completa indigência. O Chachá, arrendatário do navio, tomou então o jovem sob sua proteção, talvez porque fossem ambos baianos, ou talvez por mero hábito, já que, em Uidá, baianos eram quase todos os que vinham do Brasil.

Nos anos em que esteve sob a aba do velho negreiro, Domingos aprendeu os segredos do ofício, e o fez tão bem que, algum tempo depois, já se arriscava sozinho em Lagos, onde fundou, ou ajudou a fundar, a sociedade comercial Dos Amigos. O jovem tinha o talento necessário, fosse o sentido de organização, fosse a temeridade do risco, ou ainda a frieza de alma indispensável para lidar com um comércio onde se negociavam vidas — um desapego à culpa que talvez tenha lhe faltado nos seus anos derradeiros, deixando-o prostrado na melancolia. Fosse pela razão que fosse, fato é que em poucos anos amealhou fortuna e, em

1844, já regressado a Salvador, fez-se representante do poderoso Joaquim Pereira Marinho, banqueiro, comerciante, traficante, aristocrata (barão, depois visconde e conde), fundador do Banco da Bahia e da Companhia Estrada de Ferro de Juazeiro, homem de fortuna exata incalculável, que se declarava em 6 milhões de contos de reis, pouco antes de sua morte,[23] e que atendia pelo apodo "Carne-Seca".

O banqueiro e o negreiro se tomaram de amizade, ao ponto em que o segundo fez do primeiro não apenas tutor de seus filhos, mas também seu testamenteiro. O documento foi lavrado em Salvador, em 1840. Nele, o baiano deixa registrado o lamento de suas fraquezas, insinuando que estão associadas à África e que o levaram a ter cinco filhos naturais, de "relações carnais com algumas mulheres", sem as bênçãos do casamento. A esses cinco, e a alguns demais parentes, a mãe e as tias, que ele deixará vivendo em Salvador, Domingos legará parte da riqueza que juntou até ali. Em 1846, de volta ao golfo do Benim, ele se instala primeiro em Porto Novo, finalmente em Uidá. Dos treze filhos que terá nos dezoito anos seguintes, não existe, que se saiba, certidão alguma.

Para todos os efeitos, Domingos é o herdeiro do Chachá, não por ter com ele qualquer relação de parentesco, embora tivesse entre suas esposas tardias pelo menos uma Souza,[24] mas por ser o maior negreiro depois que a idade levou o vice-rei de Uidá. Não por acaso, é a ele que o rei passa a vender os seus cativos quando a decadência do Chachá se torna óbvia. Data desse período, o final dos anos 1840, o apogeu financeiro de Domingos. O rei[25] o tem então como seu "cabeceira", conselheiro e confidente, e o chama constantemente a Abomé. Domingos se desloca à moda dos poderosos africanos, carregado em uma rede, batedores à frente, soldados atrás, um guarda-sol sobre a cabeça. Ao chegar, passa em revista os batalhões das amazonas, privilégio de poucos, e discute com o rei a política e a economia. É a ele que o monarca recorre para a compra de armas, com as quais derrota inimigos e captura escraviza-dos, uma atribuição antes dispensada ao Chachá. É com quem discute o destino dos brancos e as brigas entre os agudás. É a quem consulta, anos depois, quando morre o segundo Chachá, Isidoro, e se inicia um litígio entre os sucessores Antônio, Ignácio e Francisco, o "Chicu", que termina prevalecendo.

Mas é na década seguinte que Domingos supera o Chachá. À diferença do mentor, que prosperou e faliu com as oscilações do tráfico, ele sabe fazer a transição entre a economia da escravidão e o comércio agrícola, sendo um dos primeiros a trocar os centos de cativos pelos milhares de pés de dendê. É nessa época que James Frazer frequenta a sua casa. No seu diário, o cônsul confessa o fascínio que Domingos exerce sobre ele, "o poder que as serpentes têm sobre os passarinhos". A leitura do texto não explica a razão desse encanto. Talvez sejam os gastos com as encomendas astronômicas à Inglaterra, a prataria que chega em baús pesados, que Domingos "deixa cinco semanas jogados à praia", em sinal de absoluto desdém. Talvez seja o poder que ele exala quando anda pelas ruas, com a algazarra de sua escolta e a população prosternada, a jogar poeira sobre a própria cabeça em sinal de submissão. Talvez seja a aparência, seu metro e oitenta, seu semblante sem idade, 50 anos que parecem 40 e poderiam ser menos, seus "traços pesados", seus "olhos penetrantes", sua "pela amarelada", as roupas que encomenda, tecidos confeccionados especialmente, mas que ele não usa, preferindo a displicência de um blusão de tafetá à moda africana, com bolsos laterais, em tons escuros, sempre os mesmos, as calças largadas, do mesmo tecido, e as botas de montaria, em couro marrom-claro.

Acredito que o encanto está justamente na soma de tudo aquilo e no resultado contraditório de sua melancolia, pois é também nesse texto que o britânico a descreve tão meticulosamente. E aí, de forma indireta, nos chega uma informação que talvez dê a essa dissonância algum outro sentido. Simone de Souza, que comenta a observação de Frazer, nos lembra do amor que Domingos tem pela Bahia, para onde segue enviando a sua prole incessante, e o fato de que foi obrigado a desistir de ali terminar a vida, pois, já avançados os anos 1850, os ingleses ocupam Lagos e controlam em definitivo o tráfico e os traficantes, colocando sobre alguns o peso de condenações que o Brasil não pode ignorar. Diz Simone: "Em 1857, Domingos pensou voltar à Bahia, mas temeu ser preso, em razão das atividades bem conhecidas do cônsul Benjamin Campbell, em Lagos, que poderia denunciá-lo. Ele se resignou então a ficar em Uidá."

O negreiro que tudo podia talvez não pudesse ter aquilo que mais queria. Essa quem sabe fosse a sua maior aflição.

O encontro entre Domingos e Francisco Félix de Souza é apenas uma das infinitas encruzilhadas que marcam os rumos da comunidade agudá do Benim. Negócios, interesses, poligamia ou o simples instinto de sobrevivência moldaram uma sociedade em que praticamente todos são parentes, sócios, amigos (inimigos) ou conhecidos de todos.

Um dos principais fatores a explicar essa situação é a tendência dos retornados a incorrer na endogamia, uma reação natural à estranheza que provocava o "retorno" a uma África que a maioria nunca havia conhecido, mas também um artifício premeditado para preservar a coesão da comunidade, algo que hoje em dia já não acontece. Tome-se, por exemplo, a família de Etienne Domingo de Souza: trata-se de uma das oito linhagens laterais da genealogia de Francisco Félix de Souza. No livro de Simone de Souza, ela é classificada como um ramo associado às 63 ramificações originais dos filhos do Chachá e ocupa quatro páginas inteiras, que contam como Domingos José Martins deu ao mundo Etienne, que, por sua vez, teve 121 herdeiros, entre os quais encontramos Souza-Olympios, Souza-Saturninos, Souza-Gomes e Souza-Da Silvas. Multiplique essa dinâmica pelas demais setenta linhagens dos Souza, e acrescente a descendência desconhecida[26] de trinta filhas não contabilizadas do Chachá, e isso nos dá uma ideia do que podia acontecer dentro de uma só família. Quando estive pela primeira vez no Benim, em 1999, ainda existiam os catálogos telefônicos. Apenas no de Cotonou, encontrei registro de oitenta famílias "brasileiras".[27]

Os cruzamentos e descruzamentos dessas proles intermináveis são tão complexos que, no caso dos Souza, Simone foi obrigada a desenhar individualmente os vários galhos da genealogia e colá-los um a um, como anexos ao livro, em folhas desdobráveis. Ela acreditava ser impossível espremer tudo numa mesma árvore. O livro tornou-se uma espécie de labirinto borgiano de nomes, com o histórico de milhares de parentes, um emaranhado que ocupa mais de 150 páginas. Ganhei uma cópia autografada na minha primeira visita ao Benim, em 1999. A obra havia sido publicada sete anos antes, pelas Éditions du Bénin, com aporte financeiro da própria autora, ela mesma uma francesa, casada com um Souza que nunca conheci. A orelha do livro fala do seu "trabalho de formiga" na acumulação de informações inéditas sobre a "história patética" da família de seu esposo, pela qual Simone se apaixonou. Quem assina o estranho elogio é um anônimo "U.N.".

O ímpeto procriador das lideranças agudás trouxe problemas também a outras famílias. É o caso do próprio Domingos José Martins, que terminou a vida com dezoito filhos declarados, o que deu origem a uma disputa que ainda hoje se arrasta, envolvendo duas famílias, ambas radicadas em Porto Novo, ambas a reivindicar, uma contra a outra, a exclusividade na descendência do negreiro. A primeira, à qual pertence Olivier, agarrou-se à força do seu prenome, tornando-se a família Domingo. A segunda manteve-se fiel ao sobrenome, tornando-se a família Martins.[28] Ambas se desprezam e relegam uma à outra aos abismos das piores extrações de parentesco em relação ao patriarca ("Fulano foi escravo de Domingos"; "Sicrano foi seu filho bastardo"; "Beltrana, a sua amante" etc.).

Essa situação não é incomum, considerando a elasticidade da noção de parentesco que então se praticava e que incluía ramos indiretos e cruzados, inclusive os escravizados, cuja relação paulatinamente evoluía da posição de serviçais à de agregados e daí à de parentes, por afinidade ou casamento. Saber hoje quem, no passado, foi escravo de quem é tema controverso que as famílias, por escrúpulo, ou por estarem do lado errado da relação, preferem evitar.

Na contramão desses impulsos gregários, havia também a mania de alguns de adotar, de forma arbitrária, sobrenomes avulsos, seja em homenagem a padrinhos, seja em celebração a algum parente, amigo ou ídolo qualquer cuja memória se queria perpetuar e cujos nomes terminavam acrescidos, de forma aleatória, ao patronímico da própria família. Foi assim, por exemplo, que Etienne José Antônio Martins se fez chamar primeiro Etienne Domingo, em homenagem ao pai, Domingos, e depois Etienne Domingo de Souza, sobrenome do padrinho Francisco.[29]

Foi num sábado de 1999 que conheci a disputa entre os Domingo e os Martins. Em Porto Novo, na escada de acesso a uma vasta varanda, esperava-me Thérèse Domingo. "Viva, Brasileiro! Como passou?", gritou. Teria talvez 70 anos, mas a jovialidade era a de uma adolescente. Havia chamado os parentes mais próximos e feito engomar o seu vestido de missa.

Pelos padrões novecentistas dos retornados, a sua casa era moderna. As janelas marrons tinham persianas, mas o resto remetia a uma arquitetura funcional, sem os caprichos que se viam nos sobrados mais altivos de Porto Novo, Uidá e Lagos, com suas fachadas decoradas. A varanda, no entanto, era definitivamente brasileira, e se abria sobre um pátio de terra batida, onde havia anos se organizavam festas em celebração do Senhor do Bonfim, com piqueniques e danças da burrinha.

Thérèse havia nascido uma Santos. Em meados da década de 1950, casou-se com Victor Domingo, bisneto de Domingos José Martins, oriundo de um ramo que também passou pelo sangue dos Almeida. A casa era de Victor, que, após o casamento, batizou-a Villa Victorèse, contração romântica do nome de seus donos. Durante décadas, foi o palco das festas do Bonfim, organizadas no terceiro domingo de janeiro. A Associação de Descendentes de Brasileiros,[30] entidade criada nos anos 1950, da qual ambos participavam, tinha o propósito de manter viva a cultura dos agudás. Era quem encomendava as fantasias da burrinha, financiava as saídas, pagava os músicos, os piqueniques, os quitutes. Em 1996, Milton Guran os conheceu e encontrou neles "o orgulho de se sentirem brasileiros [...], de representarem uma cultura determinada, de serem, enfim, os guardiões de uma tradição que pertence a essa numerosa comunidade".[31]

Therèse havia me convidado para uma apresentação da burrinha. Estávamos em janeiro, mês em que ocorrem essas festas, mas naquele ano não haveria a tradicional procissão em Porto Novo, tampouco a missa. "C'est l'économie", lamentou. É a economia. Os convidados formavam um semicírculo no centro do pátio, aos pés de uma enorme mangueira. Num dos lados, as poltronas assombreadas, para visitantes especiais. Ali estava Karim Elíseo da Silva, cônsul honorário do Brasil, metido em um fraque, com cartola e bengala, o olhar distante, o cenho franzido. A seu lado sentaria a alegre Therèse, seu vestido sorrindo em flores, a palha do chapéu de verão a filtrar a brisa e o sol.

Começou a música e chegaram os dançarinos, um leão com uma machadinha, um cavalo, um elefante, dois bonecos como os de Olinda. Dançavam e o ar se enchia de uma poeira vermelha, que evocava o harmatão. Fechando o cortejo, uma jovem carregava a bandeira do Brasil. "Não é uma bandeira qualquer", gritou Therèse, por cima da cantoria. "Nós mesmos a fizemos, copiamos de uma fotografia, de um jornal, de uma Copa do Mundo." No centro da bandeira, as 27 estrelas do firmamento de janeiro de 1889 estavam dispostas de forma errada.

A uma quadra dali, Agnès, Rita e Madeleine Martins escutavam a algazarra. Eram netas de Bento Martins, e diziam serem elas as verdadeiras bisnetas de Domingos. O nome de Bento não aparece nos registros que ficaram do negreiro e Olivier jura que ele não era um dos dezoito filhos que o brasileiro deixou para trás. Mas nada disso garante que esse lado da família não tenha existido. A história que as três senhoras me contaram é em tudo igual à que ouvi do outro lado, com a exceção de Bento, que teria nascido em 1860, quatro anos, portanto, antes da morte do suposto pai. Esse lado da família também teve o seu apogeu, do qual é prova a casa imensa em que elas me receberam. Mas a casa era uma ruína, e as três irmãs viviam na penúria. Quando a vizinha Therèse fazia as suas festas, elas ficavam de fora. "São netas de um escravo", dizia uma. "Ela sequer tem o seu verdadeiro sobrenome", respondiam as outras.

Algumas ruas depois viviam os Sant'Anna, cuja história não era muito diferente. Quando os conheci, o clã também era dividido em ramos que brigavam entre si pelo privilégio de serem os descendentes diretos de João da Matta Sant'Anna, um português que fez fortuna em Uidá, na década de 1840, vendendo armas, escravizados e dendê. Muitos anos atrás, conheci um desses ramos, chamado Vicenti da Matha Sant'Anna e chefiado pelos gêmeos Albert e Charles, que viviam em Porto Novo numa casa ampla e despojada, supostamente mandada construir pelo patriarca João. Farouk Sant'Anna pertence a outro ramo, chamado Tranquilina da Matta Sant'Anna, que ele garante ser o único em linhagem direta do antepassado português. Os Vicenti não seriam mais do que antigos escravizados.

Perto da casa dos Sant'Anna ficava a mansão familiar dos Campos Gonzallo, eles também descendentes de um português assimilado à comunidade agudá. Eucaristus de Campos, que chegou na África em meados do século XVIII, teria sido quem deu nome cristão à atual capital do Benim, até então conhecida apenas como Hogbonou. Em meados do ano 2000, conheci uma das matriarcas do clã, madame Amegan, que me recebeu na casa que seria a de Eucaristus. A mansão estava vazia e suas paredes apagadas traíam uma decadência serena, daquelas que o tempo já fez digerir. Madame Amegan parecia indiferente a isso. Tirou de algum lugar duas cadeiras, que colocou em frente à entrada, sobre a grama morta do jardim. Contou-me então das engrenagens sinuosas de sua genealogia, evocando nomes que logo sumiam no atropelo de outros nomes. Pairando sobre todos estava Eucaristus e a autoridade com que *descobriu* a cidade e transformou o seu destino. "Um homem de visão", repetia ela, indiferente à evidência de que ele contribuiu como poucos para o desenvolvimento do tráfico negreiro.

Enquanto conversávamos, percebi movimentos atrás da casa. Eram integrantes da família Da Costa, agregada de longa data dos Campos, talvez algum dia seus escravizados. Décadas depois, eles ainda lhes prestavam serviço, vigiando a secular mansão.

A IDENTIDADE AGUDÁ

O principal livro sobre os retornados do Benim é *Agudás: Os brasileiros do Benim*, de Milton Guran, publicado em 1999. A tese central da obra é a de que os agudás são o único exemplo de implantação bem-sucedida de uma cultura brasileira no mundo, o que Guran chama de uma "colonização informal". As evidências dessa colonização seriam a arquitetura brasileira nos casarões de Uidá e Porto Novo (Figura 20); as manifestações culturais como a burrinha, hoje assimiladas pela cultura local; a culinária, com os pratos de nome *exótico*, "moukeka", "pirón", "moyo", "feijoada", "concada", "dossi", hoje também incorporados aos hábitos dos beninenses; e a permanência do português, que ainda aparece em palavras avulsas dos idiomas fon e mina, "cadeira", "mesa", "prego" etc.

Origem, religião e língua, recorda Guran, são os principais elementos constitutivos de uma identidade social. No caso dos retornados, por serem todos escravizados libertos, esses elementos eram o Brasil, o catolicismo (raramente o Islã) e o português. Essa circunstância fez com que, quando se instalaram de volta na África, rapidamente forjassem uma identidade, baseada na experiência coletiva da escravatura brasileira. Uma identidade estrangeira aos olhos dos demais africanos, embora fosse africana a raiz, já que, em algum momento, os retornados, ou seus antepassados diretos, haviam sido escravizados na África.

É a essa condição híbrida que Guran, adaptando uma expressão de Darcy Ribeiro, chama de africano genérico:[32] uma comunidade oriunda da África, mas que, ao regressar à terra de origem, já não tem língua, etnia ou território africanos próprios, pois seu idioma é o português, sua referência, o Brasil e sua base territorial, o litoral daomeano, longe das terras que provavelmente foram a de seus antepassados, no interior do continente.[33]

E ocorre que, ao longo dos anos, é essa estranheza que os retornados escolherão valorizar, construindo a própria identidade a partir do contraste em relação aos demais:[34] em vez de tradições ancestrais, a instrução escolar e as profissões aprendidas no Brasil; em vez dos dialetos, o português e o francês; em vez dos panos sumários, o terno de linho, os chapéus, as bengalas, os vestidos, como nos melhores modistas europeus;[35] em vez das mãos para comer, os talheres e pratos; em vez das insossas pastas de inhame, os quitutes vindos do Brasil; em vez da poligamia, a endogamia, inclusive como forma de preservar a comunidade; em vez do culto aos antepassados, a celebração das festas santas, a de Nossa Senhora dos Prazeres, a do Senhor do Bonfim.

Ao optarem por tal estratégia, eles escolhem o caminho da diferença e, frequentemente, o da desconfiança, pois são rapidamente identificados pelos africanos, que consideram "selvagens", como traficantes de escravizados instalados na costa. Ou, ainda pior, como escravizados que "imitam as maneiras do branco". Em qualquer circunstância, diz Guran, é a escravidão que se escolhe como ponto de partida para uma nova vida, como "origem mítica comum".

Com o passar do tempo, a situação se consolida, com a paulatina assimilação dos retornados à categoria de agudás, aplicada inicialmente aos europeus e brasileiros que, durante décadas, viveram do tráfico negreiro, homens como Francisco Félix de Souza, Francisco Olympio da Silva e Domingos José Martins. Com a chegada do colonizador francês, a condição de "africano evoluído", alfabetizado, católico e com modos "de branco" é valorizada e lhes garante a oportunidade de trabalhar na nova administração, como funcionários a serviço da "missão civilizadora" que se acredita cumprir. Uma situação que lhes vale a definitiva inserção "do lado dos que davam ordens, e não simplesmente da força de trabalho".

O relato desse envolvimento é também a crônica da própria colonização, que se acelera no momento em que os retornados se consolidam como comunidade. Superficial até meados do século XIX, limitada ao litoral e a acordos passageiros com lideranças locais, a presença europeia no golfo do Benim se acentua na segunda metade dos anos 1800, culminando com a "partilha da África", sancionada pela Conferência de Berlim. Os franceses ganham então a sua África Ocidental, com uma superfície de 4,7 milhões de quilômetros quadrados, sete vezes o tamanho da França, divididos em oito colônias.[36] O "Dahomey" é uma delas.

Para controlar o gigantesco território, eles contam com armas modernas, rifles de repetição a partir de 1885, metralhadoras no ano seguinte, além de substâncias como a quinina (1850), que lhes permite se aventurar por terras onde, algumas décadas antes, a malária cobrava um preço impagável. Mas isso não basta. É preciso contar com os meios de administrar, o que implica gente. No sistema francês de "administração direta", em que funcionários do Estado colonial participam de quase todas as engrenagens da burocracia, a necessidade de mão de obra é imensa, um servidor para cada 18 mil habitantes no início do século XX.[37] Nessa gigantesca estrutura, os empregados autóctones desempenham um papel vital: são os intérpretes, mas também os intermediários, o elo indispensável na cadeia de comando que liga o colonizador às chefias locais, ou diretamente à população. Com isso, eles ganham um poder considerável, do qual alguns abusam. Num livro de 1971,[38] W. B. Cohen registra um desses casos: um intérprete no Daomé que foi processado em 1909, acusado de haver criado um "tribunal no qual ele resolve todos os problemas antes de os apresentar ao administrador colonial", naturalmente ao preço de galinhas, ovelhas ou moedas, mediante as quais "ele fará o branco acreditar no que quiser".

Na colônia daomeana, são os agudás o grupo que mais contribui para essa administração. Já na instalação do protetorado de Porto Novo, em 1861, eles apoiam a França no seu esforço de guerra contra o rei Behanzin, bem como na disputa com a Inglaterra pelo controle da região. Com a prevalência francesa, os agudás ganham novos negócios e vagas no governo, o que lhes garante a ascensão de que precisam para se fortalecer como uma elite burguesa. Nos documentos oficiais da burocracia colonial, recebem a formalidade de um tratamento especial: "le sieur", por oposição ao singelo "le nommé", usado ao se referir aos africanos comuns.[39] Tornam-se influentes, social e politicamente.

Em 1946, na esteira da Conferência de Brazzaville, muda o sistema de representação política nas colônias, e os agudás são desalojados do poder. Anos depois, com a independência, passam a ser assimilados ao colonizador e sofrem as primeiras retaliações. Guran fala de um acerto de contas. A situação piora quando chega o governo marxista de Mathieu Kérékou, cuja retórica anticolonial atinge em cheio a comunidade, que é definitivamente banida da vida pública. Alguns de seus membros mais notáveis são então presos, acusados de ações contrarrevolucionárias. Duas décadas depois, com Kérékou fora do poder, eles ensaiam uma reabilitação, se aproximando do movimento de revalorização das religiões e chefias tradicionais que, entre outras coisas, resulta na criação do Dia Nacional do Culto Vodu. É nesse contexto que Honoré Feliciano de Souza ganha a chefia da família Souza, entronizado como Chachá VIII em uma cerimônia de cuidadosa liturgia e grande impacto midiático, sentado, como um igual, ao lado do rei de Abomé. Uma volta por cima da comunidade, que não chega, no entanto, a recuperar a posição de outrora.

Hoje, completa Guran, os agudás vivem, sobretudo, da memória de suas realizações, já que não faz mais sentido recordar a França, muito menos os tempos vividos no Brasil. E esse legado está por toda parte: nas mesquitas e sobrados brasileiros; na celebração indistinta da burrinha, entre agudás e africanos; mas também no desenvolvimento de uma economia moderna, capitalista, para a qual eles contribuíram principalmente como comerciantes, vendendo pioneiramente poupa de coco e azeite de dendê.

Releio as páginas de Guran e comparo suas conclusões com o resultado da minha entrevista, cuja degravação finalmente consegui concluir.

Aparecem as mesmas referências ao que faz daquele um grupo culturalmente homogêneo: o passado comum, a escravidão, a evocação do Brasil, a dificuldade do retorno, o orgulho de pertencer a uma elite mais educada, mais "evoluída", cuja história é "mais rica do que a dos demais", e que ainda hoje inspira respeito nos mais velhos; o legado que ainda se vê ao redor, a arquitetura, as festas religiosas, a burrinha, a culinária, a prevalência do português, mesmo que só na voz dos mais antigos e em palavras soltas do fongbé e do mina, que quase ninguém mais sabe que são português.

Apesar dessas reminiscências, o balanço sobre pertencer à comunidade é ambíguo. Confrontados à pergunta sobre se é "bom ou ruim" ser um agudá nos dias de hoje, eles hesitam, pois sabem que a sua identidade, aos olhos dos demais, é imprecisa e paradoxal, e que isso também traz dificuldades.

Eles dão exemplos. Quando solicitam documentos, preenchem formulários em que são indagados sobre a sua etnia, e não sabem o que responder. Nas ocasiões solenes, não podem ser saudados segundo as tradições do oriki, já que ele faz referência aos antepassados, e, no seu caso, os antepassados são brasileiros, o que é intraduzível. Quando ganham filhos, o Ifá não pode dizer se são legítimos, já que o catolicismo não admite o sacrifício aos oráculos. O que mais incomoda, no entanto, é a imagem que, ainda hoje, a maioria de seus compatriotas tem deles: a de que, quando pobres, são meros descendentes de escravizados, de quem herdaram a penúria, pela qual são desprezados; e que, quando ricos, são descendentes de negreiros, de quem ganharam as suas lindas casas, pelas quais são invejados. Diante dessa disjuntiva, em que ambas as alternativas são ruins, muitos preferem hoje se apresentar como qualquer outra coisa, deixando de lado a imprecisão de um "africano genérico" e escolhendo uma identidade que puxam da mãe, de um casamento ou de um tio distante, desde que não seja a de "brasileiro".

De todos os entrevistados, Jeanne Paul de Souza é a que melhor transmite esse sentimento. Não por acaso, a mais jovem do grupo.

Jeanne é bonita e engajada. Usa dreadlocks com continhas coloridas nas pontas, estuda cinema e está filmando um documentário sobre a comunidade LGBTQIA+ no Benim, com câmeras emprestadas e orçamento inexistente. Sua mãe, Martine, é uma de minhas guias e me acompanha pelo país, vestida em roupas cujo colorido evoca as margens dos rios que atravessamos, sempre salpicados de panos a secar, num patchwork que alegra os horizontes.

Ela é descendente direta de San Anthonio de Souza, o segundo filho do Chachá, e bisneta de Joseph Kodjo Anthonio de Souza, que deu origem à sua linhagem. Quando lhe perguntam, diz que é descendente do Chachá "pelo ramo Joseph Anthonio". Durante a entrevista, ela perde algum tempo conduzindo-me pelas curvas dessa sinuosa genealogia, gravada nas páginas do livro de Simone de Souza, a sua "tia branca". A sequência de nomes e ramificações é interminável, um formigueiro de vielas, nas quais troncos, ramos e linhagens vão se sucedendo, cruzando e bifurcando.

Jeanne não aparece na árvore, desenhada nos anos 1980. Pergunto se ela ainda se identifica com esse arcaísmo.

> Depende de quando. Às vezes, quando passeio em Uidá, senhoras mais antigas me saúdam com respeito, me chamam de "yovô" (branco), pois sabem que sou descendente de um brasileiro. É lisonjeiro, e um pouco engraçado também. Outras vezes, no entanto, os mais jovens me criticam, dizem que sou egoísta, herdeira de alguém que ganhou dinheiro escravizando os seus antepassados.

O problema é que Jeanne frequenta mais os jovens do que os velhos. Jeanne sabe que o Brasil é parte de sua vida, por ser uma agudá e uma Souza, mas às vezes se impacienta com a insistência com que alguns membros mais antigos da comunidade teimam em considerar-se eles mesmos brasileiros. Segundo ela, dizer-se um *brésilien* não faz nenhum sentido, pois isso não indica cor, raça, etnia, religião, time, orientação sexual ou opinião política. Para o beninense comum, o Brasil é uma vaga indicação geográfica, um país que fica do outro lado do oceano, onde existe um carnaval com mulheres seminuas, e alguns jogadores de futebol que os beninenses reconhecem. É uma referência histórica ainda mais imprecisa, uma terra para onde iam os escravizados e de onde um dia vieram negros-brancos, que muitos anos atrás passeavam os seus sobrenomes impronunciáveis e as suas maneiras de europeus; gente que, apesar de ter sido escravizada, ganhou a vida vendendo escravizados. Nos dias de hoje, ela continua, num país com os desafios que o Benim tem, embrenhar-se em discussões e filigranas históricas é uma perda de tempo. No seu país, as pessoas morrem de fome, as crianças crescem analfabetas e as mulheres quase não têm direitos: quando estão menstruadas, ainda precisam carregar lenços e disfarçar o passo, porque seus maridos não deixam que usem calcinhas; e, quando nascem as suas crianças, é preciso perguntar aos oráculos quem são os seus pais, pois elas são todas potencialmente adúlteras. E, com tudo isso, a principal contribuição dos agudás para o futuro do Benim foi deixar que as próprias esposas usassem calcinhas, o que, em si, também é um problema, já que é muito mais fácil para um homem agudá, considerado um cavalheiro, conseguir uma esposa do que para uma mulher agudá, tida como mimada, conseguir um marido.

Em 2002, em um artigo publicado na revista *Afro-Ásia*, Milton Guran se surpreendia com a tenacidade da cultura agudá: considerando o tempo que já havia passado e o isolamento em que viviam, presos a um país que não era exatamente o seu, distantes de um Brasil que os havia esquecido, "é o caso de se perguntar como conseguiram preservar esta identidade diferenciada, e por que não se diluíram no conjunto da população".[40] Anos depois, ao conduzir as minhas próprias entrevistas, vejo que esse processo de diluição está avançando, sobretudo entre os mais jovens, como Jeanne. Para os agudás, o esquecimento talvez não seja uma questão de anos ou mesmo décadas, mas sim de gerações.

O interesse pelos retornados me levou a estar no Benim em diferentes ocasiões, separadas por duas décadas. Na primeira, conheci os personagens que Guran havia entrevistado, e que ele mesmo me ajudou a encontrar. Na segunda, muitas dessas pessoas já se haviam ido. Morreram a senhora Amégan, dona Thérèse Domingo e as irmãs Martins. As associações de descendentes, como a Associação de Descendentes de Brasileiros, haviam envelhecido e perdido muito de sua pujança. O que ainda sobrevivia era pouco, reunia quase sempre os mais velhos, e já não tinha a mesma determinação para manter acesa aquela identidade peculiar. Para os mais jovens, cada vez mais distantes de suas origens brasileiras, cada vez mais alheios à endogamia de outrora, cada vez mais mergulhados em um mundo exclusivamente africano, dizer-se um agudá trazia mais problemas do que soluções. O que antes distinguia positivamente o grupo, a educação superior, a cultura, a coesão social, pesava cada vez menos, enquanto os custos continuavam os mesmos: serem considerados netos, bisnetos, tataranetos de escravizados ou de traficantes de escravizados, estrangeiros em seu próprio país. A estrutura de incentivos havia mudado. Daí decorre que muitos preferissem omitir as suas raízes.

Quanto ao legado da comunidade, ele aparece cada dia mais diluído, um patrimônio que se confunde com outros. A economia capitalista cresceu e se diversificou, e a primazia dos agudás no comércio já não é o que antes foi. Por outro lado, muitas das casas de arquitetura afro--brasileira, construídas na virada do século, foram destruídas, e as que sobrevivem estão, em geral, num estado de abandono tal que é difícil tirar disso qualquer orgulho. Até mesmo a burrinha vai se amalgamando com a cultura local, as suas fantasias mais tipicamente brasileiras vendo-se hoje acompanhadas de máscaras genuinamente africanas: o elefante, a ema, o camelo, os presidentes franceses, Mami Wata, o espírito-sereia, cuja representação original, ainda sem a serpente que hoje a acompanha, veio dar na costa africana a bordo dos navios europeus.

Apesar de tudo, a comunidade agudá do Benim é muito mais coesa do que as que encontrei nos demais países, e ainda ciosa dos vínculos com o Brasil. Em outros lugares do golfo, o desapego em relação ao país ocorreu de forma muito mais rápida. Lisa Lindsay, em artigo de 1994, do qual falarei mais à frente, comenta, por exemplo, a situação em Lagos, onde o sistema político oriundo do modelo colonial inglês levou, já no início do século XX, à realização de eleições municipais com candidatos nativos, a quem, por razões políticas óbvias, interessava se identificar sobretudo com a etnia iorubá. Isso fez com que muitos retornados nigerianos, já na virada do século, começassem, pragmaticamente, a trocar os seus sobrenomes e a esquecer um Brasil que pouco lhes servia. Em Gana deu-se algo muito parecido e, no Togo, o nativismo ditatorial de Eyadéma encarregou-se de reprimir as referências ao Brasil.

No restante da minha estada no Benim, procuro aferir o apego que ainda prende a comunidade agudá ao Brasil e verificar quem são as pessoas envolvidas em manter vivo o vínculo. O que vejo me traz um pouco mais de esperança.

Um dos mais engajados é Urbain-Karim Elíseo da Silva, descendente da família Paraíso, que na minha primeira viagem ao Benim era cônsul honorário do Brasil em Porto Novo e, durante anos, foi considerado o grande patrono da comunidade agudá na cidade. É o único que rivaliza em prestígio e importância com os Souza, pois é milionário.

A família Paraíso é a mais importante entre os agudás islamizados. Seus fundadores são considerados, além de líderes dessa parcela minoritária dos retornados, protetores da comunidade muçulmana de Porto Novo, onde os Paraíso terminaram por se instalar. Karim, por exemplo, se apresenta como o "primeiro dignitário da comunidade islâmica de Porto Novo".

Urbain-Karim Elíseo da Silva é um homem difícil. Já o era duas décadas atrás, quando me recebeu pela primeira vez em sua imensa propriedade, sentado em um trono, cercado das bandeiras do Brasil e do Benim, num salão que parecia o depósito de um bricabraque, onde ele reunia a coleção de tudo aquilo que lhe chamava a atenção. Eu chegava de uma viagem extenuante e sonhava com uma cama para dormir, mas o meu guia, que trabalhava para a então Embaixada do Brasil em Lagos, insistiu que fôssemos vê-lo imediatamente, por exigência do próprio Karim. Recebeu-me como se não soubesse quem eu era. Quando, muito tempo depois, alguém me sugeriu que novamente o entrevistasse, ponderei que, somada a sua rabugice à idade avançada (teria então mais de 90), talvez não quisesse sequer me ver. Disseram-me, no entanto, que estava lúcido e com vontade de falar.

A história da família Paraíso conta-se em duas versões, uma lisonjeira, a outra injuriosa. Ambas foram colhidas por Paul Marty na década de 1920 e justapostas cartesianamente em livro publicado em 1926, sem tomar partido por nenhuma delas.[41] Em minha conversa com Karim da Silva, ouvi uma terceira, ainda mais apologética, e que não consta de livro algum.

A primeira versão é a que costuma repetir a própria família. Foi a que ouvi da boca de Amadou, bisneto do patriarca José Paraíso, na minha primeira ida ao Benim. Segundo esse relato, José Pequeno Abubakar Paraíso, conhecido como "Bambeiro", seria um príncipe da cidade de Oyó, levado pelo infortúnio das guerras à escravidão em Salvador, onde ganhou, como era praxe, nome e sobrenomes cristãos, e onde aprendeu o ofício de barbeiro (donde o apelido). Em meados do século XIX, ele consegue um passaporte e retorna à África, primeiro a Badagri, em seguida a Sèmè, no litoral do então reino de Hogbonou (Porto Novo). Sua conversão ao islamismo se deveria ao contato, ainda na Bahia, com hauçás do reino de Ilori, cidade vizinha a Oyó. Em Porto Novo, Paraíso trava amizade com Domingos José Martins, que lhe confia a gerência de suas plantações de dendê, as quais ele acabará herdando. Ao mesmo tempo, torna-se conselheiro do rei Sodji, que solicita seus bons ofícios para mediar uma aliança com o reino de Oyó. José então prospera e tem o primeiro filho, Ignácio. À morte do pai, Ignácio herda a posição de conselheiro real e, anos mais tarde, torna-se assessor do governo colonial francês. Em pouco tempo, torna-se o "brasileiro" mais importante de Porto Novo, protetor da comunidade muçulmana, o único africano a ter assento no Conselho de Administração da colônia do Daomé. No fim da vida, ele conhece Paul Marty, que chega a andar em seu automóvel, um dos únicos a circular pelas ruas poeirentas de Porto Novo. Ignácio morre em 1939, aos 87 anos, deixando 135 filhos.

A outra história diz que José Paraíso seria filho do líder de um minúsculo vilarejo que buscou a aliança de Oyó, em detrimento de Ibadan, e que por essa traição teria sido escravizado em Salvador, onde ganhou o nome e o ofício. Diz também que ele voltou à África como escravizado de Domingos José Martins, que fez dele o seu barbeiro e o vigia noturno (e não gerente) de suas plantações. Quando morre Domingos, José e seus filhos, entre os quais Ignácio, tornam-se parte da herança e terminam escravizados do rei Sodji. Com o tempo, Ignácio, e não José, torna-se serviçal de confiança do rei. É quando decide inventar a história da sua nobreza inexistente, urdindo o passado do pai, que ele associa à aristocracia de Oyó, e aderindo aos preceitos do Islã, que ele passa a defender junto ao rei. Segundo Paul Marty, essa versão difamatória foi divulgada por volta de 1917, por adversários de Ignácio, que disputavam com ele a indicação do imame da grande mesquita de Porto Novo. De acordo com essa variante, Ignácio seria autoritário e corrupto, e sua fortuna somava fundos roubados da verba que construiu a própria mesquita. A sua liderança política, diziam os detratores, havia sido forjada no oportunismo de uma conversão religiosa e na invenção de uma origem nobre. Mais do que isso, envolvia fazer esquecer que tanto ele como o pai haviam sido escravizados na África, servidão que constituía, para a comunidade local, uma desonra, o que não acontecia com a escravidão no Brasil, vista como uma fatalidade.[42] Por todas essas razões, ele não reunia a dignidade necessária para exercer a chefia da comunidade muçulmana (e, portanto, indicar o imame etc.).

Karim gosta de dizer que é descendente tanto de escravizados como de traficantes de escravizados. Seu pai era um mestiço, pois os pais e avós desse pai viveram em Portugal, e depois no Brasil, onde se tornaram negreiros. Até que um dia vieram dar no Daomé e a mestiçagem acabou, diluída em casamentos sucessivos. Ele praticamente não conheceu a mãe, morta na juventude. É à linhagem dela, no entanto, que Karim prefere associar a memória de sua família. Apesar de ser um Silva, ele faz questão de se dizer um Paraíso. Segundo ele, o sobrenome do pai "dá azar".

Nas nossas conversas, o relato que me fez do passado era glorioso. Uma releitura em tons superlativos da versão mais favorável dos Paraíso. Karim a contou muito devagar, com uma formalidade excessiva e um didatismo impaciente. Sempre que podia, falava de si, comparava-se aos antepassados, associava-se a suas proezas e conquistas. O bisavô José era o décimo terceiro filho de um nobre de Oyó, um filho distante, a quem a vida não prometia muito. O pai, no entanto, via nele qualidades especiais e pensava torná-lo o seu sucessor. Naturalmente, os irmãos mais velhos se tomaram de ciúmes e, aproveitando a guerra entre Oyó e Abomé, venderam-no como escravizado. José chegou a Salvador e rapidamente aproximou-se dos hauçás, pois ele era muçulmano. Em 1835, eclodiu a Revolta dos Malês e José tornou-se o seu principal líder.[43] A revolta fracassou, muitos foram executados e outros exilados, e José foi colocado em um barco, junto com outros prisioneiros expulsos do Brasil. O capitão decidiu atormentá-los: quando estivessem próximos da costa africana, lançaria todos ao mar, para que se afogassem à vista de sua terra. José exerceu mais uma vez a sua liderança, os prisioneiros rebelaram-se, entrincheiraram-se nas profundezas do navio, travaram uma luta heroica, lançaram botes ao mar e com eles foram dar na costa, livres e vingados.

José tentou a vida em Lagos, mas conspiradores a serviço de Oyó descobriram a sua história e tentaram levá-lo de volta à sua terra, onde um dos irmãos reinava e o deixaria mofar na prisão. O plano fracassou por pouco, José fugiu para Hogbonou e terminou tornando-se conselheiro do rei Sodji. Um dia, emissários do reino de Oyó chegaram a Hogbonou e ofereceram a José o trono, deixado vago pelos seus parentes. José declinou as honrarias e preferiu permanecer ao lado de Sodji. Em gratidão, ganhou terrenos à beira da laguna, onde soprava a brisa e onde um dia ele morreria. O local passou a chamar-se Laguna Bambeiro. Muitos anos depois, Karim descobriu os terrenos, registrados em nome do bisavô nas profundezas de um cartório, e decidiu comprá-los, para devolver à família.

Com a morte de José, Ignácio tornou-se o chefe da família e o conselheiro real. Ele acumulava riquezas e usava a influência para proteger os muçulmanos. Acolhia também os retornados, que nessa época chegavam em quantidade do Brasil. Tal como o pai, Ignácio era um grande homem. Seu patrimônio era incalculável e sua sabedoria não era menor. Porto Novo prosperara e tornara-se a capital do futuro Benim. A cidade enchia-se de belas casas, construídas pelos agudás protegidos por Ignácio. Nos arredores, extensas plantações, inspiradas nas dele, produziam dendê, coco, café e ananás. Ignácio decidiu que a cidade devia ter uma mesquita à sua altura e assim nasceu a Grande Mesquita, com as duas torres quadradas e o frontão de volutas que evocam ondas, uma mesquita inspirada nas igrejas de Salvador, tão parecida que, ainda hoje, quem por ali passa se confunde e católicos distraídos poderiam entrar na hora da missa.

Muito tempo depois, foi a vez de Karim mandar erguer sua própria mesquita, um edifício insosso construído deliberadamente como anexo da Grande Mesquita, tão perto que com ela se confunde, transformadas ambas numa só construção, de arquitetura híbrida e incompreensível. Agora era ele o chefe da família, o magnata, o dono de incontáveis casas e terrenos, o amigo e conselheiro de presidentes e embaixadores, o primeiro dignitário da comunidade islâmica, o patrocinador da Associação de Descendentes de Brasileiros, o cônsul honorário do Brasil, o mais rico dos retornados, que andava de Rolls Royce pelas ruas da cidade e, nas festas do Eid al-Fitr, distribuía maços de dinheiro aos convidados. O templo que ele mandou levantar, abraçado à mesquita do avô, é a marca deliberada do protagonismo que quer gravar na biografia dos Paraíso.

Outra dessas marcas é o museu que ele inaugurou em 1998 e fez batizar Musée Da Silva. Apesar do objetivo anunciado de historiar a escravidão africana, o museu é sobretudo uma celebração do próprio Karim, uma espécie de mausoléu em vida, no qual despejou tudo o que sua curiosidade milionária e sem método conseguiu amealhar: artefatos, fotografias, pinturas, vestimentas, fotocópias, mapas, cartazes, móveis, carros, motocicletas, além dos mais variados objetos de decoração, de gosto duvidoso, e uma coleção completa das máscaras e fantasias da burrinha. Na ala central, um painel celebra as principais lideranças africanas, das mais gloriosas às menos recomendáveis, com retratos de presidentes, primeiros-ministros, ditadores e militares de diferentes patentes, além de revolucionários que nunca chegaram ao poder.

A coleção é guardada em uma propriedade que pertenceu a Ignácio e que Karim comprou e restaurou à sua maneira, envolvendo o passado do avô nas marcas da sua própria presença, um pouco à imagem da Grande Mesquita. À medida que ia crescendo o acervo, foram crescendo também os anexos da casa principal, de modo que hoje o museu percorre uma infinidade de batimentos dos mais variados estilos, todos pintados mais ou menos da mesma cor, com letreiros gritantes a celebrar o seu nome e, dos lados que dão para a rua, altos-relevos que retratam as desgraças a que se submetiam os escravizados: a máscara, o tronco, a chibata, a salmoura, o cepo, o vira-mundo, a gargalheira, o ataque dos cães, as mutilações.

Karim terminou a entrevista comentando essas desgraças e sua exaltação aumentou: antes, os negros eram considerados bestas, e isso justificava a servidão. Não foram sequer contemplados pela Declaração Universal dos Direitos do Homem e do Cidadão de 1789. Apesar disso, terminaram convencendo os brancos de que eram homens, e conseguiram a liberdade. Mas o Brasil continuava tratando seus negros como se não fossem gente. As favelas eram horríveis. Quando esteve no Brasil, Karim não teve estômago para entrar e, mesmo vendo-as de longe, vieram-lhe lágrimas aos olhos.

"Isso é inadmissível, inadmissível, inadmissível, inadmissível!"

Um dia, concluiu, ele recebeu a visita do embaixador do Brasil. O diplomata foi acolhido com cortesia, mas, em determinada altura, espantou-se com a veemência das vitrines do museu na sua denúncia do tráfico negreiro e dos maus-tratos a que eram submetidos os negros no Brasil. Diplomaticamente, ele sugeriu: não seria melhor expor um lado mais construtivo das relações bilaterais? Karim se inflamou e disparou sua longa catilinária contra a escravidão. E provocou: "Eu sou descendente de pessoas que eram escravizadas. O senhor é descendente de gente que comprava escravizados. Talvez mesmo de gente que os vendia. Faço o que quiser com a nossa história."

O embaixador então se despediu, constrangido.

Não são apenas agudás, como Karim Elíseo, que se preocupam com a preservação de seu patrimônio. Há também os beninenses que, ao mergulhar no passado de seu país, interessam-se pela presença inevitável do Brasil. Elisée Soumonni talvez seja o mais ilustre dentre eles, certamente o mais tenaz. Ele diplomou-se em História pela Sorbonne e obteve o doutorado na Universidade de Ifé. Ao longo da carreira, transitou entre as universidades Ahmadu Bello, na Nigéria, a Nacional do Benim, em Abomé, a de Emory, nos EUA, e a de Hull, no Reino Unido. Em 2003, Soumonni foi professor visitante na Universidade Federal Fluminense (UFF) e, em 2009, passou um período associado à Federal da Bahia, quando colaborou com alguns de seus professores, como Luís Nicolau Parés e Lisa Castillo, com quem organizou, em 2014, o seminário "Do Brasil ao Benim: Itinerários, memórias e patrimônios familiares agudás".[44] Foi também em 2014 que Soumonni anunciou a criação da Fundação do Patrimônio Afro-Brasileiro do Benim e colaborou para o lançamento de uma página no Facebook dedicada aos agudás, bastante ativa nos últimos anos.[45]

Um dos principais objetivos da Fundação é promover a conscientização da comunidade de retornados do Benim sobre a necessidade urgente de se proteger esse patrimônio, que o tempo e o esquecimento dos mais jovens vêm corroendo inexoravelmente. Soumonni explica: "Associar pesquisadores de formação acadêmica e membros da comunidade agudá como participantes ativos no debate permite identificar diferentes aspectos de um patrimônio que deve ser melhor compreendido e preservado."[46] Sem esse engajamento, diz ele, é impossível preservar, pois não há vontade política do lado beninense.

Porto Novo é a cidade onde ainda se encontra a maior quantidade de casas de influência arquitetônica brasileira, velhos sobrados com grandes janelas cobertas de venezianas banguelas, as varandas cingidas por parapeitos de cimento, montados em balaústres que imitam colunas clássicas, as paredes descascadas que ainda deixam ver a cor original. São essas casas, ainda hoje, o aspecto mais visível do patrimônio cultural afro-brasileiro. É em Porto Novo, na varanda do casarão de Maroufou Oseini Pereira, que Elisée Soumonni me recebe para uma primeira entrevista. Sentado em uma velha poltrona, ele me faz passear pelo passado da cidade, contando das casas que já não existem e das que estão à beira da inexistência. Já foram centenas, construídas entre a segunda metade do século XIX e as primeiras décadas do século XX. O tempo e o descaso levaram a maior parte. Inteiras, ainda hoje, há apenas algumas dúzias. Outras tantas vão se dissolvendo a olhos vistos, soltando nacos de parede ou telhado quando chegam as grandes chuvas de maio, sem que uma providência seja tomada, às vezes por falta de recursos, outras com a cumplicidade das famílias, pois é mais difícil sustentar velhos edifícios do que vender o espaço sobre o qual estão construídos.

Elisée sabe dos limites da sua iniciativa. São poucos os agudás que ainda se importam com essas casas, e ainda menos os que têm recursos para restaurá-las. Além disso, dinheiro e boa vontade apenas não bastam. É preciso conhecimento e habilidades especiais, algo que a maioria dos pedreiros da cidade não tem. É comum encontrar casas que um dia foram brasileiras, mas cuja remodelação transformou em qualquer outra coisa, no melhor dos casos um animal arquitetônico híbrido, como a Grande Mesquita, no pior, um Frankenstein. O objetivo da Fundação, portanto, não é propriamente restaurar casas, mas sobretudo conscientizar a comunidade, para que ela valorize o seu patrimônio, passe a considerá-lo um bem coletivo, e não apenas dos mais velhos, e preserve o que puder ser preservado.

A Fundação é também um exercício de anamnese. Uma maneira de reunir especialistas e membros da comunidade para lançar uma luz sobre a história das famílias, corrigindo as imprecisões da memória subjetiva e emocional com os aportes teóricos e documentais disponíveis dos dois lados do oceano.

Foi durante a graduação em História que Soumonni percebeu que sobrenomes como o de seu amigo Pereira eram mais do que excentricidades a povoar o seu cotidiano. Eram também pistas que permitiam vasculhar o passado da comunidade agudá, retraçando, com algum grau de precisão, a trajetória de retorno daquelas famílias à África, uma vez que os seus fundadores, ao deixarem o Brasil, mantiveram os mesmos nomes com os quais aportaram do lado de lá — o que não acontecia com os escravizados levados da África ao Brasil e rebatizados à medida que desembarcavam ou eram comprados. Os arquivos baianos guardam ainda hoje muitas das autorizações de viagem com que se fazia a travessia. Abrigam também documentos que ajudam a elucidar com que recursos foi paga tal passagem ou fretado tal barco. Do lado africano, os inventários das missões católicas conservaram outro lote de informações, dados como a cidade de chegada de fulano, o ano da morte de sicrano ou a origem brasileira de beltrano. Ou ainda quem havia testemunhado o casamento de quem ou apadrinhado o batizado de quem, relações que muitas vezes as famílias desconhecem ou esqueceram. São informações preciosas, mas em geral incompletas ou imprecisas.[47] Para se extrair algum sentido delas, é preciso costurá-las como uma colcha de retalhos e, para isso, o melhor fio é a memória oral das próprias famílias.

Maroufou é filho de mãe Pereira e passou a vida inteira no casarão familiar. Ele e Soumonni são colegas de colégio, de um tempo em que, para o primeiro, ser um agudá era uma trivialidade e, para o segundo, um mistério. Passaram-se os anos e Soumonni, já formado em História, deu-se conta de que a casa de seu melhor amigo era também um objeto de estudo. Ele então trouxe Luís Nicolau Parés, e juntos mergulharam nos arquivos e nas memórias dos Pereira. Cotejando uns e outros, e contrastando o conjunto com a documentação do Arquivo Público do Estado da Bahia, chegaram ao ano de 1836, quando o fundador da família, um certo José Antônio Pereira, chegou à África. O caso dos Pereira é paradigmático, porque foi um dos primeiros estudados por Soumonni com base na sua metodologia, mas também por se tratar de uma das poucas famílias que dedicaram tempo e dinheiro à restauração de sua residência. Na maioria dos outros casos, quando essas casas ficam velhas demais, as famílias simplesmente as abandonam. Elas então adormecem e se deixam aos poucos cair.

Soumonni comenta esse destino e se irrita. Compara a situação de sua cidade com a de Salvador, cujo bairro histórico vegetava, até que um dia foi resgatado, tornando-se o centro de uma florescente economia do turismo. Isso não acontece no Benim, pois não há políticas que prevejam salvar as casas nem pelo valor histórico, nem para atrair turistas.

Em Cotonou, Elisée Soumonni me leva para conhecer a Fraternidade, uma associação criada com o objetivo de reunir todas as agremiações dedicadas à promoção da cultura agudá do Benim. Uma espécie de aliança de associações. As dificuldades que enfrenta a Fraternidade são um reflexo dos dilemas atuais da comunidade agudá: é difícil congregar associações, pois são cada vez menos numerosas; as que existem são pouco ativas, porque congregam sobretudo os mais idosos; os mais jovens, que poderiam injetar maior dinamismo, interessam-se pouco pelo assunto; com isso, pouco se faz e, em pouco se fazendo, o desinteresse geral aumenta. Nesse contexto, as associações que ainda existem cumprem sobretudo a função de ratificar as várias lideranças da comunidade, que ainda por cima está cada dia mais dividida. Com a Fraternidade, não é diferente. Seus membros são quase todos das famílias Olympio, Domingo e Almeida, descendentes de Francisco Olympio da Silva, Domingos José Martins e Joaquim d'Almeida. Os Souza, por exemplo, não fazem parte, já que possuem o seu próprio grupo.

Quem nos recebe é George Olympio, irmão mais novo de Sylvanus Olympio. Em 1999, nós havíamos passado uma tarde conversando à beira da piscina do Hotel de la Marina, acompanhados de François Amorim, que foi secretário particular de seu irmão presidente. Ambos fugiram para o Benim depois do golpe de 1963, e nenhum dos dois voltou a colocar os pés no Togo. Naquela tarde, George me contou das peripécias que quase o levaram à prisão em Lomé, quando ele e meia dúzia de primos lotaram uma velha Peugeot, com a qual correram para a fronteira, fugindo do que imaginavam que seria a implacável perseguição dos golpistas. O espetáculo daquela multidão abarrotando o minúsculo veículo, homens sentados no colo de outros homens, seus braços precipitando-se pelas janelas e suas bagagens mal-ajambradas presas com barbantes ao teto, chamava a atenção de quem passava. Num cruzamento, um sonolento guarda de trânsito assustou-se e parou o carro. Os rapazes, tomados do mesmo susto, saíram todos a correr, exceto George, que hesitou em deixar para trás o veículo. Naquela hora matinal, ainda quase ninguém sabia do assassinato do presidente. O guarda estava entre os ignorantes, mas, ao deparar-se com a cena, decidiu levar George à delegacia para explicar a provável bebedeira. Enquanto argumentavam, passou um jipe do Exército recolhendo policiais para controlar os protestos que, acreditavam, viriam depois do golpe. A trivialidade daquele flagrante de trânsito pesava pouco diante do que ocorria no país, e George, sem ser reconhecido, foi mandado embora, salvando-se graças ao zelo dos militares que mataram o seu irmão. Ele teria então uns 20 anos.

Quando o revejo em sua casa, já é um homem de idade avançada, mas com o mesmo porte estirado do irmão, seu metro e noventa apenas curvado pelas vicissitudes do tempo. A Fraternidade reúne-se no terraço de seu apartamento, a alguns quarteirões do Stade de l'Amitié (Estádio da Amizade) Général Mathieu Kérékou. Naquele dia, há uma partida de futebol e as ruas adjacentes estão em festa.

George dirige a associação com mão de ferro e conduz suas reuniões, cada dia mais espaçadas, segundo os preceitos de uma solenidade que talvez tenha aprendido do irmão presidente. Nosso encontro segue o protocolo de um rigor que beira o ridículo. As duas horas que passamos juntos são divididas em sessões, dedicadas sucessivamente a aprovar a ordem do dia, proceder à apresentação dos presentes, manifestar eventuais preocupações de ambos os lados e proceder à leitura das palavras finais, que George já tem anotadas em um papel. Ao final, está prevista uma confraternização acompanhada de canções e quitutes agudás. Entre os presentes estão, além de George, o primeiro e o segundo vice-presidentes da associação, dois "secretários-organizadores", um secretário-adjunto, duas tesoureiras e um "secretário-adjunto para a juventude" (ali só havia velhos), além de um pastor protestante e um padre católico, um policial, um funcionário público, um técnico de informática, alguns comerciantes, aposentados e donas de casa. A interminável sequência de apresentações e a contínua intromissão de George, que se acha na obrigação de passar a palavra, sucessivamente, a cada um dos presentes, dão a sensação de estarmos em alguma reunião das Nações Unidas.

A conversa só se anima, ameaçando inclusive o protocolo de George, quando pergunto se ainda esperam algo do Brasil. Era uma preocupação que me afligia havia muito tempo, talvez desde a minha primeira ida ao Benim, certamente desde que voltei, quase duas décadas depois, e percebi o quanto avançava o desaparecimento daquela comunidade. E a resposta que recebo mostra uma expectativa real: os pedidos vão desde uma singela cópia do livro que estou a escrever até a nacionalidade brasileira, passando pelo acesso a arquivos públicos brasileiros, onde ainda hoje se encontram documentos relativos ao retorno de seus ancestrais, a realização de conferências voltadas aos mais jovens, a geminação entre cidades, o ensino do português, a criação de jornais e revistas, a divulgação de programas brasileiros nos canais de televisão do Benim etc. Em comum, os pedidos revelam sobretudo as angústias de uma comunidade que, como diz Olivier Domingo, sente-se triplamente aculturada: não são franceses, apesar de historicamente terem aprendido, conforme o modelo pedagógico de Jules Michelet e Ernest Lavisse, que seus "ancestrais eram gauleses";[48] tampouco brasileiros, apesar de terem aprendido de seus avós o contrário; e sequer africanos como os outros, pois seus antepassados não eram daomeanos.

Acredito que a expectativa por um pouco mais de atenção do Brasil sempre existiu, e que só teve alguns de seus aspectos atendidos, de forma muito pontual. Até 2006, o Benim sequer possuía uma embaixada brasileira, e o relacionamento entre os dois países dependia de uma cumulatividade com a embaixada em Lagos (hoje em Abuja). Para todos os efeitos, o pequeno Benim era um apêndice da Nigéria e, como tal, pouco sabia ou recebia do Brasil. As raras iniciativas eram obra de beneméritos, gente como Guran, Verger, Costa e Silva, Olinto, Parés, Castillo etc., que realizavam pesquisas, escreviam livros e artigos de jornal, organizavam palestras e conferências, oferecendo aos brasileiros um pouco daquela história tão improvável e desconhecida. Eram gotas num oceano. Depois da inauguração da Embaixada do Brasil em Cotonou, uma série de iniciativas de maior fôlego foi realizada. Aulas de português foram organizadas, algumas com a ajuda de Abraham G'bosa, funcionário da embaixada, que conheci quando ele trabalhava na de Lagos. Bolsas de estudo foram oferecidas, permitindo a alguns agudás conhecer o Brasil e estudar em suas universidades. Um acordo bilateral de cooperação chegou a ser assinado, dando origem a parcerias entre a Agência Brasileira de Cooperação, o Iphan, a Ecole du Patrimoine Africain, em Porto Novo, além do município de Fortaleza, com o objetivo de elaborar o inventário dos bens culturais de origem brasileira em Uidá e Porto Novo e restaurar um casarão onde seria instalada uma escola para a formação de técnicos e restauradores beninenses.[49] Gotas um pouco mais grossas, mas que, infelizmente, por falta de continuidade, também se perderam no oceano de indiferença que separa os dois países.

Reflito sobre essa crônica de desinteresse quando Soumonni pede a palavra e, num ar professoral, discorre sobre o seu trabalho. Ao longo dos anos, ele pesquisou nos mais importantes arquivos do mundo, em três continentes, e teve acesso aos mais variados documentos, de filmes a certidões de batismo, de testamentos a passaportes. Toda essa documentação está disponível em sua casa, assim como uma ampla bibliografia, a "mais completa que existe sobre os agudás". Quanto a realizar seminários, ele fez o seu em 2014 e poderia organizar outros, inclusive com a projeção de documentários. Soumonni conclui: a diluição cultural dos agudás do Benim é um problema sobretudo dessa comunidade, ou daqueles que acham que essa diluição é um problema. A solução, portanto, não está no Brasil, mas no próprio Benim.

Um silêncio incômodo acompanha suas palavras.

Anos atrás, ouvi um diagnóstico parecido de uma funcionária do Iphan, segundo a qual a preservação da burrinha do Benim não era assunto do Instituto, já que, como ela não era praticada no Brasil, não poderia ser classificada de "patrimônio imaterial brasileiro". A lógica que preside os dois raciocínios é muito diferente: de um lado, o engajamento voluntarioso de Soumonni; do outro, o desinteresse administrativo da burocrata. Tendo a pensar que nenhum dos dois tem razão, que o desaparecimento da cultura agudá é ou deveria ser de interesse do Brasil, e que a burrinha, ainda que fosse dançada na Lua, continuaria sendo uma manifestação cultural brasileira. Infelizmente, o que o histórico da relação entre Brasil e Benim indica é que suas conclusões talvez sejam inevitáveis.

Ao final da reunião, Elisa Olympio me leva à cozinha da casa, pois vai me ensinar a preparar a feijoada. Ela cozinha o feijão na água e sal. Amassa os grãos, como para um tutu, e espreme o caldo, que não deve ser usado. Em uma panela à parte, prepara um molho à base de cebola, tomate e pimenta vermelha picada. Quando o molho está refogado, junta o feijão amassado e deixa cozinhar. Depois, junta carne de porco e salsichas.

Enquanto cozinha, Elisa vai explicando. Suas receitas ela aprendeu do pai. Cada família guarda as suas, com diferenças sutis, produto da inspiração, do esquecimento, ou da falta dos ingredientes, antes comuns e hoje ausentes das prateleiras do Benim, como a carne-seca e o feijão-preto. Os pratos vão assim mudando, africanizando-se, adaptando-se à disponibilidade dos produtos e aos novos paladares. A feijoada cozinha-se com feijão-mulatinho, serve-se com a carne preferida e pode comer-se com arroz, como no Brasil, ou à moda dos franceses, acompanhada de pão. O "kusidu" também perdeu um pouco das características originais, assim como o mocotó, que alguns chamam "blocotó", e é preparado *en sauce*. O "moyo" é uma preparação à base de tomate, cebola e pimentão, que se come com peixe e "pirón", feito como no Brasil, com farinha e óleo de palma. Come-se também quiabo, chamado "gombô", e preparado com carne-seca de porco. O peixe seco aparece com frequência, temperando esses pratos com o sabor africano. As sobremesas incluem o "dossi", um doce de mamão, a "concada", que apesar do nome é basicamente um pé--de-moleque, e às vezes o arroz-doce, cada vez mais difícil de encontrar.

Alguns dos pratos da culinária agudá são comuns também ao resto da população beninense. Nas ruas de Porto Novo, por exemplo, come-se o "acará", um acarajé servido sem recheio, e também o feijão-de-leite, que no Nordeste brasileiro é um prato típico da Sexta-feira da Paixão. O cozido é oferecido em restaurantes, com receitas que dependem de quem o faz. A maioria dos pratos, no entanto, é restrita à comunidade, e servida apenas nas ocasiões festivas, em número cada vez menor. Com isso, muitos vão desaparecendo.

Tal como o irmão George, Elisa é filha de Epiphânio Olympio, o que é em si uma proeza, dessas que só a poligamia e a longevidade explicam. Epiphânio viveu na virada do século. Era pardo, mas, como o pai veio do Brasil, para todos os efeitos era um *yovo* (branco). Isso o tornava atraente para as mulheres, pois amigar-se com um branco era melhor negócio do que juntar-se aos haréns africanos. Assim, ele terminou aderindo muito cedo à poligamia. Com as cinco esposas, teve duas dúzias de filhos. Quando veio a velhice, quis reconciliar-se com Deus e escolheu uma das cinco para levar ao altar (os casamentos tardios eram tão banais como a própria poligamia). Casualmente, a escolhida foi a mãe de Elisa, que, por essa razão, tornou-se uma das poucas herdeiras legítimas do pai.

Enquanto serve a feijoada, Elisa se queixa. Tantos anos depois da morte do pai, a poligamia ainda existe. É impossível evitar, pondera, pois assim são os homens. Um avanço, no entanto: uma lei recente proíbe que os maridos se casem oficialmente com mais de uma esposa. Casamento civil, só com uma, o que não os impede de "fazer bebês fora do casamento oficial". Naturalmente, as mulheres não podem fazer a mesma coisa. Se uma mulher fizer isso, *"elle va mourir!"*.

Pergunto então o que ela acha da opinião de Jeanne Paul de Souza sobre ser mais fácil a um homem agudá arranjar esposa do que a uma mulher conseguir marido. Ela faz muxoxo e desdenha. O que acontece é que as mulheres da família Souza são muito difíceis. Começa então a desfiar o seu ressentimento, escancarando uma desavença de que eu já ouvira falar, mas cuja profundidade eu desconhecia. Os Souza "são muito racistas". São uma família fechada, elitista, acham que são os únicos brasileiros de verdade, que os outros são escravizados. É difícil ir à casa deles, pois eles não convidam. Uma prima sua casou-se com um Souza, e Elisa passou a frequentar Singbomey. Desde que o marido morreu, no entanto, nunca mais esteve lá. O último convite foi para a grande festa de apresentação do novo Chachá, Honoré Feliciano. E aquela não foi exatamente uma festa, foi sobretudo uma demonstração de poder. O que se viu ali não foi o congraçamento da comunidade, mas a celebração do prestígio de uma família em detrimento das outras. Honoré foi apresentado como chefe dos Souza, mas, no fundo, o que queriam dizer é que ele era o chefe dos agudás. "Nós estivemos lá porque era a nossa obrigação, mas os verdadeiros aliados dos Olympio são os Medeiros, os Amorim, os Domingo e os Almeida."

Antes de me despedir, peço a opinião de Soumonni e George Olympio sobre a animosidade entre as famílias agudás. Já havia ouvido antes comentários sobre a autossuficiência dos Souza, e sempre soube que havia divergência sobre quem verdadeiramente eram agudás, quem, retornados, quem, "brasileiros", quem, donos de quem, quem, escravizados de quem. Desconhecia, no entanto, a rivalidade entre famílias que, em princípio, estariam do mesmo lado do tabuleiro histórico. Os Olympio, descendentes de Francisco da Silva, os Medeiros, herdeiros de Francisco José de Medeiros, os Domingo, sucessores de Domingos José Martins, todos brasileiros ou portugueses e frequentemente aliados pelos casamentos ou pelos interesses comerciais. Soumonni pondera sobre a pergunta e prepara-se para uma resposta professoral. Antes que possa tomar o primeiro fôlego, no entanto, George Olympio o interrompe: "Os Souza não são nossos amigos", e muda de assunto.

A DANÇA DA BURRINHA

A estada no Benim está se aproximando do fim, e sou convidado mais uma vez à casa dos Souza, dessa vez para assistir a uma apresentação da burrinha.

O folguedo da burrinha está associado historicamente à Festa de Reis, celebrada em 6 de janeiro, e é nessa data que, durante anos, saíam os ranchos na cidade de Lagos, com máscaras de boi e burro, cantando e dançando, parando na frente das casas das famílias mais abastadas, anunciando a chegada dos reis magos. No Benim, no entanto, por caminhos próprios, ela terminou associada sobretudo à festa de Nosso Senhor do Bonfim, em cuja celebração não pode faltar a apresentação de algum grupo.

Na Salvador dos anos 1800, a celebração de Nosso Senhor do Bonfim era um dos principais festejos populares, um momento em que se combinavam a oração e o divertimento, o sagrado e o profano, e em que negros e brancos se misturavam.

Em 1860, o príncipe austríaco Maximiliano de Habsburgo veio ao Brasil, a convite de D. Pedro II, e visitou Salvador no momento das celebrações. Numa quinta-feira, ele subiu a ladeira que levava à Basílica de Nosso Senhor do Bonfim, em Itapagipe, e, de dentro da carruagem, observou a festa. Suas notas[50] falam da multidão negra comprimindo-se, rindo e tagarelando, as mulheres equilibrando nas cabeças caixas de vidro, que continham "pastéis, fitas, linhas e linho", com as quais entravam dentro da igreja, transformada num mercado, onde se vendia, aos gritos, "toda espécie de bugigangas religiosas, amuletos, velas e comestíveis". A festa religiosa era sobretudo profana. O conservador Maximiliano chocou-se com esse "confuso movimento de feira", onde "negros nos mais coloridos e berrantes trajes de festa empurravam-se e corriam, com barulho e gritos estridentes", mulheres ricamente vestidas e enfeitadas, exibindo os bustos desnudos e os belos ombros, despejavam água trazida em cântaros de barro e esfregavam o piso da nave central, jovens namoravam nos bancos mais escondidos do transepto, enquanto vinho e aguardente eram oferecidos para despertar o entusiasmo dos romeiros e a igreja perdia completamente a sua "austeridade moral". A festa era, em suma, um "louco bacanal em que o pecado encerra o dia como vencedor".

O rito da lavagem do Bonfim terminava com uma queima de fogos, e começavam então, de fato, os folguedos populares. Multidões continuavam chegando ao largo da Basílica, subindo a colina com suas caixas de vidros, suas quinquilharias de vender, sua cachaça de beber, a pé, em carruagens ou lombo de mulas. Na praça, iluminada por fogueiras e lampiões, a população mais pobre cantava o cotidiano de suas misérias, "Maria Ignacia/ Dinheiro não tem/ Quem tiver inveja/ Faça assim também". Os festejos continuavam nos dias seguintes, e era comum que entre eles se visse a apresentação de ranchos de burrinha e de bumba meu boi, quase sempre compostos por negros que rodopiavam no largo da Basílica, cantando e tocando pandeiros e canzás.

Festas como essa, em que a austeridade do rito sagrado e a alegria da celebração profana se misturavam, e os limites da convivência social eram superados de forma "perigosa", nunca foram um consenso entre as autoridades baianas. Julgava-se que os festejos ajudavam a disseminar a cultura negra, dificultando a chegada da civilização. Pior do que isso, para muitos, eram uma espécie de antessala da revolta social, o momento em que, soltos nas ruas ou reunidos em seus batuques, grupos de africanos planejavam ou executavam as suas rebeliões, aproveitando-se do relaxamento do controle policial. A Revolta dos Malês, afinal, havia acontecido em meio às homenagens a Nossa Senhora da Guia, parte do ciclo de comemorações ao Senhor do Bonfim.

Depois da sublevação, danças, batuques e reuniões consideradas africanas (os chamados "ajuntamentos de negros") foram sistematicamente proibidos e perseguidos pela polícia, que passou a vigiá-los de forma obsessiva, limitando com isso os espaços de socialização da população negra, especialmente os libertos africanos. Foi nesse contexto de repressão que se deu o movimento de retorno de libertos à África.

Quando voltaram à terra de seus ancestrais, os retornados recriaram os espaços de convívio social, estabelecendo uma comunidade inteira de negros libertos, em um lugar onde essa condição já não estava sujeita a restrições. Foi então que passaram novamente a celebrar as festas, rapidamente transformadas no momento de maior exposição pública da nova comunidade e, ao mesmo tempo, o de maior mobilização de seus membros e fortalecimento da memória coletiva.

Em Porto Novo e Uidá, a celebração de Nosso Senhor do Bonfim é a maior dessas festas. Ela ocorre, como no Brasil, no segundo domingo após o Dia de Reis, e guarda várias das características originais brasileiras, embora numa versão menor e muito mais austera, por pressão da cúria local, que proibiu a lavagem.[51] No sábado à noite, uma vigília, com o cortejo percorrendo as ruas das duas cidades, passando pela casa das principais famílias, que iluminam as janelas com velas. No domingo, a missa solene, os membros da comunidade vestidos a rigor, ostentando estandartes e bandeiras. Em seguida, o momento lúdico, um piquenique com pratos da culinária agudá e a apresentação da burrinha (Figura 21).

Essa tradição tem se mantido, mais ou menos inalterada, até os dias de hoje.[52] As apresentações da burrinha, no entanto, foram aos poucos ganhando vida própria, passando a ocorrer também em festas de casamento, aniversário, batizado ou funerais. Grupos profissionais, que podem contar ou não com a participação de agudás, surgiram aqui e ali e organizam apresentações por encomenda. O folguedo, que antes era parte de celebrações específicas da comunidade agudá, hoje é uma atração como outra qualquer.

Os Souza têm o seu próprio grupo de burrinha, e fazem questão de dizê-lo, pois é sinal de prestígio. Quase todas as reuniões do conselho familiar terminam com uma apresentação, em geral no grande pátio interno que ladeia a casa original do primeiro Chachá, sob a sombra de uma imensa mangueira. É para lá que sou conduzido. Os músicos são doze, um dos quais toca um sintetizador, o único instrumento harmônico. De resto, uma percussão onde não se veem os tradicionais pandeiros e ganzás, nem os mais africanos atabaques. Quatro rapazes, sentados numa primeira fila, tocam uma espécie de tamborim quadrado, algo assemelhado ao adufe português. Atrás, outro músico bate num enorme agogô. A seu lado, duas moças fazem o coro e outro rapaz acompanha sacudindo dois pequenos chocalhos improvisados em copos de alumínio. Todos andam uniformizados, vestidos em uma camisa amarela, de gola azul, com uma estampa na parte de trás onde se lê o nome da banda: Super Bourian de Souza, Ouidah (RB).[53] Em pé, à frente de todos, o cantor, um senhor corpulento e careca, vestido em trajes civis, um pequeno microfone às mãos.

O espetáculo começa lentamente, com a banda anunciando a dança: "A burrinha, brasileira, está na rua." Entram dançarinos, com roupas coloridas, espadas de madeira e máscaras aleatórias: uma ovelha, um porco, um monstro vermelho, um diabo com chifres e barbicha, o zorro, com os olhos disfarçados e o chapéu andaluz. Eles dançam e brincam com os convidados, suavemente. Aparece então uma avestruz e se põe a rodar entre o monstro e o diabo. Os dançarinos provocam a plateia, puxam para dançar, cutucam com a espada. No fundo do pátio, um grupo de crianças, protegido do sol pelo beiral do telhado, observa fascinado a cena. São meninos da rua, que os Souza fizeram vir para assistir à burrinha. Querem entrar na festa, brincar com os mascarados, mas se mantêm à distância, pois ainda não lhes disseram que sim. Aparece um camelo e a música aperta:

> *Tindola, Tindola*
> *Tindola, Tindolala*
> *Calorina Zarouya*
> *Macha gra mio perrocha*
> *Tu amori Calorina arrachtra mio coracha*[54]

A letra da canção se entende mal. No imbróglio das línguas, o português perdido com a passagem das gerações, suas palavras misturadas às do fon e do mina, o que se ouve é diferente, mas o prazer de escutar não é menor. A emoção de estar tão longe do Brasil e de repente sentir-se tão perto é forte, algo que a visão dos sobrados e o cheiro da moqueca sugerem, mas que só a música consegue realmente trazer.

O camelo rodopia, distribuído nas pernas de dois homens.

Entra um casal elegante. O homem leva bengala e gravata, no rosto, uma máscara de galã maduro. A seu lado, Mami Wata, de óculos escuros, brincos de aro, peruca vermelha, vestidão de chita, serpente enrolada à cintura. Eles posam, saúdam os convidados, ensaiam uma valsa, brincam com os que querem brincar.

Mas a festa de verdade só começa quando as crianças entram na roda. Alguém lhes acena e elas se aproximam, em bandos de três ou quatro, no começo tímidas, mas logo não. Rapidamente, elas cercam os mascarados, imitam a dança, puxam as fantasias, riem, provocam. Agora são os dançarinos que correm atrás delas, e as crianças dão saltos aos gritos, contornam a mangueira, fogem do monstro vermelho, que carrega um galho na mão e tenta fustigá-las; fogem do diabo barbudo, que brande a espada de brinquedo e grita ameaças. O pátio se cobre de poeira e os músicos cantam:

Laito Laito Laitorere
Miopale Kerou Kaza
Laito Laito Laitorere
Miopale Kazame

As crianças se aproximam de mim, com aquele susto excitado que quase sempre se vê quando chegam perto de um branco. Ameaço fotografá-las e elas correm, algumas medrosas, outras apenas a brincar. Então as persigo e damos voltas na mangueira. Estamos agora todos a dançar, eu com a minha câmera, os dançarinos com as suas máscaras, as crianças com a sua alegria maltrapilha (Figura 22). Ao fundo, os cantores cantam um português que eu entendo cada vez menos. Os dançarinos gritam refrãos incompreensíveis. As crianças provocam com palavras estranhas. Mas, naquele momento, isso não importa, pois estamos todos no Brasil.

5
UIDÁ, BENIM

Martine de Souza me leva à casa da família Villaça, onde pesquisas recentes indicam existir, ou haver existido, um templo dedicado a Xangô, cuja história estaria ligada à de um terreiro de Salvador.

Já não é a primeira vez que tento entrar. Os Villaça vivem quase todos em Cotonou e a propriedade vegeta nos cuidados displicentes de famílias que sublocavam os seus cômodos. Mas a visita de um brasileiro não passa despercebida e, na segunda tentativa, lá estão à minha espera alguns dos anciãos da família, Mathilde e Richard Babalola Villaça, acompanhados de uma sobrinha, Francine.

É Richard quem exerce a chefia dos Villaça, mas é Mathilde que chama a atenção. Primeiro pelo olhar carregado, o cenho franzido, a boca que nega os sorrisos aos quais me acostumo naquela parte do mundo, o aspecto saturado de alguém que está permanentemente a sustentar um fardo. Mas também pelo tamanho. Mathilde é uma mulher pesada, mas é também uma mulher imensa. A calcular pela minha própria altura, deve passar do metro e noventa, e sua envergadura é corpulenta. Quando anda, seus passos parecem sempre chegar depois, pesados e lentos, quase a se arrastar pelo chão, como os passos de uma grávida que se prepara a parir. Quando se senta, a cadeira parece sempre baixa demais, pois as pernas sobram muito altas, os joelhos sempre muito dobrados. Quando se levanta, é como se não acabasse mais de fazê-lo, tamanho é o tempo que lhe toma chegar ao final de si mesma. O adjetivo paquidérmico teima em aparecer quando a memória evoca Mathilde, mas ele é incorreto. Ela não é simplesmente uma mulher grande e pesada, pois como ela vi muitas outras, e a lentidão não estava em todas. Mathilde é sobretudo uma mulher carregada.

A casa dos Villaça é uma grande propriedade que ocupa boa parte de um quarteirão no bairro Boya, não muito longe de Singbomey, a tradicional residência dos Souza. Segundo descobri depois, o terreno teria sido doado aos fundadores da família pelo rei Guezô, num momento em que a vitalidade comercial do Chachá declinava, e que interessava ao monarca diversificar as suas parcerias. Como é comum em Uidá, em residências de agudás que têm ou tiveram posses, trata-se de um grande *compound*, um complexo residencial, conjunto de casas dentro de um mesmo terreno, erigidas à medida que a família vai crescendo, ou aumentam as suas necessidades, e que são ocupadas ou desocupadas, a depender das circunstâncias. A entrada se faz por uma rua lateral, suja e cortada por uma vala de esgoto aberto. Passado o umbral do portão, a primeira construção, à esquerda de quem entra, é a que ocupou um dia o padre Théophile Villaça, chefe da família até 2016, e um dos personagens centrais dessa história. Em volta, algumas outras casas, banais na sua arquitetura funcional, pintadas de um salmão desbotado, mesma cor dos muros que cercam o conjunto com janelas verde-bandeira e tetos de zinco.

Numa das laterais do terreno, dando as costas para a principal rua do bairro, um pequeno cemitério dá descanso aos membros mais notáveis da família. Um muro de meia altura cerca o campo-santo, pintado da mesma cor do resto das casas. Em uma das extremidades da parte interna do muro existe um alpendre, coberto de telhas de zinco, abrigando uma cruz de cimento armado de cerca de 2 metros de altura, em frente à qual levantam-se duas colunas de tijolos aparentes dando apoio a uma bancada, também de cimento, que funciona como altar. Ali o padre Théophile rezava missas, encomendando a alma dos parentes. A porta de entrada do cemitério é de duplo batente, de ferro, pintada do mesmo verde das janelas. Nela lê-se, de um lado, "Tudo passa", e do outro, "A glória do homem é a visão de Deus", reflexões sobre a finitude humana que a militância do padre somou às mensagens filosóficas das lápides.

Ao lado do cemitério veem-se árvores muito altas e frondosas, algumas com aspecto de frutíferas, cercadas, de todos os lados, por uma vegetação cerrada, que parece querer asfixiá-las. Entre elas, há uma pitangueira, que o fundador da família, homem que entendia das plantas e seus efeitos terapêuticos, teria feito trazer do Brasil, ainda na primeira metade do século XIX, e que seria a única em toda a região ("Em toda a África!", dizem seus orgulhosos descendentes).

Deixando o desarrumado pomar e caminhando em direção ao centro do terreno, uma casa chama a atenção. É a única de adobe numa área cercada de construções de alvenaria pintadas e com aspecto de novas. Parece uma imagem tirada de um romance de Graciliano Ramos, uma magnífica ruína nordestina mostrando a quem passa a sua pele consumida, os rasgos rigorosos da madeira atravessando a massa de barro, como os ossos de uma carcaça cuja carne aos poucos se desfaz. Na fachada principal, uma porta e quatro janelas de madeira sugerem que aquilo algum dia foi mais que escombros. As persianas, que denunciam o Brasil, algum dia tiveram cor.

É a primeira casa do *compound*, a residência original do patriarca da família Villaça, o velho Atran Kilofé, como consta dos relatórios de um certo administrador colonial Reynier ("José Pedro, vulgo Kilofé"), ou do livro *Histoire de Ouidah du XVI au XX siécle*, de Casimir Agbo ("José Pedro Atran, negociante vindo do Brasil"). Trata-se, na verdade, do retornado José Pedro Autran, que chegou em Uidá por volta de 1837. Naquela casa, ele talvez tenha dormido com a esposa que trouxe do Brasil, Francisca da Silva. Talvez tenha convivido com os dois filhos de Francisca, Domingos e Thomé, cuja deportação da Bahia, por suspeita de participação na Revolta dos Malês, deu origem ao êxodo da família e de seus agregados. E talvez tenha dado ordens a Marcelina da Silva, uma das agregadas, escravizada e filha de santo de Francisca que, alguns anos depois, regressou à Bahia, onde se tornou ela mesma uma ialorixá, liderando um dos principais terreiros de Salvador.

Coube a Mathilde mostrar-me a casa, enquanto Richard ia abrindo as portas e janelas, afastando as teias de aranha, varrendo o entulho, limpando o que podia ser limpo. Ela o faz alheia à disposição da casa. Contorna sem quase ver os móveis despojados e muito pobres, que ainda riscam a geometria do uso diário daqueles espaços: duas cadeiras evisceradas, uma mesa de dois lugares, alguns bancos, o estrado vazio de uma cama, coberto por uma esteira de palha, uma cômoda gasta, coberta por uma camada de jornais velhos, um pesado armário de jacarandá de portas arriadas. Agora entramos no quarto principal, que está inteiramente vazio, como se sobre aquele aspecto da vida doméstica não houvesse memória. Mathilde distrai-se olhando as paredes vazias enquanto fotografo o seu corpo imenso espichando-se contra a luz de fundo de uma porta aberta, que dá para o pátio menor.

De repente, ela grita, apontando para um canto, "Ali!", e eu imediatamente penso que viu uma cobra. Mas ela logo desaba, seu corpanzil indo de encontro ao de Martine, que estava a seu lado, como se já esperasse o desmaio. Por uns instantes, ela sustenta sozinha a estatura da amiga, enquanto hesito entre ajudá-la e fotografar a cena que, naquela luz dura, de repente me faz pensar no *O sepultamento de Cristo*, de Caravaggio (Figura 23).

O que se segue são momentos de uma intensidade que só aos poucos consigo interpretar. Mathilde grita, levanta as mãos aos céus, debate-se amparada pela amiga. Depois se cala e deixa o peso inerte do corpo ir ao chão. Quando a exaltação parece terminada, ela novamente grita, sacode-se, esperneia. É quando aparece Richard, com uma atitude eficiente e conformada, como se já soubesse o que ia acontecer e o que fazer a respeito. Seus gestos são econômicos e suas palavras não mais que monossílabos. Isso basta. Rapidamente, surge nas mãos de Francine uma vela vermelha, que Martine mostra onde colocar. Nas mãos de Richard, uma vasilha com água, que vai sentar-se ao lado da vela. Agora, cai uma chuva de água de cheiro, surgida de não sei onde e que as mãos ágeis de Martine borrifam sobre a cabeça de Mathilde. Finalmente, um lenço branco, que as mesmas mãos amarram com firmeza sobre sua cabeça, como que para manter presos os espíritos que a atormentam. É quando Mathilde finalmente se recompõe, alcança levantar o corpanzil, sai do quarto cambaleante, senta-se numa das cadeiras devastadas da sala, Martine às suas costas, acariciando-lhe suavemente os ombros (Figura 24). A casa do velho Autran recupera então, por alguns minutos, o seu sossego centenário.

Mas isso dura pouco. Agora são Martine e Francine, juntas, a segurar braços e pernas de Mathilde, que volta a debater-se com força ainda maior, uivando monossílabos que parecem cantados, seguidos de gritos agudos e palavras que podem ser em fongbé, mas também em qualquer outra língua, ou língua nenhuma. A alternância de ataques furiosos e mansidão catatônica parece durar uma eternidade.

A explicação só vem muito tempo depois, quando Mathilde, livre das recaídas místicas e recomposta, embora exaurida, senta-se junto aos primos, em frente à casa, e começa a contar a sua história. Fala num francês precário, arruinado pela emoção do transe, e frequentemente interrompido por um fongbé aflito cada vez que entra em assuntos que não cabem no seu escasso vocabulário europeu, o que acontece quase sempre, de modo que a conversa se dá, quase toda, na forma de uma tradução consecutiva, Martine fazendo as vezes de intérprete.

Esta é a história que conta Mathilde.

Quando era criança, ela sonhava com cobras, "brancas como um lençol branco". Às vezes, as cobras apareciam para matá-la e, então, Mathilde gritava e acordava e não conseguia mais dormir. Quando andava pelas ruas, frequentemente cruzava com pessoas que ela desconhecia, mas que pareciam conhecê-la, e lhe diziam: "Você não pode vestir-se com roupas escuras, nunca use o preto, troque já essa roupa." Ela fugia, assustada.

Foi assim durante muitos anos, as cobras a persegui-la nos sonhos, as pessoas a dizer-lhe o que vestir, até que um dia a sua tia soube das serpentes e passou a preparar-lhe pratos à base de milho e mel, que Mathilde comia a contragosto. Um dia, a mesma tia levou-a a uma casa onde todos se vestiam de branco e usavam louça branca, onde depositavam comida destinada a entidades que Mathilde não compreendia. Havia um canário e, em sua gaiola, uma pequena vasilha com água, e foi dessa água que lhe deram de beber, e ela bebeu, e depois perdeu a consciência e quando deu por si estava de torso nu, coberta por um pó branco como o talco, e foi quando lhe disseram: "Você tem algo especial, algo que não pode ignorar." Aquilo primeiro lhe pareceu uma benção, esse possuir algo especial, um dom que a tornava diferente, talvez melhor do que os outros. Só muito tempo depois percebeu que era um infortúnio.

Aos 18 anos, começou a ver as pessoas de outra maneira. Às vezes, encontrava alguém na rua e pressentia o que ia lhe acontecer, se ia adoecer, se ia cair, morrer. Diziam-lhe então: "Você não deve comentar com as pessoas as coisas que vê." Uma senhora da família Samson, adepta de Oduduwa,[1] que a conhecia de longa data e que, na formalidade dos agudás, se dirigia a ela como *mademoiselle*, passou, de uma hora para a outra, a chamá-la de "prêtesse", sacerdotisa. Foi quando ela finalmente entendeu. Sua vida havia sido dedicada a Dangbê, a divindade do vodum daomeano associada à serpente. Daí a insistência das cobras em persegui-la nos sonhos.

Ocorre que Mathilde era muito católica. Em sua casa, havia crucifixos e imagens de santos por todas as partes. Ao lado da cama, um oratório, diante do qual ela rezava, todas as manhãs. Mathilde rezava muito. Era uma rezadeira, rezava pelos outros, porque lhe pediam, porque conheciam a força da sua fé. Rezava para que tivessem saúde, felicidade, encontrassem a paz, e isso sempre funcionava ("Quando eu rezava, as pessoas eram exorcizadas"). Por isso, nunca levou a sério as exigências daquela outra religião. Até que, um dia, na casa que foi a de seus ancestrais, o tio Théophile, num arroubo de dogmatismo cristão, mandou destruir os assentamentos que, durante décadas, haviam celebrado as divindades africanas. Foi quando a sua vida desandou.

A casa dos Villaça foi, durante décadas, um centro dedicado ao culto de voduns e orixás. Eles estavam todos ali, conviviam sem discriminação.

De um lado, uma imagem dedicada a Oduduwa, que os iorubanos consideram o criador do mundo e dos seres vivos. Do outro, o assentamento de Dangbê, a principal entidade do vodum de Uidá. Mais adiante, o altar de Xangô, que José Pedro Autran trouxera consigo do Brasil. Mathilde sabia que estavam ali, embora aquilo lhe fosse indiferente. Então, um dia, ela chegou e não havia mais nada. O padre, que assumira a chefia da família, decretou tratar-se de "coisas do diabo" e determinou o seu fim. Foi em 2010, lembra ela. Durante anos, a casa recebera a visita de devotos, que cuidavam das entidades, de suas necessidades, davam-lhes de comer, de beber. O padre se opôs a essas práticas, impediu que continuassem entrando na casa e, para maior certeza, mandou derrubar o assentamento de Dangbê, o mais cultuado, que ficava ao lado do cemitério. Em seu lugar, fez construir a cruz de cimento, e quando ficou pronta, somou injúria ao agravo, rezando ele mesmo a missa, três ou quatro vezes, onde antes descansava o vodum. Depois, desinteressou-se do lugar.

Mathilde se recorda: no assentamento, havia sempre um pote de barro com água açucarada. E ao lado, uma laranjeira que dava frutas muito doces. Dangbê gosta de coisas doces. Quando derrubaram o altar, mandaram também arrancar a árvore e entre as suas raízes encontraram um pote cheio de búzios. Mathilde era então uma próspera comerciante de tecidos. Comprava no atacado peças de 12 jardas e depois vendia ao metro nos mercados de Cotonou. Nos melhores meses, chegava a comprar 6 milhões de francos CFA,[2] e vendia pelo dobro. Conhecia o gosto das freguesas, as modas que iam e vinham, a caretice das beninenses, sempre vestidas em cores pálidas, o capricho das nigerianas, que chegavam de Lagos e só trajavam amarelo, vermelho e azul. Os melhores tecidos ela mandava buscar em Abidjan e Dacar. Às vezes, ia ela mesma a Lomé, quando os atacadistas de Cotonou esgotavam os estoques. Mathilde fez isso durante quinze anos, e durante quinze anos a sua vida foi próspera e feliz. Até que, em 2012, tudo começou a dar errado. Passou a sofrer de dores no coração, e foi ao cardiologista. Depois, teve dores no pé, e foi ao ortopedista. Depois, foi o resto do corpo que se rebelou, membro por membro, órgão por órgão. Ela passava os dias no hospital, e descuidou dos negócios, que foram minguando. Até que seu médico desistiu: *"Madame, il faut chercher ça dans le noir"*, sugerindo que ela fosse consultar a magia negra. Levaram-na ao babalaô e o Ifá foi categórico: era preciso reconstruir os assentamentos, especialmente o de Dangbê, que, por não ter mais casa, passava os dias sem rumo, sem descanso, e por isso a atormentava, ela que era sua filha.

Acontece que reinstalar um assentamento era tarefa complexa, que exigia conhecimento, saber a comida certa, a bebida certa (Dangbê gosta de refrigerante, mas não tolera Coca-Cola), os animais certos a sacrificar, principalmente o local onde tudo isso deve acontecer. E também requeria dinheiro, para pagar a comida e a bebida e os animais e o Ifá, que determina onde, como e quando assentar. E a Mathilde faltava o conhecimento, e também o dinheiro. E é por isso que está nessa situação.

Ela então se desespera:

> Já fui católica, mas já não vou à missa. Já rezei ao Cristo, e hoje quase não o faço. Já resisti ao vodum, mas hoje estou disposta a aceitar. Dizem que temos parentes no Brasil. A esses parentes eu peço ajuda, porque sei que José Pedro Autran foi um poderoso babalaô, que trouxe os assentamentos do Brasil, que no Brasil teve o seu próprio convento,[3] e que esse convento é hoje um templo poderoso, em que se cultuam os orixás. Quando nossos parentes brasileiros vierem, tenho certeza de que os meus problemas acabarão, pois eles saberão o que fazer.

O TERREIRO DA CASA BRANCA

O "templo poderoso" a que se refere Mathilde é o Ilê Axé Iyá Nassô Oká, também conhecido como terreiro da Casa Branca do Engenho Velho, o mais antigo em atividade na Bahia, provavelmente no Brasil.

A história do terreiro tem várias versões. Diz a tradição que ele teria surgido num local da Ladeira do Berquó, na Barroquinha, centro histórico da cidade. Na segunda metade do século XIX, mudou de endereço, indo para a sede atual, no Engenho Velho, onde hoje está a avenida Vasco da Gama. Seus fundadores foram muitos, embora o nome mais lembrado seja o da mítica Iyá Nassô, sacerdotisa de Xangô, que teria vivido em Oyó, ou talvez em Ketu (Queto), antes de ser escravizada, e que, uma vez liberta, regressou à África, talvez na década de 1830, talvez outra vez para Ketu, onde o seu paradeiro se perdeu definitivamente. O fato é que, nos padês[4] que antecedem as festas da casa, seu nome é o primeiro a ser evocado. Em seguida, vêm outros, todos antepassados do candomblé, Iyá Adetá, Iyá Acalá, Babá Assiká, Babá Oburô e Bangbosé Obitikó. É essa variedade de nomes que explica as versões sobre a construção da casa. Difícil saber qual delas é a correta, se alguma, ou se várias combinadas. Pode-se, no máximo, identificar as versões mais verossímeis, ou aquelas que contam com a melhor sustentação documental, fruto do trabalho de pesquisadores que dedicaram seu tempo a elucidar os meandros dessa história.

Pela sua importância histórica, a Casa Branca, entre os terreiros baianos, é um dos que mais inspiraram estudos e pesquisas. Há referências a ele na obra de vários acadêmicos: Edison Carneiro, Ruth Landes, Arthur Ramos, Pierre Verger, Vivaldo da Costa Lima, Roger Bastide, Claude Lépine, Marco Aurélio Luz, Juana Elbein dos Santos, Raul Lody, Renato da Silveira, Ordep Serra, Llorand Mattory, Luís Nicolau Parés, Peter Cohen, R. M. Becker, Inês Cortes de Oliveira, João José Reis, Lisa Earl Castillo.

Ao menos um livro foi inteiramente dedicado à sua história. Lançado em 2007, *O candomblé da Barroquinha: Processo de constituição do primeiro terreiro baiano de Ketu*, de Renato da Silveira, esmiuçou, com abundância de detalhes, as origens da Casa Branca. Silveira disse que escrevê-lo lhe custou trinta anos de investigações. Deve ser verdade, porque o livro é tão grande e minucioso quanto foi longa e meticulosa a pesquisa. Quase setecentas páginas, 68 das quais de notas, dezesseis capítulos, dezenas de ilustrações, entrevistas, depoimentos. Segundo Sérgio Ferretti, que escreveu a sua resenha, o livro caberia em três.

Silveira conta assim a história da fundação do candomblé: os nagôs de Ketu que o instalaram teriam pertencido a uma irmandade religiosa local, conhecida como a do Senhor Bom Jesus dos Martírios da Barroquinha, uma das mais de trinta irmandades negras da Salvador do século XIX. A irmandade poderia ter sido criada por volta de 1740. Uma carta de 1760 já se referia a ela, queixando-se de que seus irmãos insistiam em sair em procissão durante a quaresma, mesmo tendo sido proibidos pelo vice-rei do Brasil. O vice-rei em questão poderia ser o conde de Sabugosa, que se encarniçou contra a participação de negros em festas públicas. Foi algum tempo depois, em 1764, que os irmãos dos Martírios conseguiram mudar a irmandade para a igreja da Barroquinha, onde passaram a conviver com outra irmandade, essa de brancos. Por decisão de um tribunal da cidade, foi concedida à irmandade responsabilidade sobre o altar de Nossa Senhora da Piedade. Anos depois, o terreno contíguo à igreja foi arrendado, para que com a renda a irmandade restaurasse a imagem do Santíssimo Sacramento, que ficava nesse altar. Foi nesse terreno que seria assentado o terreiro.

A data certa de sua fundação é desconhecida, mas oscilaria entre 1788, ano em que a irmandade se formalizou, e o de 1830. Silveira cita Edison Carneiro, Vivaldo da Costa Lima, Martiniano do Bonfim, Pierre Verger e Juana Elbein dos Santos, que tinham todos a sua opinião sobre a cronologia da casa, nem sempre coincidente. O próprio Silveira é da opinião que a criação do terreiro se deu num processo longo, com várias etapas, que explicariam as várias datas e os vários nomes celebrados nos padês.

O que se sabe ao certo é que, em meados da segunda metade do século XIX, ele estava definitivamente instalado no Engenho Velho, sob o comando de Marcelina da Silva, cujo nome de santo era Obatossi. Sabe-se também que, depois da morte de Marcelina, problemas na sucessão de suas herdeiras levaram a cisões dentro do grupo, dando origem a outros

1. Cartas escritas por retornados para seus "parentes" brasileiros e entregues ao autor deste livro durante a pesquisa para a obra *Cartas d'África,* no Benim, em 1999.

2. Militares sacudindo o caixão onde jazia o corpo de Afonsina Amoussou de Souza, durante o seu enterro em Uidá, Benim, em 2016.

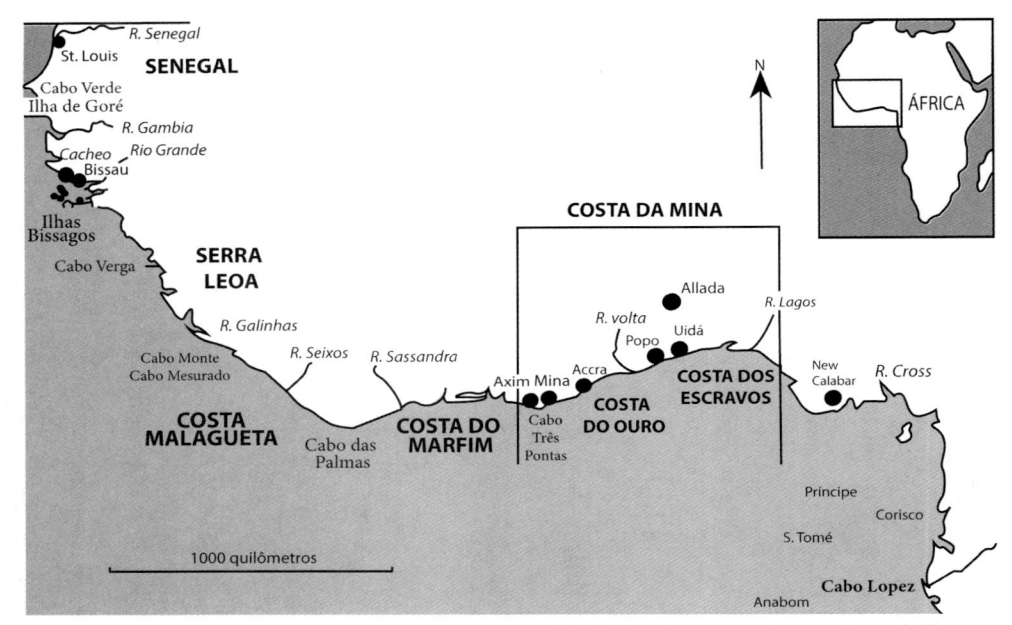

3. Região onde se concentrou o retorno de libertos.
ADAPTADO DO LIVRO *BARBOT ON GUINEA*, DE JEAN BARBOT

4. Joaquim Francisco
Devodê Branco,
um dos mais ricos
retornados de Lagos,
na Nigéria.

5. Família Campos, em Lagos, Nigéria, posando com seus melhores trajes "ocidentais", no século XIX.
ACERVO DA FAMÍLIA CAMPOS

6. Eric Morton (de camisa clara), em Acra, Gana, 2016.

7. Tia Memmuna Coffie dançando ao som do agbé, em Acra, Gana, 2016.

8. Castelo de São Jorge da Mina, em Elmina, Gana, 2016.

9. Entronização de Nii Azumah V, chefe dos tabons, em Acra, Gana, 2000.

10. As cerimônias de entronização duraram dois anos e culminaram na festa realizada em uma avenida em Jamestown, Acra.

11. Juramento de Sylvanus Olympio em sua posse à presidência do Togo, em 1961.

12. Sylvanus Olympio e Charles de Gaulle (ao centro), no início da década de 1960, no Palácio do Eliseu, em Paris.

LONDON SCHOOL OF ECONOMICS AND POLITICAL SCIENCE (UNIVERSITY OF LONDON),

13. Sylvanus Olympio na London School of Economics, em junho de 1924.
LSE LIBRARY/WIKIMEDIA COMMONS

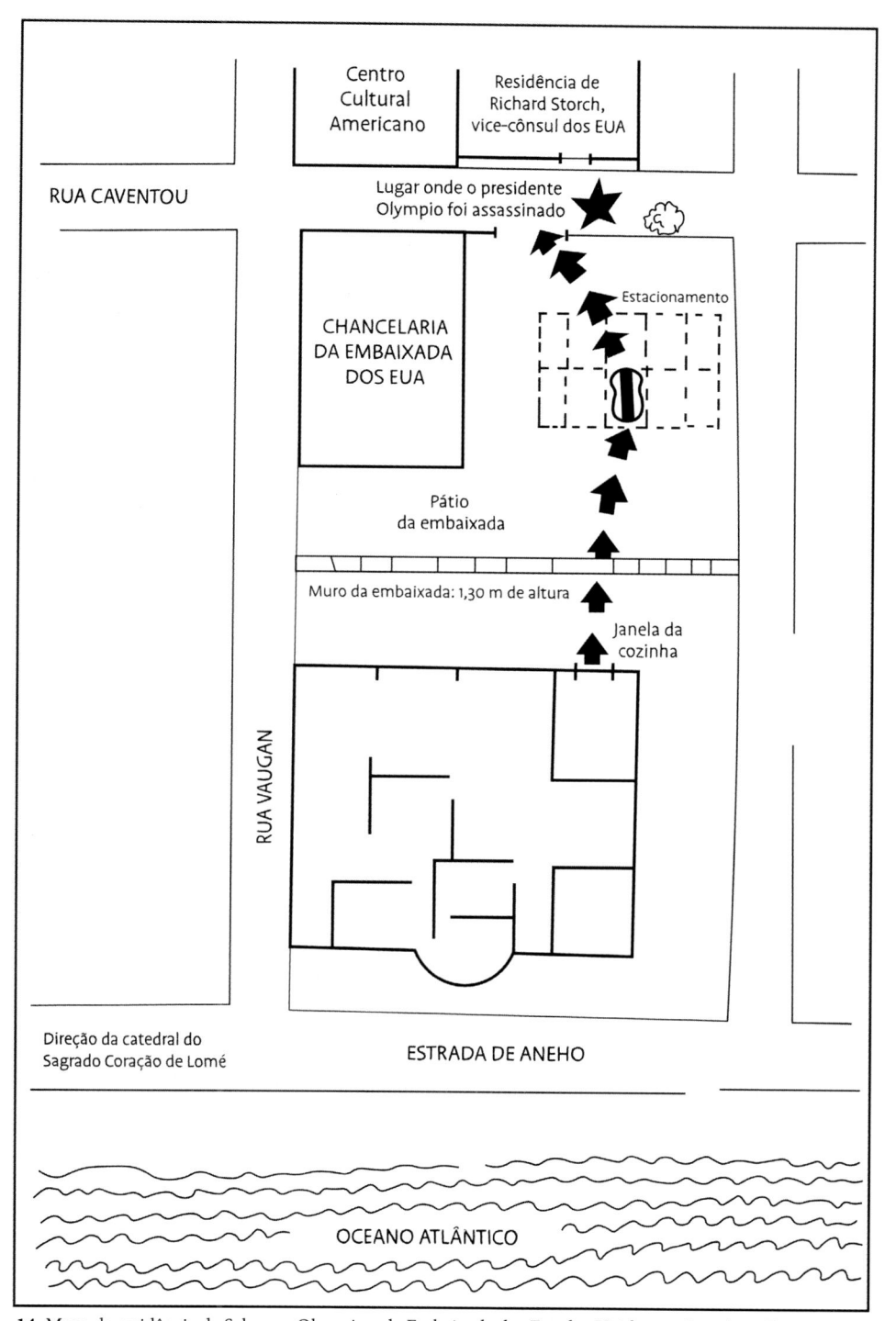

14. Mapa da residência de Sylvanus Olympio e da Embaixada dos Estados Unidos em Lomé, no Togo, mostrando o local onde o presidente foi assassinado, em 13 de janeiro de 1963.
ADAPTADA DO ACERVO DE LUCIEN "BEBI" OLYMPIO

15. Enterro de Sylvanus Olympio em Aguê, Benim.
ACERVO DE LUCIEN "BEBI" OLYMPIO

16. Gilchrist Olympio entre Faure Eyadema e John Mahama, em Gana, 2013.
ACERVO DE GILCHRIST OLYMPIO

A Família de Souza,
herdeira de Dom Francisco Félix
de Souza saúda seus parentes
Brasileiros e manifestam o desejo
de encontrá-los no ano 2000.
Chefe da família

Honoré Feliciano Julião de Souza
Chachá 8

17. Honoré Feliciano Julião de Souza, o Chachá VIII, em sua residência de Singbomey, em Uidá, Benim, com retratos de seus sete antecessores, em 1999.

18. Francis d'Almeida, descendente de Antônio d'Almeida, fotografado ao lado dos filhos em Porto Novo, Benim, em 1999.

A FAmille Antonio d'Almeida d'Agonsa
envia svas sauclacoes
e votos a tudos os bahianos

19. Francis d'Almeida em 2016, mostrando a foto tirada em 1999.

20. Sobrado de arquitetura brasileira em Porto Novo, Benim.

21. Celebração da burrinha em Porto Novo, Benim, 1999.

22. A dança, que tem raízes comuns com o bumba meu boi, é uma das festas brasileiras celebradas no país.

23. Transe místico de Mathilde Villaça, em Uidá, Benim, 2016.

24. Martine ampara sozinha Mathilde, de quase 1,90 metro, enquanto ela se debate.

25. Alafin de Oyó, década de 1950, em foto de Pierre Verger.
Foto Pierre Verger©Fundação Pierre Verger.

26. Lateef Dosunmu e Félix Marinho diante do seu Ajiwe fun Orisá, em Lagos, Nigéria, 2001.

27. Mathilde Villaça consultando o Ifá em Uidá, Benim, 2016.

28. Juliana Olaiya dentro da Casa de Fernandez, poucos dias antes de sua demolição, em Lagos, Nigéria, 2016.

29. Vista aérea do Brazilian Quarter em Lagos, no começo do século XX.

30. À esquerda, casa de arquitetura brasileira de Francisco Devodê Branco, em Lagos, Nigéria, construída em 1880. À direita, a entrada da casa da família Vaughan.
FOTO PIERRE VERGER©FUNDAÇÃO PIERRE VERGER.

31. Grande Mesquita de Porto Novo, Benim, 2003.

32. Na página anterior, João Esan da Rocha; nesta, sua esposa e o filho Cândido.
ACERVO FAMÍLIA ROCHA

33. Nestor Carrena, em seu apartamento, segura mensagem dedicada aos Carrena brasileiros, em Lagos, Nigéria, 2000.

I, NESTOR CARRENA OF LAGOS, NIGERIA SEND FRATERNAL GREETINGS TO YOU ALL BELONGING TO THE CARRENA FAMILY IN BRAZIL. THIS IS WHY I AM NOW SINGING AND PLAYING THE PIANO THAT I LEARNT THROUGH MY LATE MOTHER. HAPPY NEW MILLENIUM. VIVA O BRASILEIRO. VIVA !! VIVA O NIGERIANO. VIVA !!

34. À esquerda, Maria Angélica Eyawandê da Rocha, em Lagos, Nigéria, 2016.

35. Victor Olaiya e os All Stars.
ACERVO DA FAMÍLIA OLAIYA

36. Graciano Bangbosé Martins, presidente da Brazilian Descendants Association Lagos, em frente à Casa de Bangbosé, local de culto a Egungun, em Lagos, Nigéria, 2016.

37. Zora Seljan e Antônio Olinto com membros da União de Descendentes Brasileiros de Lagos, na década de 1960.
ACERVO DA FAMÍLIA CONCEIÇÃO

38. Antônia, neta de Romana da Conceição, em Lagos, 2016, segurando a foto da avó no seu encontro com o então presidente João Goulart, em Brasília, 1963.

39. Família Mendes, final do século XIX.

40. Dona Beatriz da Rocha, à esquerda. Ao lado, a prima nigeriana Cândida da Rocha.

41. Ange Miguel do Sacramento, em Coroa Vermelha, Bahia, 2018.

42. Os irmãos Plácido e Honório Assunção (Alakija).
ACERVO DA FAMÍLIA ALAKIJA

43. Ange, sentado em primeiro plano, com a família em foto feita na França, em 1931.
ACERVO DE ANGE MIGUEL DO SACRAMENTO

terreiros. Sabe-se, por exemplo, que foram iniciadas na Casa Branca a ialorixá Maria Júlia da Conceição Nazaré, fundadora do terreiro do Gantois, e Eugênia Ana dos Santos, Mãe Aninha, fundadora do Ilê Axé Opô Afonjá. Suspeita-se também que teve o santo feito na Casa Branca Hilária Batista de Almeida, a célebre tia Ciata, matriarca das escolas de samba cariocas e Iyá Kekerê[5] do candomblé de João de Alabá, considerado o primeiro terreiro do Rio de Janeiro. Foi por essa razão que Edison Carneiro, referindo-se ao terreiro em 1984, quando o Conselho Consultivo do Patrimônio Cultural decidiu pelo seu tombamento, disse que se tratava "do candomblé que deu nascimento, de uma forma ou de outra, a todos os demais". Num arroubo poético, Francisco Alvim, num artigo para a *Folha de S.Paulo*, escrito mais ou menos à mesma época, chamou o terreiro de "mãe de todas as casas".[6]

AS VERSÕES DE IYÁ NASSÔ

O elo histórico entre a Casa Branca e o convento dos Villaça revela-se na história da mítica Iyá Nassô, e o caminho para se chegar a essa história passa pela biografia de Marcelina da Silva.

A versão oficial de sua vida teria sido revelada a Pierre Verger por Maria Bibiana do Espírito Santo, a Mãe Senhora, ialorixá do Ilê Axé Opô Afonjá, que era sua bisneta. A história consta em um dos capítulos do livro *Os libertos*. Nele, Verger conta que Marcelina e Iyá Nassô eram ligadas por vínculo de sangue, ou talvez de santo, e que, quando Marcelina ganhou a liberdade, nas primeiras décadas do século XIX, ela e Iyá Nassô viajaram juntas para a África, e ali ficaram, por sete anos, na cidade de Ketu, que seria a terra natal de Iyá Nassô. Depois, voltaram ao Brasil, acompanhadas de quatro crianças, filhas de Marcelina, uma das quais era Magdalena, e outra Claudina, que viria a ser a avó de Mãe Senhora. Acompanhava-as também Bangbosé Obitikó, que ganharia no Brasil o nome de Rodolfo Martins de Andrade, e que as ajudou a plantar as raízes do terreiro. Isso teria acontecido, diz o francês, possivelmente em 1835.

Na página 90 do livro, no entanto, Verger duvida dessa versão. Ele cita o antropólogo Vivaldo da Costa Lima, que foi o primeiro a estranhar o nome da matriarca do terreiro: Iyá Nassô, diz ele, não é nome próprio, e não tem relação com o reino de Ketu. Trata-se, na verdade, de um título, que identifica o sacerdote responsável pelo culto a Xangô na corte do alafin (rei) de Oyó (Figura 25). Argumenta então Verger: numa Salvador do início do século XIX, cheia de escravizados oriundos de Oyó, ninguém ousaria usar esse título de forma leviana se não tivesse autorização para fazê-lo. Se alguém se fazia chamar Iyá Nassô, é porque era, ou tinha sido, sacerdotisa de Xangô na antiga cidade de Oyó, e não em Ketu.

Verger então especula: é possível que, nos terreiros de candomblé da Bahia de 1800, clandestinos e continuamente perseguidos pela repressão policial, a palavra "Ketu" tivesse outro sentido, mais amplo e genérico do que o nome de um reino africano; um sentido de irmandade, de "reunião protetora". Os cânticos entoados em terreiros de nação Ketu, entre os quais está a Casa Branca, mencionariam o nome do reino num sentido de ligação maior, de fraternidade: "Alaketu re, fala imowa." O iorubá é uma língua complexa, e os cânticos de terreiro são geralmente guardados pela memória oral, o que significa que podem estar grafados de forma incorreta. A depender de como se propõe essa fala aos dicionários, as traduções variam enormemente. O mais parecido com o sentido de que fala Verger seria algo como em "Lá está Ketu, onde fortalecemos a sabedoria que buscamos". Deve ser esse o sentido das canções entoadas na Casa Branca, talvez o Ketu de que fala o verso refira-se à própria África, o que não ajuda a esclarecer a história de Iyá Nassô.

Foi somente muitos anos depois que outra versão da história de Marcelina, Iyá Nassô e Obitikó, essa amparada em documentos, viu a luz. Como no caso de Verger, ela é o resultado da pesquisa de dois estrangeiros que um dia chegaram à Bahia, se encantaram e não puderam mais sair.

Lisa Earl Castillo é americana do estado de Michigan. Morava em Nova York quando conheceu o colombiano com quem se casou e que lhe apresentou o espanhol e a América Latina. Através dele, conheceu também o fenômeno da santeria em Cuba. Daí até o candomblé, foi um pulo. Em 2006, ela concluiu o doutorado, em Letras, na Universidade Federal da Bahia (UFBA), com uma tese sobre o papel das fontes orais e escritas na construção da história do candomblé. Desde a publicação da tese, Lisa tem-se dedicado a retraçar a trajetória de retornados que, quando estavam na Bahia, tiveram relação com terreiros de candomblé. Foi ao se debruçar sobre esse tema que ela terminou encontrando a porta do labirinto que a levaria a Iyá Nassô.

Numa tarde de sábado, converso com ela por telefone. Seu sotaque denuncia imediatamente os Estados Unidos. Depois de duas frases, revela também a Bahia. Foi em 2007 que Lisa começou sua busca por personagens que merecessem estudo. Andava animada com a pesquisa que havia feito João José Reis sobre o babalaô Domingos Sodré, e achou que poderia encontrar seu próprio Domingos. Ela já conhecia e frequentava a Casa Branca, onde hoje é equede, e a lenda de Iyá Nassô lhe era familiar. Tentar desvendar a história por trás desse mito era um caminho natural.

O tipo de pesquisa a que se propôs Lisa é das mais complicadas, e a de resultados mais incertos. Um garimpar permanente em arquivos públicos, registros paroquiais, cartórios, tribunais, bibliotecas, jornais, em busca de documentos que não sabe se existem e que, quando aparecem, surgem na forma de papéis antigos, às vezes ilegíveis ou incompreensíveis. Uma investigação dessa natureza não se mede em tempo normal. É um acúmulo de pequenos grãos de areia que se vai descobrindo um pouco todos os dias. É algo que se torna parte da vida, uma atividade permanente. Lisa já havia encontrado documentos avulsos, que indicavam haver no mito de Iyá Nassô uma história a ser contada. Até que um dia se deparou, no Arquivo Público do Estado da Bahia, com o inventário de Marcelina da Silva, o primeiro conjunto coerente de informações sobre alguém ligado aos primórdios da Casa Branca.

Duas coisas chamavam imediatamente a atenção no inventário: a determinação de que fossem rezadas missas pelas almas dos antigos mestres, Francisca da Silva e José Pedro Autran, e a informação de que sua filha, Maria Magdalena, de fato esteve na África, mas por um período muito maior do que os sete anos que determina a tradição oral. Foi a primeira evidência de que a mítica viagem à África, um dos temas centrais da tradição oral da Casa Branca, tinha de fato acontecido, embora de outra forma.

Puxando esse primeiro fio, Lisa foi aos poucos encontrando outras pistas e desenrolando o novelo dessa história: a certidão de batismo de Marcelina, na igreja de Santa Anna, em 1824, na qual ela aparece como nagô, adulta e escravizada de Francisca da Silva; a certidão de batismo de Maria Magdalena, de 1829, em que ela aparece como escravizada de José Pedro Autran; a carta de alforria de José Pedro, de 1822, onde aparece o nome de seu patrão, o francês Pedro Autran da Matta e Albuquerque; a ata de casamento de José Pedro e Francisca, em 1832; a carta de alforria de Marcelina, obtida mediante pagamento de 500 mil réis, em 1836; a carta de alforria de Maria Magdalena, concedida um ano depois, gratuitamente, mas com a condição de que, enquanto o casal Francisca e José Pedro estivesse vivo, ela "os acompanhe para onde quer que vão", indicação provável de um plano de viagem; o registro, em outubro de 1837, do pedido de passaportes para o casal e seis de seus ex-escravizados, entre os quais Marcelina e Maria Magdalena.

A essa altura da pesquisa, Lisa já havia determinado que a viagem à África existira e que, se Marcelina havia viajado com Francisca, para quem mandara rezar uma missa cinquenta anos depois, essa era provavelmente a mítica Iyá Nassô, sua patroa, mas também sua mãe de santo. Faltava entender o porquê da migração. A julgar pela data, o palpite mais seguro era apostar no clima de repressão que se seguira à Revolta dos Malês. Pesquisas já mostraram que aquele período concentrou o maior número de retornos à África, de gente deportada por suspeita de participar da Revolta e de gente que voltou voluntariamente, para acompanhar os degredados. Foi seguindo essa pista que Lisa achou uma correspondência trocada entre o chefe de polícia da cidade e o juiz de paz da paróquia da rua do Passo, onde vivia o casal. Nela, falava-se da prisão de dois negros, os libertos Domingos e Thomé, ambos nagôs, suspeitos de participarem da insurreição. Alguns anos antes, João José Reis, ao esmiuçar os meandros da Revolta, havia encontrado referência aos mesmos jovens, filhos, segundo ele, de Francisca da Silva. Foi na Fundação Pierre Verger que Lisa finalmente encontrou a peça que faltava para montar o quebra-cabeça: os dois jovens haviam sido presos após denúncia de um certo Martinho Ferreira de Souza, alfaiate, que os acusava de "manter em sua casa grandes ajuntamentos de negros, que estavam sempre a ir e vir". Durante esses encontros, Thomé vestia-se com uma túnica vermelha e branca, indicação, para Lisa, de que os ajuntamentos podiam ser simplesmente cerimônias dedicadas a Xangô, dono dessas cores.

Nesse ponto da pesquisa, Lisa voltou às descobertas de Reis, que havia identificado, no seu clássico *Rebelião escrava no Brasil*, uma petição de Francisca para que seus filhos fossem inocentados.[7] Em 26 de maio de 1836, o apelo foi ouvido, e a condenação transformada em deportação. Com o pedido de passaportes de 1837, parecia fechar-se o lado brasileiro da história: Francisca da Silva, provavelmente Iyá Nassô, cruzara o oceano acudindo os filhos deportados em companhia do marido e de ex-escravizados, entre os quais Maria Magdalena e Marcelina, que, conforme Lisa descobriria, regressaria ao Brasil dois anos depois.

O paradeiro dos que permaneceram em solo africano seria mais difícil de acompanhar.

O outro estrangeiro a participar da pesquisa é o antropólogo Luís Nicolau Parés. Durante o doutorado de Lisa, ele foi o seu orientador, e quando ela começou a investigar a vida de Marcelina da Silva, recorreu à sua experiência, que era maior. Em 2016, Parés publicou o livro *O rei, o pai e a morte*, resultado de anos de pesquisa sobre a história do vodum daomeano.[8] Foi através de um contato seu, a historiadora americana Kristin Mann, que o paradeiro africano de Francisca e José Pedro começou a se revelar. Uma carta, confiscada a bordo do navio Nova Fortuna pela marinha inglesa, reprimia o tráfico negreiro ao largo da costa africana. Nela, um certo Manuel Joaquim Ricardo, comerciante de Salvador, informava a José Pedro que as "nozes de cola" por ele enviadas à Bahia estavam em boas condições. Para Lisa e Parés tratava-se de uma comunicação cifrada. As nozes de cola em questão seriam, na verdade, escravizados. O cabeçalho da missiva era dirigido ao senhor "José Pedro Autran e honorável família", na cidade de Uidá. O ano era 1841.

As informações indicadas na carta corroboravam o que se sabia a respeito do retorno de libertos brasileiros à África: Uidá era, naqueles anos, o destino preferencial dos retornados, e o tráfico negreiro, uma de suas principais ocupações. José Pedro, que na Bahia havia possuído pessoas escravizadas, algumas das quais levara consigo de volta à África, não teria pruridos, uma vez instalado em Uidá, de tornar-se um negreiro a mais.

Por outro lado, a carta punha em dúvida uma das principais premissas transmitidas pela oralidade da Casa Branca. Iyá Nassô talvez não tivesse terminado seus dias em Ketu, talvez sequer tivesse pisado naquela cidade. Isso fazia sentido. Embora não fosse distante de Uidá, Ketu vivia então o seu ocaso, sofrendo com os constantes ataques vindos de Abomé, que lhe custavam mortos e prisioneiros, geralmente vendidos como escravizados, principalmente para o Brasil, onde o tráfico, embora ilegal, ainda não havia cessado. Tampouco seria razoável escolher Oyó como destino, caso fosse Oyó, e não Ketu, a sua terra natal. Além de mais distante, o antes poderoso império havia sucumbido à pressão da Jihad de Usman dan Fodio e à sequência de revoltas e rebeliões ocorridas nas suas cidades vassalas, como Ilorin. Antes mesmo do que Ketu, que seria arrasada por Glelé, filho do rei Guezô, a velha cidade de Oyó fora destruída em 1835, e muitos dos habitantes terminaram seus dias escravizados em Salvador. Nessas condições, não faria sentido para Francisca, uma liberta nagô que recentemente deixara a Bahia acompanhando os filhos deportados, escolher qualquer um daqueles decadentes e perigosos destinos. Mais sentido havia em permanecer em Uidá, cidade estável e segura, protegida pelo poderoso reino de Daomé, onde regia o longevo Guezô, amigo do Chachá de Souza e, por seu intermédio, protetor dos retornados brasileiros.

O mais provável, portanto, é que se José Pedro se encontrasse em Uidá, como indicava a carta de Manuel Joaquim Ricardo, Francisca também lá estivesse como membro de sua "honorável família".

Àquela altura, Parés já conhecia os textos do administrador Reynier e do historiador Agbo,[9] os quais se referiam, com variações, a um mesmo José Pedro, ou José-Pedro. Agbo falava de um José Pedro *Atran*, visivelmente uma corruptela de Autran. Reynier informava que José-Pedro, "vulgo Kilofé", era um "brasileiro [...] vindo ao Daomé para comerciar, [e que] ao morrer deixou um filho, Francisco Villaça, que no batismo tomou o nome do seu padrinho". Somadas às informações da carta, a conclusão natural dessa charada era óbvia: José Pedro, Atran, Kilofé ou Villaça não podia ser outro senão o liberto José Pedro Autran, escravizado do francês Pedro Autran da Matta e Albuquerque, alforriado em 1822, casado em 1832 com Francisca da Silva, a Iyá Nassô, fundadora da Casa Branca, e devolvido à África, com esposa, afilhados e agregados em 1838.

Foi a partir dessa constatação, e com a ajuda de Martine de Souza, apresentada a Lisa por Elisée Soumonni, que os pesquisadores finalmente localizaram a coletividade Kilofé-Villaça, cuja casa ainda persistia no bairro Boya. Em 2012, eles viajaram a Uidá e foram recebidos pelo padre Théophile Villaça, chefe da família.

As recordações que Lisa guarda do encontro desmentem a má vontade de Mathilde. Apesar de católico e avesso aos cultos africanos, Théophile guardava de José Pedro uma memória muito viva, fruto dos relatos que escutara na infância. Quando Lisa lhe mostrou documentos do ancestral, Théophile emocionou-se às lágrimas e entoou cânticos profanos em homenagem a Xangô, orixá da devoção de Autran. Em seguida, mandou fritar acarás e contou a história da família. Reconheceu que a casa dos Villaça havia sido um templo dedicado a Xangô, embora hoje não existissem mais assentamentos, o que Lisa depois descobriu ser mentira. Disse que José Pedro era sobretudo um curandeiro, homem que conhecia as plantas e os seus poderes terapêuticos. Que vinham pedir a sua ajuda e que ele atendia: "Ki lo fé?" (O que deseja?) Que por isso, Kilofé tornou-se um dos nomes da família. Que como ele ia e vinha do Brasil, "acompanhando escravizados", pôde trazer as plantas da Bahia, provavelmente as que conhecia melhor. Que entre elas estava a pitangueira, que ainda verdejava quando visitei a casa. Théophile havia sido amigo de Pierre Verger, e talvez por isso as raízes brasileiras dos Villaça tanto o interessassem. Nos anos 1980, o francês o levou duas vezes a Salvador. Mostrou-lhe a cidade, igrejas, ladeiras e vielas por onde um dia havia andado José Pedro. Não conseguiu, contudo, convencê-lo a ir a uma celebração de candomblé. A obstinação cristã talvez tenha impedido Verger de entender que o pároco era parente da mítica Iyá Nassô.

Théophile depois levou Lisa e Nicolau ao cemitério, onde estava o túmulo do ancestral, gravado simplesmente "José Pedro Kilofé". Ele, que era de Ijexá, nascera com um nome nagô, vivera com outro, meio-brasileiro, meio-francês, e morreu rebatizado. Entre o Kilofé e o Villaça, capricho de um neto seu, que preferiu o sobrenome brasileiro de um padrinho, o Autran perdeu-se definitivamente. Hoje, em Uidá, ninguém o conhece.

Muito tempo depois, guiado por Mathilde, eu mesmo estive no local e vi a lápide, na sua simplicidade quase anônima. A falta de uma data, seja de nascimento, seja de morte, sugere que o túmulo original de José Pedro estava provavelmente em outro lugar. O cemitério dos Villaça foi construído em 1930, por ordem de Léonard, pai de Théophile, e começou a lotear-se a partir de então. Os que haviam morrido antes foram sepultados em túmulos avulsos, enterrados aqui e ali, provavelmente dentro do *compound*, como é tradicional, mas não necessariamente em um mesmo lugar. O de José Pedro pôde ser identificado, talvez por ter sido ele o fundador da família, o "número um", como diz Théophile, e seu corpo trasladado para o novo jazigo. A seu lado, cercaram-lhe os filhos, os netos, os bisnetos, todos com nomes, sobrenomes, apelidos, datas, epitáfios.

Quando Théophile assumiu a chefia da família e radicalizou a luta contra o vodum, os Villaça se dividiram. Uma parte colocou-se do lado do pároco, apesar de, garante Mathilde, possuírem todos os seus fetiches pessoais. A outra, minoritária, manteve-se fiel aos cultos ancestrais. Essa desavença chegou ao cemitério. Perto do túmulo de José Pedro está o de Antoine, que vivia apegado à mãe, mas que foi levado antes dela pelo destino. Quando a mãe finalmente morreu, enterraram-na no mesmo caixão, abraçada ao corpo mumificado do filho, para que não se perdessem na terra dos ancestrais. Não muito longe, está Victorinne, tia de Mathilde e meia-irmã do padre, que foi quem mais o desafiou. Ela defendia abertamente a manutenção dos assentamentos. Era filha de santo. Dizia a Mathilde, a quem reconhecia como sacerdotisa: "Você vai reassentar as divindades e eu estarei atrás de você." Ao morrer, exigiu que se cumprisse a tradição da família, que mandava que fossem todos enterrados com a cabeça de um carneiro, à guisa de travesseiro. O padre proibiu essa prática fetichista, mas ela, que se foi antes dele, fez questão de ter a sua almofada, o que aborreceu imensamente Théophile. Ainda assim, foi feito conforme ela queria. Victorin, seu irmão gêmeo, não teve essa coragem e prescindiu do seu carneiro. Mathilde acha que, do outro lado, tal covardia não seria perdoada.

O túmulo de Théophile, morto em 2014, está vazio. Antes de morrer, o padre optou por um jazigo em campo consagrado, num seminário perto de Uidá, longe das macumbas que sujavam o cemitério da família. Para que não o esquecessem, no entanto, fez levantar a lápide. O enterro aconteceu com os mesmos ritos, um pároco amigo rezando a missa no altar onde antes vivia Dangbê, e o caixão descendo, leve e desocupado. Mathilde não perdoa:

Ele não foi capaz de descansar com os seus. Talvez tivesse vergonha. Talvez tivesse medo. Sofreu muito antes de morrer, uma doença horrível, e isso foi obra da serpente, que ele desrespeitou. Provavelmente ainda sofre. Meu pai, que vivia em Abeokutá, ao morrer fez mandar suas unhas e seu cabelo, para que o túmulo não estivesse vazio.

Isso era respeito.

De Francisca da Silva, no entanto, não havia nem túmulo, nem lápide, nem memória.

Lisa tem uma teoria sobre essa ausência: ao chegar em Uidá, Francisca já tinha filhos adultos, Domingos e Thomé, o que significa que provavelmente não estava mais em idade de ter outros. José Pedro os teve, mas com outras esposas. Com isso, a genealogia dos Villaça simplesmente apagou a existência de Francisca, que não foi capaz de dar a José Pedro uma descendência africana, gerando seu próprio ramo dentro da família. À sua morte, que Lisa estima que pode ter acontecido pouco tempo depois de sua chegada a Uidá,[10] Francisca teria sido enterrada em algum lugar do *compound* e rapidamente esquecida.

E assim, Iyá Nassô, cuja memória virou mito no candomblé brasileiro, na África teria simplesmente sumido.

A FÉ DOS AGUDÁS

Dangbê, a serpente que atormenta Mathilde, é a mais importante entre as entidades do vodum em Uidá. A cultura local a associa à píton-real (*Python regius*), uma das menores e mais calmas serpentes de sua espécie, também chamada de píton-bola porque, quando ameaçada, prefere se enrolar, protegendo a cabeça, do que atacar. As suas cores são as do arco-íris e a sua origem, o próprio mar. Segundo Luís Nicolau Parés, seu culto teria se originado na região de Savi, inicialmente como uma prática associada à monarquia que, aos poucos, foi se tornando um dos emblemas religiosos do Daomé. Seu principal santuário fica no bairro Dangbéxu, em um templo construído na praça Agoli, bem em frente à basílica da Imaculada Conceição.

Essa coexistência é uma boa metáfora do papel que a fé tinha, e ainda tem, na vida dos retornados.

A religião talvez tenha sido o principal recurso para a construção da identidade étnica dos agudás. Milton Guran conta que, no século XIX, o simples batizado católico mudava a categoria social, tornando os agudás, independentemente da cor, "aweouménous", membros do "clã daqueles que andam vestidos", ou seja, os brancos. Nessa nova condição, eles eram dispensados do serviço militar e, nas aparições públicas do rei, desobrigados das tradicionais homenagens de se jogar no chão e se cobrir de poeira. Não era, portanto, de se admirar a dedicação, ao menos em aparência, dos retornados aos aspectos mais visíveis da prática religiosa cristã. Batizavam-se e iam à missa, mas também apoiavam a construção de igrejas, embora nem sempre respeitassem a mais estrita observância cristã.

A primeira capela da Costa dos Escravos, já sabemos, foi construída a mando de Joaquim d'Almeida. Também foi obra de retornados a instalação das primeiras missões católicas. No começo da década de 1860, a população de brasileiros em Lagos girava em torno de mil pessoas. No Daomé, o número era seguramente maior, visto que a maioria dos retornados tinha, até meados do século, Uidá, Porto Novo e Aguê como destinos. Desse expressivo contingente, a maioria era católica. No entanto, até 1860, a Igreja não havia tomado conhecimento dessa comunidade de fiéis. Os primeiros a se interessarem foram os missionários da congregação francesa Sociedade das Missões Africanas (SMA), fundada em 1856. Cinco anos depois de sua criação, a SMA estabeleceu uma missão em Uidá. O padre Francisco Borghero, já mencionado neste livro, ali ficou quatro anos, e dali viajou a destinos próximos, como Freetown e Lagos, onde tomou conhecimento da existência dos retornados que para lá se dirigiam em quantidades crescentes a partir da década de 1850.

Foi apenas em sua segunda visita à cidade que Borghero foi descoberto pelos agudás, que insistiram para que se criasse uma diocese. Borghero estimou então os católicos em cerca de mil, e julgou a sua existência uma benção divina, sobretudo por se tratar de fiéis particularmente ativos e engajados. E, mais importante, dispostos a apoiar financeiramente as iniciativas dos missionários. Em 1871, três anos apenas depois da fundação da missão em Lagos, o padre Cordioux conseguiu reunir 2 mil piastras para a construção de uma olaria, onde seriam produzidos os tijolos para a elevação de uma igreja. Outros três anos e o padre Cloud arrecadou 5 mil francos em uma subscrição entre os brasileiros. Esse empenho permitiu que, em 1881, fosse inaugurada a igreja Holly Church, construída pelos mestres de obra brasileiros Lázaro Borges da Silva e Francisco Nobre. Uma correspondência entre párocos da SMA celebrava o feito: "É o monumento de toda a costa. Deus seja louvado, os católicos de Lagos encabeçam a colônia."[11]

A generosidade da comunidade de retornados não vinha, no entanto, sem problemas. Era frequente, na correspondência entre membros da SMA, queixas contra o seu catolicismo heterodoxo. Preocupava os missionários o pouco caso daquela gente em relação aos ritos do casamento e a flexibilidade no que se referia aos rigores do monoteísmo. Conforme registra Manuela Carneiro da Cunha, a poligamia era, entre os agudás, prática comum e, entre esses e os párocos, causa permanente de atritos. Os escandalizados padres usavam das armas de que dispunham para pressionar os brasileiros a abandonar o mau hábito e abençoar suas uniões monogâmicas perante Deus e a Igreja. Ameaçavam, inclusive, recusar o batismo a filhos de relações à moda africana. De nada servia. Em 1870, de uma comunidade que beirava as 1,3 mil almas, saíram apenas dois casamentos. Em 1874, apenas um e, no ano seguinte, outros três. Trinta anos depois, a situação não melhorara: três casamentos na igreja e dois *in articulo mortis*. No Daomé, a situação não era melhor. Em 1881, um desavisado padre Laffite chegou a Porto Novo e, num de seus primeiros sermões, condenou energicamente a poligamia, para estupefação dos agudás presentes. Nas semanas seguintes, o padre insistiu, ameaçando o boicote de batizados. Sua igreja se esvaziou por completo.

Mas talvez o que mais incomodasse os missionários europeus fosse a sem-cerimônia com que os retornados, tanto em Lagos como no Daomé, misturavam em sua adoração religiosa a figura de Jesus, a dos santos católicos e a de divindades locais. A facilidade com que aderiam aos orixás, aos voduns e ao culto aos fetiches,[12] sem com isso contaminarem os seus escrúpulos cristãos era, para os padres, perturbadora. Em meados dos anos 1860, Borghero comentava esse desconcerto. Dizia:

> A religião não é senão um uso puramente local. Tem-se uma religião como se tem seus usos e costumes. Cada país tem seus fetiches: os brancos têm talvez fetiches mais astutos que os negros, já que os brancos têm mais recursos. Segundo um negro [...] é preciso ter fetiches como se tem amigos. Quanto mais os tem, melhor, se um não te ajudar, o outro o fará... Vi um bom número desses escravos originários do Brasil, onde viveram sob senhores cristãos, dizerem-se cristãos também, pois receberam o batismo, mas, sem mais nada, professarem, ao mesmo tempo, o "maometismo" e terem todos os fetiches do lugar.[13]

Essa versatilidade, no entanto, não deveria surpreender. Tivessem os missionários levado em conta a história desses escravizados no Brasil, talvez o choque fosse menor. Era o produto de uma catequização forçada, de batizados recebidos como exigência legal, através dos quais recebiam novas identidades e, em princípio, abandonavam a sua natureza pagã. A religião católica passava então a fazer parte de suas vidas, como esteio moral e garantia de bons costumes, mas também como uma forma de organização social, através de irmandades religiosas como a do Senhor Bom Jesus dos Martírios da Barroquinha. Foi esse catolicismo associativista que eles levaram consigo de volta à África, e que explicava a criação de associações como a de Nossa Senhora dos Prazeres, em Lagos, ou a do Bom Jesus do Bonfim, em Porto Novo.

Mas era também uma forma de catolicismo de doutrina muito flexível, que convivia com outras devoções e costumes, sem constrangimentos. Um catolicismo que, no Brasil, via irmandades religiosas manterem frequentemente relação com terreiros de candomblé, seus membros sendo ao mesmo tempo devotos de santos e adeptos de orixás. Um catolicismo cuja versatilidade permitia combinar santos de um lado e do outro do panteão atlântico, no qual a associação entre Oxalá e Jesus explicava a lavagem do Bonfim, talvez a manifestação mais conhecida desse sincretismo, mas nem de longe a única. Um catolicismo no qual o culto por pessoa interposta começava já nas senzalas, através das imagens de santos que estavam ao alcance dos escravizados, dentro das quais depositavam os otás, pedras ou pedaços de ferro ou madeira que encarnavam os orixás, o que lhes permitia, indiretamente, reverenciar as suas divindades.

No Benim, o caso da família Sabino é dos que melhor ilustram essa plasticidade religiosa. Conheci o chefe da família, Louis Domingo Sabino, em 1999. Ele tinha 80 anos e vivia com a esposa e o filho. O velho Louis era bisneto do liberto Sabino Domingo, que se instalou em Uidá em meados do século XIX. A família, que logo adotaria como patronímico o prenome de seu fundador, espalhou-se pelo litoral do Daomé. Um ramo mais irrequieto chegou a estabelecer-se em Lagos.

Louis nunca conheceu o Brasil, nunca falou ou ouviu falar o português. Colecionava, no entanto, com uma obsessão de exilado, qualquer coisa que remetesse ao Brasil, recortes de jornais, fotos de revistas, postais e até alguns livros, que depois repassava ao filho. Era também obsessivo em sua devoção a Nossa Senhora. Todos os anos, fazia questão de contribuir para as festividades de Nosso Senhor do Bonfim. Apesar disso, nunca descuidou do culto aos voduns, aos quais recorria sempre que necessário, com uma confiança que recordava o sincretismo baiano.

Quando criança, Louis era fraco e desenganado. O pai, carpinteiro, já havia feito o seu caixão, esperando uma morte iminente, quando um velho curandeiro veio à sua casa, intuiu a doença e curou-a com incisões nas bochechas, que cobriu com as cinzas mágicas de folhas mortas. Louis cresceu acreditando nos curandeiros e a eles recorreu, já adulto, por causa de uma enxaqueca "de cem quilos". Explicou-lhe o curandeiro que, como trabalhava em salas refrigeradas, o que era incomum no Benim dos anos 1960, a queda artificial da temperatura endurecia no fígado as gorduras do corpo, que, ao derreterem no calor da rua, traziam-lhe o desespero da enxaqueca. Louis submeteu-se a novas incisões e cinzas mágicas, dessa vez no pescoço.

A urgência de seu estado, no entanto, decretou a necessidade de terapia adicional. Durante seis meses, Louis carregou sobre a cabeça, todas as noites, um jarro de vidro contendo uma infusão misteriosa. Saía de casa tarde da noite, hora em que todos dormiam, inclusive os que festejavam a doença e que, alertas, poriam a perder a terapia telúrica com maus pensamentos. Andava pelas ruas, o vaso sobre a cabeça, e deixava que a infusão chupasse a dor para dentro do vidro. Com o tempo, evaporando-se a água, a dor prisioneira esvaiu-se no ar. Nas últimas semanas do tratamento, Louis procurava ruas cada vez mais distantes de casa, de modo que o mal disperso não ameaçasse voltar. Andava quilômetros, com uma certeza de convertido. A saúde melhorou muito naqueles dias, dormia fundo, relaxado. A dor nunca mais voltou.

A flexibilidade de Louis Sabino não era apenas o apanágio de católicos sincretistas. Também entre os muçulmanos, apesar do militantismo de famílias como os Paraíso, que financiavam a construção de mesquitas, havia os fetiches, orixás e voduns, que se cultuavam às escondidas, mas com não menos devoção. Em Lagos, na década de 1990, tornei-me amigo de Lateef Dosunmu, que atuava como advogado da embaixada brasileira. Ele era muçulmano e, ao mesmo tempo, membro importante da corte do Obá de Lagos. Seu tataravô era Dadá Antônio, que, entre 1845 e 1851, havia sido chefe do Exército do rei Kosoko. Quando os ingleses ocuparam a cidade, Antônio terminou os dias exilado em Epé. Em Lagos, no entanto, ficaram o filho Foster, que anos mais tarde se tornou o "Ajiwe fun Orisá", aquele que toma conta dos orixás do Obá, e a filha Ayisat, que se casou com o muçulmano Simeon Dosunmu.

Os Dosunmu eram originalmente de Uidá, e no começo do século XIX, muitos de seus membros foram parar no Brasil, escravizados. Décadas depois, alguns poucos voltaram, rebatizados como Marinho. O reencontro entre Dosunmus e Marinhos deu-se em Lagos, perto da rua Mill Oil. Durante anos, Dosunmu muçulmanos e Marinho católicos conviveram pacificamente nas dependências de uma única casa, batizada Dosunmu Court. Quando a visitei, estava em péssimo estado, mas ainda abrigava o senhor Félix Marinho, a esposa Adedoyin, e uma parte dos oito filhos.

Lateef era neto de Ayisat Dosunmu e, como ele, muçulmano. Era também chefe tradicional como Dadá Antônio (ele era o "otun bashorun", vice-conselheiro do Obá de Lagos) e, como Foster, fiel às tradições do Ifá. Foi Lateef quem me levou um dia para consultar o oráculo, num bairro periférico à *mainland*, a região continental de Lagos. O babalaô previu grandes dificuldades para o avanço das minhas pesquisas, superáveis mediante onerosas obrigações. Talvez constrangido pelo prognóstico, Lateef um dia decidiu presentear-me com um gesto de imensa amizade e confiança. Em Dosunmu Court, levou-me ao assentamento familiar, seu Ajiwe fun Orisá. Ficava na parte de trás da casa, protegido do escrutínio de estranhos. Ali ele posou para uma foto, Félix Marinho a seu lado, algo que só se fazia para os mais íntimos dentre os íntimos, disse ele (Figura 26).

Em Uidá, contei um dia a Ahmed d'Almeida, um muçulmano, sobre a devoção que os escravizados brasileiros dedicavam, sorrateiramente, aos orixás, por meio dos otás inseridos em imagens de barro. Ahmed coçou longamente a barba branca, e então observou:

O animismo é uma palavra que veio com os colonos, antes mesmo da colonização. Funciona assim: quando um branco reza para a imagem de um santo, ele está rezando para esse santo; mas quando um africano se ajoelha diante de uma imagem qualquer, é para a imagem que ele está rezando, não para o espírito que ela representa; e aí passa a ser animismo, bruxaria, feitiçaria.

No Daomé, a família Souza era a que talvez melhor ilustrasse esse ecletismo religioso. O Chachá de Souza, devoto de São Francisco, cuja imagem arremata o seu túmulo, não apenas cultuava o vodum como também, poderoso como era, tinha a sua entidade particular, um vodum criado especialmente para protegê-lo. A divindade, ainda hoje venerada, chama-se Dagoun e integra a categoria dos Dans, à qual pertence Dangbé. Dagoun tem o seu próprio convento, seu sacerdote, seus fiéis, suas cerimônias, seus rituais e seus assentamentos. Oito voduns de menor hierarquia lhe são subordinados: Ganlo, Basan, Kpota I, Kpota II, Gbéhouin, Wèkè, Gbeulami e Kirminon. Seis são serpentes e dois estão subordinados a Sakpata, que, no candomblé nagô, corresponde a Omulu. Dagoun é filiado a Sakpata, mas também a Heviosso, o nosso Xangô.

Milton Guran contou a história dessa relação, que tem, como em geral ocorre, várias versões e várias fontes. Para uns, a adoção do vodum explicava-se pela necessidade a que se viu o Chachá de proteger a sua descendência, ameaçada pela elevada mortalidade infantil. Para outros, Guezô teria dado ao Chachá, junto com seu título, a coleção de divindades, para sua maior proteção e prosperidade. No convento de Dagoun, no entanto, a mitologia conta que o Chachá trouxe a entidade do Brasil, um pouco como o Xangô dos tabons, que veio com eles em seus navios. Em comum, todas essas versões evocam o anel que o Chachá levava no dedo anelar, uma serpente com o olho em diamantes, presente de sua mãe indígena, e que ele nunca tirava. O anel, acreditava-se, explicava a sua força, a sua riqueza e, por isso, estava sempre preso à mão. A relação da cobra do anel com a serpente do panteão vodum era previsível.

O convento de Dagoun fica a uns poucos metros de Singbomey, no caminho que os escravizados tomavam em seu último trajeto rumo às Américas. Guran passou ali longos dias de pesquisa, em conversas com Dah Dagoun Nonchéokon, o vodumon, Martine de Souza servindo--lhe de intérprete. Ele descreve o local: uma casa de paredes brancas, a fachada decorada com pinturas representando duas serpentes bebendo de um mesmo pote, um guarda-sol, que representa o poder do Chachá junto ao rei do Daomé, e duas mãos, as suas, sempre prontas a proteger seus filhos. No alto da fachada, espremidas entre a janela e o telhado, as frases de uma louvação ao negreiro:

> *Adjido Houssou Kinmandakpa*
> *Agoéé doblahé-doblaé vankolika-kpon*
> *Adjakanou klan-klan-ken hoékinmanhouloé*
> *Honanhoun bohôto zan soukpé dokto hôdolankanhouto*

Martine traduz da seguinte forma: "O Chachá é o homem mais forte. É em vão que a hiena olha com raiva para o elefante. O crocodilo não come peixe, mas quando alguém lhe pede ajuda, ele atende." A louvação segue adiante, comparando o Chachá aos animais mais fortes e generosos da floresta, que não se negam a ajudar os fracos, ainda que sejam formigas etc. A versão original do panegírico continha um verso final, depois eliminado pela família. Ele fazia referência aos tempos de negreiro do Chachá, que "comprava a criança e a mãe da criança". A propaganda não pega bem nos dias de hoje.

Na casa dos Villaça, essa promiscuidade entre catolicismo e cultos ancestrais é evidente. Lisa e Parés, quando lá estiveram em 2014, conheceram, na pessoa de Théophile, principalmente o lado católico. Em 2016, quando voltaram e o padre já não estava, seu sucessor, Toto Richard, para sua surpresa, revelou a eles o outro lado. Os assentamentos a Xangô, que o padre garantiu não mais existirem, haviam sobrevivido. Foi quando, com base no depoimento de Richard e nas informações que antes lhes havia passado Théophile, puderam reconstruir a trajetória completa do templo, com algumas, sintomáticas, discrepâncias.

Segundo Théophile, quando Francisco assumiu a chefia dos Villaça, no início do século XX, pessoas de fora da família cuidavam dos assentamentos. Tal como Théophile, Francisco era católico e não se dispunha a essas atividades. Na década de 1930, o templo ainda existia, embora já não atraísse adeptos. Um muro o separava higienicamente do resto da casa. Quando Théophile se ordenou padre, em 1958, as famílias agregadas, responsáveis pelas entidades, receberam ordem de desmontar os altares, pois não ficava bem mantê-los na casa que era a de um pároco. Mais tarde, o próprio Théophile derrubou o muro e levantou uma cruz na entrada do *compound*.

Richard Villaça foi contemporâneo de Théophile e viu o que viu o padre, embora conte outra história. Segundo ele, o templo foi muito ativo até meados dos anos 1940. Depois disso, embora não mais recebesse seguidores, os altares de Xangô continuavam a merecer cuidados, que corriam por conta da família Ogum Muiwa. Foi um desses altares que Richard mostrou a Lisa e Parés, que identificaram a presença de três vasilhas com pedras associadas a Xangô, além de peças ligadas a outros voduns e orixás, como Obatalá, Iyalodé (associada a Oxum), Iemanjá, Yewa e Adje. Havia também um abebé, leque circular de latão associado a Iyalodé-Oxum, que seria o indício mais forte do legado baiano, pois não fazia parte da cultura material dos voduns.[14]

Quando estive na casa dos Villaça, foi esse mesmo assentamento que Mathilde me mostrou. Era o final da tarde. Ela já se havia recuperado do transe mediúnico e desabafado na entrevista. Parecia vazia e cansada. Levava o lenço branco à cabeça e uma bolsa, também branca, às mãos. Posou apoiada a uma parede, ao lado da entrada do altar, o olhar de quem se havia rendido ao inevitável.

BANGBOSÉ OBITIKÓ E OS CAMINHOS DO RETORNO À ÁFRICA

Da história de Francisca e Marcelina resta ainda uma ramificação, cujo interesse para este livro é duplo. Por um lado, porque nos leva a outro dos caminhos do retorno à África, dessa vez à Nigéria. Por outro, porque nos revela a rede de contatos transatlânticos que operou na construção do candomblé brasileiro do século XIX, a começar pela própria Casa Branca. Trata-se da história de Bangbosé Obitikó, antepassado cuja memória também é celebrada nos padês do terreiro, considerado um dos mais importantes nomes da história do candomblé. Assim como no caso de Marcelina, e diferentemente do de Francisca, sobre ele também abundam as referências documentais, muitas das quais coletadas pela própria Lisa, de modo que, a seu respeito, há mais história do que mito.

A tradição oral da Casa Branca nunca decidiu se Bangbosé teria vindo livre ao Brasil ou cativo. Algumas versões dizem que teria acompanhado por vontade própria Francisca e Marcelina, depois dos sete anos de permanência em Ketu; outras, que era escravizado de uma delas; outras ainda, que já seria escravizado no Brasil, e que Francisca o teria libertado. Todas concordam que era um poderoso babalaô.

A documentação que encontrou Lisa elucidou esse mistério. Obitikó teria vindo cativo, em meados do século, possivelmente numa das últimas levas de escravizados a aportarem na Bahia antes do fim do tráfico, portanto muito depois do retorno imaginado de Francisca, ou do de Marcelina.

Ao pesquisar a vida de Marcelina, Lisa encontrou evidências de uma transação sua com o português Manoel Martins de Andrade, que vivia entre Salvador e o Recôncavo, e a quem ela vendeu um escravizado, em maio de 1857, por 900 mil réis. Um dia antes, o mesmo Manoel alforriou um certo Rodolfo Nagô pela considerável quantia de 1 conto e 750 mil réis. O dito Rodolfo havia sido batizado sete anos antes, no oratório particular do sogro de Manoel, na freguesia de Pirajuia, que pertencia à comuna de Jaguaripe. Manoel era dono da fazenda Mutá, que ocupava a ponta de uma península. Quando subia a maré, a fazenda ficava isolada. Hoje, Mutá e Pirajuia são povoações da contracosta da ilha de Itaparica e pertencem ao município de Jaguaripe.

Esse Rodolfo seria Bangbosé Obitikó, nome que trouxe da África e pelo qual se tornaria conhecido nos terreiros baianos e cariocas, alguns dos quais ele mesmo fundou. Obitikó aparece com frequência na literatura das religiões afro-brasileiras, e com igual frequência nos padês de terreiros em todo o país. Sua importância para o candomblé foi tanta que o método divinatório usado pelos babalaôs brasileiros, o chamado erindilogum, jogo de dezesseis búzios que no século XX tornou-se a técnica principal de adivinhação no Brasil, é chamado de "Sistema Bamboxê".

A data de batismo de Rodolfo confirmaria a de sua vinda ao Brasil, visto que a legislação em vigor obrigava africanos desembarcados a se submeterem aos sacramentos em até um ano depois de sua chegada. Por esse cálculo, ele teria aportado em 1849, pouco antes da promulgação da Lei Eusébio de Queirós. Lisa, no entanto, pondera que frequentemente esse prazo não era respeitado, visto que os escravizados deviam estar devidamente catequisados antes do batizado, o que às vezes requeria tempo, seja porque os senhores não se dispunham a fazê-lo, seja porque os escravizados, especialmente os que trabalhavam em plantações, não tinham tempo para essa educação. De uma forma ou de outra, Rodolfo teria, quando de seu batismo, cerca de 30 anos de idade, pois, em 1873, o registro de um pedido de passaporte dizia que ele tinha 55. Se essas contas estavam certas, Obitikó teria nascido na década de 1820. Como era nagô, e possivelmente oriundo da cidade de Oyó, tal como diz a tradição e sugere o seu nome ("Bamboxê" significa "o guardião do oxê", a ferramenta sagrada de Xangô),[15] é provável que tenha sido escravizado como resultado das guerras desencadeadas durante a decadência de Oyó.

É sabido que a maioria dos cativos que vieram ao Brasil a partir da década de 1820 tinha origem nessa região e falava o iorubá. O fato de Obitikó ser nagô, portanto, era uma circunstância banal, mas explicaria sua amizade com Marcelina, ela também uma nagô, e também devota dos orixás. Essa coincidência não explicaria, no entanto, como teriam se conhecido, nem por que Marcelina, já a essa altura uma senhora de posses e líder religiosa estabelecida, se daria ao trabalho de ajudar na alforria de Rodolfo, um escravizado que vivia numa fazenda distante e isolada da contracosta de Itaparica. A tradição explica a incongruência dizendo que Marcelina e Obitikó vieram juntos para o Brasil, ela voltando de sua viagem de 1837, ele um escravizado, talvez já seu amigo. Se for verdade, Obitikó teria chegado ao Brasil em 1839, e não dez anos depois. Outra explicação possível seria a de que ambos se conheceram em Uidá e que Obitikó veio para o Brasil anos depois. Como Uidá ainda era, naqueles tempos, um importante porto de embarque de escravizados, o fato de terem se conhecido ali, no momento em que Marcelina, Francisca e José Pedro Autran instalavam seu terreiro, não chegaria a surpreender, sobretudo se Obitikó de fato tivesse, como Francisca, uma função sacerdotal em Oyó.

Seja como for, o que se sabe de fonte segura é que Rodolfo comprou sua alforria por uma quantia muito acima das posses de alguém em sua condição. Sabe-se também que, um ano depois dessa alforria, Obitikó, que dali em diante passaria a chamar-se Rodolfo Manoel Martins de Andrade, já possuía o seu próprio escravizado. A virada, de escravizado a liberto dono de escravizado, teve necessariamente que ter sido alcançada com a ajuda de alguém. A julgar pela pesquisa de Lisa, esse alguém foi provavelmente a própria Marcelina, a essa altura uma das principais lideranças religiosas de Salvador, com uma ampla rede de contatos, que incluía compadres, comadres, afilhados, filhos e filhas de santo, dependentes e relações de amizade e de negócio. Somar a essa rede um nome como Obitikó, possivelmente sacerdote de Xangô, fazia todo sentido.

Em 1872, Obitikó fez a sua primeira viagem para fora da Bahia, a primeira de muitas, que incluíram, entre os destinos, o Recife, o Rio de Janeiro, mas também a África, sobretudo Lagos. Nessa primeira viagem, Obitikó estava acompanhado de Joaquim Vieira da Silva, outro liberto, que havia sido marinheiro e alcançara a liberdade em 1866. Assim como Obitikó, Joaquim era devoto de Xangô e sua figura estava associada à criação da Casa Branca, onde é lembrado pelo seu nome iorubá, Obá Sanyá. Lisa considera que essa amizade fazia parte de uma rede de "articulações atlânticas", feita de contatos entre pessoas ligadas ao candomblé, e que a viagem dos dois ao Recife estava associada à fundação do Sítio de Pai Adão, o terreiro mais antigo da cidade, criado em 1870. Em outubro daquele ano, outra pessoa se somava à rede: Eduardo Américo de Souza Gomes, que viajou do Recife a Salvador, mais ou menos à mesma época em que Obitikó e Joaquim retornavam à capital baiana. Logo depois, Eduardo partia para Lagos, acompanhando três menores, entre os quais Querina, que se tornaria uma de suas esposas. Algum tempo depois, era Obitikó quem voltava à África, ele também acompanhado de crianças, entre as quais a filha Maria Júlia, outra futura esposa de Eduardo. Foi desse casamento que surgiu o ramo brasileiro da família, conhecido pelo sobrenome Sowzer, uma corruptela de Souza, talvez proposital.

Entre idas e vindas, Obitikó permaneceu vários anos em Lagos, onde a população brasileira crescia à medida que a presença inglesa se firmava, e onde ele adquiriu terrenos, consumou casamentos e firmou-se como liderança religiosa. Em seu *compound* lagosiano, Obitikó assentou altares a Xangô, Obatalá, Ogum, Oxum e Exu, o que nunca o impediu de frequentar igrejas, ou levar os filhos à pia batismal.

Em 1878, outro nome aparecia nessa rede atlântica: de retorno à Bahia, Obitikó viajou acompanhado de Eliseu do Bonfim, um sacerdote ligado ao egungun e à futura Casa Branca. Eliseu havia deixado em Lagos o filho Martiniano, considerado, décadas depois, o último babalaô da Bahia. Mais ou menos nessa época, Obitikó iniciou uma série de viagens ao Rio de Janeiro, onde a tradição diz que participou da fundação de terreiros como o Ilê Axé Opô Afonjá e o de João Alabá, o primeiro da cidade.

O Ilê Axé Opô Afonjá foi plantado em 1886, no bairro da Saúde, em cerimônias que contaram com a presença de Obitikó e de sua afilhada, Mãe Aninha. Relacionada a essa cerimônia, uma série de artigos, publicados nos jornais *O Carbonário*, *O Rio de Janeiro* e a *Gazeta de Notícias*, denunciava a presença do babalaô entre os praticantes do rito na cidade. Quase todos se referiam a queixas anônimas, seguidas de batidas policiais, prisões e multas. Neles, apareciam, com destaque, expressões depreciativas, como "casa de feitiço", "casa de dar fortuna", "feitiçaria", "patuás", "potências ocultas" e "zungu", uma expressão de origem banto com a qual se designavam os cortiços do centro da cidade, geralmente habitados por negros, onde ocorriam rituais religiosos. Outros artigos, ainda mais agressivos, falavam de cafetinagem e prostituição.

Sete anos depois, novos artigos delatavam o desempenho religioso de Bangbosé, que chegaria a ser preso pela polícia carioca, acusado de "iludir e extorquir o dinheiro dos incautos". Com tudo isso, ele ainda teve fôlego para cruzar o Atlântico uma última vez, espalhando a família pelas duas margens. Do lado de cá, sua descendência deu continuidade ao trabalho com os orixás. Sua bisneta, Regina Sowzer, abriu terreiro no Rio de Janeiro. Em Salvador, seu tataraneto Air José de Souza é hoje o babalorixá do Pilão de Prata, um dos mais importantes candomblés da cidade.

A despeito do vínculo com os orixás, quando Obitikó morreu, em 1905, seu corpo foi enterrado com pompas profundamente católicas na igreja de Nossa Senhora do Rosário dos Pretos do Pelourinho.

MATHILDE E O IFÁ

Martine de Souza convence Mathilde a consultar-se com o Ifá. Eu estaria lá e poderia, se necessário, ajudar em alguma obrigação ou, no pior dos casos, registrar os prognósticos e levar o assunto ao conhecimento dos "parentes" brasileiros. A participação da Casa Branca no desenlace desse drama está se tornando a última esperança de Mathilde, cujo desespero só faz aumentar.

No Benim, chama-se Fá ao Ifá nigeriano. Trata-se de uma daquelas palavras para as quais há um sem-número de sinônimos, todos remetendo a um contexto, uma técnica, um sistema de valores religiosos específico: adivinho, vidente, profeta, agoureiro, nigromante, necromante, astrólogo, tarólogo, babalaô, vate, vaticinador, profeta, arúspice, hierofante, feiticeiro, bruxo. Os métodos de adivinhação estão entre as mais antigas técnicas religiosas que existem, e os sistemas de oráculo são tão variados quanto são essas religiões: de penas de aves a entranhas de animais, pedras, folhas, sementes, borra de café, cartas, búzios, contas de cerâmica.

Luís Nicolau Parés pesquisou o Fá daomeano, sobre o qual encontrou referências, já no século XVII, no depoimento assombrado do frade Celestin de Bruxelles, que assistiu a sessões divinatórias, por ele associadas ao culto de Dangbê, a divindade serpente pela qual falava o diabo usando a voz rouca de sacerdotisas feias e idosas, que prescreviam e proibiam com a autoridade de ameaças terríveis. Mais ou menos àquela época, já havia evidências materiais do emprego de técnicas divinatórias ainda em uso nos dias de hoje, como o rosário de Ifá e a bandeja de adivinhação. Em meados daquele século, uma dessas bandejas foi coletada por um comerciante da cidade alemã de Ulm, onde ainda se encontra nos dias de hoje. Sua decoração, de uma beleza primordial, representa uma simbologia de grande complexidade: pássaros, serpentes, quadrúpedes, rãs, crocodilos, camaleões, carneiros e um rosto adornado por três cabaças, que seria o de Legba, divindade considerada o princípio dinâmico do universo, o agente que ativa todos os processos, o mensageiro entre deuses e homens, o intermediário, e aquele que ajudou a transmitir aos homens os segredos do Fá. O Exu dos iorubás.

Parés descreveu essa técnica: a manipulação rápida de nozes de dendê entre as mãos do especialista, chamado no Benim bokonon (balaláwo na Nigéria, babalaô no Brasil), através da qual ele obtém, a depender de quantas nozes terminam numa ou noutra mão, alguma das dezesseis configurações básicas dos signos do Fá, com os quais interpreta as respostas às perguntas feitas. Com o rosário, a técnica varia um pouco: as configurações são obtidas ao se jogar ao chão o opelé-ifá, um colar aberto, composto por um fio de palha trançada que amarra oito metades de favas de opelé (às vezes pedras ou moedas, ou ainda peças de cerâmica), verificando-se quantas das meias nozes (pedras etc.) caem com a parte côncava virada para cima ou para baixo. Daí se obtêm as configurações.

É a uma dessas sessões que assisto. O bokonon é renomado e seu terreiro fica fora da cidade. Ele nos recebe em fon, recusa-se a falar outra língua. Leva-nos a um aposento e senta-se no chão de cimento, as costas apoiadas na parede, as pernas estiradas, o torso nu. Seus pés descalços parecem as raízes de uma árvore ancestral (Figura 27). Ele joga o rosário ao chão, uma e outra vez, o ar monótono, e repete consignas a um assistente, que toma notas atarefadas num pequeno caderno. A seu lado, agachada num banquinho que desaparece sob a sua estatura, Mathilde leva as mãos à cabeça, entre desespero e resignação. A sessão dura meia hora e o resultado é previsível. Muitos problemas ("Problèmes, problèmes, problèmes!"), e o padre como origem de tudo. O bokonon prescreve obrigações e a conta é cara. Ao final, decidimos pelas inadiáveis: a primeira para Sakpatá, o vodum da doença e da terra, aquele que sempre vem primeiro; a segunda para Gun, o senhor do ferro e das guerras. Uma perdiz é sacrificada e seu sangue sacia os altares. Mathilde dobra-se diante deles e sussurra lamentos e preces enquanto, ao lado, três homens cantam.

Ela pede que eu fotografe, que filme, que grave, que mande ao Brasil o registro de sua agonia.

São essas imagens que mostro um dia à equede Sinha, a principal liderança laica da Casa Branca. É uma tarde de junho e o terreiro se prepara para festejar a fogueira de Ayrá. Sinha parece assoberbada, mas toma o tempo de conversar comigo.

Na véspera, eu havia me encontrado com Luís Nicolau Parés, que me ofereceu uma perspectiva antropológica sobre a situação de Mathilde. Parés mora em um prédio amarelo, no final de uma rua sem saída, no bairro Dois de Julho, perto do CEAO. O apartamento, uma cobertura, oferece uma vista panorâmica da Baía de Todos os Santos. Havíamos combinado de nos encontrar em um bar, ao lado do centro. Eu não o conhecia, mas havia pesquisado o seu nome, visto uma foto sua, a de um homem de 40 e poucos anos, cabelo ralo, barba grisalha, cara de espanhol. Quem chegou foi o mesmo homem, sem a barba. Não sei se o reconheceria em outra circunstância, mas só estávamos os dois naquele bar, às 10 horas da manhã de uma sexta-feira chuvosa e abafada, dia de greve geral em Salvador, a cidade vazia. No táxi, o motorista havia me alertado para o perigo dos abafadores, gente à toa que fica na rua aproveitando oportunidades para "abafar as coisas", uma bolsa, um celular. Na avenida do Contorno, o motorista mostrou alguns desses meliantes, usuários de crack. Estavam na calçada, protegidos por uma mureta, meio escondidos do trânsito. "Às vezes a polícia passa, prende um, dois, e depois volta tudo ao que era." Naquele dia, a PM havia reduzido seus efetivos, por causa da greve, e "os bichos estavam soltos".

Já instalados no seu apartamento, mostrei a Nicolau a sequência de fotografias de Mathilde e contei as circunstâncias de seu transe. As imagens não pareceram impressioná-lo. Na Casa Branca, horas depois, notei a mesma naturalidade, que atribuí ao fato de que estava numa comunidade de santo. Mathilde era praticamente uma correligionária. Para gente acostumada ao sobrenatural, o sobrenatural parece banal.

Para Parés, o caso de Mathilde não é incomum. Sua situação explica-se nos próprios códigos do vodum, que permitem a cada um contar a sua vida do jeito que quiser, justificando seus infortúnios, seus azares.

O vodum oferece uma lógica, uma narrativa, que pode explicar essas situações, apelando para entidades espirituais que interferem na vida das pessoas. Mathilde sabia que sua família tinha uma relação histórica com os orixás e o vodum, que esse vínculo estava diretamente associado ao espaço da casa e a seus assentamentos, e que essa ligação foi interrompida, de forma brutal, pelo padre. Seguindo essa lógica, associar seus problemas à arbitrariedade de Théophile parecia razoável.

Expus então o pedido de Mathilde para que, no Brasil, alguém ajudasse a resolvê-los.

Ele foi categórico: "Não há o que resolver."

Em seguida, voltou às imagens do transe. A experiência mediúnica, disse, pode ser explicada de diversas maneiras. Pode ir desde uma distração passageira, um "vento" que passa na cabeça da pessoa, até a epilepsia. Cada caso é diferente, cada pessoa experimenta a possessão à sua maneira. Quem vive esse tipo de experiência sofre, em geral, uma violência muito grande, sobretudo nas primeiras vezes. É o que Roger Bastide chama de "santo bruto". A pessoa que não está educada, treinada, sente a possessão de uma forma muito intensa. É comum que caiam no chão, que sofram dramaticamente. A possessão, como qualquer outra experiência, se aprende e, até certo ponto, se controla. Para entender o caso de Mathilde, seria preciso investigar o seu passado, entender suas características psicossomáticas, ver se ela teve problemas, e que tipo de problemas. Um psicanalista poderia ser útil, assim como um babalaô, que conhece os outros caminhos de sua vida. Já um padre navega em outras águas. Numa situação como essa, a recomendação de que Mathilde reze o terço não serve de nada, pois essa chave religiosa é alheia aos problemas que ela vive, é incapaz de ajudar a interpretar e, portanto, a resolver.

Parés esteve na casa dos Villaça meses depois da minha passagem. Constatou que minha visita teve efeitos de que não suspeitava. Havia agora um membro da família morando, cuidando da casa, antes abandonada. De uma hora para a outra, a família, ou parte dela, percebeu que a casa e o que estava por trás dela, o seu passado religioso, os seus assentamentos, o vínculo com o Brasil, tinham importância, porque despertavam o interesse de gente de fora, pesquisadores, jornalistas, cineastas, talvez de um terreiro em Salvador. Isso representava, potencialmente, algum ganho, que poderia ser financeiro ou não, o que justificava que a história fosse recuperada.

Parés então teorizou: há um tipo de expectativa em relação aos de fora, aos brancos. É uma expectativa que nós mesmos geramos, com o nosso mero interesse. Somos responsáveis por isso. Nosso interesse gera uma dinâmica em que há potencialmente algo a ganhar. O vodum é muito prático na negociação desse algo. Ele existe há séculos e sempre lidou com estrangeiros, com a escravidão, com os europeus que lucravam com a escravidão, e soube ganhar a sua parte. O vodum é prático quando se trata de conseguir remuneração para seus conventos, seus assentamentos. Durante a pesquisa para o seu livro, Parés se deparou com muitos vodunons que tinham esse sentido prático, gente que falava por dinheiro, que falava proporcionalmente ao que recebia, ou quase. "Se recebiam 100 dólares, ligavam o taxímetro e falavam durante 10 dólares. Depois calavam a boca, esperando mais." Ao mesmo tempo, esse interesse podia gerar outro tipo de reação, pois permitia à pessoa objeto daquela atenção apresentar-se aos demais de uma forma lisonjeira. O interesse de um estrangeiro também importava porque conferia prestígio.

Saí da casa de Parés com um esquema razoavelmente coerente para explicar o que havia visto no Benim: Mathilde conhecia a história da casa, da família e do seu vodum. Conhecia Martine de Souza, que tinha ligações com a religião. Através dela, soube da minha pesquisa. Talvez soubesse do trabalho de Lisa e do possível interesse da Casa Branca em reatar o vínculo perdido. Talvez pensasse que havia ali algo a ganhar. Naquele dia, recebeu Dangbé na minha frente, ao lado de Martine, que poderia ajudá-la. Foi a própria Martine que terminou por autorizar o uso das fotos, algo improvável, pois a experiência mediúnica é muito íntima, especialmente naquele "santo bruto", que não se deveria nunca registrar. Também foi Martine quem, em seguida, sugeriu a consulta ao babalaô, com os resultados que já se conhecem.

Passei dias a ponderar sobre esses argumentos e não me convenci completamente. Se tudo aquilo era verdade, também era verdade que eu havia estado ao lado de Mathilde e sentido a sua imensa agonia, a violência de seu transe. Isso não se finge, ao menos não de forma tão convincente. Além disso, o próprio Parés havia reconhecido, durante a nossa conversa, que por trás daquele drama pessoal existia a relação de uma família com os seus espíritos, um elo autêntico, verdadeiro, que esteve à origem de sua própria história. A chave mística não devia, portanto, ser ignorada. Mathilde podia de fato ter sido possuída por Dangbé, podia de fato estar sofrendo o que dizia estar sofrendo. A coincidência de que fosse uma mulher extremamente católica só tornava isso mais interessante.

EQUEDE SINHA

O terreiro da Casa Branca do Engenho Velho ocupa parte da encosta de um morro que desce aos pés da avenida Vasco da Gama. À sua entrada, há um pequeno largo, chamado praça de Oxum, que ocupa uma porção da área plana do terreno, cujo limite com a avenida é separado por uma imponente grade de ferro, lavrada com os motivos do candomblé. Ao lado da praça fica uma casa de paredes brancas e janelas fechadas por grades azuis, protegida ela mesma por um muro de meia altura, também ele todo branco. É o espaço cultural Vovó Conceição, projeto pessoal de equede Sinha, que era sua filha de sangue. Ali se ensina o bordado aos mais velhos e a pintura aos mais novos. A partir da casinha, sobe-se a encosta por umas escadarias que ziguezagueiam o morro. Olhando para cima daquele ponto, vê-se uma série de construções de tamanhos variados, quase todas pintadas de branco, algumas para a moradia de gente, outras para o assento dos orixás. No centro está o barracão, também ele todo branco, com um telhado espaçoso, em cuja cumeeira espeta-se o oxê, o machado de dois gumes, ferramenta de Xangô, o dono da casa. Foi da brancura do barracão que saiu o nome Casa Branca.

Entre uma construção e outra, há muito verde. A natureza tem um papel fundamental no candomblé. Árvores, arbustos e bambuzais também são monumentos com funções religiosas, "hierafonias", na expressão do antropólogo Ordep Serra, manifestações sagradas investidas de uma simbologia específica, que corresponde à visão de mundo do candomblé.[16] Mal traduzindo em termos cristãos, seria como equiparar as árvores a igrejas, um conceito de imensa poesia e um sentido religioso muito particular.

A fogueira de Ayrá é uma das primeiras festas do ciclo de celebrações da Casa Branca, cujo calendário festivo começa no feriado de Corpus Christi. Os dois outros terreiros que dela tiraram as suas origens, o Gantois e o Opô Afonjá, também respeitam esse calendário. Não é coincidência. Os três dedicaram suas terras a Oxóssi, e o santo é indiretamente associado a essa festa católica, pois, sendo o orixá caçador, é aquele que sustenta o corpo, dando-lhe alimento. O barracão da Casa Branca, no entanto, pertence a Xangô, com seu machado espetado a não deixar dúvidas. Equede Sinha explica essa ambiguidade: em meados do século XIX, Marcelina da Silva enfrentava o dilema de realocar o terreiro, que corria o risco de despejo do local onde se encontrava. Recorreu então a Oxóssi, pedindo-lhe umas terras onde plantar o axé do novo terreiro e prometendo dedicar-lhe essas terras, caso a casa finalmente encontrasse uma morada. Foi o que aconteceu. O barracão, no entanto, espaço principal do terreiro, onde se realizam as grandes festas, onde se encontram os principais sacrários, onde se esconde a clausura em que se dá a feitura dos santos, onde se preparam os quitutes sagrados dos orixás, permaneceria território de Xangô, o santo de Iyá Nassô.

No dia em que o visito, o barracão está vestido de festa. A decoração se vê quase toda no teto, com suas franjas de papel recortado, quase tudo branco, alguns detalhes em dourado, aqui e ali, para realçar. Todos os barracões que já visitei se enfeitam assim: o teto a chover o papel recortado, arranjos floridos que acompanham as cores do santo da casa, às vezes barbantes, aos quais se cola pipoca, e que se estendem como guirlandas a realçar o salão, cujo chão está coberto de folhas e galhos. Tudo de uma simplicidade comovente. Estando em Salvador, não consigo deixar de pensar nas igrejas do centro histórico, logo ali ao lado, e a riqueza ostensiva de seus altares cobertos de ouro, suas imagens policromadas, suas talhas riquíssimas, seus ostensórios cravejados de pedras preciosas. O contraste é perturbador. Nos barracões, a pobreza, que o catolicismo sempre pregou como princípio, é uma imposição, mas isso não contamina a devoção dos cultos. Talvez o contrário.

Equede é um título, e Sinha, um apelido. A pessoa com quem converso chama-se Gersonice Azevedo Brandão. Ela me chama até um canto do barracão, que àquela hora está cheio de gente, me faz sentar num banquinho sumário, senta-se em outro, sorri com olhos mansos que desmentem a agitação do terreiro e pergunta o que achei do "nosso pequeno quilombo".

Sinha nasceu em 1945, filha de um pai católico por convicção e de uma mãe ligada ao candomblé por necessidade. A avó paterna era filha de africanos e circulava pelas ruas de Salvador metida nas roupas que hoje só se usam nos terreiros: saias, anáguas e batas, uma cesta equilibrada à cabeça, cheia das cocadas que ela mesma fazia, e cuja venda era o seu sustento.

A mãe de Sinha, Maria da Conceição de Oliveira, a vovó Conceição, começou tarde no candomblé, aos 28 anos. De compleição frágil, ela só queria duas coisas: saúde e um filho. Sem alcançá-las, terminou por recorrer aos orixás, que lhe deram longevidade, mas na hora da cria preferiram uma menina. Sinha nasceu dentro do terreiro, pelas mãos de uma parteira (mas, segundo ela, guiada por Oxaguiã). Sua mãe já era então uma ebomi, uma iniciada com certa antiguidade e hierarquia, e a rotina do terreiro era a sua rotina, e passaria a ser também a de Sinha.

No início da década de 1950, o Engenho Velho da Federação ainda era um bairro afastado e rural. A avenida Vasco da Gama não existia e o transporte só se fazia de bonde, mas apenas quando não chovia, porque o trajeto do bonde acompanhava o rio Lucaia, hoje enterrado pela avenida, e quando vinha a chuva forte, as margens se enchiam de lama e os trilhos ficavam imprestáveis. Também não havia eletricidade, e esgoto encanado ninguém sabia o que era. A vida se vivia como nas roças do interior da Bahia. Sinha passava seus dias a trepar em árvores e a nadar no rio, a subir e a descer às carreiras as intermináveis trilhas da encosta. Entre seus amigos, havia mais meninos do que meninas, mas Sinha era filha de Xangô e Iansã, e as brincadeiras não a assustavam, embora, de quando em quando, terminassem por lhe custar feios machucados. O dia passava assim, entre brincadeiras e correrias, até as 6 horas da tarde, a hora em que os passarinhos cantavam e a friagem chegava. Começava então a rotina de preparar o dormir, que era cedo, porque cedo também se acordava.

Zurica, filha de Oxóssi, era a primeira a ir se deitar. Um passarinho então pousava na janela da casa e começava a cantar, como se quisesse lhe dar o boa-noite. As pessoas gritavam "Okê, okê arô!",[17] e quanto mais gritavam, mais alto o pássaro cantava. Sinha lembra-se dele como de um maestro a reger uma sinfonia da natureza, que fazia o pessoal do terreiro pegar no sono. Quando a noite se calava, já adiantada a hora, ouvia-se às vezes um ruído estranho, que a gente mais velha dizia ser de Oxóssi, o dono da terra em que estava o terreiro. As crianças então enfiavam-se mais fundo nas cobertas, pois o medo era grande.

Foi brincando que Sinha aprendeu as coisas do axé: o toque dos atabaques em improvisados baldes, o cântico dos orixás em cantorias que imitavam as festas do barracão, a comida sagrada na feitura da comida do dia a dia. Mas a brincadeira acabou rápido. Aos 7 anos de idade, Sinha foi suspensa para equede, o que significa dizer, na linguagem dos terreiros, que foi escolhida pelo orixá da casa para aquela função.

A hierarquia do candomblé é extremamente complexa. Há cargos e funções para quase tudo, desde as mais sagradas até as mais corriqueiras. Para um terreiro de nação ketu, caso da Casa Branca, Sinha fez uma lista aproximada que inclui ao menos 34: ialorixás, as mães de santo; iaquequerês, as mães pequenas; ialabés, responsáveis pela manutenção da hierarquia e da tradição; iabassés, que preparam os alimentos sagrados; iaefuns, que pintam os filhos de santo durante as cerimônias de iniciação; ialabaqués, que cuidam da alimentação desses iniciados; axoguns, a quem cabe o sacrifício de animais; alabês, responsáveis pela percussão ritual; iatebexês, que puxam os solos dos cânticos para os orixás; ogãs, que cuidam das necessidades diárias do terreiro etc.

A equede é um cargo entre esses tantos. Suas funções incluem atender aos orixás e zelar pelo terreiro. Uma equede nunca entra em transe, pois, durante as cerimônias, precisa estar lúcida para exercer as suas atribuições rituais, que incluem cuidar das roupas e dos apetrechos dos santos, ajudar a vestir os rodantes, aqueles que incorporam, garantir que, durante o seu transe, não se machuquem ou machuquem os outros, ampará-los a qualquer momento, secando o seu suor e segurando-os em sua tontura, mas especialmente no momento em que saem da exaltação. Fora dos dias festivos, cabe a elas, assim como aos ogãs, zelar pelo dia a dia do axé.

Para Sinha, no entanto, uma equede é principalmente outra coisa. Em 2016, ela publicou um livro dedicado ao candomblé e suas equedes. Chamou-o *Equede, a mãe de todos*, num lampejo que resume muito bem o que ela acredita ser esse papel:

> Quando as pessoas pisam os pés no axé, encontram um mundo de esperança. Acho que é o acolhimento, o amor e, principalmente, o parar para ouvir. Sim, porque a melhor coisa nesse mundo é você poder ser ouvido, ter alguém para desabafar sem lhe impor culpas. Mesmo que depois receba uma dura para lhe colocar nos eixos. Por isso, para nós do candomblé, é precioso saber ouvir. A equede pratica esse exercício diaria-

mente, porque somos mãe. Uma de nossas funções é escutar o que as pessoas têm a dizer. Se uma mãe não ouve seu filho, quem vai ouvir?[18]

Na Casa Branca, isso é obrigação. Suas equedes devem estar sempre de plantão, "recebendo, acolhendo, alimentando, enfim, sendo mães". Foi assim que a história do terreiro foi escrita.[19]

Dos membros da comunidade da Casa Branca, Sinha é a única a ter tido contato com os Villaça.

A vontade de conhecer a África sempre existiu, mas ficava ali, no devaneio distante, quase imaterial, de um dia ir à Nigéria e visitar as míticas cidades que deram berço aos seus orixás. Até que o sonho começou a se construir quando seu filho Gersoney passou no vestibular de Direito em Guarulhos e ganhou uma bolsa de estudos em Londres. Sinha vivia então em Salvador, depois de duas décadas no Rio de Janeiro, o marido ainda vivo. Veio-lhe o desespero. Não queria o filho tão distante, São Paulo já era longe demais. Gersoney, no entanto, teimava em dizer que ia, e ela se desesperava. Consultou os orixás, mas entre eles não houve consenso. Uns diziam que devia ir, outros que não. Ele terminou indo, primeiro Londres, depois Paris, onde concluiu os estudos, fez a prova para o Médicos sem Fronteiras, foi morar em Angola e nunca mais voltou ao Brasil. Sinha, já acostumada à distância do filho, viu nesse destino africano a possibilidade de realizar o seu próprio destino e se animou a primeiro conhecer Luanda. Gersoney resistiu, disse: "Mãe, não venha não, pois a senhora vai chorar todos os dias, porque há muita pobreza."

"Chorar é o que eu mais faço na vida, sou muito emotiva, se ainda houvesse as carpideiras, eu ia ganhar muito dinheiro!" Ela diz isso e os olhos se enchem de lágrimas.

Depois de Angola, Gersoney foi para o Congo e, em seguida, para o Mali. Foi finalmente dali, no dia em que Sinha fez 70 anos, que ele mandou lhe dizer: "Mãe, eu vou realizar o seu sonho, a senhora vem para cá."

Sinha chegou em Cotonou em janeiro de 2017. Escolheu a data porque queria conhecer o Dia Nacional do Vodum. Foi a primeira de várias emoções. Na véspera, ela havia realizado um capricho de criança: cruzar uma fronteira a pé. Ela voara do Brasil à França, de lá ao Mali e depois a Lomé. Dali pegou um carro e entrou no Benim.

> Atravessar fronteira é uma coisa de louco, você com a mochila nas costas e aquele bocado de gente, parecendo formiga indo de um lado para o outro, e todo mundo falando ao mesmo tempo e você não entende os idiomas. Eu cheguei lá e fiquei brincando, andava para lá e para cá, cruzava e descruzava a fronteira, entrava no Togo, saía do Togo, entrava no Benim, saía do Benim. Meu filho, a meu lado, pedindo que eu parasse com aquela bobeira, mas eu nem aí, realizando a minha brincadeira.

Depois, a emoção foi nas praias de Cotonou, com a multidão reunida para a festa do Vodum, todo mundo tocando e cantando e ela querendo brincar, querendo rodar. E depois ainda, em Uidá, quando conheceu a Porta do Não Retorno, a árvore do esquecimento, o museu da escravidão. Foi quando chorou de novo, parecia uma menina, vendo tudo de uma vez, sem tempo de digerir, de entender.

Ela me conta essa emoção e chora.

Um dia, levaram-na à casa de uma senhorinha mirrada, de 95 anos, que, segundo diziam, era parente de Iyá Nassô. Quando ela soube que Sinha era brasileira e, ainda por cima, de Salvador, começou a gritar, a colocar as mãos na cabeça de emoção. Sinha temeu que ela morresse, quis acalmá-la, mas acabou se emocionando, e as duas choraram e ninguém conseguia mais falar. Quando a velha amansou, Sinha pediu que lhe perguntassem onde estava enterrada a sua ancestral, mas nem ela nem ninguém soube dizer.

Sinha conheceu muitas famílias brasileiras, mais de dez, todas muito acolhedoras. Foi na casa de uma delas, os Souza e Silva, que terminou por se hospedar. A casa era imensa, parecia um edifício, e os anfitriões muito educados, tratavam-na como a uma princesa, carro para cá, motorista para lá. Mas eram extremamente católicos, iam à missa quase todos os dias, na igreja de São Jerônimo, e quando não estavam na igreja, guardavam a sua chave e zelavam por ela. Esse catolicismo acerbado foi para Sinha um problema. Depois do jantar, sem ter muito o que conversar, pois não falava francês, ela ia logo para o quarto, e dali escutava animarem-se as cerimônias do vodum, num convento que ficava ao lado da casa. Tarde da noite, quase todos os dias, começavam os batuques.

"Meu Deus, aquela macumba a meu lado e eu sem poder ver! Queria pular a janela, ir dançar também. Mas seria desfeita com os donos da casa e eu me segurava."

Quando Sinha conheceu o Benim, a pesquisa de Lisa já havia sido publicada e a história dos Villaça, revelada. Sinha quis conhecer a família e a casa. Foi e visitou, mas a visita foi rápida e o que lhe ficou foi o gosto de voltar. Ela não chegou a conhecer Mathilde, mas conheceu alguns de seus parentes e, através deles, soube de sua história. Depois soube de novo, quando Lisa organizou uma série de encontros virtuais com gente ligada à casa. Depois, soube uma vez mais, quando fui entrevistá-la e mostrei as fotos de Mathilde em transe, e contei-lhe a história que escrevi até aqui. Depois de me ouvir, Sinha deu o seu diagnóstico:

> Mathilde é católica devota, não fez a cabeça, não é de santo, mas assim mesmo incorpora, sofre. Quando estive lá, a família pediu nossa ajuda, porque não confiava nos babalaôs, diziam que todos queriam dinheiro e só dinheiro, e que não iriam mostrar como os assentamentos deviam ser refeitos. Por isso, eles queriam reunir as nossas casas, e eu quero também.

Em 2017, animadas pela viagem e a perspectiva de reunir as duas casas, Sinha e Lisa elaboraram um projeto. Pediam 90 mil reais ao Iphan, o suficiente para mandar dez pessoas da Casa Branca ao Benim, para que conhecessem os de lá, para que visitassem o túmulo de babá Assiká, para que investigassem o paradeiro de Iyá Nassô, para que reassentassem os espíritos que hoje vagueiam sem destino, reatando o vínculo de santo que a teimosia do padre havia interrompido. Quem sabe, com um pouco de sorte, o suficiente para aplacar as desgraças de Mathilde.

O Iphan, no entanto, nunca reagiu ao projeto.

Voltei a conversar com Sinha um ano depois. Dessa vez, ela me recebeu em sua própria casa, no alto da encosta, uma casinha branca, como quase tudo no terreiro, com portas e janelas azuis, que lhe fora legada por vovó Conceição. A sala era mínima, uma máquina de costura, um sofá de dois lugares, uma poltrona surrada e dois banquinhos de madeira, trazidos da África. Foi ali que conversamos. Sinha voltou a me contar da sua viagem ao Benim, das pessoas que conheceu, dos lugares que visitou, da família que a recebeu, do Dia Nacional do Vodum, da sua vontade de pular o muro da casa e dançar nas macumbas de jeje, e eu deixei que contasse, como se não conhecesse a história. E, ao contar, ela voltou a se emocionar, falando da Porta do Não Retorno, do museu da escravidão, da senhorinha, e deixei que chorasse, porque aquilo me comovia também. E falamos outra vez do projeto que o Iphan havia ignorado, e foi conversando que nos veio a ideia de que a melhor maneira de realizar o encontro seria torná-lo um documentário. Um filme que completasse a história que a pesquisa de Lisa havia começado a contar.

De volta em Brasília, apresentei o projeto ao cineasta Renato Barbieri. É dele o filme *Atlântico negro*, que nos anos 1990 registrou alguns dos inesgotáveis vínculos entre a África e o Brasil, dos quais a história dos retornados, que o filme também mostrou, é apenas um dos exemplos. Em dado momento, o documentário mostrava Pai Euclides, vodunce da Casa Fanti Ashanti, em São Luís do Maranhão, e Avimonje vodunon, que havia sido entrevistado por Luís Nicolau Parés. Reunidos por um monitor de vídeo, na distância que os separava o oceano, eles cantaram os cânticos sagrados dos voduns, trazidos pela escravidão ao Maranhão, de onde Euclides os entoava para Avimonje, que, no Benim, repetia-os, idênticos. Em outra cena, na cidade de Abomé, Adjahô Houmasse, sumo sacerdote vodum, ouviu os mesmos cânticos, repetiu alguns de seus versos e profetizou uma união entre os dois países, "porque já estamos reunidos diante do mesmo moinho que macera os condimentos".

A história desse vínculo religioso teria como origem Na Agontimé, mãe do rei Guezô, que foi condenada à escravidão por seu tio, e antecessor, Adandozan. Foi Verger o primeiro a pesquisá-la e a determinar que Na Agontimé seria Maria Jesuína, fundadora da Casa das Minas, o primeiro dos terreiros de tambor da mina, o vodum maranhense. Em 1948, Verger conheceu Mãe Andressa Maria, considerada a última princesa de linhagem fon a governar a casa. Foi ela quem lhe apresentou o panteão que a casa venerava, e que o etnógrafo tentou depois encontrar no Daomé. Foi em Abomé que Verger se deparou com os nomes das divindades maranhenses. Todos eram ali conhecidos como membros da família real do Daomé. Dessa informação, ele deduziu a existência, no Brasil, de descendentes dessa família, entre eles Na Agontimé, que teriam levado consigo a memória dos seus antepassados, para cultuá-los como voduns. Foi o rei Adandozan quem cometeu a barbaridade de vendê-la como escravizada. Anos depois, seu filho Guezô mandou emissários às Américas, a fim de descobrir o seu paradeiro. O Chachá de Souza ficou responsável por organizar as buscas, todas inúteis. Em 1957, Verger publicou um artigo com a hipótese de que Agontimé teria ido parar no Maranhão, onde fundou a Casa das Minas. Na década de 1980, a história foi incorporada à tradição oral do terreiro.

A história de Na Agontimé e da relação religiosa entre Abomé e o tambor da mina é uma outra versão do vínculo entre a Casa Branca e os Villaça. O fato de que Barbieri a tivesse filmado pareceu-me alvissareiro para o novo projeto. Saindo de nossa conversa, lembrei-me do que Parés havia dito a respeito da dinâmica que produz o interesse de brancos sobre assuntos e pessoas daquela parte da África, e pensei que ela também atingia os que estão do lado de cá. Ponderei que a pesquisa de Parés rendera a Barbieri os contatos de que precisava para o seu filme, que tanto essa pesquisa como o filme haviam estado entre as inspirações de minha própria investigação, a qual me apresentou o drama de Mathilde e o apelo para que a Casa Branca fosse à África, e que o apelo aguçara o interesse de equede Sinha em viabilizar o reencontro. Seguindo essa lógica, considerei que um novo documentário, que contasse a história do reencontro, talvez fosse um próximo passo lógico, e que, se isso fosse verdade, quem sabe o filme um dia viesse a acontecer.

Mandei então uma mensagem para Mathilde, contando as novidades. Ela me respondeu em seguida, lembrando os seus problemas, a exasperação de Dangbé, as culpas do padre. Ela tinha certeza de que o reencontro com a Casa Branca poria fim a esses tormentos. Para que isso acontecesse, ela rezaria todos os dias, pediria a Nossa Senhora e a São Jerônimo, acenderia velas, faria promessas, se preciso, encomendaria uma missa.

Algum tempo depois, chegou outra mensagem: pelo sim, pelo não, Mathilde pediria também aos voduns a sua autorização.

6
LAGOS, NIGÉRIA

Foi uma questão de minutos para destruir a casa. Meia hora talvez, uma, no máximo. A construção não ofereceu resistência, as paredes gastas por século e meio de uso e décadas de descaso. Já estava condenada, mesmo que se dissesse o contrário.

Juliana Olaiya foi expulsa no meio da madrugada pelos jovens arruaceiros que assombram o bairro. *Area boys*, como são conhecidos. Dessa vez, no entanto, agiam sob contrato e vinham armados. Deram-lhe meia hora para levar o que pudesse da casa. Como não deixaram chamar ninguém, só tinha as mãos para alcançar o que coubesse nelas. Móveis, que já não eram muitos, ficaram para trás. Era como se, de repente, voltasse às guerras que desmontaram o reino de Oyó e tantos escravizados trouxeram para o Brasil. No meio da noite, arrancada de casa, despossuída, o destino incerto.

Correu para a casa de Maria Angélica Eyawandê da Rocha e esperou o desfecho.

Kofo Adeleke, fundadora da Legacy 1995,[1] acompanhou durante anos o desvanecer da casa. "Nunca pensei que a derrubassem. Supus que cairia sozinha, depois de tanto tempo ameaçando." Já não carregava sequer os andaimes que, em algum momento, levantou a Comissão Nacional de Monumentos e Museus numa tentativa acanhada de impor autoridade sobre o edifício. Ficara apenas o letreiro declarando o tombamento, proibindo reformas e vandalismo, mas tão alto que não alcançava a vista, e tão apagado que se presumia vencido. Acabou caindo junto com a casa, desaparecendo sob os escombros. Talvez hoje sirva como tabuleiro de vender quitutes.

A Legacy havia sido criada exatamente para evitar que ocorresse o que aconteceu. Kofo, o inglês John Godwin e meia dúzia mais eram entusiastas de arquitetura e história, defensores intransigentes do patrimônio histórico, aliados de primeira honra da Comissão Nacional. Mas foram escolher a Nigéria, onde, sussurrou-me uma vez Alberto da Costa e Silva, "não se dá bola para história, menos ainda para patrimônio". Diante do imponderável, a fundação conformou-se em agir como uma espécie de consciência, de forma talvez inútil, mas barulhenta.

Três semanas antes da demolição, passei horas no principal cômodo da casa, o que dava para a rua, pé-direito proeminente, janelões abertos em arcos góticos, resguardados por pequenas sacadas com grades em ferro batido, o conjunto fechado por venezianas banguelas. Entrevistava a cônsul-geral do Brasil, Maria Auxiliadora Figueiredo, que se propunha resgatar a construção de seu provável destino. Era a segunda vez que Maria atuava como cônsul em Lagos. Em ambas, fora voluntariamente, o que não é pouco dizer quando se conhece o Itamaraty. "Aceitei porque tinha o projeto de reconstruir a casa, torná-la centro cultural. Temos centros nas principais capitais do mundo, em países que nada têm a nos dizer. Não em Lagos, onde hoje ainda milhares de nigerianos se dizem brasileiros."

Maria Auxiliadora prometera o centro a Paul Lola Bangbosé Martins, provavelmente o último dos retornados a falar português. Nascido e criado em Lagos, Paul estivera no Brasil nos anos 1970, preenchendo uma aguada delegação empresarial. Em Salvador, cruzou com Olga do Alaketo, que andava a caráter, nos trajes prolixos de uma ialorixá. Conversaram em iorubá e Paul pensou tratar-se de uma nigeriana excêntrica ("Falava torto", disse-me ele uma vez). Refeitos do desentendido, iniciaram um diálogo que duraria anos. Por Olga, Paul soube do ramo brasileiro dos Bangbosé, feito de devotos ogãs e renomados babalaôs. Ele mesmo, do outro lado do Atlântico, entregava-se a Xangô. Paul terminaria se mudando para a Bahia ("rua Matatu de Brotas, 76", repetia sempre, como uma prece). Fez-se quase um brasileiro, banca estabelecida na capital baiana, preces transferidas para o terreiro do Pilão de Prata. Anos depois, de volta a Lagos, intitulava-se "líder da comunidade agudá". Maria Auxiliadora dedicava-lhe amizade: "Era chato, falava muito, mas tinha grande coração, e devotava-o ao Brasil." Foi quem lhe apresentara a casa e sugerira o centro cultural.

Havíamos marcado ali a entrevista de propósito. Subi pelas escadas mancas da casa, entrei na sala com mais cuidado do que respeito, ciente do piso que ameaçava ceder, as tábuas de madeira comidas pelo tempo. Olhando para fora, entre uma resposta e outra, percebia claramente a tragédia da casa. Não a de ser velha, mas a de estar em lugar tão cobiçado.

De novo Maria: "Setenta por cento da estrutura do prédio está preservada." O que desabava com constância previsível, ameaçando pedestres e feirantes, era o emassamento e os floreios de estuque, que adereçavam colunas, capitéis e o entablamento das janelas. "O problema é que 70% da economia nigeriana passa por este bairro, pela praça, pelas ruas em volta." O peso da especulação terminou por cansar a Comissão, que retirou os andaimes. Só ficou o inútil letreiro.

Juliana Olaiya apareceu para a entrevista vestida com barrete muçulmano, calça de couro, o cenho fechado (Figura 28). Enquanto eu conversava com Maria, ela se sentou em frente à janela e se perdeu em meditação. Era a guardiã da casa, bisneta de Alfred Olaiya, que a comprou em 1933. Fazia parte da fração da família que não queria a sua demolição. Maria a viu e se animou: "Ela já impediu duas vezes, a última, na semana passada. Vieram os incorporadores com escavadeira, mas ela chamou a polícia." Em abril daquele ano, havia sido o mesmo. Devem ter aprendido, pois, naquele domingo de setembro, chegaram de madrugada, com ajuda das gangues e a cumplicidade da Agência de Controle Predial de Lagos. Autoridade contra autoridade, fez-se o impasse, e a polícia preferiu sumir.

Estico a conversa com Juliana, que conhecia a história da casa. Sua seriedade intimidava. Poderia se passar pelo imane de alguma mesquita da vizinhança, barrete branco à cabeça e a expressão concentrada. Quando provocado, no entanto, o sorriso lhe saía limpo e desimpedido.

Ao final, busco uma imagem sua à janela da casa. Desço a escada coxa com minha câmera e cruzo a rua. Daquele ângulo, o mais distante que permitia a geografia da praça, encerrada em tapumes, só via o andar de cima. A feira tomara conta da calçada lindeira, de tal forma concentrada, que nada se via da metade inferior da fachada.

A CASA DE FERNANDEZ

O que mais fascinava Kofo na casa eram seus muitos nomes, que insinuavam uma história rica, ou uma memória persistente: Ilojo Bar, porque havia sido uma cervejaria; Olaiya House, em homenagem ao último comprador; Angel House, por causa do anjo espetado no alto do frontão, na verdade uma escultura em terracota vitrificada, representando a Vênus de Milo; Casa de Fernandez, por ser o nome original, o que figurava nos documentos da Comissão Nacional de Monumentos, e o único em português.

Era das mais antigas e imponentes casas brasileiras de Lagos. Ficava no número 6 da praça Tinubu, esquina com a rua Bangbosé, no centro histórico da cidade, na área conhecida como Brazilian Quarter (bairro brasileiro) ou Popo Agudá (bairro agudá). Em tempos mais remotos, foi também a Portuguese Town, a cidade dos negreiros portugueses, entre os quais estaria o nomeado Fernandez, ou Fernandes, primeiro dono da casa.[2]

Em 2011, a Legacy 1995 produziu um detalhado estudo arquitetônico da casa, com levantamento da planta e desenhos em escala das fachadas. Acreditava-se que seria restaurada, em cumprimento da ordenança federal. O documento é rico em detalhes: tratava-se de um sobrado de dois pisos, desenhado com elementos do revivalismo gótico, o que confirmaria o período de construção, no final da primeira metade do século XIX, antes da ampla disseminação da arquitetura afro-brasileira, quando predominou o classicismo. A fachada frontal apresentava seis balcões, com balaustradas em ferro batido. Seis portas no térreo faziam par aos balcões superiores, em simetria previsível. Apenas três dessas portas ainda se abriam, as outras estavam fechadas com tijolos e massa. A fachada tinha ainda sete pilastras com capitéis decorados, separando portas e janelões. Abertos em arcos góticos, os janelões apresentavam basculantes protegidos por grades com motivos geométricos. No alto da fachada, um parapeito e um terraço, interrompido ao centro por um telhado de folhas de zinco. No meio, a Vênus em terracota.

A riqueza da ornamentação e a distribuição dos cômodos sugeriam a residência de uma família abastada, o patriarca e seus dependentes instalados no andar de cima, o piso térreo usado para abrigar estabelecimentos comerciais. Quartos estreitos, nos fundos, reunidos em torno de um pátio interno, estocavam os escravizados. Uma típica casa colonial brasileira, que se poderia encontrar em quaisquer das metrópoles do Brasil do século XIX. Esta, por acaso, esquecendo-se na maior cidade africana.

A ARQUITETURA AFRO-BRASILEIRA DA COSTA OCIDENTAL AFRICANA

Adedoyin Teriba e Hermann von Hesse são africanos e estudam a arquitetura afro-brasileira em universidades norte-americanas. Caminhos oblíquos os levaram a esse raro interesse.

Hermann carrega a improbabilidade no nome: é pentaneto do dinamarquês Lebrecht Johan von Hesse, que teria trabalhado no castelo de Christiansburg (Osu), em Acra, entre 1793 e 1822. Não se sabe em que circunstâncias foi dar na fortaleza, ou em que condições de lá partiu. Tampouco se pode garantir onde e como morreu, se de febre na África ou tísica em Copenhague. Ao certo, sabe-se apenas que teve esposa, ou concubina, em Gana, pois ali deixou sementes.

Na infância, Hermann passava férias na mansão familiar de Acra, construída pelos primeiros Von Hesse, mestiços de tez clara e hábitos europeus. Tomou-lhe tempo atinar para a estrangeirice da estrutura em dois andares, das paredes em alvenaria, dos janelões com venezianas e do telhado de zinco, em tudo diferentes das casas que encontrava no interior do país, com os fechados muros de adobe e teto em sapê. Quando o fez, apaixonou-se pela arquitetura.

A obsessão ficou-lhe na maturidade, quando se decidiu pelo estudo acadêmico dos casarios brasileiros da costa ganense. Radicado em Madison, prepara hoje tese sobre a influência do que chama "atlantic strangers" no modo como os africanos pensam seu espaço caseiro. Entre esses "estrangeiros atlânticos" estão aqueles que cruzaram duas vezes o oceano, a primeira, como africanos, rumo à escravidão; a segunda, já brasileiros, de volta à África.

Adedoyin Teriba teve contato mais íntimo com a África brasileira. Na infância, sua mãe, iorubana nascida nas adjacências do bairro brasileiro, cozinhava para ele o mingau e o feijão-de-leite. Ocasionalmente, leva-va-o para as festas que enchiam a praça Campos e fechavam as ruas em volta. Ali, ele ouvira o canto do bumba meu boi, cuja letra não conseguia entender, e a voz dos arautos da sakara music,[3] enaltecendo personagens em cuja história não podia acreditar.

Na adolescência, viu o Brasil pela primeira vez. A televisão estatal nigeriana decidira retransmitir o programa *Fantástico*, em versão original, sem legendas. Teriba desenvolveu uma relação abstrata com o país. Via imagens de samba e carnaval e intuía o parentesco com os vizinhos da infância.

Com amigos, inspirou-se a rimar letra para a canção do programa, em pidgin english, o inglês popular das ruas nigerianas:

> *Baba Bycicle*
> *You no get tire*
> *Elemu de pusha*
> *Because of money*[4]

Adulto, Adedoyin escolheu estudar Arquitetura. Um dia, de férias da universidade, levou a mãe para um passeio na ilha de Ikoyi. Flanando por uma livraria, deparou-se com um artigo de David Aradeon, professor emérito da Universidade de Lagos, que celebrava a arquitetura afro-brasileira na Nigéria. Definiu ali o seu objeto de estudo. Afloraram, de uma só vez, as várias expressões do Brasil que ocuparam a sua infância. "Era como se tudo estivesse premeditado."

Como as casas que queria estudar ameaçavam inexistir, fez mestrado em restauração de edifícios históricos. Anos depois, já doutorando em Princeton, vacilou outra vez diante das infinitas possibilidades de uma dissertação. Já o Brasil parecia distante.

Foi quando veio em seu socorro o Aleijadinho. Surgido na curva de uma cátedra optativa, trouxe de volta o país de seus vizinhos. "Ressurgiram todas as referências brasileiras, do mingau de minha mãe ao *Fantástico*, de Popo Aguda ao Aleijadinho, que até aquele momento sequer sabia ser brasileiro." Fechou questão sobre a tese:

> O que quero mostrar é que a arquitetura brasileira na África Ocidental teve efeitos não previstos por seus criadores, inclusive de natureza política. A imponência, solidez e ostentação dessas casas abalaram noções arraigadas de poder, impactando a autoridade das chefias tradicionais, gerando tensões em alguns reinos da Iorubalândia.

Um exemplo: no final da década de 1880, o chefe militar do reino de Ijebu, balogun Kuku, encomendou casa a um construtor brasileiro, que pode ter sido Balthazar dos Reis ou Lázaro Borges da Silva, ou ainda algum de seus aprendizes assentados no interior. O tamanho e os paramentos da residência incomodaram o rei Awujale, cujo palácio definhou. Enciumado, ordenou o assassinato do general. Salvou-o a invasão inglesa.

O reino de Ijebu existia desde o século XV, mas prosperou a partir do XVIII, graças à sua localização, entre a cidade portuária de Lagos e os reinos do interior, o que o tornava passagem obrigatória no comércio da Iorubalândia. Cidades como Ikorodu e Epe, situadas à margem da Lagoa de Lagos (Lagos Lagoon), eram acesso incontornável na troca dos escravizados do norte pela pólvora europeia. A aristocracia de Ijebu tirava meticuloso proveito dessa vantagem, impondo taxas arbitrárias ao trânsito de produtos e reservando seu transporte à mão de obra local. Essa atitude foi considerada "protecionismo" pelo Império Britânico, que prosperara na força das armas e do mercantilismo.

Em maio de 1892, os guerreiros de Ijebu travaram, e perderam, a Batalha de Imagbon, que marcou o começo do fim do reinado de Awujale. Frederick Lugard, primeiro governador-geral da Nigéria, veio a lamentar o uso britânico de metralhadoras, que teriam "moído" milhares de africanos. Dois anos antes, ele mesmo fora acusado de carnificina em Uganda, onde se inaugurara essa variedade de morticínio tecnológico por atacado.

Ijebu foi aos poucos ocupado pelas tropas inglesas, até a sua total anexação ao protetorado sul-nigeriano, em 1914. Nas décadas seguintes, suas cidades foram distribuídas entre os atuais estados de Lagos e Ogun.

Ao invadir a capital, Ijebu-Ode, os soldados britânicos, que haviam moído seus adversários, decidiram, por coerência, destruir o palácio real. Pouparam, no entanto, a casa do balogun, que foi ascendido à segunda posição na hierarquia real (Oliwa), com poderes mais tangíveis que os de Awujale, mantido em condição protocolar. A hipótese de Adedoyin é de que a casa sobreviveu por ser ocidental. Destruí-la seria um ato de canibalismo social. Quanto ao balogun, talvez tenha sido promovido pela esclarecida decisão de construí-la.

O fato é que, até hoje, descendentes dos dois lados continuam rivais. A casa ainda existe. É das mais bonitas e bem cuidadas de Ijebu-Ode, garante Teriba.

O estudo da arquitetura afro-brasileira na costa ocidental africana é tema para alguns poucos iniciados. Como essa arquitetura está desaparecendo, é também assunto crescentemente efêmero. Von Hesse e Teriba talvez sejam os últimos especialistas.

Em 1994, Marjorie Alonge, precursora no estudo acadêmico sobre o tema, concluiu sua tese de doutorado na universidade inglesa de Newcastle. A obra, de trezentas páginas, intitulava-se "Afro-Brazilian Architecture in Lagos" e alertava para a urgência da conservação desse legado. Na bibliografia, onde se contavam 199 entradas, eram apenas cinco os títulos diretamente relacionados com o tema.[5] Desde então, alguns artigos bissextos apareceram em revistas especializadas, como o de David Aradeon, na *Nigeria Magazine* (1996), citado por Adedoyin Teriba; e o do próprio Teriba, dezessete anos depois, na *Revista Pidgin*, da Universidade de Princeton. Em 2014, Günter Weimer, professor de Arquitetura na Universidade Federal do Rio Grande do Sul (UFRGS), publicou uma obra temporã, com ilustrações inspiradas em Marafatto e enunciados que contestavam Marianno Carneiro da Cunha.[6] É provavelmente a última publicada. O que conta essa literatura é a história da construção de espaços tipicamente brasileiros no coração da África Ocidental.

Ao concluírem o retorno, os libertos brasileiros estabeleceram-se em seus próprios territórios: ruas, quarteirões ou bairros inteiros, adquiridos aos poucos, às vezes cedidos por chefias locais. Em Lagos, há registro da doação de 38 terrenos pelo Obá Dosunmu, no começo dos anos 1850, presumivelmente por pressão do cônsul britânico Campbell, que tomara para si a tarefa de velar pelo bem-estar desses negros "civilizados pela escravidão".[7] Em Gana, conta-se que Nii Ankrah, chefe de Otubloruh, uma das sete subdivisões de Acra, acolheu os primeiros tabons, que passaram a se concentrar nessa porção da cidade, entre os castelos de Ussher e Osu, em área hoje conhecida como Jamestown. Em Uidá, foi o próprio Chachá de Souza que deu abrigo às primeiras levas de agudás, instalados perto de sua residência, Singbomey, em área que ganhou o nome de Quartier Brèsil, e que nos dias de hoje ostenta uma École Brésil e uma Maison du Brésil, centro cultural em desuso.

Foi ali que levantaram suas primeiras casas. No começo, moradas térreas, mirradas e humildes, de gente que voltava sem pecúlio, feitas com o produto da terra, pau a pique, adobe e sapê. Depois, ganhadas em forma e constituição, com a solidez da matéria trazida do Brasil, tijolos, telhas, azulejos, casas que subiam nos andares e se faziam sobrados, à medida que prosperavam os donos.

Então, começaram a construir também para os outros. Gas abastados em Gana, fons enricados no Daomé, prósperos iorubás Nigéria adentro, hauçás mais ao norte. Construíram casas, igrejas e mesquitas. Também palácios, pois os chefes locais se fizeram ao gosto da novidade. Conta Marianno Carneiro da Cunha que, em 1849, o reverendo Townsend, da Sociedade Missionária Cristã, encantou-se com o Alakê de Abeocutá, homem "refinado", que fez instalar em seu palácio portas "para passarem homens eretos", janelas, tábuas na parede dos quartos e pintura na fachada externa. Em Lagos, o Obá mandou cobrir o seu com telhas, luxo durante muito tempo proibido a seus súditos, exclusividade real.

Em poucas décadas, entre térreos e sobrados, igrejas e mesquitas, as construções brasileiras proliferaram no golfo da Guiné. Lagos reuniu o conjunto mais farto e harmonioso dessas obras.

Em meados do século XIX, a cidade já era um mosaico de populações. Deixara a condição de reino ínfimo, vassalo de Benim, para fazer-se próspero centro comercial e negreiro, ocasionando ciúmes e escaramuças entre domínios vizinhos, e recomendando aos ingleses empreitada colonial que antecipava a "partilha da África".

Quando chegaram os primeiros retornados, lá estava a cidade original, Èkó, situada ao noroeste da ilha, organizada em volta do palácio real, de frente para o mercado, onde vivia o Obá. A sudeste, o Portuguese Town, bairro criado pelo rei Akinsemoyin, que no século anterior convidou a se instalarem os negreiros europeus, maiormente lusitanos. A oeste, em Olowogbowo, juntavam-se os saros, escravizados resgatados dos tumbeiros e catequizados pelos ingleses em Serra Leoa (o nome "saro" é uma corruptela de Sierra Leone).

O bairro brasileiro expandiu-se onde antes existira o português. Cresceu em torno da praça Campos, criada sobre o antigo cemitério de Ajele e batizada em homenagem aos irmãos Hilário e Romão Campos, retornados de ascendência cubano-brasileira. Dali, esticou-se 2 quilômetros para oeste, até chegar à praça Tinubu, onde se construiu a Casa de Fernandez. Seu extremo norte era marcado pelas ruas Bamboxê e Igbosere. Sua fronteira sul, pela avenida da Marina, onde comerciantes europeus levantaram mansões no começo do século XX. A leste, fechava o quadrilátero a rua Campos. A oeste, a Kakawa, que recebeu os mais belos sobrados. Em pouco tempo, a região encheu-se de casas. Um hipódromo apareceu no final do século (Figura 29). Os mortos, novos e antigos, foram levados a Ikoyi, do outro lado da ilha, onde se consagrou novo cemitério. É lá que, ainda hoje, se veem os túmulos mais suntuosos, com lápides celebrando brasileiros abastados, como Francisco Devodê Branco, Cândido da Rocha, Pedro Martins Jambo e Boaventura Jorge Ferreira, "barrister-at-law".

O apogeu brasileiro em Lagos aconteceu no final do século XIX. Censo de 1887 mostrava 3,221 mil retornados, numa população que beirava as 30 mil almas. Em 1889, o governador Alfred Moloney contou 5 mil. Quatro décadas antes, eram apenas 130 famílias.[8] Popo Agudá tornava-se pequena para tamanha comunidade e já muitos ocupavam espaços alternativos na cidade, como Ikoyi, Victoria Island e a mais barata Yabá, no continente. Outros tantos se moveram país adentro, acompanhando a ocupação britânica, que paulatinamente tomou toda a Iorubalândia, eliminando o risco da reescravização. Para onde fossem, levavam suas casas e seu modo de vida importados, que iam ganhando adeptos entre africanos, no mesmo ritmo em que, entre brasileiros, ganhava espaço a africanidade. Desse cruzamento deu-se uma liga, que terminou mais africana do que brasileira, mas que guardou em si um pouco do Brasil.

O bairro tinha então centenas de casas. Chegou a ser o maior conjunto arquitetônico de estilo brasileiro fora do Brasil. Anos depois, em sua tese, Marjorie Alonge ainda contava noventa.[9] Algumas das principais eram a Mesquita de Obadina, de 1844, na rua Elias; a casa do padre Williams, de 1845, na rua Igbosere; o Palácio Iduntafa, do mesmo ano, na rua Esiogodo; a Casa de Fernandez, na praça Tinubu, levantada em 1846; a Casa de Antonio, de 1850, na rua Campbell; a de José Cardoso, na rua Martins, de 1869; a Casa do Leão (Lion House) e a Catedral Holy Cross, ambas de 1880; a Casa de Romão Campos, na rua Odunlami, de 1885; o primeiro dos dezessete sobrados de Francisco Devodê Branco, na rua Kakawa, também de 1880 (Figura 30); a Casa dos Nascimento e a Mesquita Central, ambas de 1885; as casas dos Borges da Silva, na Oil Mill, e dos Vera Cruz, na Bamboxê, ambas de 1889; a Mesquita de Shitta Bey, de 1892, na rua Martin; a Casa da Água, dos Rocha, e a Casa Vaughan, de Richard Vaughan, ambas de 1895 e ambas na rua Kakawa; a Casa Elefante (Elephant House) e o Hotel Ritz, ambos de 1900; e a Casa Ebun (Ebun House), de 1913, um monumental despropósito do barroco eclético, com três andares e colunas coríntias envolvidas em guirlandas de flores e encimadas por capitéus frutados, abacaxis em destaque, sentenciada por Adedoyin Teriba como "grotesca no gosto, mas competente na execução".[10]

Eram construções feitas de um saber adquirido no Brasil, onde se formulara o que Teriba chama de uma "pedagogia da construção", orientada aos escravizados e libertos, que instruíra milhares de mestres de obras, pedreiros, carpinteiros, marceneiros, entalhadores, oleiros, gesseiros e pintores. Um exército de braços treinados a erguer senzala de negro e morada de branco.

A Bahia fora o centro nervoso desse processo. Missões jesuítas já formavam artesãos escravizados no século XVIII. Na segunda metade do XIX, aproximando-se a abolição, uma Escola de Artes e Ofícios inaugurou-se em Salvador, oferecendo aulas a libertos e ingênuos (negros nascidos livres), que se pretendia transformar em força de trabalho assalariada, a substituir a labuta cativa, já em extinção. Associações chamadas Cantos reuniam esses artesãos, compravam projetos de obras e distribuíam entre seus membros. Ocasionalmente, ajudavam alguns a deixar o Brasil.

Treinada nesses ofícios, essa mão de obra avultou-se na construção de térreos e sobrados, que dominavam a paisagem urbana das grandes cidades brasileiras — Salvador, Recife, Rio de Janeiro. Construíam num estilo que foi aos poucos demarcando a tradição portuguesa, ganhando em feitios e recursos próprios para os usos sociais e as imposições climáticas brasileiras, estabelecendo uma espécie de luso-tropicalismo arquitetônico, que não teria dificuldades em fazer-se depois às necessidades e inclinações africanas.

Marianno Carneiro da Cunha foi o primeiro a observar essa versatilidade e a explicar o sucesso da nova arquitetura nas latitudes oeste-africanas. As casas à brasileira, especialmente os sobrados, eram construções cujo sentido de organização espacial em tudo assemelhava-se ao das tradicionais residências nigerianas, os chamados *compounds*, ou agbo ilê em iorubá (literalmente, "rebanho de casas"). O fato de poderem ser feitas em múltiplos andares, ao contrário das africanas, oferecia-lhes vantagem comparativa irresistível.

Samuel Johnson, pastor anglicano em Oyó e autor da primeira história dos iorubás,[11] descreve os *compounds* como "composições em forma de quadrado, círculo ou ferradura, cercando um pátio central aberto, com um portão principal, sendo a casa dividida em compartimentos destinados a abrigar muitas famílias, todas mais ou menos unidas por laços de parentesco ou tutelagem". Essa estrutura atendia a uma necessidade, mais que a um gosto. A tradicional medida de poder na África Ocidental esteve sempre associada mais ao controle de gente do que à posse de terras. A autoridade de um chefe media-se pela quantidade de gente sob sua tutela, fosse essa tutela produto de sua energia poligâmica ou da capacidade de agregar vassalos. Casas grandes eram casas poderosas. Em caso de necessidade, seus moradores, parentes, agregados ou escravizados contavam-se em braços para a colheita, os rituais e a guerra. Nas cidades, essa lógica se repetia. Um conjunto de *compounds* agregando gente, apadrinhados, vassalos e parentes, em volta de um mercado, onde se fazia a economia, e do palácio real, onde residia o poder. Reis poderosos eram reis com muitos vassalos e muitos mercados.

Em diferentes cidades do norte ao sul da Nigéria, o modelo se repetia, com variações no tamanho, riqueza e complexidade dos *compounds*, a depender das circunstâncias de cada família, clã ou estado. Palácios reais tinham, naturalmente, múltiplos pátios, muitos deles alpendrados, cercados de uma infinidade de cômodos, onde vivia a corte e sua clientela. Eram fortificados, com colunas de madeira esculpidas a sustentar os tetos e grossas paredes circulares, decoradas com baixos-relevos que repetiam motivos da iconografia real nagô, como os leopardos. No caso dos palácios e das mesquitas hauçás, mais ao norte, arabescos decoravam paredes e abóbadas. Os quartos eram sempre pequenos e estreitos, desprovidos de janelas, com uma porta apenas, por onde entravam a luz, o ar e as gentes. Móveis inexistiam, substituídos por esteiras e singelos colchões. O teto era invariavelmente de argila, coberto de sapê.

O explorador Richard Francis Burton descreveu, em 1863, no seu livro *A Mission to Gelele, King of Dahome*, a complexa construção de um *compound*: as paredes eram levantadas por camadas, cada uma delas deixada a secar por dias antes de a seguinte ser agregada. A época preferida para construções era o mês de dezembro, quando o sol batia forte e o harmatão soprava, secando mais rápido as capas dos muros, que adquiriam a consistência do concreto.[12] Um século depois, ainda as técnicas populares de construção mantinham-se em alguns dos lugares mais pobres. Em sua primeira viagem pela costa oeste africana, em 1961, Alberto da Costa e Silva encantou-se com a feitura dos rebocos, amassados com azeite de dendê ou manteiga de carité, e "alisados ao extremo, como se trabalhados por mão de ceramista, para formar uma superfície dura, impermeável, quase polida".[13]

Uma casa à brasileira organizava-se de forma semelhante, em planta simétrica, vários cômodos dando em um mesmo pátio, saguão ou vestíbulo, que ajudava na circulação. Eram, como comentou Carneiro da Cunha, "*compounds* cobertos de telhas", *compounds* melhorados. A depender do tamanho, a organização do espaço permitia arranjos mais complexos do que o das casas africanas, com uma hierarquia de cômodos que punha os principais na parte de cima, a cozinha e os anexos embaixo, onde vivia a criadagem. Para as famílias menores, a versatilidade das plantas permitia também projetar espaços sumários, na forma de casas térreas, ou ainda organizadas como um meio sobrado, com seus cômodos, dois ou três, organizados a um lado de algum corredor, ou dando para um vestíbulo menor. Von Hesse estuda essa modalidade em sua pesquisa, centrada nas casas brasileiras em Gana. Segundo ele, com a disseminação dos valores e hábitos sociais cristãos, produziu-se no país um fenômeno de encolhimento das famílias urbanas, resultado do gradual desaparecimento da poligamia. Para atender a essa nova clientela, uma variedade de casas de pequeno porte passou a ocupar as ruas de bairros como Jamestown e Adabraka, alterando de forma definitiva a paisagem urbana de Acra.

A nova arquitetura oferecia também soluções para o desconforto dos trópicos africanos, idênticos aos do Brasil, com pés-direitos altos, venezianas e treliças diversas, que protegiam do sol e ajudavam na aeração, um avanço em relação aos *compounds* escuros e sufocados. As varandas atendiam à mesma necessidade, ao permitir a substituição de janelas por portas duplas, mais oferecidas à entrada do ar. No Brasil, prestavam-se também ao hábito da elite branca de ver a vida de cima, do segundo andar, enquanto à criadagem restava o rés do chão — costume a que os afro-brasileiros rapidamente iriam aderir.

Também o cuidado com as fachadas aproximava sobrados e *compounds*. Tal como nos palácios africanos, os sobrados mais prósperos recebiam tratamento aparatoso: varandas com sacadas em floreado de ferro batido; janelas enquadradas por colunas decoradas em estuque;

basculantes com gradis de segurança, não menos vaidosos; cornijas guarnecidas por frontões curvos, com volutas elaboradas; portas de madeira maciça, com painéis decorados em pintura; arcos góticos ou ovais abrindo espaços teatrais nas fachadas, que ostentavam baixos-relevos dos mais diversos gostos e inspirações. Coroando tudo, esculturas diversas, em argila ou cimento, pontuando tetos e telhados.

Segundo Teriba, essa opção estética, com seu classicismo híbrido e requinte barroquista, apelava ao gosto nigeriano pela exuberância, associada sempre à riqueza e ao poder. Fenômeno semelhante ocorreria em Gana, onde os excessos barrocos da arquitetura dita brasileira iriam se mostrar mais atraentes à clientela local do que a mais contida alternativa europeia, de inspiração palladiana.

Em ambos os países, os grandes sobrados geravam, no tamanho e nos adornos, uma sensação de "supremacia visual", conveniente a uma nova burguesia urbana para a qual tais casas, mais do que residências, eram um manifesto de ascensão e de uma modernidade que, não sendo estritamente europeia, presumia-se africana. Como, ainda por cima, eram funcionais, com plantas que reproduziam a disposição dos *compounds*, atendendo às necessidades das famílias estendidas, tornaram-se rapidamente uma novidade irresistível.

Para os retornados, essas casas tinham um sentido diferente. Eram, em primeiro lugar, parte de uma estratégia de adaptação e sobrevivência. Representavam a reprodução do espaço brasileiro deixado para trás, uma maneira de estar no Brasil sem estar, de reviver o Brasil em outras terras, de mudar o entorno, recriando um sentido de lar onde lar não havia, aproximando os membros da comunidade e protegendo-os da hostilidade que os primeiros encontraram ao chegar.

Mas eram também uma maneira de se mostrarem em outras tintas, mais coloridas do que as que haviam pintado suas vidas no Brasil. Uma maneira de se mostrarem "mais bonitos", como prefere Adedoyin Teriba. Com seus casarões, exibiam uma prosperidade que o passado lhes negara, recriando na África um estilo de vida no Brasil reservado a brancos.

Com o passar dos anos, muitos conquistaram as condições econômicas para construir para si esse estilo de vida. Recriaram assim as casas onde haviam vivido, mudando-se das senzalas subterrâneas para os pisos superiores. Em sua nova terra, passaram a ver a vida do andar de cima.

Nas primeiras décadas do século XIX, início do fenômeno do retorno, o prestígio africano dessas novas casas estava associado principalmente à fortuna dos negreiros, os primeiros a encomendá-las. Viajantes como John Duncan e Richard Burton,[14] testemunhas de sua prosperidade, reconheciam no estilo de vida desses traficantes uma tradição, quase europeia, de morar, vestir-se, comer e rezar, com a qual imediatamente se identificavam. Em 1847, Duncan descreveu admirado o bairro brasileiro de Uidá, criado em torno da casa do Chachá de Souza, batizada Singbomey ("casa de andares"), que "superava em quase tudo" os setores inglês e francês da cidade. Surpreendia-o, especialmente, o cuidado dos agudás com a limpeza e o conforto doméstico. Eram, escreveu, o "povo mais industrioso que havia conhecido", uma gente que, por cúmulo, havia experimentado, em não poucos casos, a escravidão, e que superara essa adversidade, construindo vida de branco em terra das mais inclementes. Burton, vinte anos depois, descreveu com o mesmo encanto a acolhida que recebeu de Domingos José Martins, pupilo do Chachá de Souza e, já então, um dos maiores negreiros da Costa. Em sua casa, o viajante, à ocasião cônsul britânico em Fernando Pó, tomou refrescos e admirou um bonito pomar.

Com o passar do tempo e a decadência dos negreiros, os talentosos construtores brasileiros acabaram por tornar-se mais conhecidos do que seus antigos patrões. Em 1887, o entalhador Balthazar dos Reis, responsável pelo altar central e o púlpito da catedral de Holly Cross, brilhou na Mostra Colonial de Kensington, onde ganhou medalha por uma mesa redonda em marchetaria. Naquele mesmo ano, o governador britânico de Lagos, Alfred Moloney, dirigiu-se a uma plateia de retornados elogiando sua vocação e seu treinamento, "indispensáveis e valiosos" para a difusão da civilização, por mais difícil que tivesse sido para eles a aquisição dessas qualidades. Uma década depois, outro governador, Henry McCallum, a tal ponto se impressionou com a competência desses artesãos na construção da catedral que, "maravilhado com o que pessoas negras podiam realizar", organizou um programa vocacional para enviar nigerianos a capacitarem-se na Inglaterra.[15] Em 1943, A. B. Laotan, ele mesmo descendente de retornados, consignou os dois registros em seu livro, cujo título evocava o iluminismo cristão de seus ancestrais: *The Torch Bearers* (Os portadores da luz).[16]

Aos poucos, criou-se assim uma "escola brasileira" de construção. Mestres de obra vindos do Brasil se firmaram como referências, enquanto os africanos mais abastados acostumavam-se a desejar as novas moradas. O prestígio desses construtores foi tal que, diz Teriba, tornou-se comum a saros[17] fingirem-se brasileiros, para melhor vender seus próprios projetos arquitetônicos.

Mais tarde, alguns desses construtores avançariam Iorubalândia adentro, estabelecendo-se em Ibadan, Abeocutá, Oyó, Benim City, Badagry e Ijebu-Ode, construindo mansões por comissão de ricos plantadores de cacau, que atribuíam ao luxo os poderes de atrair riqueza. Alguns anos antes, uma tal encomenda seria um "gesto extremo" (a expressão é de John Michael Vlach). Possuir casas de vários andares ("ilê petesi" em iorubá), mais altas e vistosas que as dos chefes tradicionais, era crime de lesa-majestade, passível de morte. Ocorre que a ocupação britânica fragilizou alakês e alafins, obás e ologuns, privando-lhes da autoridade e da riqueza, antes ancorada no tráfico negreiro. Toda uma aristocracia tradicional, afeita à economia escravista, ia com eles perdendo suas prerrogativas. No lugar, surgia uma nova elite, enriquecida na agricultura e no comércio, e cuja prosperidade se fazia ver nos modernos palácios burgueses que mandavam erguer. Em muitos deles, como observou Roger Bastide, viam-se baixos-relevos a representar leões, que competiam em autoridade com os tradicionais leopardos marcados nos muros reais, símbolo de seu desbotado poder. Era a maneira de os novos empodera-dos simbolizar a sua ascensão, disputando com as chefias tradicionais o sucesso nos negócios, o exagero das casas e a autoridade da fauna.[18]

A arquitetura afro-brasileira não floresceu apenas nas casas. Tomou também prédios públicos e espaços religiosos — algumas igrejas e muitas mesquitas. Tratava-se, afinal, de uma comunidade de católicos fervorosos, e não menos devotos muçulmanos. De volta à África, cui-daram primeiro de recriar os espaços de convívio social. Rapidamente, voltaram-se também para os de comunhão religiosa. Foi nesses últimos que o seu talentoso hibridismo arquitetônico encontrou expressão mais criativa e desconcertante.

Em Porto Novo, por exemplo, passa-se de repente por uma igreja. Fato banal. A cidade foi sede de uma das primeiras dioceses do golfo da Guiné. Padres da Société des Missions Africaines frequentavam aquelas terras já no começo do século XIX. Foi dali que, em 1860, partiram a criar a dio-cese de Lagos, condoídos pela insistência dos retornados que, anos a fio, rezaram dentro das próprias casas, privados de clérigos e premidos entre o moralismo anglicano dos saros e a exuberância animista dos demais.

A igreja fica em frente ao mercado de Ahouangbo e é, sem dúvida, brasileira, com sua simplicidade barroca de santuário jesuíta. Na fachada ocidental, torres quadradas sem cúpulas cercam o corpo central, de onde apontam quatro colunas, envolvendo as portas processionais e arcos ovais. Sobre o conjunto, um frontão triangular trabalhado em escamas, com duas janelas, um olho de boi e sóbrias volutas como moldura. O que causa estra-nheza é a escolha das cores, terracota para as torres; verde e amarelo para a fachada; azul para as colunas. Estranha também a presença atravessada de uma torre adicional, cilíndrica, sobre um anexo apegado ao templo.

Acontece que não é igreja. Trata-se da Grande Mesquita de Porto Novo, construída pelo brasileiro Ignácio Paraíso, em 1912 (Figura 31).[19] A torre espetada é um minarete. Construções como essa confundem passantes às dezenas, em cidades tão diferentes como Porto Novo, Abomé, Badagry, Lagos, Abeocutá, Ifé, Ijebu-Ode e Ilorin. Barry Hallen catalogou-as para artigo de 1988, que o levou a percorrer o coração da Iorubalândia, em companhia da fotógrafa italiana Carla de Benedetti. Passo-lhe a palavra:

> Um exemplo precoce da influência baiana se vê na mesquita de Abomé, construída no final do século XIX. Em Abeokutá, a grande mesquita ocupa o coração da cidade. Pilastras e frisos pintados dividem a superfície da fachada, de uma forma tipicamente baiana. Em Ilé-Ifé, a Mesquita de Modakeke é pintada de maneira a parecer feita de pedra, como as igrejas brasileiras. Em Ijebu-Ode, a grande mesquita teve suas paredes de barro pintadas de verde e amarelo, com motivos florais. No interior, arcos delimitam as galerias superiores e desenhos de inspiração vegetal são quase abstratos, como ordena a tradição muçulmana, mas não ao ponto de obliterar a inspiração cristã.[20]

A confusão não é casual. As mesquitas brasileiras (em Lagos, são chamadas literalmente de "Brazilian Mosques") são, em grande maioria, a obra de retornados de fé islâmica que, durante os anos de cativeiro no Brasil, foram expostos à religião católica em suas diferentes manifestações. Aprenderam a rezar o "Pai-Nosso", comungar-se e engrossar procissões, sem por isso abandonar seus talismãs corânicos. Aprenderam também as expressões materiais dessa fé, instruindo-se como artesãos a esculpir santos e, como mestres de obra, a levantar igrejas. Quando regressaram à África, usaram a experiência para erguer os próprios templos. Projetaram mesquitas, mas que saíram como igrejas.

Volto a Barry Hallen:

> O tradicional desenho português de igrejas com duas torres e um frontão central tornou-se o protótipo baiano por excelência, ainda que com o tempo esse modelo fosse alterado pelos ornamentos do rococó. De volta à África, essa mesma estrutura foi levada às mesquitas, com as necessárias adaptações dos espaços rituais ao uso islâmico. Assim, torres tornaram-se minaretes, a nave deu lugar à sala de orações e a abside virou o *mihrab* (o nicho semicircular que, na parede interna de uma mesquita, indica a direção da Meca). Elementos estilizados de decoração foram também adaptados, como as balaustradas, que aparecem com frequência cercando os minaretes, além de frisos, volutas e tracerias. A facilidade com que esses elementos exóticos foram integrados ao uso da terra explica porque, nos dias de hoje, esse estilo de mesquita, com seu vocabulário estrangeiro de formas, transcendeu suas raízes culturais, sendo adotado por inúmeras comunidades muçulmanas da África Ocidental como uma forma alternativa de arquitetura local.

Na contramão dessa corrente, o diálogo transatlântico também foi exemplar. Apesar do cuidado em não identificar a contribuição negra, é fato que a riqueza da arquitetura eclesiástica baiana se deve tanto ao talento de brancos como ao dos de origem africana; tanto ao de libertos como ao de escravizados; tanto ao de cristãos como ao de muçulmanos. A apropriação recíproca de elementos estéticos explica a riqueza da arte visual afro-brasileira, fosse ela obra de devotos cristãos, islâmicos ou do candomblé. Assim, se do lado africano tínhamos mesquitas-igrejas, com tudo de igrejas menos as cruzes, do lado brasileiro, como a reciprocar, viam-se nas igrejas baianas santos de traços negroides e adornos em arabescos, típicos do islamismo.

Personagens como Martiniano do Bonfim e Manoel Friandes encarnam à perfeição a invenção de uma cultura arquitetônica transatlântica.[21] O primeiro, natural de Salvador, viveu anos em Lagos, onde se fez carpinteiro e ajudou a levantar os altares da catedral de Santa Cruz. Era também babalorixá e devoto dos eguns. Em suas passagens pela Bahia, trouxe novidades litúrgicas às cerimônias do candomblé. Esteve também entre os patronos do terreiro de mãe Senhora, com quem conviveu. Já no fim da vida, foi o principal informante de Lorenzo Turner em suas investigações filológicas pelas Américas. Nos arquivos do Instituto Smithsonian, em Washington, encontramos ainda hoje as gravações originais de suas entrevistas, feitas num inglês de cores britânicas, costurado por passagens em iorubá. Uma foto sua, tirada na ocasião por Ruth Landes, mostra-o de terno de linho branco, sentado em sua poltrona de palhinha, o olhar elegante. O artesão muçulmano Manoel Friandes construiu vários edifícios para as autoridades católicas baianas, incluindo uma igreja na Lapinha, em Salvador, na década de 1860. Decorou as paredes da nave com arcos "árabes" e assentou entre eles uma inscrição em árabe significando "Eis que este é o milagre de Deus e esta é a porta do Céu".

Em Lagos, o melhor exemplo dessa arquitetura é a mesquita Shitta Bey. Foi encomendada ao brasileiro João Baptista da Costa, ele mesmo católico, por Mohammed Shitta, muçulmano de origem saro, benfeitor da comunidade islâmica. Por seu mecenato, Shitta recebeu do sultão Abdul Hamid II o título honorífico Bey, a mais alta honraria concedida a um civil no Império Otomano. O título passou ao nome da mesquita, cuja inauguração transformou-se em evento de cores ufanistas. William Abdullah Quilliam, conselheiro do sultão nas Ilhas Britânicas, deslocou-se até Lagos, onde discursou, classificando o edifício como "o melhor exemplo de arquitetura islâmica na África Ocidental". No mesmo dia, o *Lagos Weekly Record* publicava artigo elogioso, declarando que a obra era a prova de que "os africanos também podem ser progressistas".

A CASA DA ÁGUA

A mesquita Shitta Bey fica na rua Martin. A dois quarteirões de distância, está a chamada Casa da Água (Water House), provavelmente a mais conhecida das mansões brasileiras de Lagos, personagem do romance homônimo de Antônio Olinto, publicado em 1969. Foi ali que Juliana Olaiya se refugiou, enquanto destruíam a Casa de Fernandez.

A construção foi levantada em etapas, ao longo de vinte anos, enquanto os donos prosperavam. Quem começou a obra foi João Esan da Rocha, em 1875. Segundo a versão que conta a família (depois, conheci outras), ele teria nascido em Ileja e escravizado ainda criança, em Lagos, onde estudava com missionários saros. Um dia, a caminho da escola, João simplesmente sumiu. Já no Brasil, foi tocado pela fortuna. Teve como senhor um comerciante abastado, que lhe ensinou os segredos do ofício e depois lhe vendeu a alforria. De quebra, conheceu a liberta Louisa Angélica Nogueira, também ela de Ileja, com quem se casou. Depois disso, refez o oceano, levando a esposa e o primogênito Cândido (Figura 32). No Brasil, teria deixado outros filhos, legítimos ou não, ou ainda um irmão ou cunhado, que deram origem ao ramo brasileiro dos Rocha, sobre quem falarei em seguida.

De volta a Lagos, João Esan floresceu no comércio e teve três outros filhos: Moisés, Joanna e Angélica Josefina, que morreu ainda menina. Fez construir uma residência de um só piso, que ficou conhecida como Casa da Água, por abrigar um dos primeiros poços artesianos da cidade. Seu filho Cândido prosperou no negócio do ouro. Colecionou cavalos de raça, para os quais ergueu cavalariças. Ampliou a residência, para o alto e os lados, realizando a fantasia do pai, que sonhava ser dono de sobrado igual ao do seu proprietário brasileiro. Nos fundos, instalou um zoológico, onde colecionou pássaros e criou um leopardo. Foi dono de lojas, restaurantes e hotéis. Fundou também um banco, que faliu. No auge da fortuna, encomendou outras casas, batizadas com o nome de mulheres, que diziam ser as suas concubinas: Esperanza, Constanza, Finanza.

Teve também quatro filhos: Alexander, morto em Gana; Louisa; Angélica Olasade, que adotou o sobrenome Thomas; e Cândida, que viveu para ver o segundo milênio. À morte do pai, o espólio indispôs a família. Cândida e Angélica dividiram a Casa da Água ao meio, levantaram uma parede entre os dois lados e se instalaram, cada uma em cada metade. O histórico poço, situado no pátio central, foi lacrado e nunca mais usado. Hoje, primos não falam com primos.

No início dos anos 1970, o chanceler brasileiro Gibson Barbosa foi à Nigéria, animado em refazer os laços com um país que fora a origem de boa parte dos escravizados enviados ao Brasil. No ano seguinte, organizou-se uma missão com empresários nigerianos, para reciprocar a visita. Angélica Thomas foi a São Paulo e aproveitou para conhecer a Bahia. Na imprensa, a insólita viagem chamou a atenção: Angélica dizia ser filha e neta de baianos. Tempos depois, Alberto da Costa e Silva, embaixador em Lagos, organizou outra visita, desta vez com membros da União dos Descendentes de Brasileiros de Lagos. Entre os que participaram, Nestor Carrena, Egídio de Souza e Maria Angélica Eyawandê da Rocha, filha de Angélica Thomas. O trio assistiu ao carnaval do Rio de Janeiro, visitou as florestas de Manaus e conheceu a modernidade de Brasília. Foi quando Maria Angélica conheceu a prima brasileira, Beatriz da Rocha, personagem do próximo capítulo deste livro.

Em minha primeira viagem a Lagos, visitei Nestor Carrena. Neto de gaúcha com italiano, ele já beirava os 90, mas guardava a energia deslumbrada da juventude. Vivia na chamada *mainland*, a área continental de Lagos, já o sobrado familiar do Brazilian Quarter há muito vendido e derrubado. No apartamento acanhado, cabia-lhe o essencial, além do inseparável piano. Sobre o instrumento, porta-retratos de variados tamanhos, estilos e cores contavam a história de sua vida, exposta sobre o amor de sua vida (Figura 33). Músico contumaz, Carrena talvez tenha sido o maior dos festeiros da Lagos brasileira: inveterado animador de festas, mulherengo e jogador bissexto. Em uma das paredes da sala, um recorte amarelado de *O Cruzeiro* mostrava-o na sua versão Louis

Armstrong tropical, portando o *summer jacket*, um enorme charuto à boca, cercado por duas odaliscas, durante um baile de carnaval do Sírio Libanês. Comentei sobre o artigo, que datava da viagem do grupo ao Brasil. Nestor posou sobre ele seus olhos marejados, sentou-se ao piano e, em resposta, cantarolou a modinha que lhe ensinara a avó:

> *Minha mãe quero me casar*
> *Minha filha diga com quem*
> *Se casa com cachaceiro*
> *Minha filha não casa bem*

A canção improvisava sobre variadas combinações matrimoniais, percorrendo o acervo das profissões agudás, uma por quadra. A do cachaceiro era a última, a que fazia rir. Nestor abriu um enorme sorriso banguela ao entoá-la, trazendo de volta, décadas depois, o Louis Armstrong folião.

Maria Angélica Eyawandê nasceu em 1927. Na juventude, foi casada com um diplomata, viveu em Washington e Serra Leoa. Enviuvou meio século atrás, mas ainda se porta como uma embaixatriz geniosa. Sua metade da Casa da Água, herdada da mãe Angélica Thomas, dá frente para a rua Kakawa e compreende o salão do avô Cândido, cercado de janelões com basculantes gradeados, o piso de mármore branco, lustres desproporcionais a pender de um teto baixo forrado de madeira, retratos de gerações de Rochas competindo em molduras desencontradas na parede dos fundos. "Já estiveram aqui embaixadores, ministros e presidentes", adverte.

Ela me recebeu vestida em seu adirê de casa, e sentada numa poltrona, que se diria o seu trono, tal a autoridade com que rege as três empregadas a varrer o mármore branco, dobradas sobre escovões improvisados. Enquanto eu me instalava, ela mostrava com a mão roliça e impositiva os cantos ainda carentes de asseio (Figura 34). Depois, passou-me uma descompostura.

Maria Angélica não fora alertada oficialmente de minha visita. Esperava, ao menos, uma "nota escrita", que lhe permitisse alertar os demais Rocha, além de outras notáveis famílias da comunidade. Seria um cuidado elementar para com uma senhora em sua posição, que circulou na diplomacia, conheceu o protocolo e presidiu a União de Descendentes. De nada serviam as minhas explicações. Terminei deixando que Adeniran Arimoro, funcionário do Consulado Geral, recebesse a artilharia da velha. Depois, cansada, Maria Angélica condescendeu.

No final dos anos 1960, ao morrer o marido, Maria Angélica viu-se forçada, ainda jovem, a voltar à mundanidade de Lagos. Iniciou-se então no ramo do comércio têxtil, atividade que ainda exerce, e passou a ocupar-se, como a mãe antes dela, da União de Descendentes. Entre diretorias e a presidência, dedicou-lhe a maior parte da vida adulta. A União foi um dos vários grêmios a congraçar os retornados de Lagos nos últimos 150 anos. A. B. Laotan, autor de um dos primeiros relatos sobre o cotidiano dos agudás, *The Torch Bearers*,[22] comentou o associativismo de uma comunidade que, até o começo do século XX, era coesa ao limite da endogamia: os retornados eram "dançarinos entusiastas, gente festeira, e membros de clubes sociais criados para relembrar as tradições baianas e facilitar a formação de vínculos na comunidade". Os mais abastados eram ávidos consumidores de cultura. Participavam de festivais e bailados, assistiam a peças montadas pela Brazilian Dramatic Company, realizavam desfiles nos carnavais, procissões nas datas santas e shows de fogos nos finais de ano. Em 1888, para comemorar a Lei Áurea, um elegante baile foi organizado, com valsas e orquestras, para o qual se convidou o governador britânico, Moloney.

No dia a dia, os retornados contavam com associações de auxílio mútuo e sociedades de crédito, como a Flor do Dia e a Aurora Relief Society. Recolhiam-se em suas próprias irmandades religiosas, como a Sociedade Nossa Senhora dos Prazeres e a Catholic Friendly Society, fundada em 1903, que, diz Antônio Olinto, teve entre seus presidentes uma quinzena de brasileiros.[23] E planejavam as celebrações em sociedades festivas, como a Brazilian Campos Carretta Carnival Association e a Sociedade de Nosso Senhor do Bonfim, responsável pelo folguedo religioso comemorado no terceiro domingo de janeiro.

A Brazilian Descendants Union é uma instituição centenária. Quase centenários são também seus poucos membros. Maria Angélica ironiza: "Tenho 89 anos e nossa tesoureira, 90. Se somarmos os diretores, teríamos a idade do Brasil." Durante anos, os associados fizeram reuniões periódicas, na primeira segunda-feira do mês. Mantinham um grupo de burrinha, com músicos, máscaras e fantasias, organizavam festas e assim preservavam a memória do Brasil. Hoje, no entanto, diz Maria Angélica, os jovens não respeitam mais o passado. Poucos se interessam em resgatar uma história tão abstrata como a de ser brasileiro na Nigéria, especialmente quando a única coisa que se entende dessa identidade exótica é a descendência de escravizados, ou de traficante de escravizados. Em Lagos, como no Benim, ser brasileiro, no fundo, ainda é ser um dos dois.

Uma das poucas ocasiões em que o Brasil ainda é recordado com carinho são os funerais. Maria Auxiliadora Figueiredo participou de alguns. Ela lembra que, durante os velórios, volta e meia aparecem passaportes antigos, que seriam os dos ancestrais de quem se enterra. Alguns ainda levam estampados o selo do Império. Os documentos passam de mão em mão, como um troféu a atestar o pedigree do falecido, a sua remota linhagem. Por alguns minutos, a assistência se encanta com a ideia de que seus antepassados eram diferentes. Reaparece então um orgulho fugaz do passado brasileiro.

Numa tarde de domingo, converso sobre isso com a professora Lisa Lindsay, da Universidade de Chapel Hill. Em 1994, Lisa publicou o artigo "To return to the Bosom of Their Fatherland", em que adiantava alguns dos temas depois tratados na sua tese de doutorado. Entre eles estão as relações dos retornados com o Brasil e com a sociedade africana, na Lagos da virada do século.

Lisa considera que, com o passar dos anos, assistiu-se a uma gradual dissociação dos retornados em relação a sua identidade brasileira. O processo se acelerou nas primeiras décadas do século XX, quando em Lagos começaram a ser eleitos representantes nativos para a Câmara de vereadores, prevista no sistema de *indirect rule* britânico.[24] A disputa eleitoral estimulou a afirmação da nova identidade iorubá, que se vinha construindo desde as últimas décadas do século anterior, com o empurrão de nacionalistas e missionários letrados, que abraçaram o africanismo e codificaram a escrita iorubana. Anos depois, ao lançarem-se em campanha, candidatos a vereador de todas as origens já se ufanavam de sua africanidade e exaltavam raízes construídas ou por construir com a Iorubalândia. Uma vez eleitos, aplicavam à sua prática clientelista critérios de favorecimento que levavam em conta esses mesmos valores. O nativismo se alimentava desse incentivo e o processo se repetia no ciclo eleitoral seguinte, num movimento de crescente afiliação de candidatos e eleitores às mesmas afinidades iorubanas.

Na nova conjuntura, diz Lisa, já não havia incentivos para um morador de Lagos dizer-se agudá, ou mesmo saro. "O futuro era nigeriano, e era para o futuro que se queria olhar. A cultura dos retornados foi-se dissolvendo nesse caldo africano."

Assim, costumes que antes identificavam uma comunidade forânea tornaram-se excentricidades. Manifestações explícitas dessa estrangeirice foram perdendo fôlego, desmanchadas nas novas práticas culturais que se afirmavam. Famílias antes identificadas pelo Silva ou pelo Souza preferiram diluir o patronímico em casamentos autóctones. Jovens agudás nascidos desses casamentos optaram por omitir os nomes brasileiros, apresentando-se apenas com o africano.

Conclui Lisa: "Hoje, ainda resistem alguns nostálgicos do Brasil, mas são velhos. A memória desaparecerá com a morte dos últimos, sobretudo por não ser estimulada entre os mais jovens. Ficarão apenas os prédios, último vestígio físico de uma presença que já foi rica e complexa."

Mas, como sabemos, também os prédios desaparecem.

A CASA DE FERNANDEZ VAI AO CHÃO

Filmaram a demolição da Casa de Fernandez. Kofo Adeleke me enviou as imagens, segundo ela, "elementos de prova" para o processo que inevitavelmente surgirá. O filme está editado aqui e ali, o que encurtou a sua duração. No canto inferior direito, vai gravada a data da filmagem, um 11 de setembro, data em que já caíram edifícios maiores.

Por mais deprimente que seja, a demolição tem algo de banal e repetitivo. Escavadeiras anônimas arremessando as pesadas pás contra as históricas paredes do edifício. Assistindo à cena, já muito depois do desfecho, torço tolamente para que a história entranhada nessas paredes lhes sirva de cimento, ofereça resistência, mostre ao menos alguma teimosia. Nada disso acontece. Os muros cansados cedem placidamente, como que já conformados com a morte. A primeira em ir-se é a fachada oeste, a que dá para a praça. A Vênus em terracota já não coroa a construção, removida provavelmente na noite anterior. Era o butim mais cobiçado. Vejo a escavadeira aproximar-se como um boxeador, desferir o primeiro golpe na linha de cintura da casa, fazendo-a tremer. Mais dois socos e a casa perde o aprumo, inclina-se para frente. Vêm então os primeiros ganchos, de cima para baixo, derrubando parte da parede. Entre um golpe e outro, a máquina se move pesada, procura um ângulo novo, como se buscasse precipitar o processo ao atingir algum definitivo ponto de equilíbrio da estrutura. Depois, a máquina muda de estratégia. Em vez de socos, as pás aproximam-se cuidadosas, tocam a extremidade superior da parede, quase com delicadeza, como que cansadas de bater, apiedadas de sua vítima. O carinho dura apenas uns instantes. Logo, as pás puxam tudo para baixo, deitando de uma vez tijolos, ferro, madeira e vidros. São os golpes mais efetivos. Ao final, sobra apenas a porta central, convidando a entrar no entulho.

Ao lado da escavadeira, dispõe-se uma pequena torcida, que grita a cada golpe, não se sabe se em protesto ou incentivo. Em meio a esse grupo, um bando de jovens aguarda quieto o espólio. Observam o vergar de cada parede, o desmaio das portas, o tombo das janelas, o voo de balaustradas, o desmonte das esculturas que floreiam as fachadas. À primeira oportunidade, correm a rapinar o cadáver da casa. São provavelmente os *area boys*, os delinquentes que, na véspera, tiraram do sono Juliana.

Recebo também uma série de artigos que contam a agonia da casa.

O primeiro é de 1987. Foi publicado no *The New York Times*. Nele, o jornalista James Brooke passeia pelo bairro brasileiro, contando as dificuldades de se sustentar, no conceito e na prática, o patrimônio histórico de um país cuja percepção da história é, pela juventude da população, extremamente vaga e, no seu retrospecto, extremamente negativa. Em sua companhia estava Ayo, matriarca da família Vaughan-Richards, descendente do liberto James Churchill Vaughan, que foi escravizado na Carolina do Sul, passou pela Libéria e se estabeleceu como oleiro em Lagos. Segundo Adedoyin Teriba, foi de Vaughan a primeira fábrica de tijolos da cidade. Partindo da rua Kakawa, onde ainda resiste a Casa Vaughan, Ayo levou o jornalista a visitar algumas das preciosidades da arquitetura brasileira, todas destruídas desde então. Em frente à Casa de Fernandez, ainda aprumada, Brooke registra o vaticínio de Alan Vaughan-Richards, neto de Ayo: "Ninguém liga para essas casas. Elas vão caindo sozinhas, e aí as pessoas aproveitam e as derrubam de vez."[25]

O segundo, de 2008, é brasileiro. Em Lagos, o cônsul-geral adjunto do Brasil passeia pelo dilapidado bairro com o jornalista da *Folha de S.Paulo*, em companhia de um anônimo técnico do Iphan. A Casa de Fernandez é auscultada, seu valor histórico atestado, seu mérito arquitetônico aprovado. O cônsul comenta então o projeto que se apresentou às autoridades brasileiras: adquirir a casa, transformá-la em centro cultural. A contrapartida, 600 mil dólares, emperrou nas engrenagens do Itamaraty. Reage o cônsul, presciente: "Uma lástima. A área está sendo totalmente reformada e muitos prédios já estão sendo demolidos. A história da presença brasileira pode desaparecer."[26]

No terceiro, de 2011, o blog nigeriano *Nation Online* anota com inexplicado otimismo a promessa do diretor da Comissão Nacional de Monumentos e Museus, Mallam Yusuf Abdallah Usman, de ("no mais breve prazo") restaurar a casa, "em consórcio com outras partes interessadas". Segundo a publicação, a iniciativa teria, entre seus maiores méritos, o de acalmar as preocupações da família proprietária, em especial de seu patriarca, Victor Olaiya, para quem a casa representaria uma ameaça a moradores e passantes, e mereceria, portanto, ser rapidamente restaurada — ou derrubada.[27]

Em 2014, o mesmo *Nation Online* registra, dessa vez com ceticismo, o novo fôlego da autoridade nigeriana, que reitera sua promessa de fundos para a manutenção da casa, com recursos de "indivíduos interessados, ONGs e grandes empresas".[28] Nada aconteceu entre as duas reportagens, e a confiança do periódico em Usman parece esgarçada. O desassossego da família Olaiya cresce proporcionalmente, já então atiçado pela cobiça. Para Victor, restaurava-se a casa ou dava-se lugar a outro edifício. Seria a última aparição da residência, ainda viva, em um relato de imprensa.

As publicações seguintes serão sobre sua demolição.[29]

Segundo esse necrológio, a casa já vinha havia muito sendo objeto de disputa entre uma parte da família, que preferia seu "aproveitamento comercial", e outra, que queria sua preservação. Entre 2010 e 2014, a Comissão Nacional de Monumentos e Museus tentou várias alternativas para renovar a casa, que fracassaram por secura financeira. A cada malogro, fortalecia-se a ideia da demolição. Victor Olaiya contava a seu favor com o fato de a autoridade nacional nigeriana não haver sequer compensado a família pelo tombamento do prédio, cinquenta anos antes. A inadimplência fortalecia o coro em prol da destruição. Em momento indeterminado, Olaiya assinou um contrato com um incorporador imobiliário, terceirizando o problema. A transação não foi informada às autoridades nem ao grupo rival da família. Em 2016, cresceu a pressão pelo desmanche da casa. Já com os incorporadores a seu lado, Olaiya tentou uma primeira manobra em outubro. As escavadeiras foram interrompidas pela polícia. Iniciou-se uma série de reuniões com as partes interessadas. De um lado da mesa, a Comissão tentava, sem moral e sem recursos, aplacar o ânimo demolidor. Do outro, Victor Olaiya contava com a gravidade e a especulação. Entre conversas, Olaiya tentou mais dois ataques, em abril e julho, ambos interrompidos pela polícia. Em setembro, mudou de estratégia, notificou a Agência de Controle Predial sobre o risco iminente de desabamento da construção e conseguiu a autorização para demolir. Escolheu um domingo cedo, hora de pouca atividade policial e, para maior segurança, feriado islâmico.

Após a demolição, o destino da casa, que nunca despertou paixões, passou a ocupar intensamente as redes sociais. Na imprensa, condenou-se o ato em termos imperativos, "Uma perda trágica e colossal" (*The Guardian*). Especulou-se sobre consequências judiciais. Se a casa estivesse sob a proteção da Unesco, seu destruidor seria processado por crime cultural no Tribunal Penal Internacional de Haia, que condenou Ahmad al Faqi al Mahdi pela destruição de sítios religiosos em Timbuktu. Lamentou-se que a casa, embora patrimônio nacional, não tivesse recebido proteção. Em outubro, organizou-se um ato de repúdio e os insatisfeitos deram vazão a seu desassossego. A Legacy lançou petição em favor de processar os Olaiya, chamando a demolição de "assassinato à luz do dia". Sugeriu também a reconstrução da casa e a produção de um documentário, de forma a resgatar a memória dos mais antigos dos agudás. Artistas de diferentes campos, chamados a se manifestar, classificaram o ato como "criminoso", "nauseante", "absurdo", "grotesco", "infame". Para Wole Soyinka, prêmio Nobel de Literatura, a demolição foi "insensível". A Comissão de Monumentos embrenhou-se em explicações, enquanto seu diretor, o mesmo Mallam Usman de 2011, prometia represálias.

Enquanto isso, aos pés da casa desmanchada, Oluyomi MacGregor, líder da comunidade agudá, sentenciava: "É uma morte, estamos culturalmente enlutados." E Gasper da Silva, presidente da União de Descendentes, agourava: "Sinto que isso será uma desgraça sobre nós."

VICTOR OLAIYA

Tento contato com Victor Olaiya, a quem os jornais situam como pivô da crise, mandante da demolição e objeto dos processos que se anunciam. Como não atende telefone nem responde e-mail, busco informações com terceiros. De Kofo Adeleke, consigo a confirmação de que foi ele a assinar o contrato com a incorporadora. De Daniel Adewale Olaiya, seu sobrinho, recebo um desmentido, sem maiores esclarecimentos. De Maria Auxiliadora, a cônsul-geral, ganho a opinião de que Victor estaria senil e empobrecido, o que explicaria duplamente o desvario. De Juliana Olaiya, que encontro já instalada na casa de parentes, consigo alguns detalhes: Victor estaria velho (85 anos), menos senil do que gostaria de parecer, menos rico do que gostaria de ser, e teria assinado um contrato de *leasing* com a incorporadora. Se o contrato previa ou não a demolição, ela não sabe, mas suspeita que as cláusulas deixavam abertos os caminhos para a incorporação: "Victor Olaiya não tinha condições, sozinho, de bancar a demolição. Precisava de um aliado que tivesse acesso às autoridades estaduais, a alguém que pudesse autorizar a destruição da casa, indo contra as ordens da Comissão Nacional. Por isso, a incorporadora."

Passados alguns meses da destruição da casa, tento em vão descobrir o nome da empresa. Kofo Adeleke vem ao meu socorro. Fazendo, como ela diz, "trabalho de detetive", consegue com vizinhos a informação de que o empresário seria um certo Otunba Nurudeen Arowogbola. De posse da informação, insisto com Daniel Adewale, de quem finalmente consigo o contato do advogado da família, já empenhado nas preliminares de um processo civil.

Olanrewaju Falola confirma que o destino da casa havia muito dividia os Olaiya. A porção por ele representada, que tinha Victor à frente, recorreu ao extremo da demolição porque o edifício prometia cair e "se tornar abrigo de criminosos". Antecipando-se à reação do governo federal, a quem o patrimônio estava tutelado, Falola decidiu mover ação na Corte Federal de Lagos contra a Comissão Nacional de Monumentos. Em sua justificativa, o processo enumera as providências ordenadas pela família ao longo dos anos: repetidos estudos de engenharia, que decretaram o estado falimentar da residência; petições à Comissão, para que se renovasse a casa, ou autorizasse a renovação; reclamações à Agência Estadual de Controle Predial, para que interviesse perante a Comissão; em desespero de causa, até um apelo ao presidente da República, Goodluck Jonathan, para que o prédio fosse retirado da lista de monumentos nacionais. Todas as medidas ecoaram no vazio.

Um dia, os Olaiya receberam a primeira de uma série de multas por negligência na manutenção da casa. Vinha da Agência de Controle Predial. Para Falola, no limite, "podia-se dizer que estavam obrigados a destruí-la".

O arrazoado do advogado nunca convenceu, e um alvoroço de ataques, libelos e acusações continuava ocupando o mundo cultural nigeriano meses depois da demolição. A toda essa ebulição Victor Olaiya, ele também um ícone cultural, reagiu com hermético silêncio. O silêncio, no entanto, não combinava com Olaiya, conhecido na África como o "gênio satânico" (*evil genius*) da highlife music — gênero musical que ele aprendeu em Gana e difundiu mundo afora.

No final dos anos 1950, em meio ao fervilhar nacionalista e ao crescimento de suas metrópoles, difundia-se no mundo uma noção de música africana feita de muitas harmonias, mas de um mesmo conjunto de influências. Em 1954, Hugh Masekela, pai do jazz sul-africano, começava a brilhar com suas composições engajadas a atacar a escravidão, o apartheid e o governo de Pretoria. Dois anos depois, Miriam Makeba, futura esposa de Masekela, gravava a primeira versão de "Pata-pata" antes de partir em exílio e ganhar o mundo. Ainda em 1956, fundava-se em Leopoldville a orquestra OK Jazz, com formação de big band americana, o virtuosismo do guitarrista Franco e a peculiar inspiração de rumba africana. Na Libéria, Ebenezer Calendar cuidava de projetar continente afora sua versão da palm wine music, nascida da combinação entre o toque das guitarras portuguesas e o ritmo do calypso de Trinidad e Tobago. Enquanto isso, em Gana, a highlife music era sancionada pelo governo Nkrumah como música oficial do novo país.

A expressão "highlife" remete ao estilo de vida das elites europeias durante os anos de colonização em Gana. "Living the highlife", ou "viver em alto estilo", era, na visão dos colonizados, o próprio dos brancos, e era para eles que os negros ganenses tocavam, em festas e bailes, a música que comentava esse padrão. Tardaria anos para que esse estilo de música fosse também o dos ganenses. Quando isso aconteceu, tornou-se o substrato musical de seu nacionalismo.

As harmonias e os ritmos da highlife refletiam a conturbada história do país. Suas raízes enterravam-se tanto na fertilidade do sul como na aridez do norte. Dali vieram suas cruzadas influências: o norte trouxe a tradição da praise song, o panegírico cantado, variante mais ritmada das canções de gesta africanas, que, já no século XVII, atarefavam os menestréis gurunsis do Alto Volta, herdeiros do Império Songhai; no sul, germinou uma sonoridade bastarda, produto da releitura ganense de expressões e instrumentos musicais trazidos pelas potências europeias, que ocuparam, pelo espaço de décadas ou séculos, o litoral do país. Era apenas natural que, uma vez maturada, essa forma de música, que nascera para alegrar brancos, passasse a louvar também os próprios autores.

Quando o país conquistou a independência, o governo de Kwame Nkrumah viu na highlife, que encontrara a expressão musical definitiva trinta anos antes, um poderoso instrumento para a formação da nova identidade nacional. Bandas passaram a ser apoiadas pelo governo, com a missão de propagar, dentro e fora do país, a nova imagem do Estado ganense, unido, moderno, independente e livre. Foi quando o inglês se tornou língua franca entre os cantores, substituindo os dialetos akans,

usados, por ironia, quando o público-alvo da highlife era majoritariamente composto por ingleses.

Foi também nesse período que se projetaram no estrelato musical
africano *band leaders* como Emmanuel Tettey Mensah, King Bruce, Jerry
Hansen e E. K. Nyame, que passaram a percorrer o país e o continente,
tocando a highlife em formações cada dia maiores, celebrando a influência das big bands americanas e atestando a própria prosperidade. Suas
notas chegariam inevitavelmente à Nigéria, maior mercado musical africano, primeiro no sopro de Mensah, líder da lendária banda The Tempos,
e logo no de seus seguidores, entre os quais se destacava Victor Olaiya.

Em pouco tempo, a pujança musical de Olaiya levaria a Nigéria a
disputar com Gana a supremacia na produção e promoção da highlife
music. A disputa perdura até os dias de hoje.

Victor Abinbola Olaiya foi o vigésimo dos 24 filhos de Alfred. Nasceu
em 1930, dois anos antes da aquisição da casa, e foi criado em Calabar.
Ainda na juventude, veio a Lagos fazer-se músico. Viveu então na mansão, ocupando com os irmãos todos os cômodos, do andar superior ao
inferior, das varandas patriarcais à senzala dos escravizados, no fundo
do pátio inferior. Com prováveis primos e agregados, formavam quase
uma tribo. A vida de Victor e o destino da casa estiveram desde então
associados.

Victor iniciou-se na trompa, antes de passar para o mais versátil
trompete. Com o instrumento, inaugurou-se músico tocando na Old
Lagos City Orchestra, big band nigeriana que animava bailes e festas.
Em 1954, rompeu com o grupo e criou o próprio, Cool Cats. Foi quando
aderiu à highlife, estilo que marcaria sua lenda musical.

Com a nova formação, tocou para a rainha Elizabeth, em visita a Lagos, e para o governo nigeriano em peso, na celebração da independência.
Em 1963, fez dupla com Louis Armstrong no banquete que marcou a
adoção da primeira Constituição nigeriana. Quando eclodiu a guerra
civil em Biafra, foi convocado para animar seus vários fronts, ganhando
a patente de coronel.

Por essa época, Victor prosperava também na importação e distribuição de instrumentos musicais. Mudou o nome da banda para All Stars, com o qual batizou a loja de instrumentos musicais que abriu no térreo da Casa de Fernandez (Figura 35). Já consagrado, passou a apadrinhar nomes que rapidamente ofuscariam o seu na cena musical nigeriana. É considerado patrono de Fela Kuti, o pai do afrobeat, e benfeitor de King Sunny Adé, o rei da juju music, a quem vendeu sua primeira guitarra, por "uma libra e nove shillings", conforme escreveu Adé em suas memórias.[30] Nesse embalo, fez também construir o Stadium Hotel, combinação de hospedagem e clube noturno, onde tocava e recebia estrelas da música africana.

Um dia, veio a inevitável decadência. A highlife music, que predominara por anos, foi sucessivamente superada pela fuji music, na década de 1960; pelo afrobeat, na de 1970; pela juju music, nos anos 1980; e pela waka music, na década seguinte. Desde então, todas perderam espaço para o hegemônico hip-hop. Nesse processo de renovação musical, as raízes da melodia nigeriana, que chegaram a estar plantadas em terras ganenses, foram rapidamente esquecidas. Olaiya deixou as manchetes da imprensa para ocupar ocasionais notas em colunas sociais.

Uma delas, de janeiro de 2011, registra um evento beneficente, organizado para ajudá-lo financeiramente. Recriou-se o ambiente do Highlife All Stars Club que, por uma noite, reuniu músicos de várias gerações. Victor completava 80 anos e se animou a tocar como aos 40. No final da noite, discursou, ameaçando viver até os "90 ou 100", sugerindo novas homenagens e doações. O octagenário "gênio satânico" envelhecia e empobrecia. A mesma inércia tornava-o, no entanto, também chefe da família Olaiya, falecidos os primogênitos. Não estranha que datem daquela época os primeiros projetos comerciais para a Casa de Fernandez.

A julgar pelos relatos da imprensa, por volta de 2011 ou 2012, Victor teria começado a pressionar o resto da família a considerar o desmanche da mansão. Na falta de informações fidedignas, posso apenas imaginar o que aconteceu: um Victor Olaiya preocupado com o desamparo da velhice já não mora mais em Ilojo Bar. A casa lhe é inútil, mas o seu valor só faz aumentar. Em reuniões de família, já empossado chefe, ele se empenha em convencer a parentela. Seu melhor argumento é o de que o governo não cumpriu sua parte. Tombou a construção, mas falhou em indenizar apropriadamente os Olaiya. A casa, hoje, é uma preocupação. Pior, é uma despesa. Custa caro mantê-la, e não se ganha nada. Vendê-la é impossível, visto que está tombada. Cedê-la em leasing a um incorporador é o único caminho. Alguns parentes discordam, talvez por acharem que a indenização algum dia chegará, talvez por não haverem recebido de Victor parte suficiente do negócio.

Entre os que divergem está Aderemi Awobuyide Olaiya, pai de Juliana. Num evento no consulado, conversamos. Aderemi faz uma evocação apaixonada da mansão, recorda os anos em que viveu em seus quartos, ainda jovem, as mesas que ocupou no bar do andar térreo, já adulto; relembra o pai, Alfred, que quase não conheceu, mas que ele sabe, morreu na casa. No interior, quando morrem os anciãos, os corpos são enterrados perto das casas e as almas migram para as grandes árvores. A casa é um baobá em plena cidade. Ela possui uma alma, que é também a dos que nela morreram, como a de Alfred, mesmo que o tenham enterrado no cemitério, contrariando os hábitos mais antigos. Destruí-la seria desassossegar a alma do pai, desrespeitar o espírito dos ancestrais, atentar contra a ordem natural das coisas. Pergunto-lhe sobre as desavenças financeiras da família e Aderemi prefere mudar de assunto.

Em minhas andanças por Lagos, decidi uma vez visitar os templos da música nigeriana. Conheci a falecida República de Kalakuta, comuna "independente" fundada por Fela Kuti no início dos anos 1970 e fechada pela ditadura de Olusegun Obasanjo, hoje uma pacata residência. Estive na New Afrika Shrine, réplica da lendária casa noturna do mesmo Fela

Kuti, atualmente instalada em Ikeja e dirigida por seu filho Femi. Acompanhei inclusive o fechamento da boate de King Sunny Adé, Ariya, em 2003, quando a delinquência que dominava a cidade passou a ameaçar a segurança dos frequentadores.

Um dia, atravessei a ponte Èkó e visitei o Stadium Hotel, no bairro de Surulere. Aos sábados à noite, os metais ainda ecoavam a highlife, insensíveis à evolução da música nigeriana. O público era dominado por idosos. Nas mesas da varanda, em volta da pista de dança, mamas e babas paramentados em atribulados bubus sacudiam-se ao ritmo das congas, alguns marcando o andamento da música com suas bengalas. Uma senhora de roxo encalhou nos degraus que levavam à pista. Cheguei a duvidar que alcançasse. A música, no entanto, apertou e seus quadris começaram a mexer, levando movimento às pernas e atitude aos pés, que galgaram os degraus. Pouco depois, já sem sapatos, ela embarcava no tempo e evocava a jovem que décadas antes devia sacudir-se ouvindo os Cool Cats.

Ouvi então dos garçons que o dono do estabelecimento, Victor Olaiya, de quem ainda não sabia quase nada, aparecia à uma da manhã, sentava-se ao bar e ouvia a música. Vez ou outra, animava-se a tocar, para alvoroço das senhoras em roxo. Esperei aquela noite até tarde. Vi entrarem senhores garbosos, vi alguns se sentarem ao bar, mas nenhum tocou. Pergunto-me até hoje se entre eles estava Olaiya.

Na Lagos do começo do século XX, os sobrados sobressaíam. Numa cidade que não se estendia muito além de suas ilhas, ocupada por umas poucas dezenas de milhares de pessoas, as casas brasileiras eram centenas. Feitas primeiro de adobe e pau a pique, depois de tijolos, pedras e azulejos; cobertas primeiro de sapê, depois de telhas e então das chapas de zinco que os ingleses tão insistentemente queriam exportar para suas colônias. Construídas por mãos brasileiras, com técnicas aprendidas no Brasil. Século adentro, as casas continuavam unânimes, mesmo quando a população oriunda do Brasil começava a declinar, pelo esgotamento da migração e a assimilação dos que já lá estavam. Se, em 1887, Moloney contou 3,2 mil brasileiros, em 1911, encontraram-se apenas 327 e, em 1931, 184, dos quais somente cem declaravam-se nascidos no Brasil. Trinta anos depois, Antônio Olinto testemunhou a morte dos derradeiros brasileiros natos: Maria Ojelabi, Romana da Conceição, Manuel Emídio da Conceição, Julia da Costa.

O número das casas, no entanto, não deixava de aumentar, já não todas genuinamente brasileiras, já muitas imitações, já a maioria fora de Lagos, em cidades como Badagry, Abeocutá, Ibadan, Ilé Calabar, Ijebu-Ode, Benim City.

Isoladas, as casas eram a marca rarefeita de uma passagem estrangeira, que foi lentamente digerida e assimilada. Em Lagos, eram mais do que isso. Em Lagos, aconteceu um bairro inteiro, um território, o rastro denso de uma identidade, com marcas arquitetônicas e expressões culturais. Umas e outras se amarraram no tempo. Não era possível pensar a praça Campos sem evocar o desfile das "caretas" carnavalescas no Natal, a saída da burrinha na Epifânia, as procissões a Nossa Senhora dos Prazeres em agosto. Hoje, já desfigurada, ainda não se entende inteiramente a praça sem a Campos Carretta Carnival Association.

Foi esse território que permitiu aos brasileiros, durante décadas, proteger sua brasilidade, marcar sua diferença, reproduzir sua geografia e reescrever sua história. O bairro brasileiro, em Lagos, foi também Recife, Rio de Janeiro e Salvador. Não era espaço de africano nem de branco; era espaço interposto, às vezes a separar uns e outros, às vezes a intermediá-los, mais tarde a uni-los.

Em 2007, David Aradeon, professor emérito da Universidade de Lagos (e mentor involuntário de Adedoyin Teriba), propôs à Documenta de Kassel a obra *Antecedentes dos espaços afro-brasileiros*. Tratava-se de uma instalação fotográfica, com uma profusão de imagens a registrar a arquitetura brasileira na Nigéria, mas também o legado africano na Bahia.[31]

No seu trabalho de campo, Aradeon esteve no Brasil. Passou a maior parte do tempo em Salvador, percorreu o Recôncavo e visitou rapidamente o Recife. Conheceu Carybé e suas esculturas sobre o candomblé. Foi recebido por Mãe Stella de Oxóssi, no Ilê Axé Opô Afonjá, participou de suas cerimônias e assistiu a aulas em iorubá. Frequentou também terreiros nos arredores de Salvador e na ilha de Itaparica. De volta à Nigéria, perambulou pelas ruas brasileiras de Lagos, conheceu os moradores, quando ainda muitos eram agudás, e visitou as cidades do interior, onde o Brasil permanecera, já não nas pessoas, mas nas caladas construções.

A instalação registra essa vivência entre as margens do Atlântico. Era seu o comentário imagético sobre as influências cruzadas entre as culturas africana no Brasil e brasileira na África Ocidental.

Comenta Aradeon:

> Em sua experiência brasileira, na condição de escravos ou libertos, os afro-brasileiros foram principalmente africanos. Como tal, exerceram uma influência inextinguível na cultura brasileira, que ia da língua à religião, da culinária ao carnaval. Já no contexto do seu retorno, os afro-brasileiros foram principalmente brasileiros. Falavam português, vestiam-se seguindo estilos europeus, eram católicos e viviam em bairros especiais, seus próprios bairros, em casas que se diziam brasileiras.

Em um de meus últimos dias em Lagos, logo após a entrevista com Maria Auxiliadora Figueiredo, decidi passear pelo bairro brasileiro. Nossa conversa havia terminado em um tom pessimista. Na última resposta, ela lamentou: "As gerações mais novas não têm orgulho de descender de brasileiros. Só vejo essa exaltação quando se enterra algum ancião. O cemitério é o único lugar onde se reverencia a memória do Brasil."

Desanimado também, decidi arejar mergulhando no burburinho frenético da cidade. Saí de carro, câmera à mão, e passei a fotografar as ruas, calçadas e vielas enquanto Graciano Bangbosé Martins (Figura 36), sobrinho de Paul Lola Bangbosé Martins, sentado no banco da frente, comentava o que víamos. De olho no visor da câmera, eu ouvia a voz monótona de Graciano: "Aqui era a casa de fulano, lá ficava a mansão de sicrano, acolá estava o sobrado de beltrano..." De quando em quando, entre uma e outra evocação, apareciam algumas casas de verdade. Muito poucas. Ao final, ficou-me a impressão de que estávamos a visitar o cemitério de Maria Auxiliadora.

Foi quando me lembrei de Aradeon. Os africanos que chegavam escravizados ao Brasil vinham sem quaisquer posses ou bagagens. O pouco que traziam vinha-lhes na memória. Foi com ela que construíram seu campo de fé e de cultura, adaptando-se ao espaço físico que lhes era dado. No regresso à África, os retornados foram mais felizes. Levaram malas e baús, carregados de artefatos brasileiros: roupas, temperos, livros, joias, brinquedos, utensílios, objetos de devoção. Por disporem desses recursos, facilmente estabeleceram seu espaço cultural, que acomodaram em uma geografia de casas, ruas, calçadas, postes, praças, escolas e cemitérios.

Naquela tarde, fotografando as ruas vazias de casas brasileiras, percebi o paradoxo e entendi o provável fim dessa história. No Brasil, uma cultura afro-brasileira, feita da memória de quem chegou sem nada, encontra-se hoje em tudo, da abstração sonora do candomblé à concretude dos temperos da moqueca. Em Lagos, o processo seguiu o caminho inverso. Um pequeno apêndice do Brasil, construído longe do país por gente que voltou com as malas cheias, esvai-se, lenta, mas inexoravelmente, voltando ao espaço intangível da memória.

7
SALVADOR, BAHIA

Dona Beatriz da Rocha quer morrer na África. Ela acredita que é onde deve descansar o corpo, pois é ali que vive a sua família — a "verdadeira" família, ela faz questão de esclarecer. No Brasil, só ficaram os mortos e os muito distantes.

Morrer na África é, para dona Bia, uma obrigação, pois é na morte que ela realizará o seu destino. Beatriz passou boa parte da vida dizendo-se africana. Anos atrás, quando a saúde ainda permitia, andava por Salvador vestida em formidáveis bubus, um grande lenço colorido a combinar, pincelando a cidade como um frenético arco-íris. Passava pelo Centro de Estudos Afro-Orientais (CEAO) da Universidade Federal da Bahia (UFBA) e desfilava a sua assertiva africanidade. Encontrava os professores e queria contar-lhes a sua história. Julgava que sua vida devia ser escrita, seus pormenores registrados, suas lacunas pesquisadas. Andava sempre a falar. Hoje, com a vida se esgotando, regressar à sua terra e fazer com que contem a sua história tornaram-se uma urgência. "É a única coisa que tenho, um sentimento. É que as coisas começaram a acontecer na hora em que já vou deixar."

Conheci dona Beatriz ao final do meu périplo africano. Para terminar de contar a história dos retornados, eu decidira voltar onde tudo havia começado: a Bahia. Ia em busca de dois personagens cujas idades somadas tinham quase a mesma duração da história dos retornados, e cujas vidas resumiam, uma a refletir simetricamente a outra, os sonhos, os dilemas e as frustrações dessa saga transatlântica. Em Salvador, visitaria dona Beatriz, membro do que ela dizia ser o ramo brasileiro da família Rocha de

Lagos, e cuja maior ambição era terminar os dias ao lado dos seus parentes nigerianos. Um pouco mais ao sul, em Coroa Vermelha, procuraria Ange do Sacramento, que nasceu no Benim, vivia aposentado na Bahia, e cujo sonho era encontrar a sua família brasileira.

DONA BIA QUER CONTAR A SUA HISTÓRIA

Até alguns meses atrás, dona Bia morava no bairro do Itapoã, numa das extremidades de Salvador. Continuava, no entanto, frequentando o CEAO, do outro lado da cidade. Passava horas nos ônibus, quase todos os dias, enfrentando filas, sofrendo a deseducação da gente, disputando assento, esquivando de empurrões. Gastava a vida nessas peregrinações, como uma beata a bajular algum santo. Pensava que a sua insistência seria um dia recompensada.

Numa terça-feira de inverno, a recompensa pareceu chegar. No pátio do CEAO, sentada em um banco, ela recitava as mágoas. Márcia Souza, que há anos as ouvia, fingia de novo escutar. De repente, de uma janela aberta, soou a redenção: "Eu escreverei a sua história." Dona Beatriz não acreditou. Enfiou a cabeça na sala e insistiu: "Escreverá?" Sentado à sua mesa, cercado de livros, Jeferson Bacelar sorria. Ele ouvira vagamente falar de dona Bia. Sabia de suas excentricidades, mas nunca dera crédito àquelas histórias de corredor. Agora, diante da velha, percebeu o efeito de suas palavras, mas já era tarde para corrigir. Manteve o sorriso e inclinou a cabeça para frente, num lento e indefinido aceno, sem querer concordar, sem poder negar.

Dona Bia não perdeu tempo. Entrou na sala, sentou-se, perguntou se ele gravaria, se anotaria, quando publicaria. Aludiu a um vago sobrinho seu, que possuía uma gráfica em Ibadan, e especulou a necessidade de uma tradução. Bacelar deixou de sorrir. Assustou-se com sua energia, intuiu o que o esperava e lamentou o arroubo. Decidiu mudar de tática, alegando ocupações, marcando um novo encontro para outro dia. Contou com isso desanimá-la. Mas, no dia seguinte, ela chegou cedo. Chegaria cedo todos os dias e não pararia mais de chegar, a vitalidade recuperada, o objetivo à vista.

Bacelar rendeu-se ao inevitável. Encomendou a ajuda de um estudante, muniu-se de gravador e tentou ser sincero: "Vou escutá-la e decidirei o que fazer." Foram dias a conversar, gravar, transcrever, editar, corrigir, retocar. Dona Bia era uma fonte inesgotável, uma voz que já ninguém podia calar. Estava realizando o seu destino.

Rapidamente, Itapoã fez-se longe demais para sua impaciência e dona Bia mudou-se. Encontrou um apartamento no largo Dois de Julho, ao lado do CEAO. Um apartamento de quarto andar, frente para a rua, com vista lateral para a entrada do Centro. Ali, adquiriu novos hábitos. Acordava muito cedo, fazia o café, comia um quase nada, trocava a camisola folgada, acomodava-se numa cadeira reta e punha-se a espreitar.

Bacelar chegava às 8 horas em ponto. Tinha ele também os seus hábitos. Era nas primeiras horas da manhã que mais produzia, quando a rotina acadêmica ainda não o alcançava: o ir e vir de estudantes, a ladainha das secretárias, a presença dos colegas. Era quando podia ler, refletir, com alguma sorte escrever. Andava envolvido com uma alentada pesquisa sobre a história da culinária baiana que já lhe rendera um livro e inspiraria outros.

Dona Bia não se impressionava com esses projetos. Via Bacelar cruzando o pesado portão do Centro e logo descia. Apanhava-o desprevenido, ainda a arrumar os pertences, a guardar os livros, a pedir o café. Gritava bom dia e sentava no banco de praça, em frente à sala do professor. Nos dias de maior aflição, já ia logo entrando, sem deixá-lo com o tempo de se instalar. Aquela rotina, que de início assustou Bacelar pelo inesperado, logo o assombraria pela razão inversa.

Quando estive por primeira vez com dona Bia, ela me contou entusiasmada o arranjo com o professor. Algo nas suas palavras, no entanto, indicou-me que ali havia tudo menos um arranjo. Fui vê-lo no dia seguinte e tive o cuidado de que ela não estivesse. Já o conhecia de pesquisas passadas, de modo que o acesso foi fácil e gentil. Quando mencionei meu interesse pela anciã, no entanto, Bacelar congelou. Arregalou os olhos e examinou o vão da janela, como a suspeitar que ela já estivesse no seu banco. Não estava e ele terminou por se acalmar. Entendeu então o que eu havia feito, agradeceu e despejou-se a falar:

Estava em minha sala do CEAO quando Márcia Souza, acompanhada de uma senhora idosa, parou em uma janela e conversou sobre um assunto de que não me lembro e tocou em fazer história de vida. A senhora disse "Minha história ninguém conta!". Eu, brincando, disse "Eu conto!". Eu evidentemente não falava a sério, mas no dia seguinte entrou na minha sala a senhora dizendo "Aqui estou eu para contar a minha história e a de minha família". Achei melhor ser sincero e respondi "Vamos bater um papo rápido hoje e direi se vale a pena, está certo?". Ela concordou, mas depois disso nunca mais foi embora. Todos os dias aparece aqui e fica aí fora. Às vezes, eu tenho que fechar a janela, fingir que não estou. E agora ela veio morar aqui perto, fica me vigiando. Acabei fazendo um projeto, pedi ajuda de colegas, quero convencer algum estudante a pesquisar.

Ao final da conversa, Bacelar me deu uma cópia do projeto "Os que ficaram: A Casa da Água". Fala de um "amplo projeto de pesquisa", propõe uma alentada bibliografia e enumera as etapas da pesquisa ("um trabalho longo"): revisão bibliográfica nacional e internacional; pesquisa nos arquivos da Bahia e da Nigéria; pesquisa aos jornais baianos, cariocas e brasilienses; entrevistas com membros da família no Brasil e na Nigéria.

O professor tentava há meses atrair algum estudante. Meu interesse talvez pudesse preencher essa lacuna.

Poucas coisas são tão perturbadoras quanto uma obsessão. Ricardo Piglia um dia escreveu, referindo-se a seu pai, que as obsessões se constroem como castelos de areia, bastando para isso um acontecimento que nos altere o rumo da vida. Quando acontecem, elas operam como uma faca irresistível a amputar-nos o sentido da orientação. A obsessão de dona Bia começou a construir-se quarenta anos atrás, quando alguém lhe disse que se parecia com algum Rocha da Nigéria. Ela tomou o assunto a sério e, quando a oportunidade apareceu, agarrou-a com uma fé de convertida. Fez de sua família africana um projeto de vida.

Foi para entender essa obsessão que mergulhei em sua vida. Ouvira falar dela em minhas viagens a Lagos. Entrevistando os Rocha, donos da Casa da Água, vi surgir o seu nome, em meio a referências sobre os "parentes deixados para trás". Tempo depois, estive em Salvador e tratei de encontrá-la. No CEAO, todos a conheciam de nome, mas ninguém sabia do seu paradeiro. Indicaram-me uns primos seus e foi com eles que avancei a pesquisa. Receberam-me com boa vontade, atenção e até paciência, mas sem o entusiasmo que eu esperava. Quando eu insistia em conhecer os detalhes daquela relação cortada pelo mar, diziam-me que "era coisa de Bia".

Muito tempo depois, quando fui convidado a participar do documentário *Os retornados*, veio outra vez o nome de dona Bia. Queriam-na como personagem e puseram os meios para encontrá-la. Chegaram ao seu pequeno apartamento do Itapoã. Ela havia estado fora de Salvador, vivido um pouco em cada canto, perdendo-se na memória dos outros. Mas estava de volta. Terminei conhecendo-a num 27 de junho. Viajei à Bahia com esse propósito. Lá, me esperava Emerson Dindo, roteirista e cineasta, que havia trabalhado como produtor para *Os retornados* e, nessa condição, havia conhecido dona Bia e se encantado por ela. Emerson passou a frequentar a sua casa em Itapoã e, quando dona Bia se mudou para o bairro da Vitória, ajudou na mudança. Terminou adotando a velha senhora, ou ela a ele, a tal ponto que juntos inventaram um filme, ele como cineasta, ela como única protagonista. Emerson contou-me que às vezes passava o dia inteiro a filmá-la. Deixava a câmera ligada num tripé e registrava a sua rotina. Ela então se zangava, avessa à intrusão do aparelho. Gritava com o jovem, ameaçava expulsá-lo de casa, impedi-lo de voltar, mas logo se aquietava, pois precisava contar a sua história, nem que fosse para uma máquina espetada numa forquilha.

O apartamento de dona Bia era daqueles onde se fica, mas não se vive. Não tinha móveis, à exceção de uma cama, duas cadeiras de plástico, um armário meio vazio. Não tinha quadros, fotografias, cortinas, miudezas, nada daquilo com que se povoa o entorno mais íntimo: a marca de um gosto, o gesto de um cuidado, a passagem de uma lembrança. Na sala, em vez de mesa, uma máquina de lavar roupa. Na cozinha, um fogão que nunca viu fogo. O pouco que ainda tem, dona Bia guarda em caixas de papelão, como se a preparar uma mudança. Tudo na vida dela parece provisório. "Não sou mulher de me apegar a nada, se quiser ir embora, fecho a mala e pronto", faz questão de dizer. Seu apartamento é apenas um pouso entre revoadas.

Ela nos recebeu metida em um penhoar de veludo azul, com bordados floridos à altura das lapelas, grosso demais para a estação. O peso da capota realçava a sua fragilidade. A um canto da parede, uma bengala pesada ratificava essa impressão. Mas era tudo ilusão. Quando entrei na sala, ela me recebeu com uma rispidez de gente saudável e um aprumo que enxotava a compaixão. Faltava-lhe aquele carinho franzino que geralmente se associa à delicadeza da velhice.

Dona Bia tem a cara dos seus 85 anos, mas não os fundamentos. Trata-se de alguém que desdenha a idade com a mesma teimosia com que desprezou os assombros da vida. Em seus ímpetos, às vezes se esquece do próprio corpo. Quando se acelera numa vontade, levanta-se a saltitar, deixando a bengala perdida no canto, até que lhe dói algum lugar, volta atrás e apanha o apêndice a contragosto.

Passei horas a ouvi-la contar. Já na primeira fala, esqueci que conversava com uma idosa, tamanha a energia que exalava. Tinha a vivacidade de uma menina, o olhar aceso, a fala rápida, a memória aguda, uma lucidez contundente. Isso tudo com uma voz de tempestade, que ela trovejava sobre mim em cânticos gospel e rimas para Oxalá. Um dia, no meio de um depoimento, lembrou-se do "Azulão". Puxou um refrão e o vozeirão veio-lhe escuro como um estrondo, uma voz de contralto, roncando alto do fundo do abdome.

Quando fala de África, dona Bia acende como uma lâmpada. O rosto cintila, a voz soa mais firme, as opiniões mais teimosas. Lembra-se de cada visita à Nigéria, inclusive das que não viajou. Recorda as conversas com os primos, o idioma construído, um pouco em inglês, outro em iorubá; a comida exótica e a familiar, os quitutes de dendê e os de paladar europeu; as visitas aos parentes e as peregrinações aos orixás; os dias em que perambulou por Lagos e as noites em que dormiu na Casa da Água, "o palacete". O que não lembra, ela inventa, e o faz com um prodígio de detalhes e uma certeza inquestionável.

Nossas conversas tinham qualidades fluviais. Um fluxo contínuo, às vezes incoerente, quase sempre torrencial. Os assuntos se sucediam, prendiam-se uns nos outros, costuravam-se em sua fala. Ela nunca deixava esvaziar. Quando o curso de uma história apontava para o fim, ela rapidamente amarrava a outra, sacudindo a conversa como numa lombada, sem jamais perder o ritmo. Era como se estivesse a ler algum texto secreto, um teleprompter visível somente aos seus olhos. Um dia, esgotados os seus casos, emendou-se a declamar Olavo Bilac: "Última flor do Lácio, inculta e bela,/ És, a um tempo, esplendor e sepultura:/ Ouro nativo, que na ganga impura/ A bruta mina entre os cascalhos vela…// Amo-te assim, desconhecida e obscura/ Tuba de alto clangor, lira singela,/ Que tens o trom e o silvo da procela/ E o arrolo da saudade e da ternura!" Depois pediu desculpas, pois não lembrava o final.

Depoimentos como os de dona Bia não se registram em meras notas. São excessivos, complexos, multitudinários. Para alcançá-los, é preciso um esforço de obliteração. É necessário esquecer-se de si mesmo e das mecânicas tarefas de anotação, é indispensável mergulhar junto com ela. Foi o que fiz. O que segue, é o resultado dessa imersão.

DONA BIA FALA

Seu nome é Beatriz Raimunda de Oliveira Rocha. O pai era José Oséas da Rocha e a mãe, Benilzes Marques de Oliveira Rocha. Os avós eram José Maria da Rocha Argolo e Luiza da França Rocha. Os bisavós eram africanos. Ele se chamava João Esan da Rocha e estudou na Europa. Quando o pai faleceu, retornou à Nigéria e foi preso. Teria 10 ou talvez 16 anos. Foi trazido como escravizado ao Brasil. Na Bahia, comprou-o um barão, que reclamou por ser imberbe. Queria alguém para as plantações, para trabalhar pesado. João era fraco. No entanto, era uma educação só, pedia licença, lavava as mãos. O barão assustou-se: "Esse menino é diferente." Explicaram que falava quatro línguas, que era filho único de pai educado. Foi ficando e ficou. A bisavó de Bia, também africana, foi criada por uma tia e vendia acaçá na rua. João Esan um dia a viu e tomou-a como esposa. Depois, conseguiram a alforria e voltaram para a África, em companhia do filho menor, Cândido, ainda uma criança. Deixaram para trás outros dois filhos, José Maria da Rocha e o irmão Luciano, que já eram homens feitos. Em Lagos, João tornou-se muito rico e construiu a Casa da Água.

Bia não queria nascer. Ficou quase um ano inteiro na barriga da mãe, que andava muito gorda, pesando no assoalho da casa, as empregadas segurando, colocando almofada com a barriga em cima. E ela não nascia. Um dia, Benilzes se ajoelhou, olhou para a torre da igreja e pediu para que Nossa Senhora a livrasse daquilo. Então, passou mal e as empregadas vieram. A criança logo nasceu e não havia roupa que lhe coubesse. Tinha 4 quilos e depois disso a mãe ficou normal.

Bia morava numa casa de dezoito cômodos construída pelo avô. Na parte de baixo, uma loja, e, em cima, o sótão. Tinha muita escada, e foi numa delas que caiu a sua tia Pequena. Era criança e andava sempre a correr atrás do pai. Bateu tão forte a cabeça que colocou o cérebro pelo nariz. Ficou lesada, não sabia falar, quando queria comer, fazia um gesto com o polegar, apontando para a boca, e grunhia. Passaram a chamá-la "tia Bichinha", um bicho pequeno. Seus tios eram quinze, catorze dos quais mulheres. Formaram-se todas professoras, menos Almerinda, que foi quem lhe ensinou as primeiras letras. Um dia, Almerinda brigou com a família, foi morar em Serra do Aporá e morreu. Aliás, não morreu, foi enterrada viva. "Tia Almerinda era muito engenhosa, tinha manhas. Um dia, se aborreceu, teve vexame e ficou desacordada." Com os métodos de então, acharam que tinha morrido e fizeram o enterro. Quando a avó soube, pegou correndo o trem, mas, ao chegar, Almerinda já estava debaixo do chão. Puxaram o caixão e o interior estava todo lanhado.

Bia teve dois irmãos. José Ellis era médico, era culto, era lido. Era também feio, imensamente feio. Bia às vezes o via chegar de supetão, escondido na sombra do corredor, e se assustava. Tinha que fingir, rir para enganá-lo. Ele tinha vitiligo, o que agravava a feiura. Chamavam-no "Zé do Vitiligo", e ele aceitava o apelido com sabedoria. Não se dava conta de toda a feiura, ou talvez percebesse e, por isso, não saísse de Camaçari, a sua cidade, onde já era conhecido de todos. "Ele andava socado na cidade, foi político, vereador, quase prefeito. Não foi deputado porque não queria sair dali." Evitava dividir a aparência com estranhos. Apesar disso, casou-se duas vezes, as esposas eram bonitas e os três filhos escaparam da doença.

Bia insistia em levá-lo à África. Ele não achava que a família de lá fosse rica. "Eu dizia, ele não acreditava. Eu convidava, ele não ia." Um dia, ela conseguiu passagem para os dois. Zé Ellis ficou na mansão da prima Abisolá. "Embasbacou-se." Numa mesa da sala, viu um diamante enorme, depois viu a criadagem, viu o luxo. No dia seguinte, rendeu-se: "Você venceu. Realmente eu nunca pensei que isso existisse."

O outro irmão de Bia era na verdade seu primo. Aconteceu assim: a tia Jovina saía muito e um dia apareceu grávida. Para evitar o escândalo de ter filho sem casamento, tiveram que escondê-la na casa da vizinha. José Oséas se encantava pela irmã. Tinham as mesmas sensibilidades, liam os mesmos livros e falavam os mesmos idiomas. Gostavam de poesia. Quando a criança nasceu, ele a registrou como sua, escondendo a vergonha da mãe. Chamou-o Aloísio da Rocha, e foi assim que Bia ganhou outro irmão.

O padrinho de Bia era branco. Chamava-se Armando Alberto da Costa e era loiro de olhos azuis. Bia se encantava por ele e jamais conseguiu achar bonito homem que fosse diferente. Achava-o lindo e se achava feia. "Eu era racista, não gostava de negros. Queria tanto que meu padrinho fosse meu pai." Ao mesmo tempo, ela sempre ouvira falar que a família tinha vínculos com a África. Era um ruído que corria, histórias que ouvia, às quais não dava atenção. Não sentia nenhuma afinidade com a África. Sequer queria ser negra.

"Era um paradoxo. Hoje me sinto mais africana que brasileira."

Em 1960, Bia engravidou. O pai era mineiro, médico, cuidadoso, mas casamento, nada. A família alvoroçou-se, mais filho sem pai! Não deixavam Bia em paz. Já bastava uma Jovina. Então, ela decidiu viver no Rio de Janeiro. Foi de trem e não havia ninguém esperando por ela na estação. Bia não conhecia ninguém, mas fez amizade durante a viagem, um senhor que mandou procurá-lo se precisasse. Ela foi. Ele mandou que buscasse emprego em um hospital em Vila Isabel. Deram-lhe estágio, disseram: "Você vai ficar aqui, nós vamos te dar refeição e condição financeira." Trabalhava também em uma casa de saúde em Botafogo. Foi quando juntou dinheiro. Em 1963, nasceu-lhe a filha caçula. O pai era outro mineiro, outro médico, outro que não queria casamento. Mas, naquela época, a família já vivia longe e Bia não teve que escutar difamação.

O candomblé entrou cedo na vida de Bia. A avó era mãe de santo, mas, muito antes de Bia nascer, decidiu que seria protestante. Então, perguntou aos orixás se queriam que seus assentamentos voltassem para a Nigéria. Para os que aceitaram, ela fez obrigações e despachou para a África. Os que queriam ficar, ela jogou no dique do Tororó. Durante anos, Bia sofreu por isso. Chegava perto do dique e gritava, chorava. Tinha medo da água, mas queria se atirar, afundar, achar os ferros.

Quando veio a gravidez da mãe, a avó fez obrigação, tudo escondido do mundo. A mãe só desconfiava, só rezava, quase doze meses até Bia nascer. Era um abiku de fogo,[1] uma criança destinada a morrer cedo e a matar os pais. A avó sabia, já dois netos tinham morrido no parto. Bia foi crescendo e o inevitável aconteceu: "Encostou em mim, morreu." Primeiro, foi o pai, ela com onze meses; depois, a avó e, em seguida, a mãe. "E lá se vem, lá se vem." Depois, a tia Almerinda. Isso só parou quando Bia foi para a casa da tia Caetana. Um dia, Aloísio a viu caída na rua, "vomitando, babando e se mijando". Aloísio entregou-a a Caetana: "Tome conta de minha irmã." Bia tinha 13 anos.

Caetana era ialorixá, uma mulher forte, que não curvava a cabeça para ninguém. Era a própria Oxum. "Naquele tempo, dentro do candomblé, ou se agia direito, ou era caixão e vela preta. Quando a gente fazia o santo, se sentia o próprio orixá. Eu me sentia Oxalufã em pessoa." Bia ficou dezoito anos como abiã de Mãe Caetana. Quando chegou a hora, pediu que lhe fizesse o santo, mas ela enrolou. Bia só entendeu depois. Seu santo era do jeje e Caetana não podia fazer.

Bia foi então para o Rio de Janeiro e sua vida estava ótima, "Mas santo é santo". Apareceu um homem a segui-la, um homem bonito, um caboclo. Seguia por toda a parte. Se ela parasse, ele também parava, se ela andasse, ele andava, se ela corresse, corria. E sempre perto, uma sombra de dia e de noite. Bia foi tomando pavor, meteu na cabeça que ele ia matá-la. Resolveu pedir a um pai de santo que jogasse para ela. Ele jogou, olhou para os búzios e para ela, e disse assim: "Você quer ficar aqui em minha casa?" Ela: "Quero." "Então vamos lá buscar as suas coisas." Era Pai Djalma de Lalú. Contam que sua mãe grávida sentiu as dores do parto e correu para o hospital, mas na primeira encruzilhada a bolsa rompeu e ela deu à luz ali mesmo. Um predestinado. Foi ele quem chamou Mãe Macalina, que era do jeje, para fazer o santo de Bia. "Mãe Macalina ficou encantada, porque havia feito uma promessa, pedindo a Oxalá que lhe desse uma filha para ser sua amiga. E essa amiga fui eu."

Bia descobriu sua família africana em meados dos anos 1970. A mãe do embaixador José Osvaldo de Meira Penna estava doente. Era uma senhora bonitinha, o apelido era "dona Engraçadinha", mas era racista. Estava internada no Hospital dos Servidores do Estado. Maltratava as atendentes, chamava-as de "negrinhas", e elas se revoltaram. Deixaram-na sozinha. Ela fazia as necessidades na cama e não tinha quem limpasse, sentia fome e não tinha quem alimentasse. E foi afundando, cheia de escaras, magrinha, acabada na cama. O embaixador decidiu levá-la para Brasília e o diretor do hospital recomendou uma enfermeira. Era Bia. "Cheguei a raciocinar com ele, a velha não gostava de preto, não ia querer uma que cuidasse dela, mas o diretor já tinha a ideia fixa e me pediu como favor. Resolvi aceitar."

Quando Bia chegou, encontrou o embaixador na beira de um tanque, com um lençol sujo. Bia disse: "Embaixador, o que está fazendo aí? Pode deixar que eu mesma faço!" Depois, fazia a comida da velha, fazia sopa, fazia papa. Ela melhorou e começou a gostar de Bia, mas não queria chamá-la Beatriz, nome de branco. Só a chamava de Maria.

Meira Penna às vezes parava e perguntava o seu nome. Bia atarefada, correndo para deixar tudo no horário, e ele chamava: "Psiu... qual é o seu nome?" Ela dizia. Dali a pouco, ele perguntava de novo. Um dia, ela disse: "Você é maluco, embaixador?" Ele olhou meio assim, a esposa Dorothy ao lado. Ele para Dorothy: "Você está vendo isso? Você prestou atenção?" Era a maneira como Bia falava. Ele andava investigando, porque conheceu a família Rocha em Lagos, viu o jeito de Bia, viu a cara de Bia, e concluiu que deviam ser parentes.

No começo, Bia não entendeu. "Achei que era coisa de homem com muita preocupação." Mas ele insistiu e Bia acabou acreditando. Anos depois, sua prima Maria Angélica Eyawandê esteve no Rio. Era carnaval e Bia havia trabalhado no plantão do hospital. Chegou exausta, tirou a roupa e deitou-se no chão do quarto, os seios à mostra. A filha se achegou, puxou conversa, mas Bia não queria. Soou a campainha, a filha foi para a sala, Bia ouviu vozes, puxou pelo ouvido, não entendeu nada. Era um africano que a procurava, Nestor Carrena. Vinha a mando de Maria Angélica, que ouvira falar de Bia e queria conhecê-la. Bia foi ao hotel Rio Palace, em Copacabana. Levou a família e ficaram em um quarto. Passaram os dias com Maria Angélica, conversando do jeito que dava, mas terminaram se gostando. Na partida, Bia agarrou-se ao pescoço da prima, não a deixava ir, enquanto Maria Angélica tentava subir no avião. Isso foi em 1982. Três anos depois, Bia cruzou o oceano pela primeira vez.

Quando chegou em Lagos, estavam todos esperando Bia no aeroporto. Levaram-na para a Casa da Água. Sua tia Angélica Thomas ficou numa alegria. Bia não teve dificuldades de língua e se deu muito bem com a comida, igual à nossa, comida comum, feijão, arroz, carne, peixe, comida de azeite também. "Muita gente pensa que são primitivos, mas eles comem tudo como o europeu." E bebem também, cerveja, vinho, sobretudo vinho de palma. Tia Angélica um dia lhe deu um porre de vinho de palma. "Eu bebi, gute, gute, gute, caí, e ela se desmanchando de rir." Bia acabou ficando sessenta dias e andou pela Nigéria. A tia era cristã, mas tinha devoção pelos orixás, uma adoração que ela não confessava. Mandou Bia a Badagri visitar Oxalá, a Ibadan visitar Xangô. Bia não sentiu saudades do Brasil, não lhe deram tempo para isso. Ela sente hoje saudades de lá. Voltou a Lagos em 2013. Dessa vez, foi a prima Maria Angélica Eyawandê que lhe mandou a passagem. Bia foi para festejar os seus 80 anos de vida. Foi o presente que lhe deram. Ficou um mês, dois, queria ficar para sempre, mas não deixaram. Foi a última vez que pisou em terra africana.

A FAMÍLIA AFRICANA DE BIA

A família Rocha de Lagos é uma das mais conhecidas entre os retornados. Quem mais contribuiu para isso foi Antônio Olinto, cujo romance *A Casa da Água*, esboçado enquanto ele se exercia como adido cultural do Brasil em Lagos, no começo dos anos 1960, é uma alusão direta à residência da família, na rua Kakawa, que, ainda hoje, sustenta sua fachada neoclássica em meio ao caos da cidade. Olinto, no entanto, não conta exatamente a história dos Rocha. Não conta a história de ninguém, ou, mais precisamente, conta a de várias pessoas. Sua personagem Mariana é um pouco João Esan da Rocha, patriarca da família, que fez construir a casa no final do século XIX, e outro tanto Romana da Conceição, a quem Olinto conheceu em Lagos, em 1962. Mas não é somente esses dois. Mariana é uma personagem-síntese, uma miscelânea de pessoas e histórias, uma resenha de tudo o que Olinto viveu naqueles quase três anos na Nigéria e nas incursões que fez ao Benim. E o que não coube em Mariana, Olinto enxertou nos outros cem personagens do livro.

A Casa da Água conta uma saga cuja trama interminável acompanha as desditas de um conjunto de personagens a transitar entre o Brasil e a África, de Minas a Salvador, de Salvador a Lagos, de Lagos a Uidá, de Uidá a Porto Novo, de Porto Novo a Abomé, de Abomé a Ketu. Foi o primeiro romance de Olinto, e o mais exitoso. Em trinta anos, o livro foi traduzido em dezenove idiomas. Com ele, Olinto entrou para o rol honorário dos africanistas brasileiros. Participou de debates sobre problemas raciais, ministrou palestras sobre o candomblé, organizou exposições de artistas afro-brasileiros, discorreu o modernismo na arte brasileira de inspiração africana, escreveu críticas e resenhas. Fez-se uma referência no debate sobre a cultura negra no Brasil e, à sua maneira, contribuiu para a eficácia do discurso da "democracia racial".

Nada na vida de Antônio Olinto, no entanto, indicava uma afinidade com a África. O escritor nasceu em Minas e teve como primeira vocação a de ser padre. Um dia, abandonou o sacerdócio e embarcou na literatura. Foi professor, publicitário e jornalista. No jornal *O Globo*, chegou a crítico literário. Nos anos 1950, frequentou o círculo internacional das conferências acadêmicas, nas quais palestrou sobre um Brasil literário e branco. Em 1997, tornou-se imortal na Academia Brasileira de Letras e, em 2009, desmentiu essa imortalidade. Tinha 90 anos e foi enterrado ao lado da esposa, Zora Seljan.

Foi Zora quem primeiro se apaixonou pela África e transmitiu a paixão ao marido. Ela pertenceu à geração dos intelectuais herdeiros do modernismo que, a partir dos anos 1950, buscaram aprofundar a descoberta das originalidades não europeias do país, através de uma "súbita consciência do valor dos traços culturais vindos da África", para usar expressão de Roger Bastide, que celebrou a cultura negra de forma a celebrar a brasileira. Como Olinto, Zora era mineira, o que não lhe emprestava disposição previsível ao interesse pela África. Ela também foi jornalista e ensaísta, e se arriscou na dramaturgia. A curiosidade pelo candomblé veio em meados dos anos 1950, pelas mãos de Pierre Verger, que a fez conhecer o terreiro baiano do Ilê Axé Opô Afonjá, então dirigido por Maria Bibiana do Espírito Santo, a Mãe Senhora.

Foi num jantar em homenagem a Senhora que Seljan e Olinto se conheceram. O contato rendeu um rápido namoro e levou ao casamento, que, para Olinto, cimentou uma adesão definitiva ao mundo e aos mitos dos orixás. Poucos anos depois, o acaso ofereceu ao escritor a oportunidade de uma sinecura como adido cultural, oferecida pelo então primeiro-ministro (e também mineiro) Tancredo Neves, que lhe deu a escolher qualquer destino na rede de embaixadas brasileiras. Contra as expectativas do político, o já convertido Olinto escolheu a embaixada em Lagos.

Ao desembarcarem na Nigéria, esperava-os Romana da Conceição, que sabia da chegada e havia organizado uma apresentação do bumba meu boi.

Maria Romana da Conceição era uma brasileira nata, e conhecê-la era fato notável, mesmo em 1962. Alguns anos antes da chegada de Olinto, ela estivera entre as fontes que, de primeira mão, deram a Pierre Verger informações preciosas sobre a comunidade de agudás de Lagos.[2] Em pouco tempo, ela se tornaria também uma referência para um Antônio Olinto ávido de África. Romana nasceu em Pernambuco, em 1888. Nove anos depois, despachou-se para Salvador e, aos 12, foi para Lagos, levada pela avó, uma nigeriana de Abeocutá, cuja urgência pelo retorno arrastaria toda a família, uma filha e três netos, que de África nada sabiam. Tudo mais ou menos como no romance *A Casa da Água*. A viagem no veleiro Alliança durou seis meses, e nela tudo deu errado. Houve calmaria, dias de um mar tão manso que Romana olhava e imaginava um chão que ela poderia caminhar até a África. Os víveres então se esgotaram. Sofreram todos com fome e sede, muitos adoeceram e alguns se deixaram morrer; foram doze os sepultados no oceano. No auge do desespero, maometanos hauçás gastavam o dia a rezar na direção da Meca, que descobriam na bússola do piloto. A única a divertir-se era Luísa, irmã de Romana, que não tinha medo e brincava com o balanço do barco, quando o vento cismava de aparecer.

O Alliança aportou em Lagos num 7 de setembro, como que a zombar de Romana, que ainda não tinha chegado e já queria voltar. Foi quando as autoridades portuárias isolaram o navio, por medo de "infecção". Só autorizaram o desembarque semanas depois, mas das pessoas apenas, não de seus pertences: roupas, lençóis, toalhas, enxovais inteiros que se perderam no descarte da contaminação. Saíram enrolados em panos, humilhados diante da multidão que se juntava. Foi quando a avó chorou, pois entendeu que não se acostumariam ali. Tudo mais ou menos como no livro. Entrevistada por Olinto, seis décadas depois, Romana ainda se ressentia da experiência: "Foi uma consumição."[3]

O trauma do retorno à África fez de Romana uma espécie de dona Bia às avessas. Ela nunca se esqueceria do Brasil e nunca deixaria de querer regressar. Um dia, numa conversa à toa, confessou a frustração a Olinto: "Quando eu tinha 20 anos, imaginava que podia ir logo ao Brasil; aos 30, comecei a achar isso difícil. Depois dos 40, perdi as esperanças. Quando cheguei aos 50, pensei que estava perto da morte, e para que pensar no Brasil que eu nunca veria mais? Aos 60 anos já estava conformada."[4]

A proximidade entre o Olinto e "titia Romana" foi grande e durou todo o tempo em que esteve em Lagos. Em minha última viagem à Nigéria, como parte da equipe do documentário *Os retornados*, conheci a neta de Romana, que ainda guardava vestígios dessa amizade: algumas memórias gastas e um punhado de fotografias em que apareciam juntos em festas e tertúlias. Uma, em especial, chamou minha atenção, por mostrar o casal numa formação de membros da União de Descendentes de Brasileiros de Lagos, arrumados sobre esteiras no meio de uma rua no velho bairro da cidade. A brancura de Zora e Olinto sobressai em meio aos afiliados africanos, com uma sorridente Romana sentada entre eles (Figura 37).

Na página 158 do seu livro de memórias *Brasileiros na África*, Olinto parece descrever aquela cena:

> Membros da União nos receberam de maneira que muito nos emocionou. Assim que chegamos, gritaram "Viva, brasileiro!' e todos responderam "Viva!". Cada membro da União usava um escudo no peito, com o símbolo da sociedade. Tem, ela também, uma bandeira, com bordados em ouro sobre azul-escuro, as palavras "União Descendentes Brazileiros, Lagos", duas mãos que se apertam, dois ramos e este lema em latim: *"Dum spiro, spero"* (Enquanto respiro, tenho esperança). Ou, conforme me disse um dia Maria Angélica Eyawandê da Rocha, "Enquanto respiro, espero rever o Brasil".

A União está hoje praticamente extinta. Quem respirava não respira mais, quem esperava o Brasil morreu sem revê-lo, e os que hoje vivem já não querem mais esperar. Quando estive por primeira vez em Lagos, ainda cheguei a conhecer alguns dos últimos membros. Além de Maria Angélica, um dia fui levado por Paul Lola Bangbosé Martins para encontrar Nestor Carrena. O patriarca nos esperava na varanda, embalando-se numa cadeira. Ao nos avistar chegando da rua, gritou "Viva, brasileiro!". Fiquei a olhá-lo sem reação, enquanto a meu lado Paul agitava-se a responder: "Viva!" Depois, sacudiram-se os dois numa gargalhada.

Em Salvador, passei horas seguidas no arquivo da Fundação Pierre Verger a ver fotografias feitas em Lagos. Procurava referências visuais da antiga arquitetura brasileira da cidade. Encontrei 450 fotos em que aparecem ruas, casas, detalhes da arquitetura, móveis, objetos, velhas reproduções de pinturas, retratos de parentes distantes; minúcias diversas da memória dos retornados. Havia também personagens avulsos, posando dentro ou fora de suas casas, sentados, de pé, sozinhos ou acompanhados.

Entre essas, há imagens de Romana da Conceição. Ela aparece com seu turbante e os óculos de aro redondo, sentada à frente de uma casa de persianas fechadas, as pernas cruzadas, sandálias de couro baixas, um vestidão que parece branco. Em algumas, olha distraída para qualquer lado. Em outras, fita a câmera sorrindo. Verger está a seu lado em um par dessas imagens, todo direito, careca, os óculos também pequenos, um bermudão de explorador europeu, camisa de mangas curtas, caneta e caderneta enfiadas no único bolso, uma sacola no ombro onde devia estar a sua Rolleiflex. Quando estão juntos, é Romana que exala autoridade. Verger parece sempre incomodado, as mãos entrelaçadas, como a se proteger, o olhar oblíquo, a pose inquieta.

Não havia legendas ou outras informações nas fotografias, mas eu reconheci Romana na hora. Diante de mim estava o rosto que Olinto tanto descreveu.

ROMANA VAI AO BRASIL

Em 1963, Antônio Olinto decidiu realizar o maior sonho de Romana: voltar ao Brasil. A viagem aconteceu em maio. Romana embarcou para a Itália, "feliz como água de chafariz", e de lá para o Rio de Janeiro, onde chegou no dia 17. Dali em diante, e pelos 83 dias seguintes, tornou-se uma celebridade. Foi recebida por autoridades, concedeu entrevistas, posou para fotos, deu autógrafos. Anedotas circularam quando se avistou com João Goulart, a quem teria pedido que lhe marcasse hora com o dentista (Figura 38). A sua visita provocou uma pequena comoção. E não foi apenas o rebuliço oficial, que seria de se esperar, considerando os interesses de um governo que apregoava a proximidade com a "nova" África.[5] A emoção ia além dos círculos superiores da política, e era provavelmente nos andares de baixo que aparecia mais autêntica: uma missa de ação de graças mandada celebrar pela Irmandade Nossa Senhora do Rosário dos Homens Pretos; uma partida de futebol em que foi reconhecida e se fez botafoguense; convites de gente na rua, a qualquer momento, para qualquer coisa; entrevistas aos programas mais populares da rádio.

A comoção justificava-se. A volta ao Brasil de um retornado era, para quase todos, uma dupla surpresa, visto que sequer o primeiro retorno à África era conhecido. Tratava-se de uma história cuja improbabilidade redundava e que, no caso de Romana, testemunhava um amor pelo Brasil ainda mais inconcebível, dadas as condições em que perdurou. Durante décadas, ela viveu na Nigéria como se estivesse em Salvador. Impedida de regressar ao Brasil, passaria a vida ocupada em que ninguém esquecesse o Brasil que havia na Nigéria. Ela mesma chegaria a dizer, relatando a Olinto conversas com sua mãe inconformada de saudades: "Estávamos ali e era como se estivéssemos na Bahia. Lá fora era a ladeira do Pelourinho, era gente vendendo coisas, era família conhecida que passava." A mãe então chorava e ela consolava.

O que Romana da Conceição fez nenhum outro retornado conseguiria fazer em muito tempo. A sua ida ao Brasil restaurou um laço que começou a se soltar no final do século XIX, quando ela chegou em Lagos num dos últimos barcos a trazer retornados. Reatar o vínculo exigiu logística complexa e o empenho de muitos. Satisfeita a novidade da visita, e realizados os objetivos do governo brasileiro, o empenho escasseou. Mudou então a política, veio a ditadura, e a proximidade com a África saiu das estantes do Itamaraty. Maria Ojelabi, companheira de Romana no patacho Alliança, passou os últimos anos de vida sonhando em vão com a mesma viagem. Morreu num 13 de novembro, atingida de tétano. Em seus delírios finais, só falava o português. Talvez sonhasse a sua alma a vagar sobre o Atlântico, antecipando-se à de Eric Morton.

Organizar essa viagem foi a experiência culminante do casal de escritores em Lagos, a que provavelmente os marcou de forma mais duradoura. No "terceiro tempo" do livro de memórias, Olinto confessa a emoção:

> Zora e eu estávamos fisgados e não sabíamos. [...] No porto de Apapa, subindo para o convés do "general Leclerc", já abrigávamos o vírus de uma paixão que não mais nos iria largar: a paixão pela África. Estávamos arpoados, presos, marcados para o resto da vida. Corria já em nosso sangue o vício da África de que ninguém se livra mais.[6]

A família Rocha de Lagos não inspirou em Olinto a mesma curiosidade que Romana da Conceição. Isso talvez explique as imprecisões que ainda hoje circulam a seu respeito, inclusive no que se refere aos vínculos com o Brasil. Nada de notável parece ter marcado a trajetória da família, com a exceção da mansão que fizeram construir e do dinheiro que souberam amealhar. Nunca estiveram entre os grandes do comércio atacadista. Tampouco produziram mestres de obras ou arquitetos de renome. Consta que sequer enveredaram no tráfico negreiro ou se ensaiaram na pequena política local. Sua fortuna deveu-se sobretudo às finanças, pois há referências aos "bancos" estabelecidos por Cândido da Rocha, provavelmente casas de penhor ou agiotagem, a principal das quais teria falido. Sabe-se também que o passar do tempo e as agruras da economia local impuseram aos Rocha uma diversificação dos negócios, que foram declinando. Cândido, o mais rico de todos, além de bancos, chegou a ter propriedades em toda Lagos, entre as quais uma casa na rua Marina, o mais caro endereço da cidade, que sozinha custava 1,3 mil libras esterlinas, 200 a menos do que toda a herança deixada por seu pai, João Esan, o fundador do clã. Nos anos de maior gastança, Cândido acendia charutos com bilhetes da moeda inglesa. Muito tempo depois, Olinto chegou a frequentar um "Restaurante Da Rocha", na praça Tinubu, que alugava quartos sumários e vendia refeições "à mesa", por uns poucos shillings. Mais ou menos da mesma época, uma fotografia de Pierre Verger mostrava, no primeiro andar do palacete da rua Kakawa, o letreiro de uma "Bahia Store". Hoje, empobrecido, o ramo dos Rocha que ainda mora na Casa da Água, chefiado por Maria Angélica Eyawandê, a prima de dona Bia, sobrevive de vender tecido aos cortes e roupas feitas ali mesmo.

Nos livros mais tradicionais sobre os retornados, como os de A. B. Laotan,[7] Pierre Verger e Manuela Carneiro da Cunha, os Rocha aparecem em parágrafos ligeiros e avulsos, de notável insipidez, nos quais surgem associados sobretudo ao que gastavam: cavalos de corrida, bailes, shows pirotécnicos e outras excentricidades, como o patrocínio de centros cívicos, grêmios literários, sociedades musicais, companhias teatrais e associações de auxílio mútuo, usadas sobretudo para financiar enterros.[8] Manuela refere-se ainda, muito rapidamente e sem citar fontes, a um "agente comercial" que a família teria na Bahia: um tio de Cândido, que ia regularmente a Lagos. Caso tenha realmente existido, poderia ser um irmão de sua mãe, Louisa Angélica Nogueira da Rocha. Ou talvez não fosse tio de Cândido, e sim primo e, nesse caso, poderia ser José Maria da Rocha, ou ainda Luciano da Rocha, de quem dona Bia me falou.

Apesar de não ter se interessado pelos Rocha, ainda é Antônio Olinto a melhor fonte sobre a família. Na página 152 do *Brasileiros na África*, o escritor conta a história da Casa da Água e a riqueza proverbial da família. Reproduzo o trecho:

> João da Rocha foi talvez o homem mais rico da cidade. Seu filho, Cândido da Rocha, herdou do pai a bela casa da Kakawa Street, o melhor exemplo da arquitetura brasileira em Lagos. Como essa casa tinha um poço no quintal, num tempo em que a água era difícil, recebeu o nome "Water House". […] Houve um tempo em que todo brasileiro que chegava em Lagos trazia uma carta de apresentação para Cândido da Rocha. Sua casa, situada em uma esquina, parece um Itamaraty em ponto pequeno. […] Sua filha, Mrs. Thomas, costuma dar ali festas que reúnem a comunidade brasileira de Lagos. Sugeri a Mrs. Thomas que alugasse o sobrado ao governo brasileiro, a fim de que nele fosse instalado um instituto cultural afro-brasileiro, mas o assunto não teve, por uma série de motivos, prosseguimento.

Quarenta páginas depois, o escritor visita "dona Angélica da Rocha Thomas" (a "tia Angélica" de dona Bia), que então se empenhava em estabelecer a Brazilian Descendants Association. Nas duas páginas seguintes, Olinto retoma a história da família, dessa vez contada pela voz da matriarca. A história é diferente da que ouvi de dona Bia e de Maria Angélica: segundo ela, João Esan teria nascido em 1835, na Bahia, e migrado para Lagos em 1869, deixando esposa e quatro filhos no Brasil. Nessa versão, não há referência à escravidão, embora essa fosse provável, já que a Lei do Ventre Livre só foi promulgada em 1871. O relato continua com a descrição da casa e seu famoso poço artesiano, o único numa Lagos que recebia água potável de Abeocutá. Conta também o enriquecimento abrupto de Esan e a chegada a Lagos do resto da família (Cândido e os três irmãos mais novos, Moisés, Joana e Josefina, todos nascidos no Brasil). Fala, em seguida, do primogênito Cândido, que, "tão bom negociante quanto o pai", teria multiplicado a fortuna dos Rocha, a essa altura tão grande que o nome da família confundia-se com a tradução iorubana para milionário.[9]

Olinto termina contando de Luíza Ebun da Rocha Turton, que visitou a Bahia em 1963, e de Madame Omolulu, bisneta de João Esan, que viveu dois anos no Brasil e foi talvez aquela dos Rocha nigerianos que melhor conheceu o país. Trata-se de Frederica da Rocha Omolulu, que eu mesmo entrevistei em 1999. Ela era então dona de um colégio e vivia longe do Brazilian Quarter, brigada com Maria Angélica Eyawandê, em uma imensa casa em Victoria Island. Aos 73 anos (parecia muito menos), tinha sobrevivido a dois casamentos e a seis filhos. Conversamos sobre os anos que passou ao lado do avô Cândido, que ela lembrava elegante e sempre a falar do Brasil, embora tenha sido incapaz de lhe ensinar o português. Foi em 1959, aos 32 anos, que Frederica aprendeu finalmente "o idioma do Brasil". Viveu dois anos no Rio de Janeiro, acompanhando o marido, então adido militar na embaixada britânica. Voltou ansiosa para dividir com o avô as minúcias de sua estada e os mistérios da nova língua. Ao chegar, soube de sua morte.

A mãe de Frederica era Cândida da Rocha, que eu também conheci naquela viagem. Era o meu primeiro contato com Lagos, o início da pesquisa sobre os retornados, e uma visita à Casa da Água e seu famoso poço era uma obrigação. O poço ficava no meio de um pátio interno, escondido entre plantas, sob uma pesada tampa de ferro circular, pintada de vermelho e dividida em duas folhas, com dobradiças ao meio, de forma que uma das folhas podia ser aberta dando acesso a metade da circunferência escura da cisterna — que ainda vertia água, segundo me disseram. Eu fotografava o poço quando vi num canto do pátio uma senhora muito idosa, muito quieta, pousada numa cadeira reta, olhando o vazio, o ar ausente. Era dona Cândida, filha do esbanjador Cândido da Rocha, uma retornada de segunda geração, algo que eu nunca imaginaria encontrar. Tentei contato e, como ela não reagisse, arrisquei palavras em português, imaginando que alguma talvez lhe falasse à memória mais profunda — mas a senhora sequer me olhou. Algum tempo depois, sentado em um pesado sofá de veludo, na suntuosa sala de estar que Cândido construiu no segundo andar da mansão, mencionei a anciã, o poço e a versão, que dava então como certa, segundo a qual os Rocha começaram a juntar dinheiro vendendo água potável ao resto da cidade. Fui corrigido por uma irritada Maria Angélica Eyawandê: "Água não se vende, meu senhor, água se dá!" Sua mãozinha adiposa marcava cada palavra com os movimentos de um genioso maestro, o dedo esticado em direção aos retratos de Cândido e João Esan da Rocha, que me miravam em reprovação.

A bibliografia mais recente a mencionar os retornados não trouxe grandes novidades quanto aos Rocha. Em 1989, Alberto da Costa e Silva dedicou um capítulo do seu *O vício da África e outros vícios* aos brasileiros de Lagos, texto que começou a rascunhar em 1961. Sobre os Rocha, nem uma palavra. Em 2003, o capítulo reaparece na coletânea *Um rio chamado Atlântico: A África no Brasil e o Brasil na África*, acompanhado de outros, escritos uns nos anos 1990, outros, nos 1960. Num desses, dedicado aos sobrados brasileiros de Lagos, surge um croqui da fachada da Casa da Água. O texto ao lado informa, sucintamente, sobre "o famoso proprietário da Water House, que instalou uma bomba manual para tirar o líquido de um poço e, assim, abastecer, mediante retribuição, a vizinhança". Costa e Silva viveu alguns anos na Nigéria, onde chegou a ser embaixador. A fonte de seu comentário terá sido, portanto, provavelmente os próprios Rocha.

A família de dona Bia só volta a reaparecer em 2007 no livro *Os que voltaram: A história dos retornados afro-brasileiros na África Ocidental do século XIX*, de Alcione Meira Amos. Amos vive nos Estados Unidos, trabalhou como bibliotecária no Banco Mundial e nunca pisou na África. Durante anos, pesquisou à distância a história dos Olympio, sobre os quais publicou alguns artigos. *Os que voltaram* é provavelmente o primeiro livro a compilar, em um mesmo volume, informações sobre todas as comunidades de retornados do golfo do Benim, de Gana à Nigéria. Os quatro principais capítulos apresentam, numa sequência que não acompanha a geografia, os *brésiliens* do Benim, os tabons de Gana, os "ecléticos" brasileiros da Nigéria e, no caso do Togo, a família Olympio. A dimensão do tema impõe à obra uma superficialidade que não prejudica a leitura.

É na página 111 que começa o relato sobre os Rocha, baseado em uma variedade de fontes, que se compilam em nota ao pé do texto.[10] A história que conta Amos apresenta variações curiosas em relação à de Olinto. Nela, João Esan volta a nascer na África e é escravizado aos 10 anos. Liberto em Salvador, casa-se com Luíza Angélica e tem o filho Cândido, o único a nascer no Brasil. Em Lagos, enriquece no comércio, constrói a Casa da Água, acumula propriedades e faz-se líder de associações cristãs, embora mantenha em casa um altar para Ogum. Seu filho Moisés João da Rocha, que nasce em Lagos, é médico e milita no pan-africanismo. Quatro páginas depois, aparece a informação de que Esan teria deixado no Brasil outra família, "cuja existência era conhecida pela família da África". Amos prossegue, contando da viagem que Maria Angélica Eyawandê fez ao Brasil, "a convite do governo brasileiro", quando conhece o ramo brasileiro dos Rocha. A fonte dessas informações é o livro que eu mesmo publiquei em 2010, *Cartas d'África*.

Vasculhando meu próprio livro, percebo que a versão de Amos é aquela que, entre sermões e reprimendas, me contou a própria Maria Angélica, no salão de festas de João Esan, assombrado por seus móveis incongruentes, seus lustres ociosos e seus velhos retratos. É essa a versão que igualmente repete dona Bia.

Um dia, em Salvador, eu e dona Bia fomos ao Instituto Histórico e Geográfico da Bahia (IHGB). Saímos de sua casa pela rua Carlos Gomes, andamos até a rua da Forca, rumo à praça da Piedade, onde ficava o Instituto. Dona Bia ia com o passo curto, dobrada sobre a bengala de madeira clara, que segurava forte com a mão direita, mancando ligeiramente, o corpo torto, puxando para a direita. O vestido ia todo estampado, um pano largo como uma túnica, com um cinto dourado a lhe marcar a cintura. Ela teve câncer colorretal e arrancou boa parte dos intestinos, dezoito anos atrás, mais ou menos enquanto eu começava o meu périplo africano. O cinto dourado segurava um saco que lhe recolhia as fezes. Nada disso parecia incomodá-la.

No IHGB, ela primeiro sentou quietinha a um canto do salão, o corpo meio encolhido, fugindo do ar gelado que lhe soprava o alto da cabeça, enquanto eu procurava artigos em antigas edições do *Jornal da Bahia*, volumes encadernados cheirando a velho, à cata de notícias sobre Romana da Conceição. A pesquisa demorava, pois as referências eram imprecisas e as folhas do jornal ameaçavam desmanchar a cada manipulação. Bia quis então mostrar interesse. Chegou a meu lado e se pôs a falar. Recordava fatos e coisas que sincronizavam com cada página. Quando se entusiasmava, segurava minha mão, para que eu não passasse a página de algum fato importante. Quando eu achava as notícias de Romana, no entanto, fechava-se em volta do cajado.

Passou-se uma hora e dona Bia se impacientou. Meteu-se a cantarolar e disse que tinha o ouvido perfeito. Solfejou uma composição qualquer, mi, lá, ré, sol, mi, lá, e emendou em outro assunto. Mais uns minutos e começou a bater com a pesada bengala no chão e reclamou do frio, que agora lhe arrepiava os ossos. Desisti de ir adiante e saímos do Instituto.

Seguimos de volta pela rua da Forca, pela Carlos Gomes, ela dobrada na bengala de madeira, os passos curtinhos. Quando chegou à escada de seu edifício, esqueceu do peso do corpo: subiu a galope, degrau a degrau, de uma vez, sem descansar e sem a bengala, numa energia que não se adivinharia. Lá no alto, parou e soprou forte. Imaginei essa energia a sufocar no corpo frágil, essa vontade de ir e o corpo que não deixa avançar. No elevador de casa, ela comentou a curvatura das costas, culpando o cóccix, que levava a dor à perna e obrigava os passos a serem menores. "Mas eu não vou me curvar", atacou. "É uma guerra com esse final de coluna." Esticou as costas, apoiada na parede do elevador. Quando chegamos, o monte de lixo que decorava o vestíbulo do andar tinha aumentado. Ela entrou em casa batendo a bengala em revolta.

DUVIDANDO DE BIA

Conversei com o Alexandre Hamilton. Há anos, ele e a esposa cuidam de dona Bia. São ambos devotos dos orixás e, como tal, reconhecem Bia como uma espécie de "tia de santo". Falamos com frequência sobre ela e o desejo de que alguém escreva a sua história. Alexandre me fez ver o óbvio. Primeiro, que se alguém fosse escrever a história, seria eu. Segundo, que, para escrevê-la, eu precisaria entender a relação entre os Rocha do Brasil e os da Nigéria.

Eu já vinha, havia algum tempo, especulando sobre esse vínculo. Seria verdadeira a história que contava dona Bia? Era a versão oficial da família a que eu havia ouvido dos dois lados do oceano, da boca de dona Bia sempre com muita insistência e pouca precisão, e da de Maria Angélica Eyawandê com uma displicência que permitia dúvidas. Talvez por isso eu sempre tivesse considerado o relato com algum ceticismo.

Nos dias seguintes à conversa com Alexandre, decidi dedicar-me com mais afinco a pesquisar os meandros dessa história. Foi quando percebi mais claramente as suas falhas.

O cerne da narrativa pessoal de dona Bia, o ponto de inflexão de sua vida, foi a "descoberta" feita pelo embaixador Meira Penna, que viu nela a reprodução perfeita de uma "tia" da Nigéria. Foi essa revelação que gerou o contato de Beatriz com Maria Angélica, em 1982. Foi quando nasceu a crônica da ligação entre os Rocha, ou ao menos a da sua descoberta.

José Osvaldo de Meira Penna foi o segundo embaixador brasileiro em Lagos. Diplomata de carreira, e com uma mãe notoriamente racista, nunca foi homem acostumado ao convívio com negros. O historiador Jerry Dávila, que o entrevistou nos anos 1990, conta as suas complexas relações raciais. Nos dois anos em que trabalhou na embaixada, Meira Penna conviveu com o sucessor de Olinto, Adhemar Ferreira da Silva, atleta e ator, cuja carreira incluía duas medalhas de ouro olímpicas e uma participação no clássico de Marcel Camus, *Orfeu negro*, vencedor do Óscar de melhor filme estrangeiro. A despeito disso, para o Itamaraty era um negro, cuja escolha só vingou após um pedido especial de Olinto à Presidência da República. Meira Penna, que nunca havia "interatuado" com um, foi obrigado a superar o "estranhamento" (as palavras são dele). A experiência deu origem a reflexões confessadas a Dávila, a quem relatou uma viagem de carro que ele e Adhemar fizeram juntos pelo oeste na Nigéria, durante a qual, após "três, quatro, cinco dias", percebeu que "as reações que ele e eu tínhamos eram exatamente as mesmas".[11] Para o embaixador, a obviedade de serem os dois brasileiros e, como tais, de estranharem a Nigéria com a mesma ignorância foi uma revelação.

Esse estranhamento continuaria durante toda a sua estada na África. No final do período, Meira Penna mandou um relatório ao Itamaraty que refletia esse sentimento. Entre outros espantos, especulou sobre a morte de dois de seus colegas, o também embaixador Luiz de Souza Bandeira, que infartou ao chegar em Lagos, e o primeiro-secretário Antônio Tavares, que despencou de uma escada semanas depois: seria a dupla desgraça o sinal de uma "maldição" a atormentar a missão brasileira, alguma "urucubaca" lançada pelos orixás?[12] Era a sua versão pessoal do preconceituoso mito europeu que via na África uma "cova de homens brancos", onde somente os negros tinham a força para sobreviver.

Foi lendo sobre a sua história que surgiu a minha primeira dúvida: teria sido esse o homem que, baseado nos seus encontros ocasionais com os Rocha de Lagos, reconheceu, dez anos depois, a semelhança dos traços de Angélica Thomas e os de dona Bia? O embaixador não tinha, segundo Bia, fotografias que ratificassem a semelhança, de modo que a descoberta de Meira Penna se deu com base unicamente na memória. Daí o meu ceticismo: que chances haveria de que essa epifania fosse o produto de uma notável capacidade de observação? Que chances de que fosse apenas outra manifestação de estranhamento racial?

Quando aprofundei a pesquisa bibliográfica em busca de pistas dos Rocha, as dúvidas aumentaram. Os dois livros que se referem de forma mais alongada à família contam histórias diferentes, e essa incongruência joga contra a versão de dona Bia. O de Antônio Olinto, escrito primeiro, em nenhum momento fala de um ramo brasileiro. Diz que João Esan nasceu no Brasil, que se casou, que teve quatro filhos e que levou a família toda para a Nigéria. Ponto. Nenhuma menção a parentes deixados para trás. Se houvesse e o assunto surgisse nas conversas do escritor com Angélica Thomas, seria razoável que Olinto, atento a essas minúcias, o tivesse registrado, e que talvez insistisse para que Luíza Ebun, que foi ao Brasil por inspiração sua, pesquisasse os vestígios dessa história. Já no livro de Alcione Amos, escrito quarenta anos depois, João Esan é nigeriano, escravizado ainda na infância, enquanto estudava, enviado ao Brasil, onde conseguiu a alforria e de onde regressou à casa com a família, para enriquecer, deixando atrás filhos de outro casamento. A fonte, nesse caso, é Maria Angélica Eyawandê, filha de Angélica Thomas.

Comparando as duas versões, a dúvida é inevitável: o que poderia explicar a diferença? O que teria acontecido que justificasse, seja a omissão por Angélica Thomas da existência do ramo brasileiro dos Rocha, seja a inclusão, quarenta anos depois, dessa ocorrência por sua filha Maria Angélica Eyawandê? Não houve, que eu saiba, nenhuma descoberta importante nesse período que explicasse a discrepância, pois, caso houvesse, teria provavelmente sido publicada.[13] Na ausência de qualquer explicação plausível, sou obrigado a especular que o fato a determinar a variação foi a própria dona Bia, que, no início dos anos 1980, seduzida pela especulação de Meira Penna, apresentou-se a Maria Angélica Eyawandê como sendo sua prima, e o fez com uma persuasão tal que a terminou convencendo.

E é aí que entra dona Bia e a sua paradoxal vontade de ser africana.

Um dos primeiros livros que li sobre os retornados foi a obra de Milton Guran sobre os agudás do Benim. A hipótese central falava do apego dos agudás à sua brasilidade, uma diferença cultural à qual aderiam de modo a se distinguir da "selvageria" dos africanos. Pergunto-me se dona Bia, apesar do confessado racismo, não viveu algo parecido, só que ao contrário.

Ela passou boa parte da vida cercada de gente para quem o vínculo com a África era uma distinção, algo que se usava como uma medalha. Talvez quisesse também a sua. Penso sobretudo no seu convívio com a família Sowzer. Como se sabe, aos 13 anos de idade, ela foi levada à casa de Caetana Sowzer, que já então era mãe de santo e descendia de Bangbosé Obitikó. Bia vinha tendo uns arrepios que lhe subiam à alma e terminavam em surtos de alguma doença que ninguém sabia. Foi o irmão Aloisio que identificou o mal e decretou a cura. Levou-a à casa de Caetana, que ele havia namorado quando ela ainda não se decidia a assumir o sacerdócio. Chegaram a se apaixonar e trocar juras, mas a devoção aos orixás foi maior. Caetana nunca se casou e Aloisio mudou de vida.

Dona Bia foi abiã de Caetana por dezoito anos, e o convívio levou-a para muito perto da África, das histórias de Bangbosé Obitikó, que cruzava o oceano como quem ia ao Recôncavo, e que deixou em Lagos quatro filhos e uma penca de netos e bisnetos, hoje espalhados entre cidades e países. Nos anos 1970, dona Bia conheceu um dos expoentes do lado nigeriano dessa família, "Chief" Paul Lola Bangbosé Martins, que veio ao Brasil para conhecer os seus e fechar negócios. Paul viveu quatro anos com os Sowzer, de quem aprendeu o português e aos quais reapresentou a Nigéria. Dona Bia o detestava, pois, segundo ela, muitos anos depois, Paul roubava os presentes que Maria Angélica mandava por seu intermédio, e com os quais premiava as amantes. Talvez isso sozinho explicasse o ódio. Mas talvez fosse também o fato de que Paul, como ele mesmo me confessou um dia, desdenhasse a versão que Bia contava sobre os Rocha.

A crônica da relação entre os Sowzer e os Bangbosé é das mais documentadas. Junto com os Alakija, talvez seja a única família cujas ligações africanas ainda se podem atestar. Muitos outros vínculos de sangue existiram, mas se perderam na distância do Atlântico. Penso na família Mendes, cujas fotografias aparecem no livro de Marianno Carneiro da Cunha (Figura 39); nos Souza, que tiveram alguns de seus membros menos notórios, filhos do primeiro Chachá, deixados a estudar em Salvador, onde desapareceram; os Olympio, que plantaram raízes no Rio de Janeiro, em busca de uma prosperidade que não encontraram na África; ou a própria Romana da Conceição, que, ao deixar Pernambuco ainda criança, abandonou tias que reencontraria sessenta anos depois. Penso também nos vínculos em que sangue, fé e afinidade se misturaram, como no caso de Marcelina da Silva, que fundou o axé da Casa Branca e conheceu a África como agregada de Iyá Nassô; ou Mãe Senhora, que recebeu do Alafin de Oyó o atestado de sacerdotisa da casa original de Xangô, e dessa honraria construiu um vínculo.

Dona Bia passou a vida imersa nessa cultura, exposta a essas histórias, testemunha dessas distinções. Apesar disso, ela nunca teve o seu próprio axé, nunca se destacou entre a gente do candomblé, nunca teve a mão beijada. Imagino essa mulher, inteligente, vaidosa, orgulhosa, mas desandada na vida. Alguém que passou os dias a olhar as coisas pelos olhos da África, que frequentou um mundo onde o elo africano lustrava as biografias, e onde ela não tinha história para contar. Até que um dia apareceu Meira Penna, uma autoridade brasileira que havia estado na Nigéria e vira nela os traços de uma gente que bem poderia ser a sua própria gente. E eis que esses Rocha se colocam a seu alcance e ela, ao se aproximar, é recebida como alguém próximo, viaja à África, visita a terra de Xangô e Oxalá, se embriaga de vinho de palma, come comida de dendê e dorme no palacete. E, quando volta, vem enfiada em tecidos Jansen Holland, rodeada de colares de contas e pulseiras de cobre, e as pessoas ao vê-la em Salvador se admiram. Considerando tal retrospecto, reivindicar essa família como sua seria obra de mistificação ou um ato de necessidade? Não há como ter certeza de nada, mas o fato é que esse tipo de dúvida entra mais facilmente do que sai.

Mas eis que, ao desenterrar papéis antigos, que jaziam no sótão de casa, e que eu julgava perdidos, encontro fotografias de minhas primeiras viagens à Nigéria, e entre elas a de dona Cândida da Rocha, irmã de Angélica

Thomas, sentada ao pé do poço, no pátio interno da Casa da Água. Suas feições arrugadas se haviam apagado por completo de minha memória. Foi vê-la e percebi a inocuidade das minhas especulações. Tinha o mesmo rosto de dona Bia (Figura 40).

Meira Penna tinha razão. Aquela semelhança valia mais do que qualquer argumento.

Faz oito meses que estive em Salvador. Dona Bia me liga sempre, insistindo para que eu procure Maria Angélica, que a convença a financiar a sua ida à África. Diz que já entrou nos 85 e que desde sempre soube que morreria com essa idade. Passou-me uns números estranhos que eu insisto em discar. Pedi ajuda ao consulado em Lagos, mas nenhum de nós alcança os Rocha. Já ando desacreditado quando a ligação entra. Do outro lado, atendem num inglês tosco, falam de Maria Angélica, encamada por padecimentos da idade, incapaz de receber ligação. Eu soletro o recado para que não falte clareza: BE-A-TRIZ-DO-BRA-SIL-QUER-IR-À-NI-GÉ-RIA. Feita a encomenda, volto à dona Bia, que se alegra um pouco.

Nossas conversas tornaram-se monótonas, eu a explicar as dificuldades do seu projeto, com os cuidados de não querer frustrar, ela a repetir a sua ladainha, com a ansiedade de não querer entender. Falei também com Jeferson Bacelar, que contou não ter encontrado estudante para a pesquisa. Continuava fugindo de dona Bia, driblando-a nas entradas do CEAO, fechando a janela no calor do verão, proibindo que revelassem a sua presença. Por Alexandre, soube também dos seus apertos financeiros, do apartamento da Dois de Julho que ela já não podia pagar, dos dias em que só comia o que lhe davam, de quando desaparecia porque não tinha crédito para telefonar. Especulamos que ela pudesse vir morar em Brasília, onde o filho Nelson, naufragado no desemprego, somaria os próprios infortúnios ao desamparo da mãe. Alexandre prepara a nova mudança, mais uma numa vida de migrações.

Restava o Emerson. A paixão do jovem pelo personagem que dona Bia representa era comovedora. Passava os dias dedicado a ela, a lhe seguir os passos, a registrar os seus sonhos e a sua neurastenia. Em nossas conversas, falava da força de seu feminismo precoce e espontâneo, de como levou a vida que quis, onde quis e com quem quis, tendo três filhos com três homens diferentes, sem se preocupar com a decência de um casamento ou a segurança de uma família, numa época em que ser uma mãe solteira negra (no seu caso reincidente) representava o que de mais ordinário poderia haver na escala de valores vigente. Acho que chegou inclusive a teorizar, falando de interseccionalidade e das diferentes formas de opressão, e de como dona Bia estava exatamente no cruzamento entre todas elas. Lembro que falou de levá-la à África, concluindo assim o documentário que sonhava fazer.

Mas as dificuldades eram imensas, e a maior delas era a própria dona Bia, que se irritava cada vez mais com o rapaz, maltratava-o frequentemente, às vezes publicamente. Ela já se havia queixado da ubiquidade daquela câmera, da perda de privacidade, mas creio que o problema é outro. Como em tudo o que sente, dona Bia tem preconceitos imensos. Sempre afloraram em nossas conversas os sinais dessa intolerância. Era uma discriminação genuína, íntima e geracional, mas era também uma por procuração, algo que ela assimilou do contato com a "gente de qualidade" que conheceu. Apesar das virtudes que lhe via Emerson, dona Bia tinha o seu racismo. Na infância, quis ter os cachinhos dourados da prima. Na adolescência, apaixonou-se pelo padrinho loiro. Mais velha, teve filhos com homens brancos. Quando fala do filho Nelson, gosta de lembrá-lo aos 16 anos, quando moravam todos juntos em Brasília, quando ele aprendeu a dirigir no carro de Meira Penna ("Um Landau preto como um rabecão"), quando ele andava abraçado à filha do embaixador e como Meira Penna "gostava tanto do rapaz que nem o racismo mais ele sentia". Ela diz isso e sinto no seu orgulho uma ponta de ambiguidade, um incômodo com essa intimidade. Era dona Bia quem sentia o preconceito do embaixador.

Quando fala de Emerson, o preconceito agride duplamente, pela maldade e pela tolice. Dona Bia queixa-se de sua intrusão, da câmera apontada como o olho de Deus a espiar a sua vida inteira. Mas se queixa também porque ele é jovem e tem "trejeitos". Faz questão de dizer que "nunca poderia levá-lo a Lagos". Um dia me irritei e disse-lhe o óbvio: se alguém fosse levar alguém para a África, seria Emerson. Ela me ignorou.

Ontem tive finalmente notícia de Maria Angélica. A mensagem foi sucinta: "Melhor que Beatriz fique no Brasil, as coisas por aqui não estão nada bem."

Dona Bia está em Brasília. Veio para uma festa no terreiro de Alexandre e decidiu ficar. Ele se exaspera com a teimosia da velha, que mandou duas cargas de roupa na bagagem do ônibus e os badulaques menos urgentes ao terreiro do Pilão de Prata. O apartamento da Dois de Julho ficou aberto e inadimplente, o fogão na cozinha a saldar a dívida.

Decidi visitá-la para lhe dar o recado de Maria Angélica pessoalmente. Não sei que efeito terá sobre a sua ansiosa teimosia. Recebeu-me na casa do filho, em companhia da esposa dele, que é pastora evangélica. Na salinha acanhada, ao som de videoclipes que nos assombram de uma televisão permanente, visitamos os mesmos assuntos, as mesmas memórias, as mesmas fantasias. Duas ou três vezes eu puxo a nova conversa, mas ela não me deixa completar, talvez pressentindo o seu rumo. Sinto que cresce nela uma angústia, mas que ali, na companhia de outras pessoas, ela não deixará prosperar. Sugiro então que saiamos para um passeio.

No meu carro, apontamos para o Guará, onde dona Bia diz ter amigos. Ela agora quer mudar-se para lá. Diz ser intolerável a companhia da pastora, reclama da sua intrusão, das reuniões com fiéis naquela sala mínima, das orações desafinadas, quando ela tem que ir para a varanda, revoltada pelo destoo e o empenho em lhe quebrarem os orixás. Dona Bia só estará feliz onde não estiver.

Num respiro entre duas falas, solto a mensagem. Ela então estanca e permanece quieta por um longo tempo. Pelo espelho retrovisor, observo a sua carranca talhada, as rugas como cicatrizes, a boca num aperto magoado, os olhos aquosos a insinuar uma lágrima que não desce. Percebo que é a primeira vez que a vejo em silêncio e reconheço a intensidade daquele momento. Até que, de repente, ela se recompõe e, com um novo fôlego, reformula a sua história. Maria Angélica Eyawandê já não é de confiança, pois quem sempre a quis em Lagos foi a sobrinha Abisolá, cuja casa em Victoria Island faz sumir o palacete da rua Kakawa, e que lhe ofereceu uma ala inteira, onde ela viverá como rainha, no luxo excessivo dos parentes.

Enquanto dona Bia se recicla, vejo incendiar o céu de Brasília e entendo que, nessa derradeira volta de sua vida, serei eu o seu Meira Penna, a sua África, o seu ponto cardeal.

8
Coroa Vermelha, Bahia

Coroa Vermelha é uma enseada localizada no sul da Bahia, a alguns quilômetros de Porto Seguro. Foi na praia que lhe dá nome, e que tira o seu de um grande arrecife avermelhado situado na extremidade norte, que em 22 de abril de 1500 Pedro Álvares Cabral e sua tripulação desembarcaram pela primeira vez no Brasil. Uma grande e maltratada cruz de cimento marca atualmente o local da primeira missa em solo brasileiro, oficiada no dia 26 daquele mês. Coroa Vermelha é hoje um destino turístico precário, voltado a veranistas de classe média baixa, longe do luxo de locais mais sofisticados como Ajuda e Trancoso. Uma fileira de ruas esburacadas se estende ao lado da praia, todas batizadas com nomes de madeira, cedro, ipê, jacarandá, pau-brasil, sucupira. Alguns hotéis e pousadas simples convivem com casas de veraneio ocupadas sobretudo aos fins de semana. No calor de quase todos os dias, o ambiente é abafado, quase moroso.

Foi nesse local tão importante para a história do Brasil, e por isso também a da escravidão, que escolheu para se aposentar o beninense descendente de retornados Ange do Sacramento (Figura 41). Quando bato em sua casa, na rua Macanaíba, quem abre é a esposa Brigitte, uma alemã de 74 anos, que se dirige a mim em português, mas fica aliviada quando lhe respondo em francês. Ange está sentado numa rede, uma bengala às mãos. Ele me observa de longe, enquanto estaciono o carro. Parece ansioso, mas hesita em se levantar. Enquanto me aproximo, ele faz menção de se erguer, mas para no meio. Vejo em seus olhos uma excitação juvenil. O sorriso ocupa seu rosto inteiro.

Ange passou há muito dos 90 anos. Seu avô era Miguel do Sacramento, liberto nascido em 1848, que retornou à África no final da década de 1870. Seu pai nasceu em 1883 e foi uma autoridade de respeito na administração colonial do Daomé. Ele mesmo nasceu em 1922 e viveu a Segunda Guerra Mundial na Europa. Sua vida rendeu um livro, *Nem preto, nem branco: Uma vida atípica*, traduzido para quatro idiomas, no qual Ange fala sobretudo da extravagância de sua identidade, nem africana, nem europeia, nem branca, nem negra. E tampouco brasileira, embora ele tenha escolhido o Brasil, terra dos seus antepassados, para morrer. Desse ponto de vista, Ange é uma dona Bia que deu certo.

Conheci Ange em abril de 2008. Numa mensagem muito formal, enviada por correio eletrônico, ele fazia referência à minha pesquisa, parte da qual estava publicada em um site na internet. Ange se interessara pela história de Taís Carvalho Sacramento, equede da Casa de Oxumaré (Ilé Òsùmàrè Aràká Àse Ògòdó), de Salvador. Ange viu a foto, leu o nome e pensou que talvez ali houvesse uma pista sobre os seus parentes. Nossa correspondência durou dez anos. Nos dois primeiros, mais intensa, com o interesse de minha parte em conhecer detalhes de sua vida e, da parte dele, pedidos para que eu o ajudasse a traduzir e editar a sua biografia. Em 2010, nossa colaboração resultou na publicação, no meu livro *Cartas d'África*, de um verbete sobre os Sacramento do Benim.

Só o reencontrei em 2018, durante a pesquisa para este livro. Por muito tempo, cheguei a pensar que estivesse morto, visto que, quando o conheci, já passava dos 86 anos. Um dia, escrevendo sobre dona Bia, dei-me conta de que a história de Ange era simetricamente oposta à dela, visto que ele ainda buscava sua família brasileira, mas que, também à diferença dela, ele ao menos havia realizado o sonho de viver seus últimos anos no Brasil. Demorei a recobrar o seu paradeiro, pois ele já não respondia às minhas mensagens. Procurando por algum de seus familiares, terminei por deparar-me com sua página no Facebook. A partir dali, passamos a nos escrever com frequência. Para minha surpresa, Ange continuava saudável e muito ativo, ainda em Coroa Vermelha, ainda procurando pelos seus, mas já com seu livro publicado no Brasil. Foi quando ficamos amigos e passamos a nos tratar de "você", por iniciativa de Ange, até então muito cerimonioso. Foi quando, finalmente, tive acesso ao relato completo da sua conturbada biografia ("atípica" é o adjetivo a que ele recorre). Antes mesmo de terminar a leitura do livro, decidi que devia ir à Bahia conhecê-lo. Percebi que não haveria melhor maneira de terminar o meu próprio relato.

ANGE E SEUS DILEMAS

Se é verdade que existem constantes que nos acompanham ao longo da vida e acabam por lhe dar algum sentido, ou ao menos uma direção, o que definiu a de Ange foi um permanente dilema. Em sua biografia, ele o expõe já no título, *Nem preto, nem branco*, um impasse que parece à primeira vista meramente racial, mas que logo descobrimos ser algo mais profundo. Ange nasceu na África, foi educado à moda brasileira, depois à maneira francesa, passou a vida adulta entre os dois continentes, entre vários de seus países, e decidiu terminá-la no Brasil. Ao longo dessa epopeia de quase um século, ele se sentiu sempre um deslocado, africano quando na Europa, europeu quando na África; branco entre negros, negro entre brancos. No Brasil, talvez tenha conciliado algumas dessas múltiplas identidades.

Já nas primeiras páginas do livro, ele expõe o dilema em diálogo com um leitor imaginado: "Mas", diz o leitor, "você, antes de tudo, é africano! Você não pode negá-lo. Seu físico é prova disso." E Ange responde: "Não aprendi eu na escola que meus ancestrais eram gauleses? Assim, eu me interesso pela França porque sou francês e de cultura francesa." Em seguida, conclui: "Passar de uma nacionalidade à outra é o mesmo que passar de uma alma à outra."

Cronologicamente, os dilemas anímicos de Ange começam já aos 4 anos de idade, quando o pai, autoritário e rendido à cultura francesa, o retira da companhia materna e o manda educar-se com a avó agudá. Uma educação à brasileira parece ser o que, no início do século XX, havia no Daomé de mais próximo de uma formação à europeia.

Ange passa os primeiros quatro anos de vida em Cotonou, com a mãe, uma africana de prenome português e sobrenome inglês, Maria Lawson, filha de um chefe tradicional de Aneho, de cultura e idioma mina. Nessa primeira infância, ele é 100% africano: passa os primeiros meses de vida amarrado às costas de mulheres que equilibram bacias à cabeça e batem o milho nos pilões; mais tarde, corre descalço pelas ruas de terra, sobe em árvores aos gritos, mata sapos e passarinhos, acompanha os pescadores da grande laguna que caçam jacarés e os transportam em longas procissões, acompanha a mãe que vende bugigangas nos mercados da cidade. Um dia, o pai decide que aquela vida desregrada não o levará a lugar algum e o entrega à avó paterna, uma agudá de Porto Novo. Vem o seu primeiro choque cultural.

De uma hora para a outra, Ange deve usar sapatos e passa a maior parte do tempo dentro de casa. Uma casa brasileira, com salas, quartos, cozinha, terraço, decoração, móveis e até um piano. Uma abundância que contrasta com o despojamento de sua casa de Cotonou, onde esteiras serviam de camas e os móveis eram caixotes. Quando se trata de família, no entanto, a situação se inverte. Em Cotonou, Ange sequer reconhece o pai, tantos eram os parentes à sua volta. Em Porto Novo, a família é pequena, burguesa, gregária, nuclear, organizada em torno da figura imponente da avó. As relações de parentesco correspondem a relações de sangue, e quando Ange se dirige a uma das três "titias", está de fato falando com uma das irmãs do pai.

O fundador da família Sacramento chama-se Miguel Antônio, crioulo liberto, nascido no Brasil, em 29 de setembro de 1848. Seu ato de batismo, recuperado no início do século XX pelo consulado francês em Salvador, diz que foi escravizado de um certo Evaristo de Oliveira, que o batizado teve lugar quinze meses depois de seu nascimento, na capela do Senhor do Bonfim, paróquia da Penha, que o pároco oficiante foi o reverendo

Antônio Brandão de Araújo e que Miguel teve como padrinho um certo Ignácio de Oliveira, residente na rua do Passo, provavelmente irmão ou filho de Evaristo.

De Miguel, sabe-se ainda que era carpinteiro, que retornou à África no final da década de 1870, que se casou, em novembro de 1882, na igreja Holly Cross de Lagos, com Heliodora de Souza, de apenas 17 anos, filha do também retornado Isidoro Ezequiel de Souza. Segundo Ange, Miguel foi comerciante na Nigéria, sócio ou correspondente de um certo Pereira, que vivia em Salvador. Sua loja ficava na rua Taiwo, não muito longe da mesquita central de Lagos. Como a maioria dos retornados, Miguel era católico e frequentava a Missão Apostólica, que ainda dependia do Vicariato do Benim. Sua certidão de casamento foi lavrada e assinada pelo padre Charles Pagnon, missionário da Société des Missions Africaines de Lyon. No documento, descobre-se ainda que os pais de Miguel se chamavam Tito e Louise de Azevedo, que a mãe de Heliodora era uma Araújo e que os padrinhos de casamento foram das famílias Gonzalo e Assunção.

O único dos quatro filhos de Miguel a nascer em Lagos é Louis Hector, pai de Ange. Logo depois, a família inteira se muda para o Daomé. Em Porto Novo, protetorado francês, Miguel volta ao exercício da carpintaria, realizando trabalhos para a administração colonial. Nascem ali os quatro outros filhos, Milito, o segundo e, em seguida, as três "titias", Mariquinha, Senhorinha e Maximiliana. Quando Maximiliana chega aos 4 anos de idade, Miguel, de apenas 48, sofre um mal súbito e morre.

A família, doravante chefiada por Heliodora, que viverá até os 80 anos, sobrevive dos lucros de um pequeno comércio e da venda, pelas ruas de Porto Novo, de acará e feijão-de-leite. Vivem uma típica vida à brasileira. Frequentam outros agudás, sobretudo os Vieira, os Campos, os Souza, os Santos, os Pinto e os da Costa; vestem-se com o mesmo apuro, ternos de linho claro, chapéus a proteger do sol; moram em casas de alvenaria, cobertas de telhas; dedicam-se às festas religiosas, sobretudo à de Nosso Senhor do Bonfim, com sua missa e seu grande almoço coletivo, regado a pirão, moqueca e feijoada. Anos depois, Ange ainda se recorda da música após o almoço, os convidados em pé, formando um círculo no pátio da casa, cantando juntos em português, batendo palmas, ao som de pandeiros e violas. Um típico samba de roda baiano. A burrinha já havia animado a cidade na véspera.

Como a maioria dos agudás abastados, Louis e os quatro irmãos estudam na Missão Católica, onde aprendem em francês. Louis é quem irá mais longe. Animados com suas boas notas, os padres da SMA financiam os seus estudos secundários, que acontecem no Senegal, pois em Porto Novo só se ensina o be-a-bá. Após o liceu, o jovem Louis passa em concurso público e vai trabalhar na administração colonial. De simples auxiliar administrativo, ele um dia chega a chefe de Gabinete do governador da África Ocidental Francesa e, em seguida, governador interino do Níger. Aos poucos, esse filho de agudás passa de brasileiro a francês, sem nunca ter sido propriamente africano. Em 1919, ele recebe a nacionalidade francesa e, algum tempo depois, cansado da administração, pede aposentadoria e se muda para Paris. É quando decide que o filho Ange deve seguir sua trajetória, a começar pelo Brasil.

Em 1928, Ange e o irmão Fréderic são enviados a estudar com padres franceses. De todos os aspectos de sua vida "à brasileira", é desse que Ange mais se lembrará. A escola fica a uns poucos metros da casa. Do terraço, pode-se ver a torre da igreja. Pelas manhãs, os sinos tocam, anunciando a missa e o início das aulas. Ange e Fréderic saem de casa metidos em "roupas dominicais", as mesmas que usavam para ir à igreja: paletó escuro, camisa branca, gravata verde; uma roupa que só se vê enfardada no torso dos brancos, que destoa dos trajes sumários dos demais africanos, que denuncia de longe aqueles jovens agudás.

E há também os sapatos, sempre apertados, sempre a incomodar. A memória de Ange evoca as artimanhas a que recorria para safar-se do incômodo: ao sair de casa, ele sorrateiramente os retira, pendura-os pelo cadarço no pescoço, ou amarra-os aos punhos. É assim que um dia ele acompanha um desfile de Santa Joana d'Arc, uma mocinha fantasiada, sentada numa mula, levando a multidão em procissão, a escola em peso representada. Ange amarra os sapatos aos punhos e segue adiante, descalço, como aprendeu em sua vida africana. Naquele dia, no entanto, um dos sapatos cai e se perde. Ele se desespera, percorre ao contrário o trajeto da procissão, atravessa a cidade inteira em busca do calçado, varrendo as ruas poeirentas com seus pés descalços, cada vez mais sujos. Depois, hesita em voltar para casa, pois sabe que ali o esperam o chicote e a palmatória. Só aparece à noite, a avó já descabelada de preocupação. O alívio de rever o neto não abranda, no entanto, o castigo.

É naqueles anos que Ange começa a sua primeira transição. Ele chega em Porto Novo falando o idioma africano da mãe. Em questão de semanas, deve migrar para o francês, o inglês, o iorubá e o português, as línguas que compõem o dialeto da nova casa. É desse dialeto que surgem os apelidos da família. Fréderic torna-se Donzinho, as primas são Necka, de "boneca", e Poubihan, de "pombinha". Tia Mariquinha é "titia shopu", a que toma conta da loja (*shop*) da família. Senhorinha é "titia Èkó", do nome que então se dava a Lagos, onde ela ia com regularidade. Ange torna-se Nitu, de "bonito", elogio que lhe lança a avó sempre que o vê penteado, engomado e, de preferência, calçado. "Oh, que bonito!" exclama ela, e o povo entende "Yoyo Nitu!".

Em pouco tempo, Ange se transforma. O pivete que corria solto pelas ruas de Cotonou dá lugar a um disciplinado querubim, a quem quase tudo é proibido. Sua infância é assombrada por esse contraste

A EDUCAÇÃO DOS RETORNADOS

Uma das evocações que mais ouvi de retornados a quem entrevistei foi a lembrança dos rigores educacionais da comunidade. Quase sempre associada a um certo orgulho, embora, de vez em quando, sobretudo entre os mais velhos, aparecesse também a memória azeda dos castigos e o assombro da palmatória, uma das palavras que ainda persistem do vocabulário original da comunidade.

Era sobretudo pela educação que os agudás se distinguiam, a educação formal, o domínio das línguas, o saber portar-se, os bons modos, a formalidade. Era nessa educação que se reconheciam, era ela que os distanciava dos demais "africanos". Era essa educação o que os mantinha unidos a um Brasil cada dia mais distante, e quando esse Brasil se dissipou, foi pela educação que se aproximaram dos colonos europeus.

A tarefa de educar os retornados foi obra sobretudo da Igreja católica e suas missões, que se instalaram na região do golfo do Benim a partir da década de 1860, por iniciativa da Sociedade das Missões Africanas de Lyon (SMA). É em abril de 1861 que chegam a Uidá os primeiros párocos, Francesco Borghero, padre italiano, e Francisco Fernandez, sacerdote espanhol.[1] A Sociedade havia sido criada em dezembro de 1856 e, quatro anos depois, recebeu da Congregação para Propagação da Fé[2] a tarefa de evangelizar o Daomé, com a criação de um Vicariato Apostólico. Ao chegar, os dois missionários, que acreditavam estar desembarcando em um território virgem de pregação, se depararam com a existência de uma comunidade de retornados católicos e a presença de um padre português, de nome Cláudio Lancastre, residente na fortaleza de São João Baptista de Ajudá, enviado pelas autoridades eclesiásticas de São Tomé e Príncipe no quadro do chamado Padroado.[3]

Borghero é um padre empreendedor e considera estratégica a evangelização do Daomé. Em carta a seu superior na SMA, ele discorre sobre o assunto: o Daomé situa-se a meio caminho entre Gibraltar e o cabo da Boa Esperança. Uma vez seus habitantes evangelizados, o cristianismo penetrará no coração da África. Ele está otimista. O entusiasmo da comunidade agudá prenuncia o sucesso da empreitada, dando margem a que, inclusive, sonhe com a formação de um clero local. Diz ele: "Um número considerável de jovens está disposto a começar, de modo que se a Providência quer continuar a sua obra, em dez ou doze anos poderemos contar com padres locais."[4]

Borghero deve, porém, convencer Glelé, o rei de Abomé, a quem está subordinada Uidá. O rei desconfia dos prelados. No entanto, sendo pragmático, evita afrontá-los, o que daria talvez pretextos à ambição dos brancos que, em Lagos, já havia resultado no estabelecimento de uma colônia. Por meio do yovogan, ele transmite a decisão de limitar a atividade dos padres à pregação aos já convertidos, às "famílias brancas", portugueses traficantes e libertos retornados do Brasil. Proíbe, contudo, a catequese aos autóctones. Borghero não perde tempo e reza sua primeira missa num 21 de abril 1861.

A partir de maio, Borghero tenta um encontro com Glelé, o que só acontecerá seis meses depois, após complicadas negociações envolvendo a participação do pároco nas festividades anuais em Abomé, o que implica eventual contribuição sua em dinheiro e bebidas, uísque e gim, além de sua assistência às cerimônias de sacrifício de prisioneiros. Borghero se recusa terminantemente a ambos: não assistirá aos sacrifícios, não doará uísque, sequer suportará a vista dos fetiches que pululam na cidade, e que deverão ser cobertos à sua passagem.

O rei, sempre pragmático, termina aceitando, mas dá um chá de cadeira no padre, que sai de Uidá em 22 de novembro, chega em Abomé seis dias depois, mas só é recebido em janeiro, após gritos e ameaças. No dia 24 daquele mês, Borghero confia ao seu diário as peripécias da visita: o rei, após idas e vindas, convites e desconvites, finalmente o recebe, com deferência estudada e um interesse que o padre acredita genuíno. A conversa dura três horas. Glelé ouve Borghero falar de sua missão. Parece entendê-la, mas não se conforma com o celibato do padre, a tal ponto que Borghero deve chamar em testemunho dois de seus servidores. Glelé se conforma, diz admirar a tenacidade de Borghero, mas acha difícil que algum daomeano se incline a imitá-lo. Ao final da entrevista, Glelé decide autorizar Borghero a se instalar na fortaleza de Uidá e usar a sua capela, insistindo, no entanto, em que a prédica seja circunscrita aos brancos. Permite também que viaje livremente pelo país. Glelé considera então a entrevista terminada. Pega o missionário pela mão e o acompanha pela praça do palácio real, onde a lua brilha forte.

Na volta a Uidá, o missionário tem tempo de refletir sobre o resultado da visita. O reino está fechado a qualquer tentativa direta de evangelização, mas a região que lhe foi atribuída pela SMA vai além da jurisdição de Abomé, e ele agora tem a autorização real para sair e explorá-la. O fato de que, em Uidá, exista uma comunidade cristã pode abrir outras portas e apontar outros caminhos de conversão, a começar pelos próprios escravizados dos agudás. Com a autorização de Lyon, Borghero compra alguns, os mais jovens, e imediatamente os batiza e liberta.

Mas como estender esse trabalho ao resto da população local, com a proibição categórica de Glelé? Borghero tem um plano. Evitará enfrentar o rei, trabalhando lateralmente a catequização. Em bom português, comerá o mingau pelas bordas. Em vez de acintosamente pregar os evangelhos, oferecerá a quem puder cuidados médicos e, sobretudo, educação. Esses serviços "ajudarão a criar uma atmosfera de confiança e a preparar os seus corações a acolher a Boa Nova, quando ela lhes for proposta".[5] Borghero e Fernandez começam a visitar doentes, a cuidar de suas moléstias e, quando podem, a conversar sobre religião.

A escola demora um pouco mais, pois depende de logística complicada. A primeira é aberta em fevereiro de 1862, após o retorno de Abomé. Em carta ao padre Planque, Borghero relata a organização escolar: os alunos são entre trinta e quarenta, dez dos quais vivem com os padres, em regime de internato. O número de estudantes é pequeno, menor do que a ambição do padre, pois o espaço de que dispõem na fortaleza não dá para mais. Os estudos se darão em português, idioma falado pela maioria, mas o padre ensinará também o francês. Em algum momento, ele tenciona lecionar o inglês, uma estratégia para atrair os estudantes que partem de Uidá para frequentar as escolas wesleyanas em Serra Leoa, onde predominam as missões protestantes. Borghero detalha a planilha de estudos: de 8 horas às 9h30, aulas; em seguida, recreação, e outra vez aulas até às 11 horas. A refeição acontece às 11 horas, seguida de outra recreação. Descanso em silêncio (meditação religiosa) das 12 horas às 14 horas. Às 14 horas, dever de casa, e, das 15 horas às 16h30, mais aulas.

A apostila dos alunos inclui Matemática, Religião, Português e Francês. Alguns podem requerer o Latim.

Na mesma correspondência, Borghero trata de um aspecto fundamental de seu projeto: a disciplina. A conversão de "selvagens" é um exercício de cunho civilizatório. É preciso, mais do que pregar a "boa palavra", convencê-los a abandonar os maus hábitos, a poligamia, o politeísmo, a idolatria, vícios que, de tão insidiosos, contaminam inclusive os convertidos, como é prova a própria comunidade agudá. Isso requer firmeza de propósitos e rigor nos métodos. A escola é o lugar ideal para levar adiante essa determinação. Borghero estabelece um regulamento para a missão de Uidá, que será aplicado meticulosamente nas demais escolas da SMA. É Manuela Carneiro da Cunha quem comenta: "Trabalhos domésticos, orações, missas, refeições tomadas com garfo e faca, sestas, estudos, tudo em silêncio e pontuado por uma campainha. Três horas de aulas diárias. Alguns poucos recreios, dos quais eram expressamente banidos os cantos e danças locais."[6] O rigor permanecerá nas décadas seguintes. Quarenta anos depois da fundação da escola em Uidá, André Quirino Pereira queixava-se em carta, escrita em português, ao diretor de uma escola em Lagos. Um dos missionários dera bofetadas em seu filho, deixando sua cara inchada. Pedia aos padres que castigassem o jovem "apenas no bolo da mão". Preferia a tão temida palmatória, da qual tantos retornados ainda se lembram.

Borghero fica em Uidá até 1865. No período, recebe vários padres novos em sua missão, que cresce a olhos vistos. A concorrência dos párocos portugueses desaparece com a partida do padre Cláudio, ainda em 1861, acusado de haver roubado objetos da capela do forte. Em 1872, a missão se muda para Porto Novo e consolida sua atuação em Lagos, onde Borghero havia estado em 1862, de passagem para Freetown, e depois em 1863, quando "descobre", extasiado, as centenas de católicos de origem brasileira. A primeira escola na cidade nigeriana é fundada em fevereiro de 1869, e cresce rapidamente: trinta alunos em fevereiro, cinquenta em junho, oitenta e oito em setembro, cem em outubro. Em 1870, o padre

Bouche, sucessor de Borghero, escreve a Planque, anunciando 288 estudantes, dos quais 134 meninos e 94 meninas. Em 1880, são 316, em 1890, 614, em oito escolas diferentes e, em 1905, 1,04 mil. Em 1873, chegam freiras e as alunas são separadas dos rapazes. Em 1882, passa a funcionar uma escola secundária, dando seguimento dos estudos até quase a idade adulta. Esse crescimento é motivo de júbilo para os missionários, sobretudo porque significa uma derrota para as escolas protestantes, onde os alunos estavam sujeitos à propaganda herética.

Mas isso só acontece quando mudam o idioma de ensino. Assim como em Uidá, de início os retornados de Lagos preferem o português, como forma de manter intacta a identidade brasileira, mas também por o considerarem língua franca comercial, falada em todas as cidades costeiras da região. Assim como em Uidá, em Lagos o padre Bouche encomenda, de Lisboa, livros em português: cem exemplares do *Compêndio da doutrina christã para aqueles que não souberem*, cinco do *Manual da missa e da confissão*, vários do *Fabulista da mocidade*, de Tristão da Cunha, além de gramáticas, dicionários e manuais de aritmética.

À diferença de Uidá, no entanto, em Lagos rapidamente os missionários se dão conta de que perderão alunos se não adotarem o inglês, cada vez mais falado em razão do controle britânico da cidade. Em sucessivas cartas a Planque, os responsáveis pela missão se queixam de que estão perdendo estudantes para as escolas protestantes e fiéis para a apostasia reformada. Em 1879, uma dessas cartas decreta que "o português está se tornando língua morta em Lagos".[7] Estudantes formados nesse idioma são sistematicamente preteridos na seleção para funcionários da administração colonial. O declinante comércio com o Brasil, por outro lado, dá espaço às trocas com a Europa, e empresas europeias, onde se fala inglês, tomam o lugar dos velhos mercadores agudás. Em 1882, quando o governo inglês passa a proibir o ensino em qualquer outra língua que não a inglesa, os missionários já haviam feito a mudança.

Apesar disso, o uso do português pelos agudás de Lagos continua até pelo menos a década de 1920. Em Uidá e Porto Novo, onde o protetorado francês só chega em 1883, o uso do idioma dura um pouco mais. É a língua doméstica, aquela falada pelos mais velhos. É a que fala Heliodora, avó de Ange, que noventa anos depois ainda se lembra de algumas palavras. O seu desaparecimento acontece aos poucos, com a decretação do ensino em inglês em Lagos e, alguns anos depois, do francês em Porto Novo e Uidá. As novas gerações, como a de Ange, educam-se nessas línguas europeias, em detrimento do português, que eles terminam por esquecer. Aos poucos, o registro do português vai se limitando à memória fugidia dos antigos, que já não conseguem repassá-lo, e às letras truncadas das velhas canções. Iniciativas isoladas tentam mantê-lo vivo, geralmente em vão. Na década de 1970, Manuela Carneiro da Cunha chegou a conhecer um jornalzinho distribuído gratuitamente em Ibadan, escrito num português arrevesado, chamado *A Lâmpada Portuguesa*. Em 1999, quando estive em Uidá por primeira vez, um funcionário da então Embaixada em Lagos,[8] de nome Abraham G'bosa, dava aulas de português para membros da família Souza. Cheguei a ver o Chachá VIII, Honoré Feliciano, vestido com sua capa e o barrete oriental, um caderno à mão, atento como um menino ao professor Gbosa, que lhe ensinava os rudimentos da língua. Duas décadas depois, quando estive em Porto Novo pela última vez, soube que o velho Karim da Silva pagava outro professor para ministrar conhecimento básico à família Silva. As aulas ocorriam em salas do seu museu e chegavam a atrair duas dúzias de alunos.

Vale se perguntar por que essa comunidade, que no Brasil não teve acesso a qualquer tipo de educação formal, apreciava e valorizava tanto a educação na África. Algumas pistas nos são oferecidas por Manuela Carneiro da Cunha e Maria Cristina Cortez.

Em seu artigo para o *Dicionário da Escravidão e Liberdade*,[9] Maria Cristina conta que, desde o começo da relação entre europeus e africanos, nos séculos XV e XVI, o domínio da escrita e da leitura pelos brancos, e sua consequente habilidade em transmitir mensagens por meio delas, exerceram fascínio entre as sociedades africanas, que associavam a habilidade aos poderes mágicos dos recém-chegados, dos quais as caravelas e as armas de fogo eram uma outra manifestação. O fascínio tornou-se curiosidade e da curiosidade veio o interesse em aprender. Rapidamente, surgiram africanos que se especializaram no manejo das línguas europeias, tornando-se intermediários entre os dois mundos. Maria Cristina dá o exemplo dos ambaquistas angolanos, gente originária da região de Ambaca, educada por missionários jesuítas, que passaram a exercer o papel de mediadores entre portugueses e governantes africanos. Fala também das regiões próximas ao Sahel, onde a islamização estimulava o aprendizado da escrita, com a instalação de madrassas e de bibliotecas onde se ensinava o árabe clássico.

Diante desse quadro histórico, prossegue Maria Cristina, "Não é de estranhar o fascínio e o poder que a linguagem escrita exerceu entre escravizados e forros, africanos e crioulos, mantidos, por força da lei e das regras que norteavam o mundo da escravidão no Brasil, distantes das escolas e da aprendizagem formal das primeiras letras".

De fato, a educação de escravizados nunca foi uma prática comum no Brasil. Segundo Maria Helena Câmara Bastos[10] e Surya Pombo de Barros,[11] normas específicas proibiram, durante todo o século XIX, a escolarização de escravizados e filhos de escravizados. Na Bahia, depois do ciclo de revoltas, a suspeita de que malês letrados usassem o manejo da escrita para transmitir instruções escritas, de um lado ao outro de Salvador e do Recôncavo, organizando insurreições, pesou muito para elevar ainda mais o receio de que escravizados tivessem acesso à educação.[12]

A Constituição de 1824, a primeira a se referir diretamente à educação da população brasileira, determinava que a instrução primária fosse gratuita para todos os cidadãos, entre os quais não se contavam os escravizados, que careciam de cidadania. Em 1834, o Ato Adicional sobre a organização da educação brasileira criou assembleias provinciais, dentre cujas atribuições estava a de legislar sobre a instrução pública. A partir de então, decisões relacionadas ao funcionamento das escolas, e quem a elas teria acesso, foram descentralizadas e deixadas às províncias. Logo no ano seguinte, em Minas, lei de 28 de março de 1835 determinava que "Somente as pessoas livres podem frequentar as Escholas Publicas". Dois anos depois, no Mato Grosso, a primeira lei provincial sobre instrução seguia na mesma linha, determinando a obrigatoriedade e gratuidade do ensino, desde que reservado à população livre.

As proibições continuaram ao longo de todo o século, apesar das transformações políticas que, paulatinamente, puseram fim à escravidão. Poucos anos depois da aprovação da Lei Eusébio de Queirós, por exemplo, o decreto Couto Ferraz, de 1854, que regulamentava o ensino na Corte, instituía que, no primário, "Não serão admittidos á matricula, nem poderão frequentar as escolas: [...] §3º. Os escravos". No mesmo ano da promulgação da Lei do Ventre Livre, o Regulamento da Instrução Pública Primária do Paraná, de 1871, estabelecia a mesma coisa.

Já entrada a década de 1880, a sete anos da Lei Áurea, a Bahia ainda explicitamente interditava o acesso de escravizados à escola. Regulamento sobre matrícula escolar estipulava que essa devia ser feita "pelo professor, mediante guia do pai, tutor ou protetor, em que se declare, além da naturalidade e filiação do menino, *não ser escravo*, ter idade de 5 a 15 anos, estar vacinado e não sofrer moléstia contagiosa".

Nessas condições, as alternativas para a educação de escravizados eram quase nulas, com exceção eventual de algumas irmandades religiosas, no âmbito das quais, muito pontualmente, padres ofereciam aos escravizados o ensino da leitura, como estratégia para melhor distribuição da catequese. Também, ocasionalmente, proprietários se preocupavam em alfabetizar os filhos de seus escravizados, como forma de aumentar o preço de sua venda futura. Outra possibilidade, igualmente remota, era o aprendizado das letras nas escolas privadas vocacionais, onde escravizados eram enviados para aprenderem ofícios específicos.

Mas, de um modo geral, a única pedagogia que se aplicava aos escravizados, especialmente no campo, era a da própria escravidão, com castigos os mais diversos para mantê-los submissos e o esforço ocasional de lhes ensinar os rudimentos do português falado, necessário para que entendessem as ordens recebidas, mas também para que tivessem uma formação religiosa mínima, através da qual entendessem os ensinamentos cristãos e, com sorte, a eles aderissem, diminuindo assim a sua propensão à "selvageria".

Durante todo o período, no entanto, nunca houve impedimento legal a que crianças libertas frequentassem as escolas, de vez que eram, ao menos em princípio, consideradas cidadãs e, por isso, enquadradas no que estabelecia a Constituição de 1824. Apesar disso, os obstáculos a serem superados sempre foram imensos, a começar pela simples má vontade dos professores e a necessidade, na maioria das províncias, de comprovar formalmente que se era livre, ou ainda a de prover ao aluno roupas adequadas, cadernos, livros e merenda, o que nem sempre era possível. Após o ciclo de revoltas das décadas de 1820 e 1830, o letramento de libertos, que nunca foi estimulado, passou a ser especialmente indesejável, uma vez que poderia indicar intenções perigosas. Um negro alfabetizado era algo por definição suspeito. Considerando que a taxa de alfabetização no Brasil era irrisória (apenas 15% em 1872), a frequência escolar de jovens libertos passava a ser fato absolutamente excepcional, que se contava nos dedos de uma mão.

É provável que a importância atribuída pelos retornados à educação seja decorrência precisamente de tais dificuldades. Manuela Carneiro da Cunha arrisca uma teoria a esse respeito: se, para os missionários, o objetivo principal da educação era a evangelização, para os retornados, era um meio de promoção social e econômica, mas também uma forma de manter coesa a própria comunidade, de evitar que ela se diluísse no entorno social africano. A educação ministrada por padres católicos era uma extensão da formação religiosa em si, e essa formação era um dos traços mais importantes na definição dos agudás enquanto grupo. Não é por outra razão que a expressão agudá era usada, em Lagos, tanto para designar os brasileiros como os católicos em geral. Como diz Manuela, "Brasilianidade e catolicismo eram termos coextensivos".[13] Não à toa, segue a antropóloga, os brasileiros eram frequentemente contrários à evangelização generalizada da população autóctone, preferindo reservar o catolicismo para si mesmos, seus parentes e agregados. Era o que os identificava como grupo e os distinguia dos demais. Daí o apoio que os brasileiros de Lagos deram, desde o início, ao trabalho educador dos missionários, embora, como já se viu neste livro, nem sempre seu fervor religioso fosse dos mais sinceros e ortodoxos. A análise de Milton Guran vai na mesma direção: no que diz respeito à construção da identidade dos agudás, a formação religiosa talvez tenha sido o instrumento mais usado e mais eficaz para estabelecer fronteiras frente às sociedades locais. E a instrução religiosa era parte de um processo mais amplo de educação formal. Aprendia-se a leitura e a tabuada ao mesmo tempo que se estudava a Bíblia.

No que se refere ao papel da educação para a ascensão da comunidade, no entanto, os resultados variaram, dependendo do lugar. Nas regiões de língua francesa, os efeitos foram positivos. No Benim e no Togo, os agudás sempre gozaram de certa visibilidade, ocupando posições de destaque na vida política, como mostram os casos do Chachá de Souza, de Domingos José Martins, de Ignácio Paraíso e, mais recentemente, de Sylvanus Olympio, Isidoro de Souza ou Karim da Silva.

Em Lagos, no entanto, os retornados nunca conseguiram o mesmo destaque, ocupando, durante a colonização inglesa, poucos postos administrativos de responsabilidade, em benefício sobretudo dos mais exitosos saros, imigrantes da Serra Leoa. Manuela Carneiro da Cunha especula que os próprios missionários católicos podem ter contribuído para isso, ao enfatizar, em suas escolas, o aprendizado dos ofícios manuais. Na década de 1870, o padre Courdioux, diretor da missão, estabeleceu planos para a criação de uma colônia agrícola modelo, perto de Badagry, inspirada nas reduções jesuíticas do Paraguai, e para a qual esperava poder preparar os alunos de suas escolas. Era o corolário religioso dos planos do governador Alfred Moloney, que sempre considerou os retornados como candidatos naturais a se ocuparem da agricultura na colônia nigeriana.[14]

Durante todo o tempo em que funcionaram, ademais, as escolas em Lagos ministraram cursos de atividades manuais, o que ajuda a explicar por que tantos retornados terminaram se dedicando a ofícios como a carpintaria, a marcenaria, a maçonaria, ou ainda a alfaiataria, desenvolvendo na África talentos que seus antepassados haviam trazido do Brasil.

Muitos anos depois, em depoimento a Marianno Carneiro da Cunha, Sylvanus Marquis e Abiola Akerele relataram suas memórias de infância, em que padres da SMA verbalizavam a aversão às carreiras mais ambiciosas, como as de advogado e político: eram profissões pecaminosas, pois levavam as pessoas a mentir.

Em Coroa Vermelha, passo horas conversando com Ange. Sua biografia é caudalosa. Ele, já perdendo a memória, volta e meia recorre ao livro para responder a alguma pergunta. Ange veio ao Brasil porque foi por aqui, na etapa mais dramática de suas vidas, que passaram os seus antepassados. Ele então pondera longamente sobre a diferença entre antepassado e ancestral. Seus ancestrais, recorda com graça, eram os gauleses. Foi o que lhe ensinaram nas escolas francesas. Um ancestral como esse não envelhece, pois a sua existência é a própria história. Antepassados, em contraste, envelhecem, porque são anônimos para a história. Ange é, na verdade, duplamente órfão de ancestrais. De um lado como do outro, seus antepassados são libertos, o avô Miguel do Sacramento, o avô Isidoro de Souza, ambos escravizados que apareceram do nada, em atas arbitrárias de batismo, lavradas em paróquias baianas, nas quais seus prenomes, e apenas eles, eram grafados, ao lado da menção "escravo".

O sobrenome Sacramento, o que se preservou, Ange não sabe de onde veio. Ele e a esposa estiveram na Bahia, nos anos 1990, em busca dessa origem. Visitaram igrejas, cartórios, cemitérios, encontraram vários, mas nunca deram com o certo.

Eu me comprometo a ajudar e, ao voltar para casa, aciono meus contatos, pesquisadores a quem recorri ao longo desta pesquisa. Não aparecem registros do retorno de Miguel ou Isidoro à África, tampouco do pedido de passaportes ou de alforrias.

Decido então fazer eu mesmo uma pesquisa sobre a origem dos sobrenomes brasileiros, para tentar encontrar pistas do Sacramento de Ange. Na *Introdução à antroponímia brasileira*[15] descubro que nossos sobrenomes dividem-se entre patronímicos, oriundos dos nomes dos pais; toponímicos, inspirados em lugares; ocupacionais, inspirados nas profissões; e aqueles derivados de características físicas ou pessoais. Existem também os sobrenomes religiosos, entre os quais está Sacramento. A origem desse subtipo é obscura. Na Idade Média, podiam corresponder aos filhos bastardos, que não eram autorizados a carregar o sobrenome paterno, levando em seu lugar referências às Escrituras, mas também a algum antepassado criado em orfanatos cristãos, ou ainda a famílias de convertidos ao cristianismo, mouros, judeus ou escravizados, batizados com genéricos cristãos como forma de induzir a adesão aos Mandamentos. Pertencem a essa categoria sobrenomes como Santos, uma referência ao Dia de Todos os Santos; Nascimento, uma alusão à Natividade; Reis, que celebra o Dia de Reis; Ramos, que festeja o Domingo de Ramos; Assunção, que marca a Assunção da Virgem; ou Neves, uma homenagem a Nossa Senhora das Neves. Ou ainda Sacramento.

O sobrenome Sacramento é uma menção aos sete sacramentos que acompanham o fiel, do batismo à extrema-unção, passando pela confirmação e o casamento. Trata-se de um sobrenome comum. Serviços on-line de genealogia identificam uma incidência de Sacramentos concentrada no Brasil, em Portugal e em Angola, com um total que pode chegar a 50 mil famílias. Nada disso ajuda muito na pesquisa pelas origens da família de Ange. Para um descendente de escravizados, portar esse sobrenome tem o mesmo sentido do que para qualquer outro dos milhões de convertidos à força pela Igreja, judeus, ameríndios e mouros, e batizados como apelativos cristãos arbitrários. O sobrenome de um antepassado, não de um ancestral, para recorrer à lógica do próprio Ange.

O ANONIMATO DA ESCRAVIDÃO

Em muitos sentidos, a escravidão brasileira, apesar de seus números exorbitantes, foi um processo anônimo. Sabe-se que nossos escravizados foram milhões, mas pouco se sabe sobre quem eram exatamente. Apesar de serem muitos, eram desprovidos de uma identidade. Eram coisas, e não gente.

Em 2016, o IPEA analisou 46 milhões de sobrenomes de trabalhadores brasileiros constantes no cadastro da Relação Anual de Informações Sociais: 87,5% tinham nomes ibéricos; 7,7% tinham nomes italianos. O resto se distribuía entre sobrenomes germânicos, japoneses, poloneses, chineses, coreanos etc. Quase nenhum sobrenome africano. Essa ausência, em uma população de mais de 200 milhões de habitantes, da qual pelo menos a metade tem origens na África, é talvez a maior prova do anonimato da nossa escravidão.

A principal explicação para esse silêncio é a prática de imposição de nomes cristãos aos africanos escravizados no Brasil. Em 2003, o historiador francês Jean Hébrard publicou um longo artigo a esse respeito. Segundo ele, já no momento de sua captura, ainda em solo africano, essas pessoas perdiam as suas identidades, que eram substituídas, em um primeiro momento, por uma mera descrição, inserida nos livros de bordo dos tumbeiros. Deixavam de ser seres humanos para se tornarem peças ou lotes, classificados em função de critérios objetivos, como sexo, idade aproximada e o custo, calculado em razão dos produtos oferecidos no escambo, como armas, pólvora, peças de tecido, bebidas alcoólicas, tabaco. Eram "coisificados" e transformados em mercadorias e, nesse processo, perdiam os nomes.

Nas ocasiões em que o Estado português se envolvia diretamente nas operações, e com ele a sua burocracia,[16] um registro mais cuidadoso das transações escravistas era realizado, assinalando informações acerca das características físicas dos escravizados, eventuais ferimentos ou defeitos, taxas e impostos pagos, o local de embarque na África e de destino no Brasil, o navio em que viajavam, além da confirmação de que haviam sido batizados — procedimento em princípio obrigatório, pois dava legitimidade religiosa ao tráfico negreiro (escravizavam-se os negros, mas salvavam-se as suas almas).[17] Era quando entravam em campo escrivães, ouvidores, catequistas e marcadores de escravizados, esses últimos encarregados de deixar constância, no corpo dos cativos, por meio de marcas feitas a ferro quente, dos diferentes trâmites que exigiam a operação: uma primeira marca com as iniciais do comprador ou do armador do tumbeiro; uma segunda atestando a quitação do imposto; às vezes uma terceira (uma cruz), ao realizar-se o batismo. Era a crônica de uma desgraça lavrada na pele do desgraçado, como carimbos num expediente.

Em meio aos pormenores desse registro, o que chama a atenção de Hébrard é o fato de que referências aos nomes originais dos cativos, informação que poderia inclusive ajudar na sua minuciosa identificação, eram criteriosamente omitidas. Essa negação sistemática seria, segundo ele, "Um dos elementos simbólicos mais importantes da redução à escravidão de homens e mulheres até então livres".[18]

São esses os homens que chegam anônimos ao Brasil, e que, ao chegarem, assumem quase imediatamente uma nova identidade, atestada pelas certidões dos batismos realizados no Brasil. Eram submetidos ao novo rito cativos de quaisquer origens, inclusive os que vinham de São Tomé ou Luanda e já haviam passado por ele, pois a validade do sacramento recebido às pressas na hora da partida não costumava ser aceita pelo clero brasileiro, cioso dos benefícios de uma catequese bem ensinada.

Como ato final desse processo, lavrava-se, na certidão de batismo, o novo nome do escravizado, geralmente um prenome de santo, tirado da folhinha, sem sobrenomes.[19] A informação ia acompanhada de uma referência à sua idade aproximada, ao nome do proprietário, ao nome do padrinho, além de uma menção à origem étnica ou geográfica (a "nação") — nagô, mina, jeje —, ou ainda ao local de embarque na África — Angola, Congo, Benguela, Cabinda etc. Hébrard reproduz uma certidão típica daqueles tempos:

> Aos vinte quatro dias do mês de junho de mil oitocentos e vinte e oito, nesta Matriz do Santo Antonio além do Carmo baptizei e pus os Santos Óleos a Constança adulta Nagô escrava da Joana Maria da Cunha. Foi padrinho Domingo escravo da mesma e para constar se fez este assunto em que me assinei Vigário João Manoel Guerreiro.

Para os sociólogos Rogério da Palma e Oswaldo Truzzi, o novo nome, que passaria da ata de batismo aos demais documentos emitidos ao longo da vida do escravizado, representava o estatuto econômico, administrativo e jurídico do cativo na sociedade escravista brasileira.[20] A escolha desse nome, atribuição de padres, era o elemento-chave do processo de dessocialização e despersonalização do cativo, uma forma de melhor inseri-lo, de maneira subalterna, na sociedade colonial.

Isso não impedia, naturalmente, que muitos preservassem seus nomes originais no uso corriqueiro, no dia a dia da relação com outros escravizados. Tratava-se, no entanto, de uma identidade que permanecia informal, usada no espaço da oralidade, da sociabilidade clandestina da escravidão, com seus cantos, seus círculos religiosos e suas eventuais revoltas. A nova identidade constava do domínio formal da ordem pública, dos documentos e da escritura, controlado por padres, escrivães, juízes, notários, policiais, tabeliões e escriturários.

No clássico *Rebelião escrava no Brasil*, João José Reis, ao registrar as investigações e os julgamentos relacionados com a revolta, revela claramente essa dualidade. Nos assentamentos dos tribunais em que são julgados os revoltosos, os escriturários parecem não saber ao certo como se referir aos envolvidos. Ora usam seus nomes de batizado, Luis, Jorge, Joaquim, João, ora seus nomes africanos, Ahuna, Alei, Aliara, Alade, Ajahi. Quando se trata dos que depõem como denunciadores, no entanto, não parece haver dúvidas: Domingos Fortunato, Guilhermina Rosa de Souza e outros libertos que deram o alarme ou testemunham contra os insurgidos, dando com isso prova cabal de sua determinação em integrarem-se à nova sociedade, são tratados unicamente pelos nomes cristãos.

A atribuição de um nome de família é um processo complexo, que envolve ao mesmo tempo a designação de uma individualidade, atributo do prenome, e uma classificação de cunho social, função do sobrenome. Do ponto de vista religioso, a escolha do prenome cristão, último ato do ritual do batismo, significa também a inscrição da pessoa batizada na comunidade cristã, sob a proteção de seu santo padroeiro.

Essa preocupação da Igreja estendeu-se muito cedo à situação dos escravizados e influenciou a maneira como as monarquias ibéricas concebiam seu trabalho de "cristianização missionária" na África e nas Américas. A partir dos decretos canônicos oriundos do Concílio de Trento, o Império Colonial português estabeleceu para os proprietários a obrigação de batizá-los no mais breve prazo. As Ordenações Manuelinas e Filipinas previam que filhos de cativos nascidos nos territórios do Império Português fossem batizados imediatamente. Crianças de menos de 10 anos deviam ser batizadas no máximo um mês após a aquisição, sob pena de confisco. Já adultos deveriam submeter-se ao rito no máximo seis meses depois da compra, sob a mesma pena.

Na Bahia do século XVIII, essas regras foram adaptadas às circunstâncias locais pelas constituições estabelecidas durante o Sínodo da Bahia, de 1707. Crianças escravizadas nascidas no Brasil seriam batizadas até os 8 dias de vida, sob pena de multa de 8 tostões; crianças chegadas da África receberiam os ritos até os 7 anos de idade; adultos, se possível, em seis meses, mas sem a ameaça de confisco. As constituições estabeleciam também, de forma detalhada, como a certidão do batismo devia ser lavrada: prenome cristão, idade, referência à "nação", nome do senhor, nome do padrinho.

Ao longo do século XIX, observa-se, no entanto, uma evolução nessas atas de batismo. Hébrard, que estudou os registros da paróquia de Santo Antônio Além do Carmo, em Salvador, compilou essas mudanças: um número cada vez menor de certidões coletivas, que se emitiam quando do batizado dos vários escravizados de um mesmo patrão; um aumento de certidões individuais e, nessas atas, a tendência a que cativos fossem batizados com nomes compostos, ou, ainda, com nomes seguidos de referências a devoções religiosas, talvez a dos pais ou padrinhos, talvez a dos patrões. Por exemplo, o escravizado de um devoto de Nossa Senhora das Neves era batizado Fulano *das Neves*; o filho de um devoto de Nossa Senhora da Conceição era registrado como Beltrano *da Conceição*; a afilhada de uma devota de Santa Anna ganhava o nome Sicrana *de Sant'Anna*.

Hébrard especula sobre as razões dessa evolução. Na condição de escravizados, os africanos eram coisas e, como tais, tinham apenas um prenome, uma maneira de ser chamado e de receber ordens. Isso bastava. Uma vez libertados, seja antes ou depois da abolição, mudavam de estatuto legal e, na nova condição de gente, precisavam contar com nomes completos, pois era um requisito indispensável para o reconhecimento jurídico do liberto e a reivindicação de seus direitos sociais ao Estado. Ocorre que um dos únicos documentos formais com que contavam esses homens, de onde extraírem uma nova denominação, era a certidão de batismo. Fazia sentido, portanto, que, à medida que aumentava a população liberta, aumentasse a pressão sobre a Igreja para que os atos de batismo contivessem elementos que lhes ajudassem a forjar uma nova identidade, se e quando alcançassem a liberdade.

Com a abolição, a necessidade de ter nome próprio passa a ser a de todos. Cativos libertados pela Lei Áurea juntam-se aos que já haviam adquirido a liberdade na busca por maneiras de obter "nomes completos". Verifica-se, então, um aumento considerável no número de libertos que iam aos cartórios pedir a oficialização de documentos os mais variados: contratos de compra, de venda, de aluguel, esboços de heranças, hipotecas, testamentos feitos às pressas, termos de reconhecimento de dívidas, promissórias, promessas de qualquer coisa.[21] O importante não era o que dispunha o documento em si, mas o fato de que continha o nome completo do interessado. Ao se legalizar o documento, mais do que oficializar uma transação, o que o liberto obtinha era o reconhecimento cartorial do seu nome.[22]

E, para a escolha desses nomes, variavam as estratégias. Alguns passavam a adotar, como sobrenome, os segundos prenomes eventualmente registrados nos atos de batismo; outros, os nomes de devoção, ou ainda as referências às suas "nações". Muitos recorriam a suas redes de relações pessoais ou familiares, adotando sobrenomes de padrinhos e madrinhas, ou de algum parente que já tinha o seu. No caso das mulheres, uma alternativa era o casamento. Muitos também optavam por aderir ao sobrenome dos antigos patrões, caso frequente, no Recôncavo ou no vale do Paraíba, onde grandes fazendeiros estimulavam a prática de modo a manter relações de apadrinhamento com os antigos escravizados que, frequentemente, continuavam vivendo em suas fazendas, como trabalhadores livres.

Quaisquer que fossem as estratégias, em praticamente nenhum caso preservavam-se os nomes africanos. Livres, os negros brasileiros perdiam definitivamente o vínculo com seu continente de origem. Ao retornarem à África, os agudás mantiveram os sobrenomes brasileiros, que terminaram se tornando um dos traços mais visíveis de sua distinção. Com o tempo, no entanto, esses sobrenomes evoluíram, ao sabor dos imponderáveis da genealogia.

Em alguns casos, ramos de uma mesma família adotaram como sobrenome o prenome de um antepassado direto, fazendo surgirem novas linhagens. É o caso dos Pedro e dos Fautinho, em Lagos; dos Francisco, dos Marianno, dos Miguel e dos Sabino, em Porto Novo. Em outros, famílias ligadas a outras por relações históricas de servidão acabaram aderindo ao seu sobrenome, tornando-se um de seus ramos agregados, um pouco à maneira dos escravizados que adotavam sobrenomes de seus senhores no Brasil. A quantidade de Souzas no Benim é o melhor exemplo. Muitos não são reconhecidos como parte da família original do Chachá, sendo estigmatizados, até hoje, como descendentes de seus cativos.

Outras famílias, de uma mesma raiz, mantiveram o sobrenome comum, e distinguiram-se em ramos pelo acréscimo de um segundo sobrenome. É o caso dos Sant'Anna, de Porto Novo, separados entre Da Matha Sant'Anna e Tranquilina Sant'Anna. Outras, ainda, adotaram o sobrenome de padrinhos, desviando os galhos genealógicos da raiz original, caso dos Villaça, inicialmente chamados Autran, do nome do fundador José Pedro Autran.

São pouquíssimos, no entanto, os exemplos de famílias que trocaram o sobrenome brasileiro por alcunhas africanas. O caso mais conhecido é a dos Alakija, família originalmente chamada Assunção (Assumpção, na grafia da época). Plácido Adeyemo Assunção, que depois chamou-se Alakija, foi quem decretou a mudança (Figura 42). Quando estudava em Londres, percebeu que seu nome cristão era motivo de chacota. Numa tradução sumária, Assunção, que no Brasil remete à subida aos céus de Jesus Cristo, transformava-se em "palpite" (*assumption*). Plácido, que não queria ser conhecido como um pacífico palpiteiro, determinou a substituição, escolhendo o Alakija, uma homenagem a Ikeja, cidade de onde seus antepassados tirariam as origens. A decisão foi unanimemente acatada pelos demais irmãos.

Quando voltou à Nigéria, Adeyemo tomou parte ativa na vida política local, como funcionário do governo colonial, advogado, jornalista e um dos líderes do movimento político-cultural Egbe Omo Oduduwa

(Sociedade de Descendentes de Oduduwa), criado em 1945, e que se transformou no primeiro partido político moderno da Nigéria, o Action Group. Ele esteve entre os primeiros nativos a compor o quadro africano do conselho executivo, constituído de altos funcionários designados para assessorar o governador britânico da colônia, e que até 1940 era ocupado exclusivamente por brancos.

O pai de Adeyemo era Marcolino Assunção, liberto que, na década de 1870, retornou à África, instalando-se em Abeokutá, onde criou família. Um de seus outros filhos, Porfírio, acabou por regressar à Bahia, onde deu aulas de inglês e colaborou com Nina Rodrigues. Filho de Porfírio, George Alakija foi um conhecido psiquiatra na Salvador da segunda metade do século XX. Escreveu livros e artigos em que analisava as condições psiquiátricas do êxtase místico na possessão no candomblé, a que ele atribuía a processos originados na histeria. Abdias do Nascimento, no prólogo do seu clássico *O genocídio do negro brasileiro*, dedica algumas páginas a antagonizar George e sua tese.

A trajetória profissional de Adeyemo confundiu-se com o movimento de independência nigeriano. Em 1952, meses antes de sua morte, ele foi agraciado com o título de Cavalheiro da Coroa Britânica, tornando-se Sir Adeyemo Alakija, pelo qual é conhecido nos livros de história da Nigéria, e que dá nome a uma avenida em Victoria Island. Em 2001, cheguei a conhecer a sua esposa, Lady Ayo Alakija. Ela vivia em uma grande casa amarela, no bairro de Ikoyi. Na sala, sobre uma mesa, via-se um retrato do marido, tirada pouco tempo antes de sua morte, com as condecorações que acompanharam o título outorgado pelo rei Georges VI. Era naquela casa que a família se reunia, no terceiro domingo de cada mês, para tratar de problemas. Um dos temas recorrentes era a reunião dos ramos dispersos dos Alakija, que se espalhavam por três continentes. Planejava-se reunir essa diáspora em um grande encontro familiar, durante o qual seria inaugurado um memorial em homenagem ao clã. Ao que me consta, isso jamais aconteceu.

Até onde sei, os Alakija são a única família a voluntariamente haver abandonado o patronímico brasileiro. Muitos descendentes de retornados, especialmente mulheres, terminaram perdendo seus sobrenomes originais, substituídos pelos dos maridos africanos. Uma decisão premeditada de substituir sobrenomes cristãos por epítetos africanos é caso atípico. Da mesma forma que, no Brasil, os escravizados, depois de livres, escolheram sobrenomes que remetiam aos processos da escravidão, os retornados, mesmo tendo feito a opção pela África, preservaram zelosamente as marcas onomásticas da origem brasileira.

ANGE E SUAS ALMAS

Em 1994, Antonio Tabucchi publicou um de seus livros mais conhecidos.[23] Nele, um personagem chamado doutor Cardoso explica ao protagonista Pereira sua teoria sobre a "confederação de almas". A tese diz que um indivíduo é habitado permanentemente por um conjunto de almas. Ao longo da vida, diferentes almas podem se tornar hegemônicas, em diferentes momentos. Isso explica o conflito constante entre os "eus" existentes no ser humano: há sempre um eu hegemônico que se impõe entre os que habitam a confederação. Nessa situação, o recomendável é deixar que o novo eu (a nova alma) flua e domine o indivíduo, pois lutar contra essa eventualidade, além de inútil, causa conflitos e sofrimentos desnecessários.

Quando releio o trecho da biografia em que Ange usa a metáfora anímica para explicar sua identidade, é no doutor Cardoso que imediatamente penso. Ange parece povoado por uma coleção de almas. Ele, no entanto, nunca seguiu as recomendações do médico, nunca esteve à vontade com as almas que exerciam pontualmente a sua hegemonia. Quando era brasileiro, queria ser africano; quando era francês, sonhava ser brasileiro; quando era africano, sentia saudades da França.

Em Coroa Vermelha, Ange dispõe sobre uma mesa os vestígios mais visíveis dessa sua confederação. No álbum de fotografias vejo documentos antigos, esvaídos pelo tempo, fotografias de uma bisavó, dos avós, dos pais. Uma mostra Miguel Sacramento posando de nó borboleta; outra, a família inteira no fundo infinito de um estúdio, os homens de pé, em traje a rigor; uma terceira e a família está no terraço da casa em Porto Novo, onde recebia brancos ilustres. Vejo também as várias encarnações de Ange: ele muito menino, descalço e despojado como um pequeno africano; ele de marinheiro, ao lado do pai, com cara de retornado, num calhambeque que era um luxo no Daomé; outra foto dos anos 1940, Ange, agora um francês, numa encenação da peça *O doente imaginário*, de Molière; em outra, dessa vez na Alemanha, Ange fala num microfone da Deutsche Welle; outra mais, e Ange, agora um empresário beninense, aparece em trajes de festa, na frente da fachada colorida da sua discoteca. Ao longo da vida, ele foi ator, jornalista, empresário, soldado, funcionário público, presidiário. Em alguns momentos, teve muito sucesso, em outros, fracassou rotundamente. Quase ficou rico e quase faliu. Durante a guerra, quase foi morto em mais de uma ocasião e, finalmente, viveu para ver os 96 anos. Sua vida foi um rio caudaloso. As duzentas páginas do livro são apenas um resumo.

Acompanhar as reviravoltas anímicas de Ange não é fácil. Puxando pelo fio do livro, anoto algumas. A primeira, já sabemos, acontece quando tinha 4 anos e o pai o mandou morar com a avó. Ele, que era um moleque africano, torna-se um agudá. Em 1930, aos 8 anos de idade, o pai decide levá-lo a Paris, onde havia se instalado como comerciante de produtos exóticos. É a transição para a identidade francesa (Figura 43). A viagem se faz de navio, lentamente, três semanas se arrastando ao longo do litoral africano, até Marselha. Ange sai de Porto Novo numa piroga, atravessa o lago Noukoué, que separa a cidade do porto onde lhe espera o navio. Passa-se muito tempo e Ange chega a outro cais. Ele então pensa que chegou à França, mas está apenas em Cotonou.

A verdadeira chegada à França é decepcionante. Em lugar das calçadas de ouro e das luzes permanentes, o frio, a neblina, o nariz a escorrer, a pressa com que anda nas ruas, as pessoas que não se cumprimentam, que não param para conversar, o tempo que flui mais rápido, que escorre pelas mãos sem que se possa sentir a sua densidade. Um tempo que não se vive, simplesmente passa.

Um ano depois, Ange já está adaptado. Mora perto da praça da Bastilha, estuda em uma escola pública, fala francês. Ninguém a seu lado fala mais o iorubá, ninguém mais o português. Na escola, ele às vezes até se esquece de que é negro, e só se dá conta quando passa diante de uma vitrine e vê a sua silhueta a fazer sombra. Apesar disso, sofre o bullying de seus colegas, que o chamam de "bamboula", em referência ao título de uma revista em quadrinhos que brinca com os africanos, a cara mais inofensiva do racismo francês. Mas sua natureza é pacífica e ele não reage, e os colegas cansam e param, e ele de novo se esquece de que é africano.

Em casa, Ange toca piano e participa das conversas quando chegam estudantes africanos. Léopold Sédar Senghor é presença constante.

Passa o tempo e Ange se muda para o subúrbio. Frequenta várias escolas, onde se destaca como bom aluno. Agora, ele canta como solista nas missas oficiadas pelo bispo. Olhos invejosos o discriminam. Quem é o "negrinho" que se destaca no altar? Os dissabores se acumulam, se confundem, mas Ange se lembra de cada um.

Em 1940, a Alemanha invade a Polônia e a vida de Ange muda de novo. Seu irmão Ludovic é mobilizado e parte para as Ardenas. Os jornais acalmam a população, o front está calmo, a Linha Maginot é intransponível. Nas ruas, cartazes dizem que a França vencerá, porque "somos mais fortes". O povo, iludido, canta ofensas aos alemães, promete pendurar suas roupas para secar na Linha Siegfried. A ilusão dura dois meses. Chega a escassez e começam a distribuir cartões de racionamento. Alertas aéreos chegam, cada dia mais frequentes, e a população acostuma a se esconder em abrigos subterrâneos. Em casa, fitas adesivas são coladas nos vidros das janelas, para que não estilhassem com a pressão das bombas. Junto com os aviões alemães, vêm notícias de derrotas nos campos de batalha. Até que chega o mês de maio e uma manhã a cidade aparece coberta de bruma, uma nuvem artificial, fumaça espalhada pelos aviões alemães para cobrir a chegada de suas tropas. Os alemães estão às portas de Paris e a população se apavora. Começa o êxodo.

Circulam rumores de que os jovens serão presos, mandados à Alemanha para trabalhar, ou para os campos de batalha, para matar. Ange se revolta e se apavora. Ele escuta o apelo de Charles de Gaulle, no dia 18 de junho, e decide fugir. Quer chegar na Inglaterra, lutar nas forças francesas livres. O trem, no entanto, o leva para o outro lado. Ange desembarca na Alsácia e se perde em estradas laterais. Os alemães estão por todos os lados e o acabam encontrando. Ele passa dias detido, dormindo no chão, com medo da morte. Ele agora é um "neger", um "affe" (macaco), um "mohre" (mouro). As tropas avançam sobre a França, deixam a Alsácia, e os carcereiros de Ange se cansam de sua presença. Ele ganha um *laissez-passer* e volta para casa.

Um ano se passa e Ange quer de novo se juntar às tropas de De Gaulle. Dessa vez, ele escolhe com cuidado um trem e um destino. Quer ir à Bretanha, de onde lhe disseram que jovens atravessam clandestinos o canal da Mancha. Outra vez, as coisas dão errado, Ange vagueia entre Rennes, L'Orient, Quimperlé e Saint-Cast, busca uma saída para a Inglaterra, mas acaba sem destino e sem recursos. A penúria o empurra ao único emprego aberto e Ange, que queria fugir para a Inglaterra, agora trabalha na construção da Muralha do Atlântico, as fortificações que Hitler manda erguer para proteger a França de um futuro ataque aliado. Seu uniforme se parece com o dos soldados, e em seu braço vai uma braçadeira com a suástica. No canteiro, no entanto, há vários outros negros, das Antilhas, da Costa do Marfim, do Senegal, de Camarões. Ange passa a frequentá-los e reencontra a sua africanidade.

Em 1942, volta a Paris, junta-se a outros africanos e vive uma vida marginal. Com seus amigos, planeja pequenos golpes. Atacam colaboracionistas, gente que ajudou o inimigo, ou que se deitou com ele e que, por isso, é malvista pela população, e que, por isso, talvez, não tenha a coragem de apelar à polícia. Chega o dia de Ange atacar a sua vítima, mas o golpe dá errado, a mulher reage, a polícia está perto e Ange é preso. Julgado em 1943, ele é condenado a dez anos de prisão e vinte de exílio. Em 1945, é anistiado, como se o crime comum que havia cometido fosse um crime político. Algum tempo depois, torna-se ator. Numa trupe profissional, desempenha um papel numa comédia de Jean-Pierre Feydeau. Viaja a França e sente a embriaguez da ovação. Quer seguir carreira, mas papéis para negros são uma escassez.

Um dia, ele sente outra vez o apelo da África. Um retornado de nome Damien da Piedade, com quem tinha feito amizade, volta a Cotonou, onde consegue um bom emprego. Ange, que luta para sobreviver, diz a si mesmo que, quem sabe, seja lá o seu lugar. Ali ainda tem parentes, tem raízes, além de ser um negro entre negros, com o benefício de ser francês. Mais ou menos a essa época, Ange descobre que a mãe ainda vive. Eles se escrevem e as cartas dela chegam num francês precário, escrito por outros, pois eles não falam o mesmo idioma. Ange percebe, nessa necessidade de recorrer à tradução para dirigir-se à mãe, a manifestação de seu dilema existencial. Vê também, no esforço para se comunicar apesar de tudo, o caminho para voltar a ser africano.

Na primavera de 1946, sua vida toma novo rumo. A viagem de volta é feita de navio, é longa, desconfortável, mas emotiva. Ange pensa nela como numa peregrinação. Na escala em Dacar, ele conhece tios e primos. Sua família, que se estende do Daomé até a capital senegalesa, começa a se mostrar. É durante a viagem que Ange entende, talvez pela primeira vez, o que significava ser cidadão de segunda classe simplesmente por ser negro. Durante a vida na França, ele sofrera o racismo, mas não a segregação. Nas escolas que frequentara, dividia as mesmas salas de aula que os brancos. Nas prisões, as mesmas celas. No navio que o leva à África, a mesa do refeitório é segregada, e o salão de jogos lhe é proibido. O dilema sociorracial volta a se manifestar. Socialmente, Ange é um europeu, racialmente, um africano. Ele se espanta ao perceber que a raça se sobrepõe à cultura, e que ele, que sempre acreditou ser francês, ao chegar na África torna-se, aos olhos dos franceses, um africano.

Nos primeiros dias na África, acumulam-se os choques culturais. Na casa da mãe, ele é obrigado a recorrer de novo aos tradutores. A casa da avó, onde ele, ainda menino, se impressionara com a sofisticação da vida à brasileira, parece-lhe agora mínima e abafada. Seus moradores, primos e tios agudás, são de um catolicismo que Ange considera arcaico e repressor. Um tio sugere que ele peça emprego às companhias comerciais francesas, mas adverte que o salário pago aos "locais" é muito baixo. Quando Ange lhe diz que é francês, o tio ri de sua ingenuidade.

Ange decide morar com a mãe e tenta se africanizar. Estuda o idioma mina e os parentes riem das bobagens que diz. Tenta dormir numa esteira e as costas doem. Veste-se com panos africanos e se sente nu. O aprendizado é difícil, mas Ange, com o tempo, se adapta, passa a entender o que lhe dizem, a sentir conforto no chão duro e até frequenta um babalaô, que faz previsões cuja precisão já sequer o surpreende. Em pouco tempo, ele se torna um "modélè dumbè", um negro branco.

Nos anos seguintes, a vida de Ange dará outras voltas. Em Lomé, ele se reencontra com sua alma francesa. Trabalhando para uma empresa europeia, e contra as expectativas, ele é tratado como um expatriado, com salário e benefícios reservados aos brancos. Depois do expediente, junta-se aos funcionários brancos no Círculo da União, clube exclusivo dos expatriados. Na primeira visita, é ignorado pelo garçom negro, que não está acostumado a servir gente de sua cor. A comunidade africana local especula sobre a sua origem, duvida que seja africano, palpita que talvez seja antilhano. Em pouco tempo, ele ganha a alcunha de "lobo branco", outra maneira de chamá-lo de negro branco. Na hora de escolher uma esposa, no entanto, Ange prefere ser africano, abandonando a namorada francesa que deixara em Paris e escolhendo uma togolesa.

Nos anos 1950, Ange volta a duvidar de sua identidade. Desentende-se com a esposa, por seus hábitos excessivamente africanos, e perde o emprego, por não ser suficientemente francês. Vive nesse limbo, equilibrando-se entre a Europa e a África. Em dado momento, vai parar na Costa do Marfim e descobre a vocação do jornalismo. Vive confortavelmente no Plateau, bairro dos brancos, que, da distância de uma das margens da laguna de Ébrié, encara Treichville, o bairro pobre, reservado aos negros. Entre as duas bordas, não há pontes. A reunir a cidade segregada, apenas velhas e lentas barcaças. Em 1958, quando estoura a revolta que desembocará na independência do país, os brancos são atacados, suas ricas casas incendiadas, suas filhas violadas. Enquanto fogem em massa para o Togo, Ange é poupado, pois pensam que, apesar de se comportar como um branco, é na verdade antilhano.

Os anos 1960 não são menos turbulentos. Em 1962, Ange está em Gana e se envolve na política africana. No auge da crise entre Nkrumah e Sylvanus Olympio, ele vai a Lomé e acaba preso, condenado por sua atuação na Rádio Difusão Ganense, onde lê editoriais furiosos contra o presidente togolês. Por ser francês tem, no entanto, direito a uma cela de branco. Tempos depois, o avô materno morre e ele, já libertado, deve transportar o corpo no banco de trás de seu carro, 200 quilômetros até Aneho. A seu lado, uma tia interrompe a viagem a cada tanto tempo para quebrar um ovo no capô do carro, uma garantia contra a ação dos maus espíritos. Ange assiste ao ritual com a resignação de um africano.

Em 1966, no entanto, ele se desentende com o empregador, se cansa da África e está de volta em Paris, outra vez na pele de um francês. Dois anos depois, passa a viver na Alemanha, trabalhando para a Deutsche Welle. Instalado em Bonn, no entanto, é de novo o sul que o atrai. Um dia de 1972, com a esposa e a filha mais velha, Ange parte de férias. Com o carro novo, desce da Alemanha, cruza a Holanda e a Bélgica, roda pelas estradas da França até os Pirineus. Quando chega, algo lhe diz que precisa ir a Madri. Na capital espanhola, algo lhe diz que precisa conhecer o Marrocos. Agora ele está em Agadir, e a vontade de seguir rumo ao sul continua. Ele convence a família a desafiar o deserto. Chega em Tarfaya e decide entrar no Saara Ocidental. A essa altura, já tem a consciência de que é a África que o chama outra vez. A etapa saariana é terrível, panes, atoleiros, dias presos sob o calor do sol e o frio da noite desértica. O carro está irreconhecível, coberto de areia do motor ao porta-malas. Mas Ange insiste, pois é ao Senegal que precisa chegar.

Um ano depois, a atração do sul é definitiva e Ange abandona a pele europeia. Novamente em Lomé, torna-se dono de boate, publicitário e decorador de interiores. É quando tira a foto em trajes de festa. Um dia, torna-se comerciante de mármore e parte em viagens constantes ao Benim e à Nigéria. Assina contratos com empresas europeias, aproxima-se da comunidade expatriada e, em pouco tempo, torna-se de novo conhecido como "lobo branco". É numa dessas viagens que conhece Brigitte. O encontro acontece no Hotel de la Marina, em Cotonou, onde eu, muito tempo depois, entrevistarei François Amorim e George Olympio. Um dia, ocorre um acidente de carro e Ange passa semanas preso numa cama de hospital. Seus funcionários se aproveitam e roubam o que podem. Beirando os 60, Ange está de novo falido.

Na parte final do livro, os tempos se aceleram. Ange começa a anotar sua biografia em 1982, quando completa 60 anos. Todo o seu esforço foi de rememorar os meandros da vida até aquele momento. Dali em diante, o que fica registrado é sucinto. Uma passagem, bem ao final, chama, contudo, a atenção. Talvez seja o trecho mais importante, aquele em que parece resolver o permanente dilema. Casado com Brigitte, e preso ao ritmo da sua carreira diplomática, ele vive de novo na Europa, em Bonn, depois Bruxelas, e outra vez na África, em Gana. Acostumou-se ao convívio com uma alemã e parece ter se rendido ao próprio lado europeu. Lembra-se do pai, que lhe disse uma vez para não voltar nunca à África: "Case-se aqui (na França), construa sua vida aqui... Nossa cultura é diferente." Ange tentou seguir a orientação paterna, mas isso nunca lhe bastou. Mesmo cansado de África, passou boa parte da vida em busca de sua africanidade.

Um dia, convidam Brigitte para trabalhar em Brasília, e essa perspectiva surge para Ange como uma resposta. Aos 67 anos, ele decide dedicar o que lhe resta de vida a buscar sua identidade não mais na África ou na França, mas no Brasil, a terra do avô Miguel. Durante os quatro anos que passa no país, escava essa história, com a ajuda de Pierre Verger, a quem visita em Salvador, e com quem percorre a cidade atrás de pistas da família, munido do ato de batismo do avô, único documento que sobreviveu da distância do seu passado. Ange frequenta então igrejas e cartórios, vai aos arquivos públicos e às bibliotecas, mas os traços da sua história familiar são tênues e se perdem no emaranhado de destinos dos libertos que tentam fazer a vida na Bahia da segunda metade do século XIX. Ele não desiste. Quando chega o momento de deixar o Brasil, Ange toma a decisão de um dia voltar para morrer na Bahia.

Percorrer os meandros da vida de Ange, os constantes deslocamentos, a incessante perda de referências culturais, o permanente dilema existencial, me faz pensar em Frantz Fanon e seu livro de estreia *Pele negra, máscaras brancas*. O tema central do livro são os mecanismos subterrâneos e enviesados da dominação sociorracial nas sociedades coloniais. Fanon, que era antilhano e contemporâneo de Ange, analisa o funcionamento desses mecanismos nas Antilhas francesas, mas considera que a situação nas colônias africanas não é diferente. Numa como na outra, o colonialismo europeu faz do negro um ser com duas condições existenciais: a primeira, a que ele exerce para o branco; a segunda, a que representa para o seu semelhante.

O domínio do idioma do colonizador funciona como um catalisador dessa dualidade existencial. Falar o francês é uma forma de se aproximar do mundo dos brancos, aquele que o negro aprende a conhecer como o "mundo civilizado". A língua funciona como porta de entrada para os valores do colonizador: sua literatura, sua filosofia, seu conhecimento científico, mas também o enaltecimento de seus feitos históricos, do seu progresso, das suas conquistas, daquilo que alegadamente comprova a sua superioridade e, portanto, justifica a sua hegemonia. É nesse contexto que o negro, ao frequentar as escolas francesas nas colônias, aprende que "seus ancestrais são gauleses". Na medida em que fala francês, e através dessa língua assimila os valores da metrópole, o negro escapa do que o colonizador chama "selvageria", condição que inclui, entre suas marcas mais visíveis, a comunicação em línguas originais, seja o crioulo do caribe ou os idiomas africanos, como o idioma mina da mãe de Ange.

O processo de assimilação cultural afasta o negro de seus semelhantes, elevando-o relativamente a seu grupo social de origem, embora nunca o equipare ao branco, pois a supervalorização da cultura europeia se alimenta e depende da desvalorização das culturas negras. A ausência de uma civilização antilhana, ou africana, é condição a destacar, por contraste, o vigor da civilização "ocidental".

No final do livro, um Fanon pessimista comenta o destino desse negro branqueado. Ainda que consiga a almejada ascensão, ele leva a vida marcada por um permanente complexo de inferioridade, sentimento associado ao "sepultamento" de sua originalidade cultural, que é condição para que ocorra essa ascensão. A elite negra, por mais elite que seja, sofre de um processo atávico de colonização mental, o que torna os projetos de emancipação política, tanto nas Antilhas como na África, especialmente difíceis, pois não é suficiente descolonizar as nações. É preciso, antes de mais nada, descolonizar as pessoas.

É difícil não identificar os enunciados de Fanon em alguns dos dilemas de Ange. Ele encarna ao detalhe o africano em quem convivem duas existências — e sofre com as atribulações dessa dualidade. Embora sua biografia insista em dizer que não é nem negro nem branco, no fundo Ange parece ser as duas coisas. Ocorre que, para seu desalento, ele, a vida toda, foi visto como africano pelos franceses e francês pelos africanos, apesar de seus esforços por ser exatamente o oposto.

Sua adesão aos valores culturais europeus é evidente, ao ponto em que é traído, embora talvez não perceba, pelos preconceitos que habitam os seus compatriotas brancos. Ange vive, estuda e trabalha como um francês, apesar de sofrer constantes rechaços e ser tratado de "rei dos negros", "bamboula", ou ainda "macaco" e "mouro". Quando, a certa altura da vida, ele se aproxima de africanos, é na circunstância de uma marginalidade que lhe custará vários anos de prisão. Tempos depois, é paradigmática a curta duração de sua carreira nos palcos franceses, limitada pela insuficiência de papéis que ele, como negro, pode representar. Quando, após muitos anos, decide voltar à África, é pelo "exotismo desenfreado" que se diz atraído. Um conceito europeu, quase um eufemismo da "selvageria" a que se refere Fanon.

Na África, surge o dilema idiomático, outro símbolo do permanente desajuste. Na infância, Ange foi educado em português e depois em francês. Mais adiante, chega a aprender o alemão. Já adulto, ele se dá conta do hiato linguístico que o separa da própria mãe, elo carnal com a África. Num gesto de conciliação com sua outra condição, ele faz o esforço de aprender o mina, língua que, embora não o diga no livro, nunca chegou a dominar. A educação africana permanece assim incompleta.

No período que passa na África, ele é permanentemente assombrado por sua dualidade. Quando alcança a ascensão social, é como um "negro branco" que é visto pelos africanos, embora permaneça um africano para muitos franceses, que não deixam que ele entre em seus salões. O percurso segue esse roteiro durante anos, com uma constância que se torna previsível, até o dia em que, depois de mais um fiasco, ele parece sucumbir à opinião do pai, que viveu a própria dualidade com uma perplexidade muito menor. "Nossa cultura é diferente", é a sua conclusão. Ele então desiste da África, casa-se como uma europeia e se muda para Bonn.

Mas eis que, passado algum tempo, ele convence a esposa a aceitar o trabalho no Brasil, declarando querer reencontrar-se com seu passado. O casal vive em Brasília e, quatro anos depois, Ange decide que a Bahia será a terra onde terminará a sua vida.

Que papel teria o Brasil nesse dilema? Seria a sua decisão uma rendição ao "exotismo", o gesto de um francês atraído pelos atributos mais superficiais da vida no país? Ou algo mais profundo, um gesto de conciliação entre essas suas existências? Foi a pergunta que me ficou após a leitura do livro, e é a que lhe faço quando nos encontramos em Coroa Vermelha. Ele então se espalha numa longa reflexão, que percorre retrospectivamente os caminhos demorados da sua existência, começando na Bahia de hoje para terminar onde tudo começou.

E a conclusão a que chega é a de que nunca como nos anos de juventude "brasileira" ele esteve tão bem encontrado na sua singularidade, aquela que reivindica no título do livro, a de não ser "nem preto nem branco". Entre agudás, Ange foi educado à moda brasileira e carregou nas ruas de Porto Novo os seus modos formais, a sua "civilidade". Ao mesmo tempo, foi instruído à maneira francesa, nas escolas católicas, onde aprendeu latim e estudou a civilização ocidental. Como agudá, ele recebeu do colonizador francês tratamento diferente daquele dispensado aos africanos que o cercavam. Ao mesmo tempo, era reconhecido como negro pelos africanos, que, se não o viam como um igual, ao menos o tratavam como um semelhante, algo que aconteceria outra vez no futuro, quando o confundiram com um "antilhano" (de novo Fanon). Enquanto viveu como agudá, Ange não foi francês, mas tampouco africano, não foi um branco, mas também não era exatamente um negro. Naquela fugaz encarnação, ele teve conciliadas as duas circunstâncias. Para voltar ao título do livro, foi como agudá que se sentiu mais "atípico".

Ao mesmo tempo, foi quando apreendeu a singularidade da família. Como adulto, quando voltou ao contato com a mãe, Ange se perdeu no emaranhado dos parentescos africanos, na informalidade de vínculos incalculáveis que se criam entre primos e tios genéricos, e estendem o conceito de família quase ao tamanho de pequenas cidades. Em contraste, sua família brasileira era "a família", aquela na qual parentes de sangue e de cria eram os mesmos, onde os tios eram irmãos do pai e a avó, a sua mãe. Era a família com limites, exclusiva. Mas era também a família cujas relações tinham história e cuja história era registrada, seja em fotografias, ou nas cartas, passaportes, certidões de nascimento e até numa árvore genealógica. Foi, por isso mesmo, apenas em relação a essa família que ele pôde resgatar um passado, embora, como ele gosta de dizer, nesse passado não existissem ancestrais, mas meros antepassados. É por isso que a busca pela história familiar deve acontecer no Brasil, e não no Togo, onde os Lawson têm raízes. E isso apesar de Ange conhecer a imensidão sem perspectivas de uma pesquisa que mergulha no anonimato da nossa escravidão.

Eu então lhe pergunto por que não preferiu ficar no Benim, vivendo em meio à comunidade à qual se sente mais ajustado. Ele me olha, e seu olhar escurece. Essa comunidade já não existe. As pessoas que garantiam a sua singularidade estão quase todas mortas e os agudás de hoje são africanos, embora às vezes pretendam ser outra coisa.

Na sua infância, continua ele, os agudás eram apontados nas ruas, reconhecidos por sua diferença, que inspirava respeito e deferência. Hoje, a deferência não existe mais. No lugar, o que se vê é indiferença, às vezes estranhamento e desconfiança. Talvez por isso os agudás mais jovens prefiram se esquecer do Brasil ou, quando o evocam, referem-se a um país que não conhecem, ou a um país que não existe mais, onde o vínculo com a história da comunidade de retornados é uma nota de pé de página. Em relação a eles, Ange se sente francês.

Para Ange, a comunidade agudá é apenas história e, história por história, ele preferiu morrer onde ela havia começado.

EPÍLOGO

Ange Miguel do Sacramento morreu na noite de 19 de janeiro de 2019, mais ou menos seis meses depois do nosso último encontro. Ele andava fragilizado, mas a lucidez ainda era a mesma. Na véspera da madrugada em que se foi, ele trocou mensagens com a filha, a quem pedia um teclado de computador adaptado ao francês. O teclado brasileiro dificultava a sua digitação, e ele andava escrevendo muito. Ange sempre foi muito ativo nas redes sociais. Chegou a ter três páginas de Facebook, uma disputando a atenção das outras. Antes de saber de sua morte, suspeitei que houvesse ocorrido. Numa das suas páginas, uma postagem de 2019, na data de seu aniversário, dizia: "Feliz aniversário, meu amigo. Seu envelope corporal te deixou, mas sua alma ainda está entre nós."

Nos meses que antecederam a sua morte, talvez animado pela nossa conversa, ele voltara a se interessar pelo passado. Eu lhe havia posto em contato com outra Sacramento, uma pesquisadora que conhecera em Salvador e que fazia uma tese de doutorado sobre a culinária agudá em Porto Novo. Eles conversaram, e dessa conversa surgiu uma especulação, mais uma, sobre a possibilidade de um laço familiar. Ange, no entanto, não tinha mais forças para puxar o fio dessa nova história. Nos últimos meses de vida, seu único contato com o mundo se dava pela internet. Da última vez que falamos, numa troca rápida de mensagens, ele continuava cético em relação aos agudás e, também, um pouco em relação à sua saúde. A história dos agudás do Benin estaria perto do fim, assim como a dele no Brasil. De ambos, em pouco tempo sobraria apenas a memória.

Era compreensível esse ceticismo. Ange pertencia (não me acostumo a conjugá-lo no passado, ele parecia interminável) à quarta geração de agudás. Antes da sua, três outras viram construir-se a singularidade dessa comunidade. A primeira foi a dos grandes traficantes de escravizados, "portugueses" como o Chachá de Souza e Domingos José Martins, mas também libertos como Joaquim d'Almeida. Gente cuja identidade se construiu a partir dos eixos do tráfico negreiro, das redes mercantis e dos relacionamentos sociais entre traficantes de várias partes do mundo, mas também dos escravizados que voltaram e viveram do tráfico. Uma geração que Robin Law e Kristin Mann descrevem como cosmopolita, "multinacional", brasileira e europeia, cuja fração de africanidade limitou-se à incorporação de práticas do cotidiano, como a poligamia, a dilatação do parentesco e a heterodoxia religiosa. A segunda foi a geração dos libertos que voltaram a partir de 1835 e que encheram de Brasil aquela parte da África, levando as festas, a comida, a arquitetura, a língua, os hábitos religiosos, num movimento que continuou até o final do século.

Miguel do Sacramento, o avô de Ange, fez parte dela. A terceira geração foi a de Louis, o pai de Ange. Uma geração que viu a influência de uma crescente presença europeia, por meio das missões católicas, do ensino nas escolas dos padres, da adoção do francês e do inglês como idiomas correntes, que veio com a colonização e acentuou o traço comum da europeização. Foi a geração de Romana da Conceição, a última a ter nascido no Brasil e a falar o português, mas um português que já não se estudava nas escolas e se aprendia no mero convívio doméstico.

Ange, que nasceu em 1922, conviveu com duas delas, a geração de seu pai e a de seu avô. Por meio deles, teve contato com gente que guardava do Brasil uma experiência pessoal e direta, gente nascida no país, que falava o português, e para quem o Brasil era mais do que uma evocação. Nos anos em que pesquisei e escrevi este livro, já eram muito poucas as pessoas que ainda podiam reivindicar essa proximidade: Maria Angélica Eyawandê da Rocha, que do alto da sua neurastenia controlou com mão de ferro o destino da Casa da Água; Paul Lola Bangbosé Martins, que um dia cruzou o oceano à cata de negócios e, pelas mãos de Olga do Alaketu, encontrou uma família que ele julgava extinta; Nestor Carrena, o menestrel das modinhas, a quem eu assisti tocar numa das últimas festas da embaixada brasileira em Lagos, que logo se tornaria um mero consulado; Karim da Silva, financista e timoneiro das associações de retornados de Porto Novo; George Olympio, o filho mais novo do presidente assassinado, que terminou a vida como irmão mais velho da "Fraternidade" de Cotonou. Se, alguns anos atrás, Ange os convocasse todos à casa de Coroa Vermelha, não encheriam o pátio menor. Hoje, esse pátio estaria praticamente vazio.

Mas essa é uma hipótese remota. Ange nunca os convidaria. Ele se sentia alheio a essa comunidade, com a qual já não se identificava, cético quanto à possibilidade do seu futuro, talvez porque o destino tenha dividido sua vida entre uma africanidade europeia, da qual ele nunca fez realmente parte, e outra, brasileira, que se transformou a ponto de ele não mais a reconhecer. Por isso ele decidiu terminar seus dias no sul da Bahia, onde esperava encontrar o passado que havia perdido.

Eu entendo esse ceticismo. No entanto, é para esse Ange cético, e que já não pode ler, que quero dedicar estas últimas páginas.

Quanto tempo leva uma cultura para se apagar quando suas raízes são cortadas? É uma pergunta difícil de responder, que dependerá de uma infinidade de fatores e que ultrapassa em muito as ambições deste livro. Fato é que, historicamente, culturas acabam com alguma frequência, sejam elas extintas por fatores como guerras, epidemias ou catástrofes naturais; substituídas por outras culturas dominantes; ou, ainda, assimiladas a elas, num processo de amálgama que termina por gerar uma terceira, diferente das originais. Nos últimos séculos, a extinção de antigas culturas superou em muito a criação de novas. A linguagem, um dos aspectos primordiais de uma cultura, principal instrumento para seu aprendizado e transmissão, dá uma ideia dessa dinâmica: atualmente, existiriam pouco mais de 7 mil idiomas no mundo, menos da metade dos cerca de 12 a 20 mil que existiram antes da difusão das práticas agrícolas, 11 mil anos atrás. Desses, algo em torno de 3 mil são falados por no máximo mil pessoas e, portanto, considerados línguas ameaçadas. A estimativa é de que, mantida essa tendência, de 50% a 90% desses idiomas se extingam ou estejam moribundos até o final do século, marcando o desaparecimento de centenas de comunidades culturais.[1]

As comunidades lusófonas de origem brasileira no golfo do Benin tiveram o seu apogeu entre a segunda metade do século XIX e o início do século XX. Faz pelo menos cem anos desde que isso aconteceu. Cem anos é pouco tempo para que essas comunidades desapareçam por completo, engolidas pela maior e mais dinâmica comunidade africana e suas etnias. Mas isso está acontecendo. Os sobrenomes portugueses lentamente escondem-se dentro de outros, primeiro na forma composta, fulano de tal Silva, ou fulano Silva de tal, depois evocados apenas como fulano de tal, "*né* (nascido) Silva", mais à frente sequer são lembrados. Isso leva tempo, mas acontece.

Durante décadas, a comunidade agudá do Benin manteve-se coesa, guardando a sua pureza num encerramento endogâmico, centrado em famílias como os Souza, a mais importante, ainda que também a mais polêmica. Casamentos aconteciam entre Souzas e Silvas, entre Silvas e Almeidas, entre Almeidas e Gonçalos, entre Gonçalos e Souzas. Alianças eram assim forjadas, resguardando as famílias, e o grupo como um todo, de influências externas. Faz tempo que essa situação mudou. Os Souza já não ocupam a mesma posição do passado. A família cresceu muito, fragmentou-se e anda às voltas com uma crise sem precedentes, que começou em 2019 e que poderá enfraquecer sua liderança, esfarelando ainda mais o cimento a manter unida a comunidade.[2] Quanto aos jovens agudás de hoje, um número crescente vê-se como africano, preferindo casamentos fora da comunidade.

Em países como Nigéria e Gana, essa endogamia ocorreu menos e o que se vê hoje é uma comunidade ainda mais dispersa, muito mais difícil de se mapear. A que ritmo isso está acontecendo num e noutro país também é difícil de se aferir, pois para tal seriam necessários levantamentos estatísticos, e os que houve aconteceram muitos anos atrás. O que sabemos sobre números é o que se lê e se ouve aqui e ali, os 8 mil retornados estimados por Manuela Carneiro da Cunha, os 5 mil agudás vivendo no Benim citados por Guran. Farouk Sant'Anna falou-me de 880, que ele mesmo havia recenseado, entre Aguê, Grand Popo, Uidá, Cotonou e Porto Novo. Uma contagem precária, que não levou em conta os que se teriam mudado para Abomé, Ketu, ou os que se foram para outros países africanos ou europeus — como os Souzas que, por estarem em toda a parte, tiveram que constituir um "Conselho Supranacional". Na Fraternidade, George Olympio mencionou mil ("Nous sommes mille!"), um número redondo, talvez escolhido por ser sinônimo de "muitos". Eu mesmo, duas décadas atrás, contei oitenta sobrenomes de origem brasileira ou portuguesa num catálogo telefônico em Cotonou, o que sugeria um número total provavelmente superior aos 880 de Farouk ou aos mil de George. Já em Gana e na Nigéria, não há levantamentos que permitam quantificar a comunidade hoje. O fato é que não se sabe ao certo quantos retornados há hoje em dia, e o grau de pertencimento à cultura e aos valores dessa comunidade é ainda mais difícil de estimar.

Tampouco o legado dessa comunidade é de fácil inventário. Não se sabe exatamente quantas casas ditas "brasileiras" ainda subsistem. No Benim, a École du Patrimoine Africain contou pouco menos de quinhentas, sem entrar no mérito sobre o seu estado ou as características de sua arquitetura. Em Lomé, ainda há várias em bom estado, contadas por Milton Guran e Roberto Conduru,[3] uma das quais foi um dia habitada por Sylvanus Olympio, o presidente assassinado. Em Lagos, no Brazilian Quarter, havia centenas, mas hoje não chegam a trinta. As maiores e mais vistosas foram quase todas demolidas, para dar espaço ao progresso. Uma das poucas que ainda subsistem é a "Casa da Água", icônica, pois imortalizada pela ficção de um escritor. As mesquitas serão umas quinze, um pouco mais. É mais simples contá-las. Quanto tempo levará para que as casas que restam desapareçam? Dependerá de uma infinidade de fatores, entre os quais a solidez da construção. A Casa de Fernandez resistiu durante décadas à expectativa da família Olaiya de que caísse sozinha. Terminou clandestinamente demolida. Sobrados que não sofram esse destino poderão durar muito tempo, como a casa dos Olympio em Aguê, a dos Pereira em Porto Novo, a dos Souza em Uidá, ou a Casa da Água, em Lagos.

Mas como quantificar a permanência do português, que ainda sobrevive, mas apenas em palavras e expressões soltas? Ou a dos pratos brasileiros, que aos poucos vão se integrando aos temperos de mais fácil acesso, aos paladares de maior cartaz? Ou ainda a do folclore, que sobrevive nas burrinhas, dançadas com máscaras que evocam a França e cantadas num idioma que, um dia muito distante, foi esse mesmo português?

Considerando tudo isso, e vista da distância de quase dois séculos, a história dos retornados parece ser a de um lento esquecimento. Os que ainda resistem, os que teimosamente se identificam com o Brasil, são poucos e estão desaparecendo, levados pela morte, o oblívio ou a vontade de assimilação. São os últimos brasileiros da África, e talvez não o sejam por muito tempo mais. O Brasil que ainda vemos a pedaços esporádicos, nas construções, na comida, no folclore, nas festas religiosas, nas saudações e nos palavrões está desaparecendo. Contrariando a letra de uma canção colhida décadas atrás por Guran, os brasileiros estão cada vez menos na rua.

A sobrevida desse grupo dependeu sobretudo de um fluxo de pessoas, mercadorias, informações, ideias, experiências, narrativas, símbolos e sentidos que, durante anos, circularam entre o Brasil e a África, acumulando-se como as camadas de uma argamassa cultural, que fez dos retornados uma comunidade com características próprias. Durante décadas, navios levando produtos brasileiros alimentaram o consumo dessas famílias de retornados que, da distância da África, conseguiam ainda se corresponder com parentes e amigos deixados para trás, e por meio deles ter notícias do Brasil. No início do século XX, a interrupção dessas rotas comerciais fez cessar esse fluxo. Os produtos brasileiros não se encontravam mais nas lojas, as cartas deixaram de ser enviadas, as notícias pararam de chegar. A comunidade passou a viver da memória de si mesma. Suas referências culturais, que em algum momento estiveram no Brasil, passaram a ser de gente que ali esteve, e depois de gente que conheceu essa gente, num processo em espiral que a cada nova volta mais se distancia do epicentro. Com isso, o Brasil que ainda há nela vai aos poucos se esgotando.

Diante desse fato, há também a questão da vontade brasileira de que esse vínculo não desapareça e de políticas destinadas a esse fim. E aí o panorama tampouco é animador. Nunca houve políticas consistentes no sentido de manter viva essa brasilidade estrangeira, de contribuir para a preservação do casario colonial em Porto Novo, Uidá ou Lagos, para a continuidade do português, a sobrevivência da burrinha ou do "kusidu". O pouco que foi feito foi por iniciativa individual de algumas pessoas, acadêmicos, escritores, cineastas, diplomatas.

No Brasil, a vivência do passado é muitas vezes incômoda, pois boa parte dela está associada à ferida da escravidão. E a história dos retornados construiu-se nesse exato e incômodo contexto. Talvez por isso ela seja tratada como mera curiosidade. Não fosse o interesse dos que mencionei — e citando outra canção, dessa vez colhida por Antônio Olinto —, o cavalo de seu Machado correria em vão.

E, no entanto, apesar de tantas dificuldades, da passagem do tempo, da ocorrência do esquecimento, do imperativo da assimilação, da falta de interesse do lado de cá, quero dizer a Ange que nem tudo está perdido.

Comecei a escrever este livro no começo de 2018, inspirado pelos meus anos de pesquisa sobre o tema, e motivado pela experiência do documentário que ajudei produzir para o Canal Curta!, dois anos antes. Entre 2018 e 2022, fiz ou refiz a maioria das entrevistas usadas neste livro. Desde então, venho tentando manter contato com aqueles de quem mais me aproximei nesse processo. Infelizmente, nesses últimos anos, alguns dos retornados mais antigos migraram para a terra de seus ancestrais, talvez no Brasil. Além de Ange, faleceram George Olympio, Therèse Domingo e alguns dos mais velhos entre os Souza, todos no Benim. Em Lagos, foram-se Francisco Souza Marques, Basilius Vera Cruz e o jovem Antonio da Costa. E em Gana, levada pelo Xangô serpente, morreu Lekia Nelson.

Alguns anos antes, já havia partido *Chief* Paul Lola Bangbosé Martins, deixando no seu lugar, como porta-voz do clã, seu sobrinho Graciano, que hoje lidera a Brazilian Descendants Association Lagos. Morreram também o boêmio Nestor Carrena, a prima de Maria Angélica, Frederica

Omolulu-Rocha, a esposa de Sir Adeyemo Alakija, Lady Ayo Alakija, meu amigo *Chief* Lateef Dosunmu, François Amorim, sobrinho e assessor pessoal de Sylvanus Olympio, as irmãs Campos Gonzallo, Amadou Paraíso, descendente de José Abubakar, biografado por Pierre Verger, além de Arthur Kayode Gansallo, Francisca Patterson Medeiros, Felix Marinho, Louis Domingo Sabino, Lucien "Bebi" Olympio, Athanase da Conceição, Magloire da Piedade, Hilaire Crinot (Quirino) Pereira e tantos outros que eu havia entrevistado nos primeiros anos da minha pesquisa.

No Brasil, morreu também dona Beatriz da Rocha, sem nunca ter regressado à Nigéria, e sem que o livro de sua vida tivesse sido escrito. Ficará um capítulo aqui neste compêndio, que ela nem sequer chegou a ver. Foi um fim de vida triste, do qual eu só soube dois anos depois. Nos seus últimos dias, nem ao menos o conforto do candomblé lhe foi permitido. Ao morrer seu filho caçula, em Brasília, ela foi levada a Salvador e instalada na distante Itapoã, longe dos seus terreiros e de sua fé. Sequer podia ligar para o "sobrinho" Air José de Oxaguiã, babalorixá do Pilão de Prata, com quem adorava discutir, como adorava bater boca com aqueles de quem gostava. No final, deve ter morrido de tristeza, pois parou de reagir à vida. Fechou-se num mutismo de ostra, cerrou a boca, negou alimentos, e já não saía da cama quando Oxalufã se apiedou. Com certeza estará agora a pairar sobre algum lugar entre Oió e Abeocutá.

Contra todas as probabilidades, no entanto, alguns poucos entre os mais antigos teimam em não morrer e continuam entre nós, esticando a memória dessa comunidade que em pouco tempo completará os dois séculos. Christian de Souza já passou dos 70 anos de idade, Graciano Martins avança rumo aos 80, Gilchrist Olympio chegou aos 86, Maria Angélica da Rocha, aos 90, e Karim Elíseo da Silva deve ter completado o século de vida, e provavelmente não morrerá nunca.

Com a aposentadoria de Gilchrist, são Karim, Christian e Graciano os mais ativos, cada um à sua maneira. No caso do primeiro, fazendo o que sempre fez: sustentar a comunidade de retornados de Porto Novo e atormentar os seus membros. Como deve suspeitar que sua energia um dia acabará, Karim treina agora um sobrinho, Christian da Silva, que recentemente criou a Union de la Grande Famille da Silva (UGFS), uma associação dos Silva de todos os horizontes, que pretende reunir os que nasceram com esse sobrenome, casaram-se com um ou têm algum parente que o carrega ou carregou. Potencialmente, uma pequena ONU. Christian sabe o tamanho dessa empreitada, mas isso não o assusta, já que, no fundo, o que lhe interessa mesmo é superar os rivais Souza ("Já que somos muito mais numerosos"), aproveitando-se, talvez, da crise por que passa a família. A seu favor, ele tem a fortuna do tio, que ajudou, em janeiro de 2020, a pagar uma Festa do Bonfim à moda antiga, a maior dos últimos anos, começando com um desfile pelas ruas de Porto Novo, animado pela *bourian* dos irmãos Amaral, fazendo escala nas residências mais tradicionais, seguido de uma missa solene e um piquenique na esplanada da Assembleia Nacional, tudo filmado por uma equipe da TV Globo Bahia.

Christian de Souza passou os últimos anos às voltas com a crise que abalou a sua família. Ele não estava em Uidá quando Marcellin liderou o seu "golpe de Estado", dissolvendo o conselho supranacional e nomeando Moïse como sucessor do Chachá VIII. Talvez por isso, ele desde então dedica-se com afinco a reverter essa decisão, na justiça e fora dela. Em 2020, esteve entre os dissidentes que invadiram o funeral da mãe de Moïse. Três anos depois, contou entre os que urdiram a reunião surpresa do conselho e a reviravolta nos destinos familiares. Hoje acéfala, a família lambe as suas feridas e tenta recomeçar, o que não desanima Christian. Da última vez que falamos, ele se disse otimista quanto ao desfecho da crise e, com essa expectativa, já começou a pensar em novos projetos, animando-se muito com a ideia de filmarmos a crise espiritual de Mathilde Villaça e sua relação com o Terreiro da Casa Branca.

Enquanto isso, em Lagos, Graciano Martins tornou-se uma das principais lideranças da comunidade, com a criação da Brazilian Descendants Association Lagos (BDA), que ele mesmo preside. Desde 2017, a BDA tem atuado em coordenação com o consulado brasileiro, a Lagos State University e alguns outros parceiros em uma série de iniciativas culturais e educativas, entre as quais o envio de estudantes ao Brasil, a recriação do Lagos State University Centre for Afro-Brazilian Studies (Lasucas) — centro de pesquisa voltado à preservação da herança cultural da comunidade de retornados — e uma campanha de recuperação do centro histórico de Lagos, em parceria com a fundação Legacy 1995, que esteve envolvida desde o início na campanha fracassada de preservação e proteção da Casa de Fernandez.

Em 2020, a Lasucas realizou seu primeiro seminário internacional, em parceria com a Universidade Federal da Bahia. Para os próximos anos, tenciona realizar outros encontros, além de oferecer cursos regulares de português e "estudos brasileiros", e criar um centro de memória da cultura agudá, projeto ambicioso que reuniria memória e memorabilia hoje dispersas entre famílias que vivem nos quatro cantos do país. Esse projeto ainda não saiu do papel, pois depende de uma série de fatores, dos quais talvez o menos complicado seja conseguir dinheiro, já que a BDA e a Lasucas contam hoje, no seu "conselho diretor", com alguns retornados mais abastados, como a multimilionária Folorunso Alakija, que fez fortuna com moda e petróleo e hoje atua como filantropa, apoiando as duas entidades, bem como a realização de festividades como o "Carretta Carnival", o carnaval de origem brasileira que se celebra no centro de Lagos, geralmente durante a Semana Santa.

A teimosia desses anciãos me enche de esperança, pois, se é capaz de inspirar um brasileiro branco como eu, que pouco tem a ver com essa história, talvez também inspire alguns entre os outros retornados, com sorte os mais jovens, a quem pertence o futuro dessas comunidades. Pois fato é que o maior desafio hoje, em quaisquer dos países onde essas comunidades persistem, é repassar aos mais jovens o interesse por sua história — e seu futuro. Foi o que ouvi de quase todos os que ainda resistem: tentar transmitir às gerações mais novas o interesse por um passado do qual poucos se sentem parte. Se conseguirem, quem sabe o

Brasil que ainda há nelas sobreviva um pouco mais, e possa ser repassado às próximas gerações.

Nesse aspecto, há algumas razões adicionais para se ter esperança, pois, a exemplo dos nossos velhos resistentes, algumas iniciativas mais recentes envolvem, direta ou indiretamente, jovens retornados. À sua maneira, cada uma delas parece querer compensar a partida de algum dos anciãos.

Nas redes sociais, algumas páginas do Facebook e do Instagram dedicadas ao tema contam com administradores ou seguidores no Benim e na Nigéria. No caso do Facebook, merecem menção as páginas da BDA, com 4 mil seguidores, e da Yoruba-Brazilian Descendants Renascimento Association, com mais de 140 mil, ambas administradas na Nigéria.[4] Publicada no Brasil, a página "Famílias Agudás" é administrada por Lisa Castillo, com a ajuda de Elisée Soumonni, e conta com cerca de setecentos seguidores.[5] Páginas pessoais, como as de Juan Diego Díaz e Milton Guran, que somadas contam mais de 5 mil seguidores, contêm posts e informações sobre a história e fatos recentes das comunidades de retornados. No Instagram, uma página chamada "Popo aguda fest", publicada na Nigéria, apresenta-se como uma iniciativa jovem para "reviver e restaurar a herança cultural afro-brasileira".

Ainda no universo virtual, existem ao menos duas páginas na internet dedicadas exclusivamente ao tema: retornados.com.br, que reúne informações e fotografias feitas por mim ao longo das últimas décadas; e a já mencionada acervoaguda.com.br, com o resultado da pesquisa de Milton Guran.[6] Além dessas, vários portais educativos contêm artigos avulsos sobre o tema.[7] Em sites como os da BBC, RFI, CNN, *Washington Post* e do *The Guardian Nigeria*, podem ser encontradas reportagens em inglês e francês, além de um longo artigo acadêmico escrito por um descendente dos Paraíso sobre os agudás do Benin.[8] Finalmente, estaria em construção um "monumento online" em homenagem à Casa de Fernandez, destruída em 2016. O projeto, de iniciativa da fundação Legacy 1995, reuniria iconografia, fotos, vídeos, textos e documentos diversos.[9]

No campo do audiovisual, merecem referência dois filmes já mencionados no primeiro capítulo: além do clássico de Renato Barbieri, *Atlântico Negro*,[10] está disponível, em plataformas como o Vimeo, o documentário *Retornados*, do qual eu participei, e que, em dezembro de 2023, estreou na RTP África.[11] O filme conta também com a sua própria página no Facebook, com mais de mil seguidores. Mais recente, o novo filme de Aída Marques (*Agudás, os brasileiros do Benin*), que teve participação de Milton Guran, foi filmado em 2022 e fez a sua estreia em fevereiro de 2024. Além desses, vale mencionar a série produzida, em francês, pelo jornalista Alain Foka, que trabalhou durante 30 anos na Radio France Internationale. A série, em três capítulos, está disponível no site de Foka, *Archives d'Afrique*, além de sua página oficial no YouTube, com mais de 160 mil visualizações.[12] Finalmente, é preciso também citar o podcast brasileiro Geopizza (mais de 320 mil seguidores somados no Instagram e Facebook), que publicou, em setembro de 2023, capítulo de mais de três horas dedicado ao tema.[13] Embora dirigidos principalmente ao público brasileiro (o filme de Foka é uma exceção), esses trabalhos, se vierem a ser divulgados ou exibidos nos países onde há retornados, poderão ser um estímulo ao interesse dos mais jovens, ao mostrar que o tema ainda chama a atenção do lado de cá do oceano.

No entanto, a iniciativa que mais me impressionou, e com ela quero terminar este recito, é a de um jovem nigeriano, que nem sequer é um retornado, mas quer trazer de volta a música brasileira ao seu epicentro cultural e geográfico, a comunidade de retornados de Popo Aguda, o bairro brasileiro de Lagos. O jovem em questão, Seyi Ajeigbe, é o fundador de uma "comunidade" de sambistas, a maioria ainda mais jovens do que ele, quase todos iorubanos sem nenhum contato com os retornados, mas que se empenham em tocar samba durante o carnaval de Lagos.

A Èkó Samba Community começou a nascer em 2011, ano em que Seyi voltou de Londres, onde tocava na London Samba School.[14] Foi sua dedicação à escola que lhe inspirou a ideia de criar a própria. Seyi via na música brasileira uma proximidade óbvia com a cultura iorubana. Viu também o impacto que tocar no grupo trazia para a vida dos músicos. Pensou que o samba tinha uma função lúdica, mas também uma social — e isso evocou Satellite Town. No início dos anos 1960, o governo do estado de Lagos, às voltas com o crescimento exponencial da então capital nigeriana, que recebia cinco mil novos moradores por dia, decidiu pela construção de um bairro planejado às margens da estrada que ligava a cidade a Badagry. Batizado Satellite Town, o novo bairro era composto de centenas de casas populares construídas simetricamente ao longo de ruas que não veriam nunca o calçamento, que seriam oferecidas a preços módicos a moradores de classe baixa. Anos depois, o bairro era considerado um dos piores de Lagos, um lugar assolado pela violência das gangues, pela falta de saneamento, de transporte e, com enorme frequência, também pela de luz. Foi ali que se instalou a mãe de Seyi, e foi ali que ele viveu a infância. Quando idealizou seu projeto musical, Seyi o fez pensando no impacto que poderia ter na vida das pessoas que via largadas nas ruas do bairro, ocupando casas abandonadas e, muitas vezes, engrossando as suas gangues. Não imaginou que o samba o levaria a um Brasil que a Nigéria escondia em outros bairros decadentes.

No início de 2011, Seyi voltou para Lagos, trazendo na bagagem quarenta instrumentos de percussão, entre tamborins, surdos, chocalhos e agogôs, e também um cavaquinho, que nem ele sabia tocar. Em Satellite Town, a notícia correu e crianças começaram a aparecer. Seyi havia concebido sua escola como um projeto para jovens adultos. Queria poder apresentar-se em festas e carnavais, se possível viajar com o grupo, e essa perspectiva não combinava com a de músicos mirins. Mas o interesse das crianças era enorme ("They just kept coming"), e isso terminou por seduzi-lo. Estava criada a sua "comunidade de samba", que Seyi batizou com o antigo nome da cidade, Èkó.

Dois anos depois, ele estava no Brasil. Planejava uma visita turística a Salvador, mas conheceu um dinamarquês, pesquisador do candomblé, que o convenceu de que não podia seguir com o projeto sem pedir permissão. A quem? Aos santos, aos sambistas. O samba chegou no Brasil com os escravizados, como uma música de resistência. Muita gente sofreu para que ele prosperasse. Seyi não podia levá-lo de volta à África sem permissão, fosse dos orixás, fosse de algum sambista. Era uma questão de respeito. Seyi não conhecia as casas de santo, mas conhecia um sambista, Mestre Jonas, que lhe dera aulas em Londres. Jonas vivia no Rio de Janeiro e dividia seu tempo entre a instalação de aparelhos de ar-condicionado e a Unidos do Jacarezinho, uma escola de samba pequena e sem recursos, mas com tradição e uma forte presença da comunidade — o que Seyi queria para a sua própria. Ele então foi ao Rio, conversou com Jonas e explicou o projeto. Jonas entendeu e deu a sua benção. Tudo isso aconteceu entre outubro e dezembro de 2013.

Foi quando regressou do Brasil que a Nigéria brasileira entrou em sua vida. Seyi sempre soube que havia um bairro dito "brasileiro" em Lagos, mas nunca havia dado muita atenção ao assunto. Pensava que era uma coisa do passado, uma reminiscência, a sombra de algo que havia existido, mas da qual ficara apenas um nome e uma memória difusa.

Até que, em 2015, um artigo do *The Guardian Nigeria* desmentiu o seu entendimento. Publicado em maio, o texto aludia ao carnaval de Lagos, celebrado no mês anterior, alertando para o fato de que estava se afastando de sua brasilidade original, o que era ressentido pela comunidade de retornados. Para Seyi, o artigo teve o impacto de uma revelação e, também, o de um chamamento: contrariamente ao que pensava, ainda havia uma comunidade brasileira na Nigéria e ela se ressentia do distanciamento em relação à sua cultura original, especialmente as festas populares, especialmente o carnaval. Especialmente o samba, cogitou Seyi, algo que os seus sambistas podiam remediar.

Na realidade, ainda que criado por descendentes de brasileiros, o carnaval de Lagos nunca teve samba. Segundo a tradição oral, o "Carretta Carnival" teria surgido no final do século XIX (alguns dizem que em meio às festas pela Lei Áurea) e paulatinamente fixou-se no calendário da comunidade de retornados, que passou a celebrá-lo junto às festas de fim de ano e na Semana Santa. A "carretta" que lhe dá nome seria uma alusão às máscaras e fantasias usadas pelas famílias, que competiam entre si em apresentações realizadas no Campos Square, antigo terreno de propriedade da família de Romano Campos, e alentadas por variações locais das antigas canções de reisados, especialmente as do folguedo da burrinha. Com o passar do tempo, a festividade, cujas raízes estavam fincadas na tradição da Folia de Reis, passou a sofrer influências que a levariam a transformar-se, cada vez mais, em uma festa africana. E isso no momento em que, no Brasil, os ranchos de reis migravam da Bahia para o Rio de Janeiro, onde completariam a sua transição, tornando-se ranchos carnavalescos, ranchos-escola e, finalmente, escolas de samba.

A partir da década de 1930, o Carretta Carnival passou a conviver com o Fanti Carnival, festa celebrada pelas comunidades ditas "fanti", de origem togolesa e ganense, que viviam na região de Lafiaji, vizinha ao bairro brasileiro. Algum tempo depois, esse carnaval, já então chamado indiscriminadamente Carretta ou Fanti, absorveu também desfiles dos grupos de egungun, com suas elaboradas fantasias e seus perigosos bastões, usados para dar aos espíritos instrumentos com os quais disciplinar a audiência. A festa tornou-se então confusa e violenta, e durante muito tempo assustou mais do que atraiu foliões. Numa etapa mais recente, o governo de Lagos assumiu o seu controle, numa tentativa de torná-la mais atrativa do que o carnaval de Calabar, o maior do país. As transformações se multiplicaram e a música original dos retornados, que já havia cedido espaço à dos fantis e à dos egunguns, passou a competir também com gêneros musicais da moda: fuji, juju, brigade band e sakara. Antigos donos da festa, os retornados passaram a reclamar abertamente. Em 2015, o *The Guardian* registrou esse desconsolo.

Para Seyi, aquilo parecia uma oportunidade. Com seus músicos mirins, pensou, ele ajudaria aquela comunidade a resgatar a sua identidade, nem que fosse apenas a musical, nem que fosse apenas o samba, que nunca fez realmente parte de suas vidas, mas isso ele ainda não sabia.

Conheci Seyi em 2016. Ele andava animado com a perspectiva de uma primeira apresentação no bairro brasileiro, acertada com as lideranças da comunidade. Ensaiava duro com os seus meninos e corria em busca de apoio financeiro para as fantasias. Também aproveitava seu tempo livre para ler sobre os agudás. Foi quando entendeu que o samba não fazia parte dessa história — mas isso não o desencorajou.

Nessa nossa primeira conversa, eu perguntei sobre a coincidência de existirem, em Lagos, uma comunidade de origem brasileira que desconhecia o samba e uma comunidade de sambistas que desconhecia o Brasil. Seyi corrigiu-me: em sua opinião, ele e seus jovens músicos sabiam mais de Brasil do que os agudás, que só conheciam dele uma projeção velha e desfocada. Afinal, os retornados só conhecem o Brasil do passado, e de um passado específico, que é o que se relaciona com a história da sua comunidade, mas também com a escravidão. E o conhecimento desse passado se dá por meio dos relatos que ouvem de seus pais e avós, que por sua vez os escutaram dos próprios pais e avós, de modo que aos poucos essa história vai-se encolhendo e desfigurando. O que se tem ao final é a percepção de fazer parte, ou ter feito parte, de uma história negativa, incômoda e mal contada.

O que ele e seus jovens sambistas queriam não era reconectar os agudás com esse Brasil remoto e deletério, mas trazê-los o de hoje, por meio da música. E isso não apenas para fazê-los cantar e dançar, mas também para que entendessem que, assim como a história da Nigéria mudou, também evoluiu a do Brasil, e assim como há uma Nigéria dinâmica e moderna, existe um Brasil contemporâneo e atraente, e que uma parte dessa atração está na música. Com isso, quem sabe, os agudás mais jovens passassem a realmente se interessar pelo Brasil de hoje, em vez de apenas escutar histórias de um passado que não lhes atraía ou interessava. E com isso, e um pouco de sorte, quem sabe não decidissem se juntar aos seus sambistas.

Talvez Seyi tenha razão, talvez a melhor maneira de reconectar os agudás com seu passado seja por meio do Brasil atual. No último século e meio, muita coisa mudou nos dois países, e as sucessivas gerações de retornados só acompanharam as mudanças do lado de lá. Isso criou uma assimetria na experiência que têm de Nigéria e de Brasil. Do Brasil, eles têm uma ideia remota e até certo ponto negativa, enquanto que a Nigéria, precisam vivê-la todos os dias, com suas mazelas, mas também seus méritos. O contraste entre essas duas vivências é enorme, e só faz crescer, o que afeta negativamente a evocação do Brasil. Por isso, quem sabe seja insuficiente apenas insistir na preservação das marcas do passado que dão sentido a essa comunidade. Talvez seja preciso conectar esse passado ao presente, por meio de alguma experiência que torne atraente a ideia de pertencer, ou haver pertencido, à história brasileira. A música talvez seja a melhor dessas experiências, por ser um dos aspectos mais atraentes da cultura brasileira, que levou à criação de escolas de samba no mundo inteiro, a exemplo da London Samba School, onde Seyi aprendeu. E Seyi, que não é um retornado, talvez seja a melhor pessoa para levar adiante essa experiência, pois ele representa o elo entre o Brasil de hoje, o da música, e uma Nigéria com a qual os retornados podem se identificar: a do Brazilian Quarter e de Satellite Town; a dos santos, orixás e egunguns; a da burrinha, do samba e da juju music.

No fundo, foi esse o percurso de Ange, cuja busca por um passado o levou a viver — e morrer — na Bahia de hoje.

Algum tempo depois de minha última conversa com Seyi, com quem mantive contato através dos anos, recebo uma compilação de imagens das mais recentes apresentações da Èkó Samba Community: algumas no bairro brasileiro, outras em lugares que não identifico, quase todas durante o carnaval de Lagos, uma celebrando também o cinquentenário do governo da cidade.

Na maioria delas, Seyi vai vestido de branco da cabeça aos pés, o retrato acabado de um mestre de bateria, chapéu de abas curtas e um apito preso a uma grossa corrente dourada. Ele rege o grupo, salta, grita, ri, solta-se a dançar entre os meninos do naipe de tamborins, sempre os menores e mais jovens, que não caberiam a tocar um surdo. Acompanho a elaboração dos trajes crescendo em sofisticação, primeiro apenas uma camiseta amarela, depois roupas mais sofisticadas, em cores de bandeira, as ombreiras às vezes puxando para o verde da Nigéria, outras vezes lembrando o nosso, ligeiramente mais claro. No terceiro vídeo vejo moças tocando o rocar. A comunidade finalmente atraiu mulheres. Também ganhou ritmistas que me dizem ser agudás, dois ou três, e que eu não consigo identificar. O que vejo é que o grupo cresceu, que a cada novo vídeo aparecem mais sambistas, talvez mais do que permitiriam os quarenta instrumentos trazidos de Londres.

Em paralelo, acompanho também a crônica das relações entre os sambistas e as lideranças da comunidade agudá, de início marcadas pela desconfiança, pelo receio de que a novidade (mais uma) pudesse acabar de acabar com o verdadeiro carnaval, a batucada a substituir a música da burrinha, a síncope dos passistas a espantar a coreografia cadenciada dos foliões tradicionais. Mas, afinal, nada disso acontece. Nos desfiles, a Èkó Samba Community passa a ser um entre os vários grupos a desfilar, talvez o mais barulhento, talvez o mais brasileiro, mas apenas um entre muitos. Os blocos tradicionais e os grupos de burrinha continuam a frequentar esse mesmo asfalto, a dividir essa mesma atenção dessa mesma gente que abarrota as ruas nesses dias de festa. E o fato é, também, que com os sambistas parece completar-se a representação de Brasil que os agudás querem exibir nessas ocasiões, que sempre falaram de passado e, de uma hora para outra, exibem também o presente. E que, se isso assusta alguns, também atrai outros, que lentamente se aproximam dos sambistas, passam a estudar, a tocar, a engrossar os naipes da batucada. Uma transformação lenta, mas que talvez aponte na direção certa.

E é pensando nisso, enquanto assisto às imagens do carnaval, enquanto constato o tamanho do grupo, que cresce a cada apresentação, enquanto comprovo a musicalidade dos sambistas, a malemolência dos passistas a se contorcer como cobras, a mover os quadris como numa dança do ventre, a sacudir os ombros como se estivessem possuídos, enquanto admiro o entusiasmo de Seyi, enquanto me espanto com seus gritos e saltos, enquanto rio com suas risadas, enquanto isso, surpreendo-me, por um momento, a imaginar os personagens deste livro a desfilar, os vivos e os mortos, indiscriminadamente, fechando em festa uma história que nem sempre foi festiva, mas que sempre foi brasileira e sempre foi africana — uma combinação que aqueles desfiles parecem simbolizar.

Por um instante, imagino Eric Morton a misturar o som do agbê aos tambores do samba; Lekia Nelson a rastejar com sua serpente pelo asfalto quente; Richard Amaral a cantar as canções da burrinha, que quase ninguém entende; Honoré Feliciano e as sacerdotisas de Abomé, dançando juntos uma ciranda, como se estivessem a ninar um caixão; George Olympio a saltar ao lado de François Amorim, ambos jovens, como nos tempos do Hotel da Marina; Mathilde Villaça espichando a sua imensidão ao lado dos frágeis tamborinistas; Louis Sabino a equilibrar à cabeça o seu vidro de mágicas infusões; Lateef Dosunmu balançando-se ao lado de Félix Marinho e do jovem Antônio da Costa, metido nos trajes do egungun; Nestor Carrena entoando suas modinhas, e ao lado dele Paul Bangbosé Martins, que por uma vez parece sorrir.

Por um momento escuto as letras da burrinha a misturarem-se com a batida do samba, a acelerar com a sua cadência, sem por isso perder a identidade, e os seus bonecos espichados a dançarem com as passistas, numa imensa algazarra de sons e cores, como no carnaval de Olinda, ou naquele desfile da Unidos da Tijuca que, em 2003, celebrou o Benim, os agudás, os Souza e seu primeiro Chachá. E, finalmente, no meio daquilo tudo, percebo Ange Miguel do Sacramento com a sua bengala, batendo no chão ao ritmo da música, e ao lado dele dona Beatriz da Rocha, dobrada ao meio como quando recebia Oxalufã, e ambos parecem serenos, com a cara e o jeito de quem enfim realizou o seu destino.

Brasília, fevereiro de 2024

LINHA DO TEMPO

1482

Construção, no litoral do atual Gana, da fortaleza de São Jorge da Mina, primeiro edifício europeu erguido na África Negra, que será utilizada, nos séculos seguintes, como entreposto comercial, de onde serão despachados milhares de escravizados para o Novo Mundo.

29 mar. 1549

Alvará do rei D. João III, primeiro ato governamental relativo ao tráfico de escravizados, faculta o "resgate e recebimento de escravos da Costa da Guiné e da ilha de São Tomé" para auxílio da cultura da cana e do trabalho dos engenhos.

30 jun. 1609

D. Filipe II de Portugal assina lei declarando todos os gentios do Brasil livres, tanto os já batizados como os que ainda não o foram.

10 set. 1611

D. Filipe II de Portugal assina lei reconhecendo a liberdade dos indígenas, mas admitindo seu cativeiro em caso de guerras ou de antropofagia.

22 abr. 1639

O papa Urbano VIII determina a publicação de bula de 1637, do papa Paulo III, em favor da liberdade dos indígenas da América. Reação de revolta no Rio de Janeiro e em São Paulo.

13 jul. 1640
Expulsão dos jesuítas da cidade de São Paulo, em razão da publicação da bula papal favorável à liberdade dos indígenas.

10 mar. 1682
Inicia-se o fenômeno dos capitães do mato, com publicação de Carta Régia determinando a captura, por "gente armada", dos negros fugidos. O cargo de capitão do mato só será formalmente criado em 1722.

20 nov. 1695
Suposta data da morte de Zumbi dos Palmares.

1733
Chegada à Costa dos Escravos do liberto João de Oliveira, um dos precursores do comércio de escravizados na região. Oliveira viverá 37 anos na África, retornando em 1770 à Bahia.

1752
Desembarca, em Hogbonou, o navegador português Eucaristo de Campos. O local será, posteriormente, batizado Porto Novo, e abriga até hoje o Poder Legislativo do Benim.

6 jun. 1755
D. José I acaba definitivamente com o cativeiro indígena no Brasil.

16 jan. 1773
D. José I decreta o fim da escravidão em Portugal.

1788
Ano provável da chegada à Costa dos Escravos de Francisco Félix de Souza, o primeiro Chachá, um dos maiores comerciantes de escravizados do século XIX.

19 fev. 1810
Assinatura de tratado com a Grã-Bretanha pelo qual Portugal se compromete a não mais transportar escravizados para o Brasil. A partir daí, inicia-se o contrabando negreiro.

25 mar. 1824
Promulgação da primeira Constituição brasileira, que abolia as formas cruéis de castigo, inclusive para escravizados.

29 ago. 1825
Tratado entre Brasil e Portugal, que reconhece a independência da ex-colônia, contendo cláusula pela qual o Império brasileiro se compromete a abolir a escravidão.

23 nov. 1826
Convenção entre Brasil e Grã-Bretanha declarando a proibição do tráfico de escravizados na Costa da África no período de três anos a partir da ratificação do instrumento (data que corresponderia ao ano de 1830). A partir daí, o comércio de escravizados passa a ser ilícito.

7 nov. 1831
Promulgação da Lei Feijó, que declara livres todos os escravizados que entrassem no território brasileiro vindos de país estrangeiro. Intensifica-se o tráfico clandestino de escravizados, que passam a entrar no Brasil trazidos por embarcações com bandeiras norte-americanas ou francesas, como forma de fugir ao controle das patrulhas inglesas.

1833 (ou 1835)
Chegada a Ajudá (Uidá) de Domingos José Martins, protegido de Francisco Félix de Souza, que se tornará, em meados do século, um dos mais importantes traficantes de escravizados da região.

1833
Nasce, no Rio de Janeiro, Francisco Olympio da Silva, que migrará, na década de 1850, para a região de Aguê (atual Benim). Francisco é avô de Sylvanus Olympio, primeiro presidente do Togo, assassinado em 1963.

25 jan. 1835
Revolta dos Malês, na Bahia. A revolta terá participação importante no surgimento do fenômeno dos retornados e inspirará a aprovação de leis que preveem a deportação de estrangeiros negros que perturbarem a ordem pública (como a lei aprovada em maio de 1836).

1835
Chegada a Aguê (atual Benim) de Joaquim d'Almeida, liberto que prosperaria como comerciante de escravizados e seria responsável, em 1845, pela construção da primeira capela católica da região.

8 ago. 1845
Aprovação, pelo Parlamento da Grã-Bretanha, do ato Bill Aberdeen, batizado com o nome do ministro do Exterior britânico, George Hamilton Gordon, conde de Aberdeen, que sujeitava navios brasileiros envolvidos em tráfico de escravizados aos tribunais ingleses. O Bill suscitou reação enérgica do governo brasileiro, através do ministro Limpo de Abreu, que não surtiu nenhum efeito. Acuado, o Império acabou cedendo, aprovando, cinco anos depois, contra o fim dos ataques navais ingleses a embarcações em águas brasileiras, a chamada Lei Eusébio de Queirós, que reduziria drasticamente o tráfico negreiro.

29 jul. 1846
Nascimento da princesa Isabel.

1849
Ano da morte de Francisco Félix de Souza, "vice-rei" da cidade de Uidá, súdita de Abomé, e um dos homens mais ricos da África.

4 set. 1850

Promulgação da Lei Eusébio de Queirós, que estabelecia medidas para repressão do tráfico de escravizados.

1850

Chega a Porto Novo José Abubakar Paraíso, comprado por Domingos José Martins para servir-lhe como barbeiro. Abubakar, que ganhará o apelido de "Bambeiro", vai se tornar um dos mais influentes comerciantes da região e é considerado o patriarca da comunidade muçulmana de Porto Novo.

1851

Navios ingleses bombardeiam Lagos, então dominada pelo rei Kosoko, destronado em favor de Akitoye, que concorda em cessar o tráfico negreiro. Lagos vai se tornar, a partir de 1861, colônia inglesa, porto seguro para o retorno de libertos brasileiros que temiam ser escravizados outra vez.

6 nov. 1866

É concedida a liberdade a cerca de 20 mil escravizados que participaram, como soldados, da Guerra do Paraguai.

1871

O primeiro censo na colônia inglesa de Lagos revela a existência de 1.237 "brasileiros" (retornados do Brasil, em sua grande maioria, mas também de Cuba).

28 set. 1871

Aprovada a Lei do Ventre Livre (ou Lei Paranhos), que decreta livres os filhos de mãe escravizada.

1874
Ano provável da chegada, a Lagos, de João Esan da Rocha, escravizado liberto que fará fortuna como comerciante, sendo conhecido pela construção do primeiro poço de água doce da ilha de Lagos (o que inspirará o romance de Antônio Olinto, *A Casa da Água*).

28 set. 1880
Fundação da Sociedade Brasileira contra a Escravidão (SBCE), que conta com a participação de Joaquim Nabuco e André Rebouças.

1881
Segundo censo na colônia de Lagos: 2.723 "brasileiros".

1º jan. 1883
Primeiro ato de libertação em massa de escravizados, ocorrido no atual município de Redenção, no estado do Ceará. Vários atos semelhantes terão lugar em diferentes municípios cearenses. O Ceará será a primeira província do Império totalmente livre de escravizados, em 1885.

10 maio 1883
Fundação da Confederação Abolicionista, que congrega importantes associações emancipadoras. Participam do ato José do Patrocínio e André Rebouças, entre outros.

1883
Inauguração da primeira linha regular de vapores entre Lagos e Salvador da Bahia. A iniciativa, do governador inglês de Lagos, Maloney, visava a intensificar o comércio entre as duas cidades.

25 out. 1885
O marechal Deodoro da Fonseca, que preside o Clube Militar, apresenta petição à princesa Isabel para que o Exército não mais participe da perseguição de escravizados.

1888
São contabilizados 3.221 "brasileiros" em Lagos, segundo o governo inglês.

13 maio 1888
Aprovada e sancionada a lei que extingue a escravidão no Brasil.

1894
Inauguração da Grande Mesquita de Lagos, construída pelo retornado João Baptista da Costa, em estilo que recorda as construções religiosas brasileiras.

1899
Partida do patacho Alliança rumo a Lagos. Entre os passageiros estava Maria Romana da Conceição, então com 12 anos.

1931
Censo em Lagos registra a existência de 184 "brasileiros", dos quais cem teriam nascido no Brasil. É o último registro oficial da presença dos retornados, como categoria étnico-social distinta, na cidade.

UMA NOTA SOBRE TOPONÍMIA
E OUTROS NOMES

Ao longo deste livro, citei lugares relacionados com o tráfico negreiro e a história dos retornados, cujos nomes variam segundo os períodos e as fontes consultadas. Muitos dos autores que escreveram sobre escravidão e o retorno de libertos à África deram conta dessas variações e das dificuldades que às vezes geram no estabelecimento de uma narrativa coerente e compreensível dos episódios relacionados.

Segundo Luís Vianna Filho, por exemplo, o termo "Costa da Guiné" foi usado durante os séculos XV e XVI como genérico para a quase totalidade da costa oeste africana subsaariana, do sul do Senegal. Escravizados da Guiné eram, portanto, cativos de praticamente qualquer região do Senegal até a embocadura do rio Orange, na atual fronteira entre a Namíbia e a África do Sul — aí incluídos tanto os bantos como os nagôs. Nos séculos seguintes, a expressão passou a ser usada de forma mais específica para denominar a região entre o Senegal e Serra Leoa.

Da mesma forma, "Costa da Mina" originalmente aceitou definição mais ampla, referindo-se à região que se estendia do cabo de Monte, ao norte da Libéria, ao cabo Lopo Gonçalvez, ao norte do Gabão. Posteriormente, passou a designar uma área mais restrita, às vezes também chamada de "Costa dos Escravos", correspondente ao litoral entre o castelo de São Jorge da Mina, em Gana, e o delta do rio Níger, ao sul de Lagos.

Na maior parte dos documentos emitidos no Brasil para autorizar o retorno de libertos a esse litoral, no entanto, a referência geográfica ao local de chegada era, segundo Mônica Lima e Souza, "Costa d'África", pelo que se supõe que correspondesse mais ou menos à mesma definição de Costa da Mina ou Costa dos Escravos.[1]

Também variou o nome das cidades africanas para onde foram os retornados. Uidá, por exemplo, já foi referida como Glehue, Gléxwé, Hueda, Peda, Ajudá, Fida, Whyddah, Ouiddah ou Ouidah, grafia hoje usada no Benim. Lagos já se chamou Oko, Èkó, Curamo e Onim. Porto Novo já foi Ajashe e Hogbonou.

Essas variações também se observam na grafia de alguns sobrenomes, seja em razão de corruptelas que com o tempo se vão impondo, seja por se tratar de nomes de origem africana, cuja grafia em português variou no tempo. Sowzer, por exemplo, é uma corruptela de Souza, assim como Marshado é de Machado, Gansallo (ou Gonzallo), de Gonçalo, Féraez de Ferraz e Crinot de Quirino. Bamboxê, uma referência ao oxê (machado de dois gumes) de Xangô, escreve-se Bangbosé na Nigéria.

No caso das indicações geográficas, sempre que possível optou-se no livro pelo nome e a grafia utilizados atualmente em português.

UMA NOTA SOBRE A BIBLIOGRAFIA E AS ENTREVISTAS

Este livro começou a construir-se com base em cerca de cinquenta entrevistas feitas, entre 1999 e 2004, para o projeto Cartas d'África, do qual falei no prólogo. Dessas, algumas foram feitas com famílias cuja história já havia sido registrada em livros anteriores, entre eles os de Pierre Verger (famílias Almeida e Paraíso), Antônio Olinto (famílias Conceição e Rocha), Alberto da Costa e Silva (família Souza), Alcione Amos (família Olympio), Milton Guran (família Silva) e Lisa Castillo (família Villaça), para citar apenas alguns. Nesse caso, os testemunhos dados a este autor foram cotejados com os relatos colhidos anteriormente, e eventuais discrepâncias foram assinaladas neste livro. Em muitos outros casos, no entanto, a única versão disponível da história de uma família é baseada em uma memória oral muitas vezes difusa e de difícil corroboração. A transcrição dessas entrevistas encontra-se no site do projeto (www. retornados.com.br).

Quanto à bibliografia, a saga dos retornados gerou uma extensa coleção de obras históricas, no Brasil e no mundo, além de romances, documentários e mesmo alguns filmes de ficção. A intervalos regulares, intelectuais dos mais diferentes campos deslumbraram-se com esse fenômeno e examinaram os seus meandros. Entre eles, e para citar apenas os brasileiros[1] estão Nina Rodrigues, João Fernando de Almeida Prado, Gilberto Freyre, Pierre Verger, Antônio Olinto, Zora Seljan, Marianno e Manuela Carneiro da Cunha, Alberto da Costa e Silva e, mais recentemente, Milton Guran, João José Reis, Alcione Amos, Mônica Lima e Souza, Luís Nicolau Parés, Lisa Castillo, Paulina Alberto, Marco Aurélio

Schaumloeffel, Eurídice Figueiredo e Ângela Fileno. Algumas dessas obras detiveram-se nas causas do retorno, outras nas suas consequências; algumas estudaram o fenômeno a partir de uma das margens do Atlântico, enquanto outras consideraram a relação entre ambas. Em comum, todas se admiraram com a determinação com que os retornados, apesar do passado nem sempre fácil no Brasil, apegaram-se a essas raízes para com elas construir uma sociedade brasileira na África, naquilo que Guran diz ter sido o único exemplo de implantação bem-sucedida de uma cultura brasileira fora do Brasil.

Na virada do século XIX, Nina Rodrigues foi testemunha da partida dos últimos navios a deixar a Bahia rumo a Lagos, entre os quais o patacho Alliança. A bordo, viajava Romana da Conceição, então com 12 anos. O livro de Rodrigues, *Os africanos no Brasil*, seria publicado trinta anos depois, e outras três décadas adiante, no começo dos anos 1960, a morte de Romana ficaria registrada em *Brasileiros na África*, de Antônio Olinto. Ele havia sido amigo de Romana e, pouco tempo antes de sua morte, conseguiu realizar o maior desejo dela: voltar uma última vez ao Brasil.

Alguns anos antes, em 1951, Gilberto Freyre e Pierre Verger colaboraram para o que terá sido a primeira grande reportagem sobre o assunto. Foi publicada na revista *O Cruzeiro* e se chamou "Acontece que são baianos", constatação que revelava uma surpresa, e que, talvez não por acaso, remetia ao título de uma canção do também baiano Dorival Caymmi, sucesso do carnaval de 1944 na voz dos Anjos do Inferno: "Acontece que eu sou baiano/ Acontece que ela não é…"

Freyre escreveria outra vez sobre os retornados, dessa vez um texto acadêmico publicado como capítulo do livro *Problemas brasileiros de antropologia* (1962). Alguns anos antes, o historiador Almeida Prado já havia publicado artigo sobre o mesmo tema, um dos primeiros de que se tem notícia, na coletânea *O Brasil e o colonialismo europeu* (1956). Em 1964, Antônio Olinto lançou a primeira edição de *Brasileiros na África* e, quatro anos depois, Pierre Verger dedicaria ao tema um dos capítulos de seu clássico *Fluxo e refluxo*.[2] Em 1978, foi a vez da esposa de Olinto, a também escritora Zora Seljan, publicar o seu relato sobre os retornados, intitulado *No Brasil ainda tem gente da minha cor?*, referência à primeira pergunta que Romana da Conceição fizera ao casal, em Lagos, onde estavam a viver, ele adido cultural da recém-inaugurada Embaixada do Brasil. Em 1985, foi editada outra das obras fundamentais para a compreensão do fenômeno do retorno de libertos à África, *Negros estrangeiros*, de Manuela Carneiro da Cunha, centrado especialmente na Nigéria. No mesmo ano, publicava-se, postumamente, o livro de seu marido, Marianno Carneiro da Cunha, *Da senzala ao sobrado*, o primeiro ensaio exclusivamente dedicado à arquitetura dos retornados. A obra vinha ilustrada por um ensaio fotográfico de Pierre Verger, que mostrava algumas das principais construções de inspiração brasileira, hoje quase todas desaparecidas, do Brazilian Quarter.

O historiador e diplomata Alberto da Costa e Silva dedicou mais de uma obra aos retornados. Em 1989, um dos capítulos do seu livro *O vício da África e outros vícios* versava sobre os brasileiros de Lagos. Alguns anos depois, o texto reapareceu na coletânea *Um rio chamado Atlântico*, acompanhado de um capítulo específico sobre os sobrados brasileiros da cidade. E em 2004, Alberto publicou a primeira biografia de Francisco Félix de Souza, um dos principais personagens dessa história.[3]

A partir do ano 2000, uma série de novas obras marcou uma redescoberta do fenômeno. Milton Guran, que já estudava o assunto na década de 1990, publicou naquele ano o livro *Agudás: Os brasileiros do Benim*. Em 2007, saiu *Os que voltaram*, de Alcione Amos, livro que retraça a história dos retornados nos quatro países onde sua presença se manifestou. Em 2008, foi publicado o livro de Marco Aurélio Schaumloeffel sobre a comunidade tabom de Gana.[4] No mesmo ano, a historiadora Mônica Lima e Souza concluiu uma tese de doutorado centrada no retorno de libertos de Salvador e Rio de Janeiro, entre 1830 e 1870, e cujo conteúdo daria origem a pelo menos três artigos acadêmicos.[5] Outros tantos artigos foram publicados ao longo do período, em revistas brasileiras ou estrangeiras, como a *Afro-Ásia*, a *Religião e Sociedade*, a *Slavery and Abolition* e a *Atlantic Studies*. Entre eles, merecem menção os de Lisa Earl Castillo, Luís Nicolau Parés, João José Reis, Milton Guran e Alcione Amos.[6] Um dos livros mais recentes sobre os retornados é o *Amanhã é dia santo* (2014), de Ângela Fileno da Silva, também ele baseado em uma tese acadêmica.

Entre os romances, vale citar *A Casa da Água*, de Antônio Olinto (1978), *O vice-rei de Uidá*, do britânico Bruce Chatwin (1980), e *Um defeito de cor*, de Ana Maria Gonçalves (2006). Sobre o assunto, foram realizados filmes de ficção, como o *Cobra verde*, de Werner Herzog, inspirado no romance de Chatwin (1987), e ao menos três documentários: *Atlântico negro: Na rota dos orixás*, de Renato Barbieri (1998); *Os retornados*, de Claufe Rodrigues (Globonews, 2008); e *Retornados*, de Maria Pereira e Simplício Neto (2017).

Todas essas obras, cada uma à sua maneira, contribuíram para este livro.

NOTAS

Prólogo

1. Algumas das reportagens publicadas: "Cartas d'África", Caderno Especial, *Correio Braziliense*, 22 abr. 1999; "Os brasileiros da África", *O Dia*, 22 abr. 1999; "Chachá VIII, um brasileiro remoto", *Ícaro*, maio 1999; "O primo nobre", *IstoÉ*, 14 abr. 1999; "Pelas lentes da história", *Veja*, 10 dez. 2003; "Histórias comuns", *Folha de S.Paulo*, 01 nov. 2004.
2. *Os retornados*, direção de Maria Pereira e Simplício Neto, exibido no Canal Curta, set. 2017. Fui o responsável por toda a pesquisa, as entrevistas na África, além da produção na Nigéria.

1. Um pouco de história

1. Culto tradicional aos eguns, os espíritos de pessoas mortas, celebrado com fantasias e máscaras em cerimônias que às vezes se desenrolam nas ruas.
2. A festa do Bonfim/ O Dia de Bonfim/ O lê lê prima Chiquinha/ Vamos dançar à noite n'areia.
3. No Brasil do século XIX, a população afro-brasileira era classificada segundo critérios que levavam em conta cor, origem, etnia e condição geral. Distinguiam-se os africanos (nascidos na África) dos crioulos (nascidos no Brasil); e os escravizados dos libertos (ou forros), ou ainda dos ingênuos (nascidos livres).
4. Nina Rodrigues, 1976, p. 119.
5. Em seu livro *Os africanos no Brasil*, Nina Rodrigues classifica os diferentes grupos étnicos africanos presentes no Brasil (as chamadas "nações"). Nagôs: originários das nações iorubanas, principalmente Oyó, Ijexá, Egbá (Abeocutá), Lagos, Ketu, Ibadan; jejes: correspondem à etnia ewe, do Benim, Togo e litoral de Gana; minas: correspondem à etnia ga, de Gana; hauçás: grupo do norte da Nigéria; tapas: grupo étnico vizinho aos hauçás, aos quais acabaram se fundindo no Brasil; gurunxes: grupo étnico originário do norte de Gana e Togo, mas também Burkina Faso, Costa do Marfim e Mali; fulas: chamados de pretos fulos pelos portugueses, vinham da região de Senegâmbia e da Guiné Bissau; mandingas: descendentes do Império Mali, pertencem ao maior grupo etnolinguístico da África Ocidental, o mandê; bantos: negros originários de Angola e Congo. Ver Nina Rodrigues, *Os africanos no Brasil*, Companhia Editora Nacional, Brasília, 1976, p. 104-18.
6. *Memórias da Bahia*, 2008.

7. No Brasil, era comum que negros da etnia mandinga, originalmente muçulmanos, carregassem junto ao peito pequenos pedaços de couro com inscrições do Alcorão, que negros de outras etnias denominavam patuás. Os mandingas tinham o costume de se reconhecer mutuamente recitando trechos do Alcorão. Outras etnias viam nessa prática alguma espécie de magia, e atribuíam ao patuá poderes extraordinários. Daí surgiu a expressão "mandinga" como sinônimo de bruxaria.

8. Fundado em 1808, o Califado se expandiu até 1830, chegando, no seu apogeu, a incluir trinta emirados, mais de 10 milhões de habitantes e 2,5 milhões de escravizados. Seu território estendeu-se entre o que é hoje o Burkina Faso e Camarões, ocupando todo o norte da Nigéria e parte do Níger. Como consequência dessa expansão, várias das cidades-Estado da Iorubalândia, entre elas Ouó, foram conquistadas e muitos de seus habitantes capturados e vendidos como escravizados, o que alimentou o tráfico para o Brasil no período. Isso explica o influxo de escravizados majoritariamente nagôs no período.

9. Pierre Verger, 1987, p. 333.

10. Segundo Sérgio Figueiredo Ferretti, houve revoltas em maio de 1807, no Recôncavo; em janeiro de 1809, em engenhos do Recôncavo e em Salvador; em fevereiro de 1814, em Itapoã; em janeiro e fevereiro de 1816, em engenhos do Recôncavo; em junho de 1822, na vila de Itaparica; em 1826, nas matas do Urubu, em Pirajá; em abril de 1827, no engenho da Vitória, próximo a Cachoeira; em maio de 1828, em Pirajá; e em abril de 1830, na Cidade Baixa de Salvador. Ver Sérgio Figueiredo Ferretti, "Revoltas de escravos na Bahia no início do século XI", Cadernos de Pesquisa, 4/1 (1988), UFMA.

11. Segundo Peter F. Cohen, 28% desses escravizados eram de etnias associadas ao grupo nagô/iorubá. Ver: Peter F. Cohen, jan./mar. 2002.

12. "Se a pessoa não souber que esta cidade fica no Brasil, pensaria que é uma capital da África e o trono de um príncipe negro. É uma cidade na qual é fácil para o recém-chegado deixar de perceber a população branca. Os negros estão em toda parte. Negros na praia, negros na cidade, negros na Cidade Baixa, negros nos distritos da Cidade Alta. Todos os que correm, gritam, carregam e buscam são negros." Robert Christian Avé-Lallemant, em 1856, citado por Mieko Nishida em *Slavery and Identity: Ethnicity, Gender and Race in Salvador, Brazil, 1808-1888*. Bloomington: Indiana University Press, 2003, p. 11-12.

13. *Memórias da Bahia*, 2008, p. 67.

14. Manuela Carneiro da Cunha, 2012, p. 74.

15. A Lei Número Nove de 13 de maio de 1835. A soma era considerável para as posses de um liberto, pois significava algo em torno do valor de 15 quilos de carne-seca, 24 quilos de feijão e 5 quilos de farinha de mandioca. Ver *Colleção de leis da Assembléia Legislativa da Bahia. 1835-1841*, p. 22-7.

16. A American Society for Colonizing the Free People of Color of the United States, mais conhecida como American Colonization Society (ACS), foi uma organização fundada em 1816, com o objetivo de instalar na África antigos escravizados negros libertos, bem como negros nascidos livres dos Estados Unidos. Entre 1818 e 1840, milhares de afrodes-

cendentes foram levados para a costa oeste africana, em colônia comprada pela ACS, hoje a Libéria. Cerca de 5% da população do país ainda hoje é descendente desses retornados.

17   Entre outras, vale mencionar a Revolta dos Búzios (1798), o Massacre da Pedra do Roncador (1820), a Cabanada (1832), a Revolta de Carrancas, em Minas Gerais (1832), a Cabanagem (1835), a Balaiada, no Maranhão (1838), a Revolta de Manuel Congo, no vale do Paraíba (1838), a revolta dos quilombolas de Cosme Bento (1841), a dos quilombos da bacia do Iguaçu, na província do Rio de Janeiro, a Greve Negra em Salvador (1858), as formações de quilombos e "ajuntamentos de negros" nas periferias da capital baiana, ou ainda a sequência de revoltas escravas ocorridas em Salvador e no Recôncavo, entre 1807 e 1835, das quais a mais conhecida foi a dos Malês.

18.   Em julho de 1852, Eusébio de Queirós, que fizera passar a lei que abolia o tráfico negreiro dois anos antes, refere-se, em discurso na Câmara de Deputados, ao "receio dos perigos gravíssimos a que esse desequilíbrio" entre brancos e negros, causado pelo tráfico, "nos expunha". (Manuela Carneiro da Cunha, 2012, p. 71.)

19.   Manuela Carneiro da Cunha, 2012, p. 79-85.

20.   "Tito e Antonia, libertos africanos, vão partir para a Costa da África com seus filhos crioulos, Luís e Arcucio." (Mônica Lima e Souza, 2008, p. 99.)

21.   O número 993 refere-se apenas aos retornos voluntários, para os quais houve solicitação de passaportes. Os cerca de duzentos deportados, aos quais o passaporte era dado de ofício, não fazem parte dessa conta e devem ser somados ao número final, que chega a cerca de 1,2 mil pessoas.

22.   Lisa Earl Castillo, 2016, p. 25-52.

23.   Richard Francis Burton, 1966. Ver: https://burtoniana.org/books/1864-A%20Mission%20to%20Gelele%20King%20of%20Dahome/index.htm.

24.   Em sua tese, Mônica Lima e Souza evoca a epidemia de cólera de 1855, que matou 30 mil pessoas em Salvador, sobretudo as de origem africana. Isso pode ter pesado, segundo ela, na decisão de alguns de retornar à África. Os registros mostram um aumento no número de pedidos de passaporte entre 1857 e 1858, em relação aos dois anos anteriores.

25.   Liderada pelo clérigo muçulmano Usman dan Fodio, a "Guerra Santa" dos fulanis contra os governantes hauçás foi decretada em 1804 e durou pouco mais de uma década. Em 1812, foi estabelecido o Califado de Sokoto, um império composto de emirados constituídos onde antes estavam os estados hauçás. O Califado tornou-se o mais poderoso sistema político-econômico da região e contribuiu para a islamização do norte da Nigéria.

26.   Entre eles, as revoltas de Oyó e Ilorin (1817); a Guerra de Owu e a secessão do Daomé de Oyó (1821); a Revolta de Afonjá (1824); a Guerra de Egbá (1825); a Guerra de Ifé-Òndó (1829).

27.   Realizada na capital alemã, entre novembro de 1884 e fevereiro de 1885, a conferência reuniu os principais países europeus, mais os Estados Unidos e o Império Otomano, e resultou no estabelecimento de regras formais para a colonização da África.

28.   Lisa Earl Castillo, 2016, p. 25-52.

29. Título que recebeu e que passaria para os que o sucederam na chefia da família. Até hoje foram nove no total, o último dos quais escolhido, em circunstâncias polêmicas, em 2019. Ver, a respeito, a nota 2 do epílogo.
30. Mônica Lima e Souza, 2008, p. 19.
31. O azeite do dendê, extraído do pericarpo do fruto, era usado como lubrificante industrial, bem como na fabricação de velas. O óleo extraído do caroço do coco, por sua vez, era usado, sobretudo na Alemanha, para fabricação de margarina.
32. Manuela Carneiro da Cunha, 2012, p. 111.
33. Paraíso trabalhou para Domingos José Martins e, à sua morte, acabou herdando suas plantações.
34. Manuela Carneiro da Cunha, 2012, p. 108-133.
35. Milton Guran, 2000.
36. Milton Guran, 2000, p. 9-10.
37. www.facebook.com/bbcnewsyoruba/videos/514150146078078/UzpfSTU3NjQxMD-QxMjQ1MzMzNjoyNDIwNjI1NzU0Njk4NDUw/.
38. Ainda hoje celebrado no Dia de Reis em cidades como Itaparica, Cruz das Almas e Maragogipe, cujas características são muito próximas ao bumba meu boi nordestino, o boi de mamão de Santa Catarina ou, ainda, o rei de boi capixaba.
39. Em 1953, Pierre Verger repertoriou cinquenta dessas canções, num artigo para a revista do Institut Français d'Afrique Noire. Algumas delas foram, em seguida, reproduzidas nos livros de Zora Seljan, Manuela Carneiro da Cunha, Milton Guran e Ângela Fileno da Silva, o que permitiu a sua sobrevivência ao tempo. Em Lomé, Uidá, Porto Novo e Lagos, no entanto, lugares onde essas publicações pouco circularam, a letra das canções vai dando lugar a variações, misturadas ao fon, ao ewê e ao iorubá, o que prejudica o seu entendimento.

2. Acra, Gana

1. *Nós começamos a tocar a dança do agbê/ Sim! Nós convidamos todos a vir e dançar o agbê/ Perguntem em Ilexá [cidade da Nigéria], é de onde veio a música/ Sim! Nós convidamos todos a vir e dançar o agbê.*
2. O xequeré é um instrumento construído a partir de uma cabaça, envolta em uma malha de miçangas coloridas, que se sacodem como um chocalho. Curiosamente, nos maracatus de Pernambuco, onde é muito empregado, é também conhecido como agbê.
3. Segundo Nat Nunoo Amarteifio, ex-prefeito de Acra (1994/1998), os tabons foram primeiramente alojados em uma área da cidade situada entre os fortes James e Crèvecoeur, onde já existia comunidade de iorubás. O fato de os tabons terem se instalado perto da comunidade iorubana favoreceu a substituição do português pelo iorubá e pelas outras línguas locais. O português foi rapidamente esquecido.
4. Os tabons geralmente usam a grafia inglesa, escrevendo Xangô com "SH".
5. Segundo J. Lorand Matory (2005), o candomblé pertenceria a uma família de religiões que teriam como origem as interações transatlânticas ao longo do século XIX e iní-

cio do XX. O culto a entidades como Xangô (*Shango*, na grafia inglesa) seria, assim, produto dessas trocas culturais e religiosas, o que explicaria as variações observadas localmente nas liturgias a ele associadas. O culto a Xangô praticado pelos tabons tem características específicas, como o curandeirismo e o estudo das ervas medicinais.

6. Nii Alasha Nelson, filho de Azumah Nelson, foi o segundo chefe da comunidade tabom. Teria chegado em Gana aos 3 anos de idade, em companhia do pai, em 1838. (Schaumloeffel, 2008, p. 13.)

7. A expressão usada em Gana é "caretaker", e não "priestress".

8. Entrevista a Ben Amakye-Boateng, *Tabom Voices*, p. 63.

9. Mallam (ou Malam) é um título honorífico dado a um erudito muçulmano, estudioso do Alcorão. Em Gana, pode também se referir a sábios muçulmanos que praticam o estudo das ervas medicinais e a arte da adivinhação. A referência, no contexto da entrevista, é provavelmente uma alusão a Xangô, que seria o "Mallam" de Lekia Nelson.

10. Segundo Marco Aurélio Schaumloeffel, uma tradução possível seria: "Você é uma grande pessoa, você é uma grande pessoa, as pessoas fortes prestarão atenção em você, que é da etnia de Ijexá."

11. A relação entre os tabons e a Nigéria se manteve após a chegada do grupo a Gana. São comuns as histórias de membros da comunidade enviados a Lagos para estudar ou treinar-se em ofícios como a alfaiataria. Eric Morton foi a Lagos mais de uma vez, para tocar em funerais. Há, por outro lado, uma comunidade relativamente grande de descendentes de nigerianos em Gana, entre os quais o iorubá ainda é língua falada.

12. Alcione Amos e Ebenezer Ayesu, 2005, p. 35-61.

13. West African Court of Appeal (Gold Coast Session). Arquivos hoje mantidos no National Archives of Ghana.

14. A maior parte dos tabons reside hoje em Acra. Observam-se, no entanto, pequenas comunidades em localidades como Ada, Cape Coast, Winneba, Koforidua, Aburi e Nsawam.

15. Schaumloeffel, 2008, p. 24.

16. Quase vinte anos mais tarde, em 1864, continuava a ser relatado que os afro-brasileiros de Acra detinham o controle de um "próspero comércio de escravos", que eram vendidos como trabalhadores rurais. (Alcione Amos e Ebenezer Ayesu, 2005, p. 56.)

17. Segundo Marco Aurélio Schaumloeffel, "nas terras recebidas, os tabons imediatamente iniciaram plantações de mandioca, feijão, abacaxi, banana, milho, caju, pimenta, flores, manga, ervas medicinais, coco-da-baía, paina, entre outros, inclusive com sistemas de irrigação. O alfaiate Henry Azumah Kwaku Nelson, nascido em 11 de novembro de 1883, filho de George Aruna Nelson, o Nii Azumah II, segundo chefe da comunidade tabom, em depoimento à justiça para resolver uma questão de disputa de terras (16/11/1945), revela que seu pai arava a terra e plantava mandioca e caju, em um lote situado entre os vales Ankwandor e Fanofa. Henry Nelson também cita que a família Fiscian, igualmente de origem brasileira, plantava sisal na porção de terras que lhe fora designada".

18. A expressão "guinéu" originou-se de palavra berbere marroquina que designava os negros residentes ao sul do Sahel. A expressão chegou a Portugal com a conquista de Ceuta, em 1415. O nome "Guiné", que batiza três países africanos, deriva desse vocábulo. (Martin Meredith, 2017, p. 113).

19. Em árabe, o cabo era conhecido pelo nome "Pai do Perigo". (Martin Meredith, 2017, p. 112.)

20. Bulas *Dum Diversas* (1452) e *Romanus Pontifex* (1455). A respeito, ver: Martin Meredith, 2017, especialmente o capítulo 10. Ver também: Charles M. de Witte, 1953.

21. Martin Meredith, 2017, p. 117.

22. Yaa Gyasi, 2017, p. 31 e 46.

23. *Oceanos*, Comissão Nacional para as Comemorações dos Descobrimentos Portugueses, Lisboa, n. 28, p. 29-39, out./dez. 1996.

24. O julgamento de uma disputa de terras entre dois tabons, J. E. Maslieno e J. A. Nelson, com veredito dado pelo chefe Kojo Ababio IV (em 14/04/1919), lança luz sobre a questão. No veredito, há referência a um membro da família Sokoto, que teria pedido, logo depois de sua chegada do Brasil, que o Mantse Ankrah, chefe de Otubluhum, solicitasse aos gas uma porção de terra para que os brasileiros pudessem cavar poços a fim de achar água fresca, pois muitos em sua volta estavam morrendo de disenteria, resultado da água salobra que eram obrigados a beber. A solicitação teria sido atendida e os brasileiros começaram a cavar poços e a achar água limpa.

25. John Dramani Mahama, 2014, p. 135.

26. Em seu depoimento perante a West African Court of Appeal (Gold Coast Session), em 16/11/1945, Henry Azumah Kwaku Nelson afirma que as terras recebidas dos gas não eram propriedade particular de nenhum dos brasileiros, mas sim bem comum, administrado pelo chefe dos tabons. Ver nota 15.

27. O dashiki é uma peça do vestuário masculino, na forma de uma bata colorida, usada tradicionalmente na África Ocidental. O nome vem da palavra "dan ciki", que significa camisa tanto em iorubá como em hauçá. A "angelina print" (pronuncia-se "anguelina") é um tipo de estampa para tecido criada pela empresa holandesa Vlisco, estabelecida em 1846, que há décadas domina o mercado têxtil na África Ocidental. A popularidade da estampa, inspirada no desenho da túnica de uma aristocrata etíope do século XIX, valeu ao tecido a homenagem de uma de canção popular na highlife ganense dos anos 1970, interpretada por Sweet Talks e A.B. Crentsil, do álbum *Hollywood Highlife Party*: www.youtube.com/watch?v=0qamUaKd8d8.

28. Juan Diego Díaz, 2016, p. 45.

29. "A liberdade era o apanágio do corpo." (Jean-Marie Gustave Le Clézio, 2008, p. 17.)

30. A palavra "nii" pode ser traduzida de diferentes maneiras. A mais comum seria "chefe", mas esse uso é impreciso, visto que se confundiria com "mantse". Ademais, outras autoridades da comunidade portam esse mesmo nome, como o próprio Eric Morton, chamado às vezes de Nii Kwashie II. Confundi-la com o título de "rei" seria um exagero, visto que os niis tabons são, por tradição, subordinados ao mantse ga. Em nossa entrevista, o ex-prefeito de Acra Nat Nunoo Amarteifio ofereceu uma solução alternativa. Segundo ele, "nii" corresponderia ao título inglês "sir". Nii Azumah V seria, assim, sir Azumah, o quinto.

31. Ver notas 19 e 26.

32. Raymundo de Souza Dantas, 1965, p. 44-45.

33. Os durbars são cerimônias realizadas para a instalação das chefias tradicionais akans, a celebração dos ancestrais ou outros eventos de importância para a comunidade. A expressão foi cunhada na Índia, durante o período de colonização britânica, e deriva de termo indo-persa que significa "a corte do rei". É o momento no qual as chefias se reúnem com seus súditos e são por eles festejadas. A cerimônia de posse de Nii Azumah V foi um exemplo de durbar.

34. O último porta-voz foi Robert K. Ofei, já falecido. O cargo de tabom *chairman*, principal conselheiro do chefe, é ocupado por Dan Morton. O cargo de marechal de campo é ocupado por Nii Shippi Gangidi, que foi chefe interino dos tabons de 1981 a 1998. O cargo de capitão é atualmente ocupado por membros da família Kofi. O cargo de ancião-chefe, cuja principal atribuição é definir a sucessão da chefia do grupo, é ocupado por George Aruna Nelson.

35. Alberto Costa e Silva, 1989, p. 4.

36. Ver https://terreiros.ceao.ufba.br/.

37. No sentido de "mãe da comunidade", matriarca do grupo ao qual Eric pertence.

38. Juan Diego Díaz, 2016, p. 89.

39. *Tabom in Bahia*, documentário de Nilton Pereira e Juan Diego Diaz. Ver: https://www.youtube.com/watch?v=GvcH7_EdPDs.

40. Paulina L. Alberto, 2011, p. 97-150.

41. Toque de percussão dedicado a Xangô nos terreiros de candomblé.

42. Bebida feita à base de milhete e gengibre.

43. A falecida está indo para casa/ Para a terra prometida/ Ela está indo para sempre/ É a vida/ Suba (aos céus) e vá para casa.

3. Lomé, Togo

1. Patrice Lumumba, morto em janeiro de 1961, já não era tecnicamente primeiro-ministro no momento do assassinato, pois havia sido deposto em setembro do ano anterior pelo então coronel Joseph Désiré Mobutu.

2. http://www.ina.fr/video/CAF97048215/togo-video.html (2min49). Emissão do *Journal Télévisé*, 20 horas, 19 de janeiro de 1963, Radiodiffusion Télévision Française (RTF).

3. A União das Forças para a Mudança (Union des Forces pour le Changement).

4. Além de Sylvanus Olympio, Agostinho de Souza, Paulin Jacintho Freitas e Anani Ignácio Santos.

5. http://www.ortb.bj/index.php/info/politique/item/5735-serie-conference-nationale-le-28-fevrier-1990-le-Benim-a-vaincu-la-fatalite; e https://fr.wikipedia.org/wiki/Conf%C3%A9rence_nationale_souveraine_(B%C3%A9nin).

6. https://en.wikipedia.org/wiki/Faure_Gnassingb%C3%A9.

7. https://en.wikipedia.org/wiki/Charles_Debbasch.

8. Também merece menção o trabalho da pesquisadora Alcione Amos, que dedicou aos Olympio um artigo na revista *Afro-Ásia*, transformado em seguida em capítulo de livro, o primeiro a contar a saga dos retornados em sua inteireza. Ver Alcione Amos, 1999, p. 175-199; e Alcione Amos, 2007.

9. O encontro aconteceu no dia 31 de março de 1962. Na fotografia, aparece, do outro lado do presidente, o assessor especial para assuntos africanos, Jacques Foccart. No site do Institut National de L'Audiovisuel (INA), pode-se encontrar um vídeo do *Journal Télévisé* da RTF sobre a reunião. Nele, vê-se Foccart recebendo Olympio, à sua chegada ao palácio do Elysée. Ver: https://www.ina.fr/video/CAF97048209. Sobre Foccart, falarei mais adiante.

10. Francesco Borghero, Renzo Mandirola e Yves Morel, 1997.

11. Alcione Amos, 2007, p. 188.

12. Felício de Souza Octaviano, Augustinho de Souza, Robert Baeta e Henri Mensah de Souza. Cf. Alcione Amos, 2007, p. 193.

13. Tété-Adjalogo, 2010, p. 26.

14. Tété-Adjalogo, 2010, p. 30.

15. Xavier Yacono, 1991, p. 55-56.

16. Segundo o dicionário ewê-francês, do pastor Kofi Jacques Adzomada, "ablo" designaria rua ou avenida, e "ablomê" indicaria uma praça pública (por extensão, um espaço de lazer); "ablodê" seria uma expressão derivada dessas duas palavras.

17. A Zona Franco é um espaço econômico e monetário que reúne catorze países da África Subsaariana, mais a França e Comores. Ela se baseia, entre outras coisas, na determinação de paridade fixa entre a moeda francesa, a de Comores e o franco CFA, usado pelos catorze países africanos membros da Zona. Ver: https://www.banque-france.fr/sites/default/files/medias/documents/leco_en_bref_la_zone_franc.pdf.

18. O Ministério de Relações Exteriores francês.

19. Apesar disso, ele deu nomes brasileiros a quatro de seus cinco filhos: Bonito, Fernando, Rosita e Sylvana. A exceção é o próprio Gilchrist.

20. Dina registrou o que viu naquela noite em uma carta dirigida aos chefes de Estado africanos, em 27 de janeiro de 1963. Ver: Atsutsè Kokouvi Agbobli, 1992.

21. Os Acordos de Évian são o resultado de negociações entre os representantes da França e do Governo Provisório da República Argelina, durante a Guerra da Argélia. Foram assinados em 18 de março de 1962, na cidade de Évian-les-Bains, na França, e redundaram no cessar-fogo aplicado a todo o território argelino a partir do dia seguinte. Os acordos foram aprovados, durante referendo nacional de 8 de abril de 1962, por 91% dos franceses.

22. *"Je pense que nous avons bien fait, pour sauver des milliers de personnes et maintenir le calme dans une situation explosive."*

23. "J'ai pris la tête de Lusinga pour la mettre dans ma collection. Les indigènes disent que nous l'avons mangée…" Ver: Jacqueline Goegebeur, *Émile I Empereur du Tanganyika: Les Carnets d'Émile Storms*. Transcrição dos diários de Émile Storms guardados no Museu Africano de Tervuren, Bélgica. Disponível em: www.academia.edu/36237138/Emile_I_empereur_du_Tanganyika_Journals_of_Emile_Storms.

24. www.france24.com/fr/afrique/20220620-une-dent-de-patrice-lumumba-restitu%-C3%A9e-%C3%A0-la-rd-congo-par-la-belgique.

25. Verschave, 1998, p. 116.

26. Apresentado por Joseph Pasteur, 19 de janeiro de 1963 na edição do *Journal Télévisé* 20 horas: www.ina.fr/video/CAF97048215/togo-video.html.

27. "Ce pauvre Sylvanus était matoi, il voulait jouer au plus fin, il voulait jouer contre la France, il voulait tromper tout le monde. Il pensait, à la difference de toutes les autres republiques africaines, que ça irait mieux sans la France. S´il y avait eu des troupes françaises (au Togo), il serait encore vivant. Là où nous avons quelques troupes, tout va bien, là où les troupes françaises ont disparu, il peut arriver n'importe quoi." Alain Peyrefitte, 1997, p. 39.
28. Kangni Alem, 2003, p. 29-39.
29. Smith Hempstone, 1961.
30. O Speakers' Corner é um local no Hyde Park, em Londres, onde qualquer cidadão pode fazer discursos críticos, desde que esteja sobre um caixote ou uma cadeira, pois, segundo a tradição britânica, o orador não pode estar pisando o solo inglês.
31. Tété-Adjalogo, 2010, p. 23.

4. Aguê, Uidá e Porto Novo, Benim

1. Alberto da Costa e Silva, na sua biografia sobre Francisco, prefere essa segunda alternativa.
2. Alberto da Costa e Silva, 2004.
3. Robin Law, 2001, p. 9-39
4. *Cobra Verde*, de Werner Herzog (1987).
5. Esses documentos foram fundamentais, por exemplo, para reconstruir as biografias de Domingos José Martins e Joaquim d'Almeida.
6. Tecidos de algodão, lãs e sedas; tabaco baiano; armas de fogo; facas e catanas; aguardente; vasilhames de cobre e latão.
7. Alberto Costa e Silva, 2004, p. 32.
8. Visto da distância que as separam os transportes de hoje, entende-se pouco a prosperidade que chegaram a ter, umas a disputar o predomínio das outras. De Anexô, no Togo, a Popo Grande, no Benim, são apenas 20 quilômetros e entre essa última e Uidá, 50, contornando as lagunas. De Uidá a Badagry, cruzando a fronteira nigeriana, são mais 95 quilômetros.
9. A localização não era das melhores, não havendo ali baías nem bocas de rios profundas, onde os navios pudessem ancorar com segurança. Tinham de ficar ao largo e era à custa de grandes esforços e perigos que os seus escaleres e as canoas nativas atravessavam os bancos de areia que acompanhavam a linha da costa e as violentíssimas ondas que nela arrebentavam (Alberto Costa e Silva, 2004, p. 41).
10. Alberto Costa e Silva, 2004, p. 63.
11. Segundo Robin Law, isso teria acontecido entre 1816 e 1818.
12. As origens do nome são controversas, podendo ser uma referência às esteiras sob as quais ele se escondeu, em sua fuga de Abomé, ou ainda à expressão "Já, já!" (Agora!), imperativo de que a sua impaciência abusava.
13. Em relatório de 1842 perante Comitê Parlamentar para a África Ocidental, o oficial da Marinha britânica se referiu a Francisco Félix de Souza como "vice-rei, com poder

de vida e morte". O livro de Chatwin contribuiu para reforçar a ideia de que o Chachá seria um "vice-rei".

14. Segundo Costa e Silva, conheciam-se, pelos nomes, 34 das filhas mulheres e 29 dos filhos homens, embora muitos digam que sua prole tenha ultrapassado as cem almas, pois, só de filhos varões, identificaram-se 82 (2004, p. 135).

15. A Union de la Famille Souza, ou UFAS, que se reúne em Assembleias Gerais ou, de forma mais restrita, no seu Conselho Supranacional.

16. Milton Guran, 1999, p. 212.

17. Milton Guran, 1999, p. 215.

18. "Caminha com orgulho, ó pai! Nenhum animal da floresta deixa de reconhecer o filhote da pantera. A pantera está de volta."

19. Milton Guran, 1999, p. 215.

20. "Em memória de Joaquim d'Almeida, dito Joqui, fundador da família, chegado do Brasil em 1835, falecido em Aguê em 1857, saudades eternas."

21. O documento data de 1864. Ver: Gilberto Freyre, *Casa-grande & senzala*, 2005, p. 184-7.

22. Simone de Souza, 1992, p. 253.

23. Verger, 1987, e Guran, 1999, p. 35. Verger calcula a fortuna em 2,5 bilhões de dólares, pelo câmbio da época.

24. Segundo Simone de Souza, dessa relação surgiu o ramo Etienne Domingo de Souza.

25. Até 1858, Guezô, e, com a sua morte, o filho Glelé.

26. Simone de Souza, 1992, p. 245-246.

27. Naquela época, os agudás representavam, segundo estimativas, 5% da população total do país, algo em torno de 350 mil pessoas.

28. Bento Martins, nome de um descendente de segunda geração do Domingos.

29. Simone de Souza diz que ele aderiu ao nome em razão de estripulias cometidas na juventude, que lhe dificultavam pleitear vaga de funcionário público na fronteira Daomé-Togo.

30. Association des Ressortissants de Brésiliens.

31. Milton Guran, 1999, p. 162.

32. Ribeiro se referia aos indígenas brasileiros destribalizados como "índios genéricos".

33. Num relatório publicado em 1992, no âmbito do projeto "A rota do escravo", da Unesco, o governo beninense elabora uma definição do país: o Benim é uma "jovem nação constituída de vinte grupos socioculturais, que geraram entidades homogêneas do ponto de vista linguístico e cultural, e que são possuidoras de uma base territorial". Os agudás não são citados. Ver: Comité National pour le Bénin, 1994, p. 17-18.

34. Marianno Carneiro da Cunha, 1985, p. 206.

35. Na casa da maioria dos agudás ainda se podem encontrar retratos antigos de retornados metidos em trajes formais, posando em atitudes que revelam o seu passado brasileiro, de pé ao lado da esposa e filhos, com fundos pintados em *trompe l'oeil*, à maneira dos retratistas da virada do século. São os patriarcas, fundadores e membros

mais ilustres dessas famílias, que constituem o vínculo com o Brasil. Segundo Guran, esses retratos são parte de um exercício de "bricolagem da memória", a construção de uma memória coletiva com base em diferentes elementos, dos quais um dos mais importantes é a representação de si mesmo.

36. Mauritânia, Senegal, Sudão francês (hoje Mali), Guiné Conacri, Costa do Marfim, Níger, Alto Volta (hoje Burkina Faso), Togo e Daomé (hoje Benim).

37. John Iliffe, 2016, p. 401-02. No caso da chamada "administração indireta" (*indirect rule*) do Reino Unido, adotada inicialmente na Nigéria, e pela qual eram mantidas as estruturas de poder dos potentados locais, emires, xeiques, alafins e obás, essa proporção era de apenas um funcionário colonial para cada 70 mil pessoas.

38. William B. Cohen, 1971, p. 127.

39. Numa tradução imprecisa, os franceses seriam chamados de "senhor fulano" (*monsieur*), os retornados de "seu fulano" (*le sieur*) e os africanos simplesmente de "fulano" (*le nommé*).

40. Milton Guran, 2002, p. 48.

41. Paul Marty, 1926. O relato apareceu em outras obras, entre as quais um opúsculo de Pierre Verger e o livro de Milton Guran. Em 2002, mereceu um artigo que Guran escreveu com João José Reis, no qual contam o seu próprio encontro com Karim. Ver, a respeito: João José Reis e Milton Guran, 2002.

42. Segundo Marty descobriu então, "o cativeiro entre os brancos não tinha o caráter desonroso que o estado de servidão entre os brancos acarretava". Paul Marty, 1926, p. 17.

43. O nome Abubakar não consta dos registros do levante, mas esse detalhe não incomodou Karim. Segundo Reis e Guran, um certo Mala Mubakar teria sido um dos líderes da revolta, tendo assinado uma proclamação que garantia aos rebeldes proteção mística contra os adversários. Os autores, no entanto, duvidam que se trate da mesma pessoa (João José Reis e Milton Guran, 2002, p. 87-88).

44. Os resultados do seminário foram publicados em 2018, no livro *Du Brésil au Bénin: Contribution à l'Étude des Patrimoines Familiaux Aguda au Bénin*, organizado por Alexis Adandé, Lisa Earl Castillo, Didier Houénoudé, Luís Nicolau Parés e Elisée Soumonni, Les Éditions Plurielles, 2018.

45. https://www.facebook.com/familias.agudas/.

46. https://www.facebook.com/familias.agudas/posts/1712763755484657/.

47. Os passaportes emitidos no Brasil, por exemplo, em geral registravam como destino do retorno uma genérica "Costa d'África", o que dificulta a determinação do destino final das famílias.

48. A figura do ancestral gaulês faz parte do conceito construído por historiadores como Jules Michelet, Ernest Lavisse e Henri Martin no fim do século XIX, que procurava dar um sentido à história da França, indo buscar suas origens na distante Gália de Vercingetórix. Essa narrativa era repassada a alunos do ensino médio francês através dos manuais escolares, que também eram usados, sem adaptações, nas escolas das colônias africanas.

49. Guran, Milton e Roberto Conduru, 2016.
50. Compiladas e publicadas no livro *Bahia 1860: Esboços de Viagem*. (Maximiliano de Habsburgo, 1982.)
51. Ângela Fileno da Silva, 2014, p. 226-35.
52. Guran, 1999. Em 1996, Milton Guran presenciou uma dessas festas e a descreveu em detalhes no seu livro.
53. RB: République du Bénin.
54. "Tindola, Tindola/ Tindola Tindolala/ Carolina Zarolha/ Tua saia de chitão/ Arrasta o pé no chão/ O teu amor, Carolina, arrasta o meu coração."

5. Uidá, Benim

1. Odudua (ou Oduduwa), uma das divindades primordiais iorubás, representa a divinização da terra e é considerada, ao lado de Obatalá, como o casal primordial e propulsor da criação.
2. Cerca de 10 mil dólares.
3. No Benim, as casas de culto aos voduns são frequentemente chamadas de "couvent" convento.
4. No candomblé, o padê é um ritual realizado no início das grandes cerimônias de um terreiro no qual se celebra Exu, mas também, em alguns casos, os antepassados ilustres do próprio terreiro.
5. Também chamada de mãe pequena, é a segunda pessoa mais importante em um terreiro de candomblé. Na ausência da ialorixá ou do babalorixá, é ela quem assume o seu comando.
6. O poeta celebrou a decisão nos seguintes termos: "O tombamento do terreiro da Casa Branca, em Salvador, foi um exemplo saudavelmente discrepante do reconhecimento do caráter original, irredutível, da cultura negra". (Francisco Alvim, 1984, p. 10-11.)
7. João José Reis, 2003, p. 466.
8. Luís Nicolau Parés, 2016.
9. Casimir Agbo, 1959.
10. Para Lisa, o fato de que Marcelina, escravizada e filha de santo de Francisca, regressou ao Brasil em 1839, para ali fundar, ou refundar, o terreiro criado por ela, é o melhor argumento em favor dessa tese.
11. Manuela Carneiro da Cunha, 2012, p. 157. Sobre a comunidade católica de Lagos, ver: Manuela Carneiro da Cunha, 2012, p. 152-170.
12. *Objeto ao qual se atribuem poderes sobrenaturais ou mágicos, geralmente benéficos ao seu dono, ao qual se presta culto.*
13. Citado em Manuela Carneiro da Cunha, 2012, p. 161.
14. Alexis Adandé, Lisa Earl Castillo, Didier Houénoudé, Luís Nicolau Parés e Élisée Soumonni, 2018, p. 32-33.

15. Segundo a tradição, Xangô teria sido um dos primeiros reis (alafins) de Oyó e, após a sua morte, teria sido deificado, tornando o orixá símbolo da cidade. Com a expansão do império de Oyó, que atingiu seu apogeu no século XVIII, outros reinos da Iorubalândia cairiam sob o seu domínio e terminariam associados ao culto do orixá.
16. Ordep José Trindade Serra, 2008.
17. Saudação a Oxóssi.
18. Gersonice Azevedo Brandão, 2016.
19. No momento em que converso com Sinha, Mãe Tatá, a ialorixá da Casa Grande, tem 95 anos e há quatro sofre de Alzheimer. Sem sua mãe de santo, o terreiro perde o rumo. Nesse vazio, o papel de Sinha é ainda mais importante.

6. Lagos, Nigéria

1. Sobre a Legacy 1995, ver: https://legacy1995.ng/.
2. A história do edifício consta de uma série de estudos e documentos oficiais. Segundo esses documentos, a Casa de Fernandez teria sido construída em meados do século XIX, no momento em que a Inglaterra tomava conta da cidade. Fernandez era traficante de escravizados, filho de pai luso-brasileiro e mãe africana. Em 1861, ele abandonou Lagos, pressionado por Benjamin Campbell, governador britânico. Deixou as chaves da casa com as autoridades e se mudou para Badagry, onde o tráfico negreiro ainda era tolerado. A casa passou então para as mãos dos irmãos Pedro e Joaquim Martins Jambo e, em junho de 1883, foi vendida a Thomas Cole. Cinquenta anos depois, comprou-a Alfred Omolana Olaiya, que se dizia aparentado de Fernandez. Com sua morte, seu filho Daniel decidiu explorar o andar térreo da casa com uma cervejaria. Algum tempo depois, a construção abrigou uma loja de instrumentos musicais, a All Stars Music, cujo dono era Victor Olaiya, também filho de Alfred, um dos ícones da música nigeriana e, décadas depois, o responsável pela sua demolição. Nos anos 1950, o edifício chamou a atenção de um funcionário do Antiquity Office, de nome Murray, que produziu o primeiro relatório prescrevendo sua conservação. O tombamento ordenou-se em abril de 1956, por ato da Autoridade Colonial de Obras Públicas. Após a independência da Nigéria, a construção foi classificada como "monumento nacional" e passou a constar em uma lista com oitenta edifícios tombados. Mais sobre a história da Casa de Fernandez, ver: Marjorie Alonge, 1994. Sobre Benjamin Campbell e sua relação com os negreiros, ver: Lisa Lindsay, 1994. A lista dos edifícios tombados pode ser encontrada em "Nation Commission for Museums and Monuments Declaration Notice", de 1956, parágrafo 9: "The building known as 'Ilojo Bar', nos 6 Alli Street and 2 Bamboxê Street, Lagos, and the compound in which it is situated." Disponível em: http://www.nigeria-law.org/National%20Commission%20For%20Museums%20 and%20Monuments%20Act.htm.
3. A sakara music é uma forma tradicional de praise song, de influência islâmica, que usa instrumentos tradicionais iorubás. Mais a respeito, ver: www.musicinafrica.net.

4. Em tradução livre: "O dono da bicicleta furou o pneu e não consegue trocá-lo por falta de dinheiro. Para empurrar sua magrela capenga, ele consegue ajuda do vendedor de vinho de palma, Elemu.

5. São eles: obra seminal de Marianno Carneiro da Cunha, *Da senzala ao sobrado*, com fotografias de Pierre Verger, 1978; o livro ilustrado de Massimo Marafatto *Brazilian Houses Nigeriane*, iniciativa do Instituto Italiano de Cultura de Lagos, 1983; o artigo de John Michael Vlach, "The Brazilian House in Nigeria", publicado nos Estados Unidos, 1984; e os artigos de May Ellen Ezekiel, na revista nigeriana *Newsmacht*; e de Barry Hallen, sobre as mesquitas afro-brasileiras na África Ocidental, com fotografias de Carla de Benedetti, 1988. Alguns outros títulos fazem referência indireta à arquitetura brasileira. Ver a bibliografia do capítulo.

6. Günter Weimer, 2014.

7. A expressão é de Alfred Moloney, sucessor de Benjamin Campbell, governador da cidade nos anos 1880, que formulou plano sobre a doação dos terrenos. Lisa Lindsay é da opinião de que a doação foi iniciativa do próprio Dosunmu, que buscava aliados num momento de fragilidade política.

8. Mais sobre a população brasileira em Lagos, ver: Lisa Lindsay, 1994.

9. A contabilidade da pesquisadora revela algumas tendências interessantes que, se projetadas além de Lagos, ajudam a explicar a difusão do casario brasileiro no golfo do Benim. Percebe-se, em primeiro lugar, uma maior concentração de construções entre os anos 1880 e 1900 (no caso de Lagos, 63 de 90), o que confirmaria o período de maior disseminação dessa arquitetura nas últimas décadas do século XIX. Em segundo lugar, observa-se que o número de casas térreas era maior nos primeiros tempos, sendo substituídas depois por sobrados, sinal da ascensão econômica das famílias de retornados, que chegaram pobres à cidade e, somente depois, puderam construir seus andares. Por último, vale notar, já no final do século, o surgimento de alguns magnatas, como Francisco Devodê Branco, dono de cinco casas da lista — e que terminaria proprietário de 21, segundo seu espólio, dezessete delas sobrados.

10. Apresentação de Adedoyin Teriba na Harvard School of Design: "Architecture and Afro-Brazilian Ideals in Southwestern Nigeria c. 1894-1960", 20 de fevereiro de 2013. Para mais informações sobre a Casa Ebun, ver: https://medium.com/@cocoa-capital/we-didn-t-eat-much-chocolate-during-my-childhood-in-nigeria-c091d5a-4cb2d#.jv5pfkh83; http://litcaf.com/ebun-house/; http://nigerianostalgia.tumblr.com/post/41899212913/ebun-house-located-at-85-odunfa-street-lagos.

11. Samuel Johnson, 2010, p. 90-95.

12. Em sua apresentação para a obra do marido, Marianno, Manuela Carneiro da Cunha recorda que os *compounds* nigerianos eram sujeitos a imponderáveis incêndios, sendo os nagôs notórios incendiários, desenvoltos no atear fogo à propriedade de seus desafetos. Com as casas fechadas por muros em todos os lados, o fogo geralmente não entrava e a consequência mais comum era o endurecer das paredes, que se tornavam mais resistentes à chuva e às saúvas. Ver: Marianno Carneiro da Cunha, 1985.

13. Alberto da Costa e Silva, 2003, p. 216.

14. John Duncan, 1967; Richard F. Burton, 1966.

15. Ver, a respeito: Lisa Lindsay, 1996.
16. A. B. Laotan, 1943.
17. A expressão refere-se aos escravizados libertos, originários de Serra Leoa, que migraram para a Nigéria, especialmente Lagos, durante a segunda metade do século XIX.
18. Citado por Marianno Carneiro da Cunha, 1985.
19. Ignácio Paraíso era o filho mais velho de José Abubakar, que começara a vida, segundo Pierre Verger, como príncipe em Oyó, antes de reduzir-se à escravidão brasileira, provavelmente na esteira dos conflitos nascidos na Jihad de Usman dan Fodio, o fundador do Califado de Sokoto. No Brasil, Abubakar ganhou o cognome Paraíso e fez-se barbeiro. Na década de 1850, foi comprado por Domingos José Martins e levado de volta à África. Anos mais tarde, enriqueceu com o comércio do dendê. O primogênito Ignácio nasceu em meados da década de 1870.
20. Carla de Benedetti e Barry Hallen, 1988.
21. A expressão "cultura transatlântica" é de James Lorand Matory.
22. A. B. Laotan, 1943.
23. Antônio Olinto, 1980, p. 152.
24. Sistema de administração utilizado pelo governo colonial britânico para governar mediante o uso de governantes e instituições políticas tradicionais. O sistema de "governo indireto" foi introduzido na Nigéria por Lord Frederick Lugard, seu primeiro governador geral, entre 1914 e 1919.
25. Ames Brooke, 1987
26. Belisa Ribeiro, 2008.
27. Tajudeen Sowole, 2011.
28. Udemma Chukwuma, 2014.
29. Tajudeen Sowole, 2016; Chris Stein, 2016; Paul Ade-Adeleye, 2016; Rafael Iandoli, 2016; Nurudeen Oyewole e Yahaya Ibrahim, 2016.
30. King Sunny Adé, 2006.
31. Sobre David Aradeon e seu projeto da Documenta, ver: "Ex-escravos: Migração da forma do Brasil para a África", Documenta 12, *Deutsche Welle*. Disponível em: http://www.dw.com/pt-br/ex-escravos-migra%C3%A7%C3%A3o-da-forma-do-brasil-para--a-%C3%A1frica/a-2810123.

7. Salvador, Bahia

1. No candomblé, acredita-se que são crianças que terão passagem curta pela terra, pois a sua família teria dívidas espirituais a pagar.
2. Durante boa parte dos anos 1950, Pierre Verger trabalhou em parceria com Gilbert Rouget, diretor do Musée de l'Homme, em gravações sobre a música africana. Desse trabalho, resultou uma série de discos, publicados entre 1955 e 1965. No final da década, Verger embarcou em pesquisas próprias na Nigéria. Munido de um gravador presenteado por Rouget, Verger entrevistou um sem-número de retornados. A entrevista com Romana e Ojelabi foi divulgada no programa *Vamos Cantar a Bahia*, difundido pela Rádio Ministério da Educação, em 22 dez. 1958, e serviria em seguida

como material de pesquisa para o clássico *Fluxo e refluxo*, que conta a epopeia de Romana entre as p. 629 e 632. Hoje, restam das gravações apenas transcrições sucintas, zelosamente guardadas na Fundação Pierre Verger.

3. Antônio Olinto, 1980, p. 147. Verger também escreveu longamente sobre o drama do Alliança, em seu *Fluxo e refluxo*, p. 629-632. Há também uma rápida referência ao Alliança no clássico de Nina Rodrigues, *Africanos no Brasil*, p. 99, escrito à época de sua epopeia.

4. Antônio Olinto, 1980, p. 264.

5. O início dos anos 1960 foi um momento fecundo para a aproximação entre o Brasil e a África. Eram os tempos da chamada "política externa independente", que operou uma forte reorientação na relação do Brasil com o continente, antes centrada no reconhecimento das potências coloniais e a especial proximidade com Portugal. Entre 1960 e 1963, na esteira dos movimentos de emancipação africana, abriram-se embaixadas em Acra, Lagos e Dacar. Para a de Acra, Jânio Quadros decidiu enviar um diplomata negro, categoria inexistente

Na falta de representante do Itamaraty, designou o jornalista Raymundo de Souza Dantas, então oficial de Gabinete da Presidência. A experiência de Dantas à frente da missão, relatada em *África difícil*, de que já se falou neste livro, padeceu de desfeitas reiteradas do Ministério, que revelavam os complexos meandros pelos quais circulavam as ideias de "democracia racial", expostas com veemência no exterior, mas nem sempre apreciadas internamente. Em 1962, quando se inaugurou a Embaixada do Brasil em Lagos, o governo decidiu enviar diplomatas de carreira, todos meticulosamente brancos.

6. Antônio Olinto, 1980, p. 227.

7. A obra de A. B. Laotan, *The Torch Bearers*, é um opúsculo pioneiro, datado de 1943, de não mais que cinquenta páginas, publicado pela Universidade de Ibadan e hoje dificilmente encontrável, embora muito citado. Laotan era, sobretudo, um membro da comunidade de retornados, e seu livro foi o primeiro registro, minucioso e subjetivo, do dia a dia de seus compatriotas, cuja cultura católica e brasileira (nessa ordem) foram "fontes de luz e civilização" naquela brutal, selvagem, atrasada, violenta e escravocrata cidade que ainda se construía (Laotan não deixa dúvidas sobre suas opiniões). Os Rocha aparecem ligeiramente, na página 18.

8. No clássico *Fluxo e refluxo*, Verger reproduz nota do jornal *Lagos Standard*, de 1895, que noticia a realização de corrida "de duas milhas" entre os cavalos *The Tempest*, de C. J. da Rocha, e "o novo animal de M. Thomé, para uma aposta de 10 libras", vencida com facilidade pelo cavalo dos Rocha (p. 628). Em 1969, Verger publica longo artigo em revista do Centre de Hautes Études Afro-Ibéro-Américaines da Universidade de Dacar, no qual reproduz informações sobre a vida social dos retornados, como as suntuosas festas auspiciadas pelos agudás de maior estirpe, entre os quais os Rocha, que financiavam bailes, queimas de fogos de artifício, peças teatrais, missas solenes, desfiles carnavalescos e outras efemérides para celebrar acontecimentos tão díspares quanto o aniversário de D. Pedro II e a promulgação da Lei Áurea.

9. Diz Olinto que Cândido tornou-se tão rico que inspirou o surgimento do dito popular "O l'owo bi da Rocha", "Ele é tão rico como um da Rocha".
10. Entre os autores citados estão Antônio Olinto, Manuela Carneiro da Cunha, A. B. Laotan e Kristin Mann, além de fontes africanas às quais eu nunca tive acesso, como Nina Bma e Lloyd C. Gwa, cujo artigo descreve a trajetória de Moisés João da Rocha no movimento pan-africanista. Não há referências a Pierre Verger ou a Marianno Carneiro da Cunha.
11. Jerry Dávila, 2011.
12. Despacho 63 da Embaixada do Brasil em Lagos, 1965.
13. A única informação nova foi a que reportou Manuela Carneiro da Cunha em *Negros estrangeiros*, no qual surge a referência sucinta ao agente comercial dos Rocha em Salvador, um tio de Cândido. De todo modo, essa informação tampouco se encaixa nas versões que hoje circulam. Para dona Bia, o elo entre os Rocha seria seu avô José Maria da Rocha Argolo, filho de João Esan. Nas conversas que tive em Lagos, sugeriam que, para essa informação, consultasse Salvador.

8. Coroa Vermelha, Bahia

1. Patrick Gantly, 2009.
2. A Congregação Propaganda Fide foi criada em 1622 pelo Vaticano e funcionou desde então como um ministério encarregado das missões de evangelização pelo mundo, para supervisionar os métodos de evangelização e atribuir territórios disponíveis aos institutos missionários desejosos de se engajar nessas atividades, caso da SMA.
3. O Padroado é um acordo pelo qual o Vaticano reconhece um *patronage*, ou seja, um monopólio português sobre a administração política e religiosa de territórios de além-mar.
4. Carta de Borghero a Planque, 30/09/1861 (Patrick Gantly, 2009, p. 77).
5. Hugues Didier e Madalena Larcher (org.), 2012, p. 209.
6. Manuela Carneiro da Cunha, 2012, p. 176.
7. Manuela Carneiro da Cunha, 2012, p. 173.
8. Em 2005, a embaixada brasileira mudou-se para Abuja, a capital nigeriana. A então embaixada em Lagos foi transformada em consulado-geral.
9. Maria Cristina Cortez Wissenbach, 2018, p. 292-97.
10. Maria Helena Câmara Bastos, 2016, p. 743-768.
11. Surya Pombo de Barros, 2016, p. 591-605.
12. O fato de que se tenha encontrado entre os revoltosos patuás, bolsas de mandinga e gris-gris contendo misteriosas mensagens escritas no alfabeto árabe — na realidade, versículos do Alcorão ou outras encantações destinadas a proteger o seu portador — acentuou essas suspeitas.
13. Manuela Carneiro da Cunha, 2012, p. 191
14. Ver, a respeito: Lisa Lindsay, 1994.

15. Eduardo Tadeu Roque Amaral e Márcia Sipavicius Seide, 2020.

16. No chamado "comércio em terra", realizado a partir de colônias como Angola ou São Tomé e Príncipe.

17 No caso de Portugal, a necessidade do batismo antes do embarque foi determinada pela Carta Régia de 5 de março de 1697 e confirmada por Provisão do Conselho Ultramarino de 24 de abril de 1719. A justificativa religiosa da escravização é exigência da Igreja desde o Concílio de Trento. Ver: Hébrard, 2003, p. 39.

18. Hébrard, 2003, p. 42.

19. No seu clássico *Casa-grande & senzala*, Gilberto Freyre constata que, com o passar do tempo, alguns prenomes se tornam quase uma exclusividade de escravizados: Benedito, Bento, Cosme, Damião, Romão, Esperança, Felicidade (Gilberto Freyre, 2005, p. 541).

20. Rogério da Palma e Oswaldo Truzzi, 2018, p. 311-340.

21. Jean Hébrard, 2003, p. 5-10.

22. A obtenção de sobrenomes era também uma forma de apagar o estigma da escravidão. Mesmo depois do fim da Lei Áurea, lembranças da condição de escravizados dos libertos eram preservadas nos registros oficiais do Estado. Expressões como "sem sobrenome" ou "sem outro sobrenome" funcionavam, nesses registros civis, como estigmas, marcas ocultas, na expressão do pesquisador Michael Zeuske, que substituem a menção "escravo" constante nos documentos da escravidão, servindo com isso para rotulá-los pelo que haviam sido, distinguindo-os, e a seus descendentes, do resto da população livre e branca. Ver, a respeito: Michael Zeuske, 2002, p. 211-241.

23. Antonio Tabucchi, 2013.

Epílogo

1. A respeito, ver: Hanzhi Zhang e Ruth Mace, 2021. Sobre idiomas ameaçados, ver também: Sophie Yu, 2023.

2. Segundo Christian de Souza, com quem falo ocasionalmente, após o funeral de Honoré Feliciano, em outubro de 2014, foi convocado um "conselho supranacional" da família, que provisoriamente legislou sobre a sucessão, escolhendo um "regente", saído do ramo de monsenhor Isidoro de Souza, o qual, conforme os estatutos familiares, jamais poderia indicar candidato à sucessão. Esse regente foi Marcelin de Souza, e o que se seguiu feriu os estatutos, as tradições e a mais simples urbanidade. Na "calada da noite", Marcelin dissolveu o conselho e designou um "bandido iletrado", de nome Roger Moïse, como o Chachá IX — e o assunto foi parar na justiça. Em 2017, veio uma primeira decisão judicial e, em 2019, uma segunda, ambas conflitantes entre si. Levou-se então o caso à Suprema Corte, que patina na interpretação dos tais estatutos, velhos de 150 anos. Enquanto isso, o grupo de Marcelin e Moïse teria fortalecido seu controle sobre o clã e monetizado suas novas prerrogativas, negociando vendas e aluguéis de propriedades da família. Singbomey também sofreu com a disputa. Fechada desde agosto de 2017, foi reaberta em janeiro de 2020 para receber o corpo da mãe de

Moïse. Seria o primeiro funeral na residência desde o enterro de Afonsina Amoussou de Souza, em 2016, que relato no início do livro. O velório da mãe de Moïse teve um desfecho muito diferente. Um grupo de dissidentes invadiu a residência, houve briga e feridos, e a polícia foi chamada a intervir. O quebra-quebra vitimou móveis, e caixas de bebida, compradas por Honoré Feliciano, terminaram desaparecendo. Com o impasse da Suprema Corte, a disputa só foi resolvida em abril de 2023, após uma reunião convocada pelo grupo de Christian, para a qual foram convidados Souzas de vários países africanos e europeus. Moïse foi destituído e o posto de Chachá ficou vago outra vez. A família nunca mais foi a mesma. Primos brigaram com primos, tios com sobrinhos, casamentos acabaram e as rupturas foram violentas. Irmã de Moïse, Martine de Souza, que ajudou a produzir o documentário de 2016, nunca mais falou com Christian, que a indicou. De um lado e de outro, sobraram apenas as promessas de novas brigas e processos.

3. Milton Guran e Roberto Conduru, 2016.

4. Criada em 2019, a página da Yoruba-Brazilian Descendants Renascimento Association apresenta-se como um serviço comunitário voltado a valorizar os vínculos entre iorubanos na Nigéria e a população negra brasileira, especialmente os devotos do candomblé. Apesar desse foco, ela contém publicações sobre a comunidade de retornados em Lagos.

5. Lisa continua muito ativa na produção de textos acadêmicos sobre os retornados. Em maio de 2024, publicou, com Kristin Mann, um artigo sobre Saliu Salvador Ramos das Neves, retornado muçulmano responsável pela fundação de algumas das mais antigas mesquitas de Lagos. Também muito ativo, Luís Nicolau Parés lançou, em janeiro de 2024, uma biografia sobre o retornado Joaquim d'Almeida.

6. Em junho de 2024, o site estava temporariamente fora doar. Mais informações sobre o projeto em: https://www.itaucultural.org.br/acervo-agudas-os-brasileiros-do-benim-documentos-visuais-sonoros-e-textuais. Acesso em 16 jun. 2024.

7. Ver: https://www.infoescola.com/sociologia/agudas-tabons-e-retornados-da-africa-para-o-brasil/, https://outraspalavras.net/outrasmidias/agudas-os-escravizados-que-voltaram-a-africa/, https://kn.org.br/oq/2019/02/25 um-pouco-de-historia-os-agudas-africanos-no-brasil-e-brasileiros-na-africa/ e https://www.geledes.org.br/brasileira-africa-dos-escravos-retornados/.

8. "Les agoudas du Dahomey/Benin", por Jean-Yves Paraïso, em: https://books.openedition.org/pupvd/31784.

9. O material está sendo compilado e organizado por Femke van Zeijl e por alunos do Amsterdam University of Applied Sciences. Ver: https://legacy1995.ng/about-us/.

10. *Atlântico Negro: Na Rota dos Orixás*. Direção Renato Barbieri, roteiro Renato Barbieri e Victor Leonardi. Brasília, 1997. Ver: https://www.youtube.com/watch?v=7m0If0YfAQ.

11. O filme poderá ser assistido nos canais da rede RTP nos seguintes países: Portugal, Angola, Moçambique, Cabo Verde, São Tomé e Guiné-Bissau.

12. O site do jornalista (https://www.archivesdafrique.com/agoudas/#fwdmspPlayer0?catid=0&trackid=0) contém a versão em áudio do documentário. Para a versão em vídeo,

ver a sua página no Facebook: https://www.youtube.com/watch?v=zEqonPGyLcI. Acesso em: 16 fev. 2024.

13. Podcast número 108, "Agudás, os ex-escravizados que voltaram à África", em https://www.youtube.com/watch?v=DAYvPekl7XA. Acesso em: 15 fev. 2024.

14. Sobre a Èkó Samba Community, ver: https://www.instagram.com/ekosamba/; https://www.youtube.com/results?search_query=%C3%88k%C3%B3+samba+community e https://www.facebook.com/profile.php?id=100066683253444.

Uma nota sobre toponímia e outros nomes

1. Documentos disponíveis nos registros de *Legitimações de Passaportes* do Arquivo Público do Estado da Bahia. No que diz respeito ao Brasil, a referência quase constante ao local de partida era Salvador, o que explica a importância da capital baiana como baliza sentimental na memória dos retornados, considerada seu local de origem, ou mesmo a terra dos seus ancestrais. O Rio de Janeiro, capital do Império do Brasil, não era citado como foco de origem importante, embora haja registros de partida libertos em direção à costa africana.

Uma nota sobre a bibliografia e as entrevistas

1. Vários autores estrangeiros escreveram sobre esse fenômeno. Entre eles, merecem referência o viajante John Duncan (1845), os missionários Francesco Borghero, Joseph Laffitte e Pierre Bouche (1860), o militar Frederick Forbes (1849), o escritor e aventureiro Richard Francis Burton (1864), o geógrafo e anarquista Élisée Reclus, além de uma lista bastante longa de acadêmicos, entre os quais se destacam Lorenzo Turner, Robin Law, Michael Turner, Paul Lovejoy, Elisée Soumonni, Aléxis Adandé, Andrzej Krasnowolski, Kristin Mann, Roland Matory, Jerry Dávila e David Ross. Ver bibliografia.

2. Pierre Verger, 1987.

3. Alberto da Costa e Silva, 2004. Robin Law já havia publicado, três anos antes, um artigo sobre o negreiro. Ver: Robin Law, 2001.

4. Marco Aurélio Schaumloeffel, 2008.

5. Mônica Lima e Souza, 2018, p. 253-291; Mônica Lima e Souza, 2011, p. 283-302; Mônica Lima e Souza, 2009.

6. Ver: referências na bibliografia.

BIBLIOGRAFIA

ADANDÉ, Alexis; CASTILLO, Lisa Earl; HOUÉNOUDÉ, Didier; PARÉS, Luís Nicolau; SOUMONNI, Elisée (org.). *Du Brésil au Bénin*: Contribution à l'étude des patrimoines familiaux aguda au Bénin. Cotonou: Les Éditions Plurielles, 2018.

ADÉ, King Sunny. *My Life, my Music*. Ikeja: Special Events Limited & Bookcraft, 2006.

ADE-ADELEYE, Paul. 161-Year-Old Monument Ilojo Bar Demolished. *The Nation*, Lagos, 13 set. 2016. Disponível em: https://thenationonlineng.net/161-year-old-ilojo-bar-demolished/. Acesso em: abr. 2018.

AGBO, Casimir. *Histoire de Ouidah du XVI ao XX Siécle*. Avignon: Les Presses Universelles, 1959.

AGBOBLI, Atsutsè Kokouvi. *Sylvanus Olympio*: Un Destin Tragique. Lomé: Livre Sud; NEA Senegal, 1992.

ALBERTO, Paulina L. Para africano ver: Intercâmbios africano-baianos na reinvenção da democracia racial. *Afro-Ásia: Revista do Centro de Estudos Afro-Orientais (CEAO)*, Salvador, n. 44, p. 97-150, 2011.

ALEM, Kangni. Les silences du commandant Maîtrier. *In*: TRAORÉ, Sayouba *et al. Dernières Nouvelles de la Françafrique*. La Roque d'Anthéron: Vents d'ailleurs, 2003.

ALENCASTRO, Luiz Felipe de. *O Trato dos Viventes*: Formação do Brasil no Atlântico sul. São Paulo: Companhia das Letras, 2000.

ALMEIDA PRADO, João Fernando de. Les relations de Bahia (Brésil) avec le Dahomey. *Révue d'histoire des Colonies*, v. 41, n. 143, p. 167-226, 1954.

ALONGE, Marjorie Dolapo. *Afro-Brazilian Architecture in Lagos*: A Case for Conservation. 1994. 543 f. Tese (Doutorado em Arquitetura) – Departamento de Arquitetura, Universidade de Newcastle, Newcastle, 1994.

ALONGE, Marjorie Dolapo. The Progress of Architectural Conservation in Lagos State: A Critical Observation. *Newcastle: Open House International*, v. 17, n. 3, 1992.

ALVIM, Francisco. *Folha de São Paulo*, Folhetim n. 402, p. 10-11, dom. 30 set. 1984.

AMARAL, Eduardo Tadeu Roque; SIPAVICIUS, Márcia Seide. *Nomes próprios de pessoa*: Introdução à antroponímia brasileira. São Paulo: Blucher, 2020.

AMOS, Alcione. Afro-brasileiros no Togo: A história da família Olympio, 1882-1945. *Afro-Ásia: Revista do Centro de Estudos Afro-Orientais (CEAO)*, Salvador, n. 23, p. 173-195, 1999.

AMOS, Alcione. *Os que voltaram*: A história dos retornados afro-brasileiros na África Ocidental no século XIX. Belo Horizonte: Tradição Planalto, 2007.

AMOS, Alcione; AYESU, Ebenezer. Sou brasileiro: História dos tabom, afro-brasileiros em Acra, Gana. *Afro-Ásia: Revista do Centro de Estudos Afro-Orientais (CEAO)*, Salvador, n. 33, p. 35-61, 2005.

ANQUANDAH, Kwesi J. *Castles and Forts of Ghana*. Acra: National Commission for Monuments and Museums, 1999.

ARADEON, David. Architecture. *In*: BIOBAKU, Saburi O. (org.). *The Living Culture in Nigeria*. Londres: Thomas Nelson, 1976.

ARADEON, Susan B. A history of Nigerian architecture: the last 100 years. *Nigeria Magazine*, p. 1-17, 1984.

AZIADOUVO, Zeus Komi. *Sylvanus Olympio, Panafricaniste et pionnier de la CEDEAO*. Paris: L'Harmattan, 2013.

BARROS, Surya Pombo de. Escravos, libertos, filhos de africanos livres, não livres, pretos, ingênuos: negros nas legislações educacionais do XIX. *Educação e Pesquisa: Revista da Faculdade de Educação da USP*, São Paulo, v. 42, n. 3, p. 591-605, 2016.

BASTOS, Maria Helena Câmara. A educação dos escravos e libertos no Brasil: Vestígios esparsos do domínio do ler, escrever e contar (séculos XVI a XIX). *Cadernos de História da Educação*, Uberlândia, v. 15, n. 2, p. 743-768, maio/ago. 2016.

BEIER, Ulli. *Art in Nigeria, 1960*. [*S. l.*]: Hassell Street Press, 2021.

BORGHERO, Francesco; MANDIROLA, Renzo; MOREL, Yves (org.). *Journal de Francesco Borghero, premier missionaire du Dahomey, 1861-1865*. Paris: Karthala, 1997.

BRANDÃO, Gersonice Azevedo. *Equede, a mãe de todos*. Salvador: Barabô, 2016.

BRITO, Luciana da Cruz. *Temores da África*: segurança, legislação e população africana na Bahia oitocentista. Salvador: EDUFBA, 2016.

BROOKE, James. In Nigeria, Touches of Brazilian Style. *The New York Times*, Nova York, 26 mar. 1987.

BURTON, Richard Francis. *A Mission to Gelele, King of Dahome*. Nova York: Praeger, 1966.

BURTON, Richard Francis. *Wanderings in West Africa*. Nova York: Dover Publications Inc., 1991.

CARNEIRO DA CUNHA, Manuela. *Negros estrangeiros*: Os escravos libertos e sua volta à África. São Paulo: Companhia das Letras, 2012.

CARNEIRO DA CUNHA, Marianno. *Da senzala ao sobrado*: Arquitetura brasileira na África Ocidental. São Paulo: Nobel Edusp, 1985.

CASTILLO, Lisa Earl. Mapping the Nineteenth-Century Brazilian Returnee Movement: Demographics, Life Stories and the Question of Slavery. *Atlantic Studies*, v. 13, nº 1, p. 25-52, jan. 2016.

CASTILLO, Lisa Earl; PARÉS, Luis Nicolau. José Pedro Autran e o retorno de Xangô. *Religião e Sociedade*. Rio de Janeiro, v. 35, n. 1, p. 13-43, 2015.

CASTILLO, Lisa Earl; PARÉS, Luis Nicolau. Marcelina da Silva: a nineteenth-century candomblé priestess in Bahia. *Slavery & Abolition*, v. 31, n. 1, p. 1-27, 2010.

CASTRO DE ARAÚJO, Ubiratan. 1846: Um ano na rota Bahia-Lagos. Negócios, negociantes e outros parceiros. *Afro-Ásia: Revista do Centro de Estudos Afro-Orientais (CEAO)*, Salvador, n. 21/22, p. 82-110, 1998/99.

CHATWIN, Bruce. *The Viceroy of Ouidah*. Londres: Penguin Books, 1980.

COHEN, Peter F. Orisha Journeys: The Role Of Travel in The Birth of Yoruba-Atlantic Religions. *Archives de Sciences Sociales des Religions*, [s. l.], n. 117, p. 17-36, jan./mar. 2002.

COHEN, William B. *Rulers of Empire:* The French Colonial Service in Africa. Palo Alto: Stanford University – Hoover Institution Press, 1971.

COMISSÃO NACIONAL PARA AS COMEMORAÇÕES DOS DESCOBRIMENTOS PORTUGUESES. *Oceanos*, Lisboa, n. 28, out./dez. 1996.

COMITÉ NATIONAL POUR LE BÉNIN (Projet "La Route de l'esclave"). *Le Bénin et la Route de l'Esclave*. Cotonou: Unesco, 1994.

CONNEAU, Theophilus. *A Slaver's Log Book:* 20 Years' Residence in Africa, the Original 1853 Manuscript. Londres: UK Parliamentary Papers [PP], 1977.

CORREIO DA BAHIA & UNIVERSIDADE CATÓLICA DO SALVADOR (UCSAL). *Memórias da Bahia*, Salvador, n. 10, 2008. Caderno especial.

COSTA E SILVA, Alberto. *Francisco Félix de Souza, mercador de escravos*. Rio de Janeiro: Nova Fronteira, 2004.

COSTA E SILVA, Alberto. *O vício de África e outros vícios*. Lisboa: Edições João Sá da Costa, 1989.

COSTA E SILVA, Alberto. *Um rio chamado Atlântico*: A África no Brasil e o Brasil na África. Rio de Janeiro: Nova Fronteira, 2003.

DA PALMA, Rogério; TRUZZI, Oswaldo. Renomear para recomeçar: Lógicas onomásticas no pós-abolição. *Dados: Revista de Ciências Sociais*, Rio de Janeiro, v. 61, n. 2, 2018.

DÁVILA, Jerry. *Hotel trópico: O Brasil e o desafio da descolonização africana (1950-1980)*. Rio de Janeiro: Paz e Terra, 2011.

DE BENEDETTI, Carla; HALLEN, Barry. Afro-Brazilian Mosques in West Africa. *In*: KHAN, Hasan-Uddin (org.). *Mimar 29: Architecture in Development*. Londres: Concept Media PLC, 1988.

DE MENTON, Jean. *À la Rencontre du Togo*. Paris: L'Harmattan, 1993.

DE OLIVEIRA, Maria Inês Côrtes. Quem eram os "negros da Guiné"? A origem dos africanos na Bahia. *Afro-Ásia: Revista do Centro de Estudos Afro-Orientais (CEAO)*, Salvador, n. 19/20, p. 37-73, 1997.

DE SOUZA, Norberto Francisco. Contribution à l'étude de l'histoire de la Famille de Souza. *Etudes dahoméennes*, Porto Novo, n. 13, p. 17-21, 1955.

DE SOUZA, Simone. *La Famille de Souza du Bénin-Togo*. Cotonou: Éditions du Bénin, 1992.

DE WITTE, Charles M. Les Bulles Pontificales et L'Expansion Portugaise au XV Siècle. *Revue d'Histoire Ecclésiastique*, Louvain, n. 48, p. 683-718, jan. 1953.

DÍAZ, Juan Diego (org.). *Tabom Voices:* a History of the Ghanaian Afro-Brazilian Community in their Own Words. Acra: Embaixada do Brasil em Gana; Tabom Heritage Project, 2016.

DJIVO, Adrien. *Guezo*: La rénovation du Dahomey. Paris: ABC, 1977.

DO SACRAMENTO, Ange Miguel. *Ni Noir, Ni Blanc*: Une Vie Atypique. Paris: L'Harmattan, 2010.

DRAKE, Richard. Revelations of a Slave Smuggler. *In*: DOW, George Francis. *Slave Ships and Slaving*. Bensenville: Lushena Books, 2023.

DUNCAN, John. *Travels in West Africa, 1845-1846:* Comprising a Journey from Whydah, through the Kingdom of Dahomey, to Adofoodia in the Interior. Nova York: Johnson Reprint Corporation, 1967.

EZEKIEL, E. Surviving Brazilian Architecture in Lagos. *Newswatch Magazine,* Lagos, 27 set. 1988.

FERRETTI, Sérgio Figueiredo. Revoltas de escravos na Bahia no início do século XI. *Cadernos de Pesquisa: Publicação do Programa de Pós-Gradução em Educação,* São Luís, v. 4, n. 1, 1988.

FIGUEIREDO, Eurídice. Os brasileiros retornados à África. *Cadernos de Letras de UFF,* Niterói, n. 38, p. 51-70, 2009.

FISCIAN, Cyrill E. *The Portuguese Presence on the Gold Coast.* Acra: Manuscrito, 1995.

FLORENTINO, Manolo. *Em costas negras:* Uma história do tráfico de escravos entre a África e o Rio de Janeiro. São Paulo: Companhia das Letras, 1997.

FOÀ, Édouard. *Le Dahomey:* Histoire, Géographie, Moeurs, Coutumes, Commerce, Industrie, Expeditions Françaises. Paris: A. Hennuyer Éditeur, 1895.

FOSSE, Eustache de la. *Crónica de uma viagem à Costa da Mina no ano de 1480.* Lisboa: Vega, 1992.

FREITAS, Décio. *Insurreições Escravas.* São Paulo: Movimento, 1976.

FREYRE, Gilberto. *Casa-Grande & Senzala.* São Paulo: Global, 2005.

GANTLY, Patrick. *Histoire de la Société des Missions Africaines (SMA) 1856-1907.* Paris: Karthala, 2009.

GOMES, Laurentino. *Escravidão – Volume I:* Do primeiro leilão de cativos em Portugal até a morte de Zumbi dos Palmares. Rio de Janeiro: Globo Livros, 2019.

GOMES, Laurentino. *Escravidão – Volume II:* Da corrida do ouro em Minas Gerais até a chegada da corte de dom João ao Brasil. Rio de Janeiro: Globo Livros, 2021.

GOMES, Laurentino. *Escravidão – Volume III:* Da independência do Brasil à Lei Áurea. Rio de Janeiro: Globo Livros, 2022.

GURAN, Milton. Agudás – De africanos no Brasil a "brasileiros" na África. *Imagens Hist. cienc. Saúde – Manguinhos,* n. 7, v. 2, out. 2000. Disponível em: https://doi.org/10.1590/S0104-59702000000300009. Acesso em: 24 fev. 2024.

GURAN, Milton. *Agudás, os "brasileiros" do Benim.* Rio de Janeiro: Nova Fronteira, 1999.

GURAN, Milton. Agudás: Os "brasileiros" do Benim. *In:* REUNIÃO BRASILEIRA DE ANTROPOLOGIA, 22., 2000. Brasília: Associação Brasileira de Antropologia. Disponível em: http://bibliotecavirtual.clacso.org.ar/ar/libros/aladaa/guran.rtf. Acesso em: 8 set. 2019.

GURAN, Milton. Da bricolagem da memória à construção da própria imagem entre os agudás do Benim. *Revista Afro-Ásia: Centro de Estudos Afro-Orientais (CEAO),* Salvador, n. 28, p. 45-76, 2002.

GURAN, Milton; CONDURU, Roberto. *Arquitetura agudá no Benim e no Togo.* Brasília: Ministério das Relações Exteriores, 2016.

GURAN, Milton; REIS, João José. Urbain-Karim Elíseo da Silva, um agudá descendente de negro malê. *Afro-Ásia: Centro de Estudos Afro-Orientais (CEAO),* Salvador, n. 28, p. 77-96, 2002.

GYASI, Yaa. *O caminho de casa.* Rio de Janeiro: Rocco, 2017.

BIBLIOGRAFIA

HABSBURGO, Maximiliano de. *Bahia 1860:* Esboços de viagem. Rio de Janeiro: Tempo Brasileiro, 1982.

HAWTHORNE, Walter. Sendo agora, como se fôssemos, uma família. *Revista Mundos do Trabalho*, v. 3, n. 6, p. 7-29, jul.-dez. 2011.

HAZOUMÉ, Paul. *Le Pacte de Sang au Dahomey*. Paris: Institut d'Éthnologie, 1937.

HÉBRARD, Jean; MATTOS, Hebe; SCOTT, Rebecca. Introducion. Cahiers du Brésil Contemporain. *École des Hautes Études en Sciences Sociales*, Paris, n. 53/54, p. 5-10, 2003.

HEMPSTONE, Smith. *Africa:* Angry Young Giant. Nova York: Praeger, 1961.

IANDOLI, Rafael. Por que o bairro de ex-escravos brasileiros está desaparecendo na Nigéria. *Nexo*, 28 nov. 2016. Disponível em: https://www.nexojornal.com.br/expresso/2016/11/28/Por-que-o-bairro-de-ex-escravos-brasileiros-est%C3%A1-desaparecendo-na-Nig%C3%A9-9ria. Acesso em: abr. 2018.

ILIFFE, John. *Les Africains:* Histoire d'un Continent. Paris: Flammarion, 2016. (Champs Histoire.)

JOHNSON, Samuel. *The History of the Yorubas:* From the Earliest Times to the Beginning of the British Protectorate. Cambridge: Cambridge University Press, 2010.

JONES, Adam. Little Popo and Agoué at the End of the Atlantic Slave Trade: Glimpses from the Lawson Correspondence and Other Sources. *In:* LAW, Robin; SILKE, Strickrodt (org.). *Ports of the Slave Trade*. Cambridge: Cambridge University Press, 2001, p. 122-134.

KI-ZERBO, Joseph. *Histoire de l'Afrique Noire*. Paris: Hatier, 1978.

KLEIN, Herbert S. *The Atlantic Slave Trade*. New York: Cambridge University Press, 1999.

KRASNOWOLSKI, Andrzej. *Les Afro-Brésiliens das le Processus de changement de la Côte des Esclaves*. Varsóvia: Wroclaw, 1987.

LAOTAN, A. B. Brazilian Influence on Lagos. *Nigeria Magazine*, Lagos, n. 69, 1961.

LAOTAN, A. B. *The Torch Bearers or Old Brazilian Colony in Lagos*. Lagos: Ife-Olu Printing Works, 1943.

LAW, Robin. A carreira de Francisco Félix de Souza na África Ocidental (1800-1849). *Topoi*, Rio de Janeiro, v. 2, n. 2, jan./jun. 2001. Disponível em: http://www.scielo.br/pdf/topoi/v2n2/2237-101X-topoi-2-02-00009.pdf. Acesso em: out. 2018.

LAW, Robin. A comunidade brasileira de Uidá e os últimos anos do tráfico atlântico de escravos, 1850-66. *Afro-Ásia: Revista do Centro de Estudos Afro-Orientais (CEAO)*, Salvador, n. 27, p. 41-77, 2002.

LE CLÉZIO, J. M. G. *O africano*. São Paulo: Cosac Naif, 2008.

LIMA E SOUZA, Mônica. Afrodescendientes: Los que Regresaron al Africa. *In:* PINEAU, Marisa (org.). *La Ruta del Esclavo*, Buenos Aires, 2011, v. 1, p. 283-302.

LIMA E SOUZA, Mônica. Between Shores: Brazil and the Return of Former Slaves to Africa, 1830-1870. *In:* PRAH, Kwesi Kwaa (org.). *Back to Africa:* Brazilian Returnees and Their Communities, Cidade do Cabo: Centre for Advanced Studies of African Society (CASAS), 2009.

LIMA E SOUZA, Mônica. *Entre margens:* o retorno à África de libertos no Brasil, 1830-1870. Tese (Doutorado em História) – Universidade Federal Fluminense, Instituto de História, Niterói, 2008.

LIMA E SOUZA, Mônica. O Brasil e a África no século XIX: Relações políticas e sociais. *In:* Jorge, Nedilson (org.). *História da África e relações com o Brasil.* Brasília: Fundação Alberto de Gusmão (FUNAG), 2018. p. 253-291.

LINDSAY, Lisa. To Return to the Bosom of Their Fatherland: Brazilian Immigrants in Nineteenth-Century Lagos. *Slavery & Abolition,* Londres, v. 15, n. 1, p. 22-50, 1994.

LOPES, Edmundo Correia. *S. João Baptista de Ajudá.* Lisboa: Cosmos, 1939. (Cadernos Coloniais, n. 58).

LUNA, Francisco Vidal; KLEIN, Herbert S. *Escravismo no Brasil.* São Paulo: EDUSP, 2010.

MAHAMA, John Dramani. *Meu primeiro golpe de Estado.* São Paulo: Geração Editorial, 2014.

MANN, Kristin. *Slavery and the Birth of an African City:* Lagos, 1760-1900. Bloomington: Indiana University Press, 2007.

MANN, Kristin; BAY, Edna. *Rethinking the African Diaspora:* The making of a black Atlantic world in the Bight of Benin and Brazil. Londres: Frank Cass, 2001.

MARAFATTO, Massimo. *Brazilian Houses Nigeriane.* Lagos: Istituto Italiano di Cultura, 1983.

MARTY, Paul. *Études sur l'Islam au Dahomey.* Paris: Ernest Leroux, 1926.

MATORY, J. Lorand. *Black Atlantic Religion:* Tradition, Transnationalism and Matriarchy in the Afro-Brazilian Candomblé. Nova Jersey: Princeton University Press, 2005.

MAZZOLENI, Florent. *Afro Pop:* L'âge d'or des grandes orchestres africains. Blègles: Le Castor Astral, 2011.

MEREDITH, Martin. *O destino da África:* cinco mil anos de riquezas, ganância e desafios. São Paulo: Zahar, 2017.

NISHIDA, Mieko. *Slavery and Identity:* Ethnicity, Gender and Race in Salvador, Brazil, 1808-1888. Bloomington: Indiana University Press, 2003.

OLINTO, Antônio. *A Casa da Água.* Rio de Janeiro: Bertrand Brasil, 2007.

OLINTO, Antônio. *Brasileiros na África.* Rio de Janeiro: Instituto Nacional do Livro, 1980.

OLIVEIRA, Maria Inês Cortes de. Quem eram os negros da Guiné. *Revista Afro-Ásia,* v. 19/20, p. 37-73, 1997.

OYEWOLE, Nurudeen; IBRAHIM, Yahaya. Ilojo Bar: A Ruined Brazilian Heritage. *The Daily Trust,* Lagos, 8 out. 2016. Disponível em: https://dailytrust.com/ilojo-bar-a-ruined-brazilian-heritage/. Acesso em: abr. 2018.

PARÉS, Luís Nicolau. *O rei, o pai e a morte:* a religião vodum na antiga Costa dos Escravos na África Ocidental. São Paulo: Companhia das Letras, 2016.

PEYREFITTE, Alain. *C'Était De Gaulle.* Paris: Fayard, 1997. v. 2.

QUIRING-ZOCHE, Rosemarie. Luta religiosa ou luta política? O Levante dos Malês segundo uma fonte islâmica. *Afro-Ásia: Revista do Centro de Estudos Afro-Orientais (CEAO),* Salvador, n. 19/20, p. 229-238, 1997

RIBEIRO, Belisa. Crescimento de Lagos ameaça "bairro brasileiro" criado por escravos libertos. *Folha de São Paulo,* 25 dez. 2008. Disponível em: https://www1.folha.uol.com.br/fsp/mundo/ft2512200808.htm.

REIS, João José. *Rebelião escrava no Brasil:* A história do Levante dos Malês. Ed. rev. e ampl. São Paulo: Companhia das Letras, 2003.

REIS, João José; AZEVEDO, Elciene (org.). *Escravidão e suas sombras.* Salvador: EDUFBA, 2012.

RIDGWAY, Archibald. Journal of a Visit to Dahomey. *The New Monthly Magazine*, Londres, n. 81, p. 195, 1847.

RODRIGUES, Nina. *Os africanos no Brasil*. São Paulo: Companhia Editora Nacional, 1976.

ROSS, David. The Career of Domingo Martinez in the Bight of Benin, 1833-64. *Journal of African History*, Cambridge, v. 6, n. 1, p. 79-90, 1967.

ROSS, David. The First Chacha of Whydah: Francisco Felix de Souza. *Odù: Journal of Youruba and Related Studies*, Leiden n. 2, p. 19-28, 1969.

SCHAUMLOEFFEL, Marco Aurélio. *Tabom, a comunidade afro-brasileira do Gana*. São Paulo: Geração Editorial, 2008.

SELJAN, Zora. *No Brasil ainda tem gente da minha cor?* Rio de Janeiro: SESC, 2008.

SERRA, Ordep José Trindade. Ilê Axé Iyá Nassô Oká, terreiro da Casa Branca do Engenho Velho. *Laudo Antropológico*, Salvador, set. 2008.

SILVA, Ângela Fileno da. *Amanhã é dia santo*: Circularidades Atlânticas e a Comunidade Brasileira na Costa da Mina. São Paulo: Alameda Editorial, 2014.

SIMPSON, Alaba. The politics of culture and diaspora settlement in Lagos: ethnographic presentations of the African-Brazilian Fanti/ Carretta Carnival. *The African Diaspora Archaeology Network*, jun. de 2007. Disponível em: www.diaspora.uiuc.edu/news0607/news0607.html. Acesso em: ago. 2019.

STEIN, Chris. Is Nigeria's Brazilian Heritage Under Threat? *Al Jazeera*, 22 nov. 2016. Disponível em: https://www.aljazeera.com/features/2016/11/22/is-nigerias-brazilian-heritage-under--threat. Acesso em: set. 2018.

SOUZA DANTAS, Raymundo de. *África Difícil*. Rio de Janeiro: Leitura, 1965.

SOWOLE, Tajudeen. Furore as 190 Year Old Monument is Demolished. *The Guardian*, Nigéria, 29 set. 2016. Disponível em: https://guardian.ng/features/furore-as-190-year-old-monu-ment-is-demolished/. Acesso em: jun. 2018.

SOWOLE, Tajudeen. The Olaiya Family House: Brazilian Heritage Challenge for Nigeria. *A-Arts*, Lagos, 12 abr. 2011. Disponível em: https://www.africanartswithtaj.com/2011/09/olaiya-family-house.html. Acesso em: maio 2018.

SCHWARCZ, Lilia; GOMES, Flávio (org.). *Dicionário da escravidão e liberdade*. São Paulo: Companhia das Letras, 2018.

TABUCCHI, Antonio. *Afirma Pereira*. São Paulo: Cosac Naify, 2013.

TAVARES, António José Chrystéllo. *Marcos fundamentais da presença portuguesa no Daomé*. Lisboa: Universitária Editora, 1999.

TERIBA, Adedoyin. Usando noções de beleza para recordar e ser conhecido na região do golfo do Benim. *Textos escolhidos de cultura e arte populares*, Rio de Janeiro, v. 10, n. 1, p. 19-29, 2013.

TERIBA, Adedoyin. Using Notions of Beauty to Remember and Be Known in the Bight of Benim and its Hinterland. *Pidgin Magazine*, v. 11, p. 34-43, 2012.

TÉTÉ, Godwin. *Sylvanus Olympio, Père de la nation togolaise*. Paris: L'Harmattan, 2008.

TÉTÉ-ADJALOGO, Têtêvu Godwin (org.). *Togo 27 avril 1958/1960*: 30 Biographies des Artisans de L'Indépendence Nationale, Lomé: Parti des travailleurs du Togo, 2010. v. 1.

TOULABOR, Comi M. *Le Togo sous Eyadéma*. Paris: Karthala, 1986.

TRICHET, Pierre. Les Méthodes Missionaires di Père Borghero à Whydah (Dahomey) en 1861-1862. *In*: DIDIER, Hugues; LARCHER, Madalena (org.). *Pédagogies Missionaires*: Traduire, Transmettre, Transculturer. Paris: Karthala, 2012.

TURNER, Jerry Michael. *Les Brésiliens*: The Impact of Former Brazilian Slaves Upon Dahomey. 1975. 401 f. Tese (Doutorado em História) – Universidade de Boston, Boston, 1975.

UDEMMA, Chukwuma. Bring Ilojo Bar Back to Life. *The Nation*, Lagos, 22 out. 2014. Disponível em: https://thenationonlineng.net/bring-ilojo-bar-back-to-life/. Acesso em: abr. 2018.

VAUGHAN RICHARDS, Alan; AKINSEMOYIN; Kunle. *Building Lagos*. Lagos: F and A Services, 1977.

VERGER, Pierre. L'Influence du Brésil au Golfe du Bénin. *Les Afro-Américains*. Mémoires de L'Institut Français d'Afrique Noire (IFAN), Dacar, n. 27, 1953.

VERGER, Pierre. *Formation d'une Societé Brésilienne au Golfe du Benin au XIXème Siècle*. Dacar: Centre de Hautes Études Afro-Ibéro-Américaines, 1969. n. 8.

VERGER, Pierre. *Fluxo e refluxo do tráfico de escravos entre o golfo do Benim e a Baía de Todos os Santos dos séculos XVII a XIX*. São Paulo: Corrupio, 1987.

VERGER, Pierre. *Os libertos*: Sete caminhos na liberdade de escravos da Bahia no século XIX. São Paulo: Corrupio, 1992.

VERSCHAVE, François-Xavier. *La Françafrique*: le plus long scandale de la République. Paris: Stock, 1998.

VLACH, John Michael. The Brazilian House in Nigeria: The Emergence of a 20th Century Vernacular House Type. *Journal of American Folklore*, Bloomington, v. 97, n. 383, 1984.

WEIMER, Günter. *Interrelações afro-brasileiras na arquitetura*. Porto Alegre: EDIPUCRS, 2014.

WISSENBACH, Maria Cristina Cortez. Letramento e escolas. *In*: SCHWARCZ, Lilia; GOMES, Flávio (org.). *Dicionário da escravidão e liberdade*. São Paulo: Companhia das Letras, 2018.

YACONO, Xavier. *Les Étapes de la Décolonisation Française*. Paris: Presses Universitaires de France, 1991.

YU, Sophie. Dying languages: Cultures are being eradicated in silence. *Hasrbingers Magazine*, 8 nov. 2023. Disponível em: https://hrbmagazine.com/articles/dying-languages-cultures-are-being-eradicated-in-silence-by-sophie-yu/. Acesso em: 19 fev. 2024.

ZEUSKE, Michael. Hidden Markers, Open Secrets: On Naming, Race-Marking and Race-Making in Cuba. *New West Indian Guide*, Leiden, v. 76, n. 3/4, p. 211-241, 2002.

ZHANG, Hanzhi; MACE, Ruth. Cultural extinction in evolutionary perspective. *Evolutionary Human Sciences*, v. 3, e30, 2021.

Este livro foi composto na tipografia Minion Pro,
em corpo 11,5/16, e impresso em
papel off-white no Sistema Cameron da
Divisão Gráfica da Distribuidora Record.